U0067178

矯正社會工作

Social Work in Juvenile and Criminal Justice Settings

Albert R. Roberts 主編

鄭瑞隆　總校閱

鄭瑞隆、邱顯良、李易蓁、李自強　譯

Second Edition

SOCIAL WORK IN JUVENILE AND CRIMINAL JUSTICE SETTINGS

Edited By

ALBERT R. ROBERTS, D.S.W.

Professor of Social Work and Criminal Justice

School of Social Work

Rutgers — The State University of New Jersey

New Brunswick, New Jersey

目　錄

── 第一部　政策議題 ──

── 第二部分　警察社會工作者的角色 ──

（正文頁邊數字係原文書頁碼，供索引檢索之用）

作者簡介

◆ Albert R. Roberts, D.S.W.（主編）
  美國紐澤西州立羅格斯（Rutgers）大學社會工作學院社會工作與刑事
  司法教授

◆ Albert S. Alissi, D.S.W., M.S.L.
  美國康乃迪克大學社會工作學院教授

◆ G. Frederick Allen, Ph.D.
  美國中密西根大學社會學與社會工作學系副教授

◆ Pat Brownell, D.S.W.
  美國紐約富爾敦大學社會服務研究所助理教授

◆ Gloria Cunningham, Ph.D.
  美國芝加哥羅耀拉大學社會工作學院教授

◆ Sophia F. Dziegielewski, Ph.D.
  美國阿拉巴馬大學社會工作學院副教授兼學士班主任

◆ Susan Hoffman Fishman, M.S.W.
  美國康乃迪克婦女危機中心行政主任

◆ John T. Gandy, Ph.D.
  美國南卡羅萊納大學社會工作學院教授兼副院長

◆ Sheldon R. Gelman, Ph.D., M.S.L.
  美國紐約耶西華大學 Wurzweiler 社會工作學院教授兼院長

◆ P. Michael Hartman

美國科羅拉多州丹佛大學社會工作研究院博士班學生

◆ Marian Hunsinger, L.B.S.W.

美國堪薩斯州立監獄心理健康中心社工員

◆ Andre Ivanoff, Ph.D.

美國哥倫比亞大學社會工作學院副教授

◆ H. Wayne Johnson, M.S.W.

美國愛荷華大學社會工作大學部教授兼主任

◆ James D. Jorgensen, M.S.W.

美國科羅拉多州丹佛大學社會工作研究院教授

◆ John A. Lacour, M.S.W.

美國路易斯安那州立大學社會福利學院助理教授

◆ C. Aaron McNeece, Ph.D.

美國佛羅里達州立大學社會工作學院健康與人類服務研究中心教授兼主任

◆ Carolyn Needleman, Ph.D.

美國賓州 Bryn Mawr 學院社會工作與社會研究學院副教授

◆ Jack G. Parker, Ed.D.

美國路易斯安那州立大學社會福利學院教授

◆ Daniel Pollack, Ph.D.

美國紐約耶西華大學 Wurzweiler 社會工作學院副教授

◆ Janet L. Pray, M.S.W.

美國華盛頓哥倫比亞特區高立德學院社會學與社會工作學系社會工作課程副教授兼主任

◆ Frank B. Raymond, III, D.S.W.

美國南卡羅萊納大學社會工作學院教授兼院長

◆ Albert R. Roberts, D.S.W.

美國紐澤西州立羅格斯大學社會工作學院社會工作與刑事司法教授

◆ Tom Roy, M.S.W.

美國蒙大拿大學社會工作學系副教授

◆ Marcia Swartz, M.S.W.

美國田納西州大都會健康部

◆ David Showalter, L.M.S.W.

美國堪薩斯州立大學心理健康中心前副主任

◆ Nancy J. Smyth, Ph.D.

美國紐約水牛城紐約州立大學社會工作學系副教授

◆ Harvey Treger, M.S.W.

美國伊利諾州芝加哥區伊利諾大學 Jane Addams 社會工作學院榮譽教授

總校閱者簡介

鄭瑞隆 美國伊利諾大學香檳校區社會工作博士，現任國立中正大學犯罪防治學系（所）教授兼中正大學學生事務長，曾擔任系主任、所長、中華民國犯罪學學會理事長、社團法人台灣防暴聯盟理事長、嘉義縣愛家反暴力協會理事長、國立中正大學輔導中心兼代主任、犯罪研究中心副主任。研究領域圍繞在家庭暴力、性侵害問題、家暴、性侵害加害人與被害人之評估及處遇、毒品問題、人口販運問題、少女缺愛症候群等。對於少年偏差問題之輔導、性交易少女之評估與輔導、社會工作在矯正及司法領域之運用及研究，具有倡導及前瞻的見解。教學領域在社會及行為科學研究方法、矯正及司法社會工作、家庭暴力及性侵害、人類行為與社會環境、青少年問題與輔導等。

譯者簡介

鄭瑞隆（總校閱者；第一～三章）

見總校閱者簡介。

邱顯良（第四～九、十一、十二章）

學歷：中央警察大學犯罪防治研究所碩士
　　　國立中正大學犯罪防治研究所博士
經歷：南投縣政府警察局信義分局分局長
　　　南投縣政府警察局草屯分局分局長

屏東縣政府警察局里港分局分局長
宜蘭縣政府警察局羅東分局分局長
金門縣警察局督察長
嘉南藥理科技大學兼任助理教授
現職：嘉義縣警察局主任秘書

李易蓁（第十、十七、十九、二十～二十五章）

學歷：中正大學犯罪防治研究所博士
　　　東吳大學社會工作研究所碩士
　　　社會工作師專技高考及格
　　　兒童、少年、婦女及家庭專科社工師
經歷：三軍總醫院精神醫學部社會工作師
　　　國防部台南監獄心輔員
現職：執業社會工作師
　　　嘉南藥理科技大學助理教授
　　　高關懷兒少、受虐或弱勢婦女、家暴相對人、藥癮者家屬、藥
　　　物成癮者團體帶領人與個別諮商老師
　　　相關機構高關懷兒少服務、受虐婦女後續追蹤服務、青少年藥
　　　物濫用及司法後追、藥癮者家屬支持、藥癮者個案管理等服務
　　　方案外聘督導

李自強（第十三～十六、十八章）

學歷：國立暨南國際大學社會政策與社會工作學系碩士
　　　國立中正大學犯罪防治研究所博士
經歷：台灣台中地方法院少年保護官
　　　東海大學兼任講師
現職：靜宜大學社會工作與兒童少年福利學系專任助理教授

第二版推薦序

譯者：鄭瑞隆

在美國聯邦政府所建構處理犯罪及刑事司法的體系非常龐大且複雜，每年均消耗數十億美元，影響了數百萬的個人與家庭。看看矯正機構所收容的人口群人數與組成，可以提供一個指標讓我們檢視當前刑事司法問題的本質及程度（nature and magnitude of the criminal justice problem）。於1995 年中，在聯邦及地方監獄中監禁的受刑人人數就超過 150 萬人，大多數是貧窮人口，在某些州有 60% 的受刑人是黑人（African Americans）。他們多數是很年輕且是依賴階段兒童的父母親，很多是因被指控使用毒品而入獄。最近一年內新進入矯正系統的收容人，大多數是觸犯非暴力或與財產相關的犯罪行為，目前在矯正系統監督下（如保護管束）的成年人超過500 萬人，其中有某些群體受到的負面影響超過其他群體。現在 20 至 24歲的美國黑人男性大約每三人就有一人正在接受某種形式的矯正監督，而在五年前是每四人中有一人，這個比例在上升中。

矯正系統中的人口數快速地大量增加，可以追蹤到好幾個重要因素，這些因素中最重大的是缺乏能解決主要社會問題的公共政策與方案，例如：貧窮問題、失業問題，及社會上工作機會缺乏的問題，還有人民對生活無望、失望，缺乏成功的機會，這些都是導致從事非法活動的根本原因。其他因素還有政治人物喜歡表現得十分強硬，喜歡用懲罰的方式對付吸毒者及毒品相關的犯罪，以獲得民眾的選票，因此，新制訂的法律要求對犯罪人科以更嚴厲的懲罰及更長的刑期。同樣重要的，許多有權力的人對窮人及少數族裔的基本哲學與態度欠缺同情，常會給他們貼上負面的標籤，也把他們所生活的社區定義成「底層社區」（underclass）與「危險物種」（endangered species）所住之處，使得大眾對於這些群體抱持著恐懼的氣

息。他們也抱持一種信念，這些群體是可以被去除的、不值得為他們做些什麼、難以被協助（幫助他們也沒什麼用處）、需要與整個社會其他群體加以隔離。

假如我們繼續依循目前已被建構的懲罰式社會福利改革措施及強硬的刑事司法立法方向，則將來可預期的是，我們的國家社會將會有更多的窮人及失利（弱勢）的群體會進入刑事司法體系，並接受國家公權力的監護。我們不可能透過刑事司法系統來處理所有的貧窮人口，並且，如果對貧窮人口貼上標籤與將他們終生污名化（stigmatize）、將更多貧窮的人關得更久，則是非常不明智且不符合經濟效益的。相關研究及相關政策分析指出，更多的監獄及更嚴苛的懲罰無法防止犯罪、降低再犯率、減少犯罪被害恐懼，以及回復犯罪被害人的損失。持續地對社會上最弱勢、最易受傷害的人口群施予懲罰與羞辱，很可能導致在監所中更廣泛的背叛，以及鄰里社區中更高漲的暴力氣息。再者，那些花費在建造及維護監所的鉅額費用，如果能用以花在更符合社會的需求方面，如對孩子的教育及人民的健康照顧、對老人的健康照護等，豈不更好。

安全社區的維護，與兒童及家庭福祉的提升，需要不同的取向及視野觀點，特別是在最高的公共政策決策階層。犯罪問題之處理與社會正義之落實，不只是執法的問題，而是需要提供好的、適合的方案與服務去符合一般民眾的需求，處理人類行為的問題，以及改善社會與經濟的狀況。社會工作人員及其他人群服務專業人員很需要扮演主動、積極的角色，塑造出不同的刑事司法系統。期待看到的是司法正義與公平的系統、對社會問題與行為的了解、有實證研究基礎、有實務現實面的考量，以及工作倫理法則的遵守，這些考慮都與政治上的考慮一樣重要。

有意義的社會工作伙伴關係極度仰賴刑事司法專業上的支持與背書，使成為倡護社會工作（social work advocacy）的一個重要領域，並能成為準備進入刑事司法系統工作的社工人員的教育準備。然而，在二十世紀的下半世紀，社工人員及現存的社會服務組織已經忽略了涉及刑事司法問題的個人及家庭的需求，社工人員極少涉入對受刑人及其家庭（家屬）提供服務，也很少進行矯正系統的改變及建構矯正性的家庭服務方案。只有大

約十幾個大學社會工作學院有課程準備讓學生能在刑事司法體系中工作，而獲得社會工作學位的畢業要求中，也沒有要求要能在大多數的監院所、法庭及社區方案中工作的能力及學習。

本書是一個絕佳的資料來源，可以幫助社會工作人員了解為何社會工作專業和其他社會及行為科學學者應該參與刑事司法系統工作，並能知道一些歷史與原因，在過去為何某一時段社會工作參與最為熱烈，後來又受到限制，甚至完全不參與。這本非常有啟發性及具時代性的著作問世的主要推促力量，是許多刑事司法社工人員、少年犯罪矯正專家、矯正諮商人員，以及犯罪被害人倡護人員在刑事司法系統中有非常重要的角色扮演，而且能在復健方面（rehabilitation）與被害人恢復（補償）（restoration）方面卓有成效。

本書是相當具開創性與完整性的作品，深入地探討與幫助犯罪人及被害人相關之最顯著的議題、政策及方案發展。Roberts博士及其他優秀的篇章作者們給了讀者深入的見解，幫助大家能深入了解刑事司法傳統及最新發展的實務領域，指引讀者如何進行法規立法、修正及發展高品質的服務方案，包括監院所的家庭服務方案、受暴婦女服務方案、警察社會工作，及各種青少年服務方案都在本書的介紹主題之列。本書各篇章都寫得非常好，深具教學功能價值，非常適合當作刑事司法社會服務方案教學課程的教科書，或作為其他社會政策或社會工作實務領域學習課程的延伸讀物。無疑地，本書是刑事司法領域社會工作專家們目前唯一最佳的資料來源，特別是刑事司法領域中擔負制訂政策及實施有效方案責任的專業人士們，值得細讀。

Creasie Finney Hairston, Ph.D.
Dean and Professor
Jane Addams College of Social Work
University of Illinois at Chicago Circle
Chicago, Illinois

第一版推薦序

xiii 　　社會工作是一個專業，在二十世紀一直在發展中，不過它自最早就有來自私人慈善（private philanthropy）及宗教運動（religious movements）的遺產。「好撒瑪利亞人」（the "Good Samaritan"，意為「幫助需受助者」，出自《聖經》路加福音 10: 30-37）是在古代對不幸的人付出同情與幫助的一個例子，這樣的事例可以追蹤自原始人的時代到現代。一直到中世紀，都還有許多教會修道院（monasteries）對兒童及輕微的犯罪人提供服務。1636 至 1639 年，在英王亨利八世（Henry VIII）關閉教會修道院後，英格蘭開始小規模地實施社會福利方案。對兒童及輕微犯罪人的關切，在伊莉莎白女王 1601 年的濟貧法（the Elizabethan Poor Law）中就已經包括進去，在濟貧法的規定下，使用在 1557 年就有的感化院（bridewells）去收容負債者、依賴中的孤苦兒童，及其他需要政府照顧者。在 1648 年，由於對問題兒童的關切，St. Vincent de Paul 在巴黎建造了流浪兒童之家，在米蘭（Milan）也建立了與宗教有關的機構，來收容有行為問題的孩子。天主教教宗 Clement 十一世（Pope Clement XI）於 1704 年在羅馬建立了 San Michele 收容院（Hospice di San Michele，又叫 St. Michael 之家），專門收容問題尚未達到犯行程度的兒童。現在這些機構與單位仍然存在，而且還本於其原本之目的在使用中。長久以來一直都有收容留置（detention）問題兒童與少年的處所，包括古代的寺廟廂房，從十二至十八世紀間也一直有監獄及私人的監禁機構存在，這些都是在現代大家知悉的監院所存在之前，就已經存在的。

　　美國第一個監獄是於 1773 年在康乃迪克州的 Simsbury 開始，當時是將一個老舊的銅礦礦坑改成監禁罪犯的處所，第一任總統喬治・華盛頓將

它作為軍事監獄。1787 年，Quakers 教派教友開始成立「費城減輕公立監獄受刑人苦難協會」（Philadelphia Society for Alleviating the Miseries of the Public Prisons）。該協會之目的是要透過以監禁犯罪人在牢固的監獄中，以取代身體上之酷刑及死刑，藉此改善犯罪人悲苦的境況。之後「感化運動」（penitentiary movement）於 1790 年在費城的胡桃街監獄（Walnut Street Jail）開始了。該協會在 1887 年更名為「賓州監獄協會」（Pennsylvania Prison Society）。

John Howard（1726-1790）與 Elizabeth Gurney Fry（1780-1845）開始在英格蘭的監獄推展非專業人士探訪監所（lay visiting）服務，這是私人社會工作在監獄中服務的開始。Fry 以借出實物物資供個別受刑人使用聞名，而 John Howard 最關心整個監獄的狀況。紐約矯正協會（Correctional Association of New York）於 1844 年成立；馬里蘭州受刑人援助協會（Prisoners' Aid Association of Maryland）也於 1869 年正式成立，而它最早開始運作可以回溯至 1829 年，當時聖保羅大教堂（St. Paul's Church）〔位於巴爾的摩（Baltimore）市中心區〕的主牧提供了出獄的犯罪人食物及其他協助。麻州矯正協會（Massachusetts Correctional Association）於 1889 年成立，又名 John Howard 協會。而最早的 John Howard 協會早在 1866 年就已經在英格蘭成立了。從那時候開始，在世界上許多國家就陸續有犯罪人協助的組織成立與運作，處理有關犯罪人保護管束及假釋等事務。

在 1880 年代，一群 Quakers 教派教友在紐約市開設了一個婦女的中途之家（halfway house for women），該組織今日叫作 Isaac T. Hopper 之家，也是美國婦女矯正協會（American Correctional Association for Women）的本部所在。1880 年代睦鄰之家（settlement houses）在倫敦開始出現，美國第一個睦鄰之家是 1887 年紐約市的 Neighborhood Guild，是倫敦湯恩比館運動（London Movement founded in Toynbee Hall）的延伸。最重要且最具影響力的睦鄰之家是 1889 年 Jane Addams 與 Ellen Gates Starr 設立的 Hull House。Addams 與 Starr 租下 Charles G. Hull 所蓋的房子，位於芝加哥市 South Halsted 街 800 號，作為睦鄰之家。雖然該房舍位址於 1961 年 1 月被伊利諾大學芝加哥校區（University of Illinois at Chicago Circle）所取代，原

xiv

來的 Hull House 仍然保存下來作為紀念館，並於 1967 年設定為國家級紀念館。現在的 Jane Addams 社會工作學院是伊利諾大學的一部分。

　　社會工作大約在 1904 年左右開始成為一個專業。Charles Booth 加入「慈善組織運動」（Charity Organization Movement），從 1886 至 1903 年研究了倫敦的社會狀況，他的著作《倫敦人的勞動與生活》（*Life and Labour of the People of London*）在 1904 年出版，該書成為當時劃時代的貢獻，後來在英國與美國很多人就遵循這樣的社會工作傳統。Charles Booth 最偉大的研究成果是與 Paul Kellogg 一起完成，他們在 Russell Sage 基金會的經費支持下，於 1909 至 1914 年間進行了匹茲堡社會調查研究（Pittsburgh Survey）。紐約慈善組織會社（New York Charity Organization Society）於 1898 年開始對慈善活動工作人員進行暑期訓練課程，到了 1904 年第一個社會工作學院（School of Social Work）在哥倫比亞大學（Columbia University）設立，又名紐約慈善學院（New York School of Philanthropy），是一年的課程。到了 1919 年，15 個社會工作學院已經組織成「專業社會工作訓練學院組織」（Association of Training Schools for Professional Social Work），其中有 9 個是在大學中設立，有 6 個是屬獨立設立的學院。到了 1932 年時，各學院都已經採用了最低課程標準要求。1935 年時，美國社會工作學院聯盟（American Association of Schools of Social Work）規定，只有與大學連結（設立）的社工學院可以獲得認證。該聯盟於 1940 年要求研究所層級之教育為所有社工員專業發展的一部分，至此社會工作已經明顯地成為廣為接受的專業。

xv　　從一開始，矯正領域一直都是專業社會工作的一個咒詛。貧窮問題、家庭服務、兒少保護、慈善救助，及一般社會福利等，是社會工作主要關切的問題，在有些學者的著作中，如 Warner、Queen 及 Harper 在 1935 年的著作，將社會工作專業的開始往前推至 1893 年，當時睦鄰運動的社工員們試圖在全國慈善與矯正會議（National Conference of Charities and Correction）上讓大家認可他們的工作，使他們的工作報告能成為大會報告的一部分。這個群體最後果真獲得大會的認可，誤打誤撞地成為專業社會工作的一部分。

矯正工作一直都是慈善與專業社會工作的一部分。然而，當社會工作被認可成為一門專業時，矯正領域卻被排除在外，因為有人認為那是社會工作所關切問題之外的問題。是故，專業社會工作員專注於對家庭、睦鄰之家、低收入戶提供服務，1897 年在費城也開始從事兒童輔導門診工作，在那情境中，他們也對可能出現偏差行為的人及偏差行為者提供服務，不過卻與犯罪人的距離愈來愈遠（愈不提供對犯罪人的服務）。1917 年 Mary Richmond 的書《社會診斷》（*Social Diagnosis*，Russell Sage 基金會出版），提出專業社會工作的工作綱領準則及工作規範指出，專業社會工作的目標是「所有協助的過程，透過有意識的調整用以發展個人的人格，可以是個人對個人的協助，處理個人與其社會環境間的關係」。通常的規律是個案工作員只對個別的案主服務，不是對一個大群體提供服務，這與矯正單位裡的狀況不同；更具殺傷力的是，個案工作強調的「案主自決」（self-determination），意指工作員幫助案主去幫助他們自己。因為矯正機構透過執法及監禁去強制受刑人，「自我決定」早已自動被排除，在此情況下，專業社會工作很難發揮功能（在一個威權強制的環境中）。「建設性的使用權威」被視為當某個個人因任何理由不再合乎被服務的資格時，就可以剝奪其需受協助的服務。

　　專業社會工作已經離開了矯正領域，雖然仍舊關切家庭問題及社會福利，但是關切的焦點也已轉移至心理衛生（心理健康）（mental health）。美國社會工作人員協會（American Association of Social Workers）於 1921 年成立，提供了對社工人員服務的組織化基礎。國民基金會（Commonwealth Fund）於 1922 年提供了獎學金，讓專業的社工員成為心理衛生領域精神科醫師（心理醫師）的得力助手，這項獎學金計畫一直持續到 1928 年。接著由於經濟大恐慌（Great Depression），社會工作開始注意家庭收入維持的問題，而原來的關切議題由許多私立的家庭扶助協會承接，例如家庭福利協會、美國兒童福利聯盟、全國睦鄰聯盟，及其他私人機構，政府單位則專注於處理貧窮問題及家庭經濟收入維持的問題。其間，社會工作仍然與矯正領域離得很遠，因為：(1)沉重的個案負擔量（large caseloads）；(2)自決的理念使社工人員避免在一個威權環境下工作；(3)權威的定義被當成可

xvi

以任意剝奪服務，而非一個權威的個人或單位；(4)不論個案群或環境如何，社會工作的服務技術必須維持一致，這樣的信念其實是矯正環境裡一種過度簡化的現象。

1945 年，賓州大學社會工作學院主任（通常稱為院長）Kenneth Pray 博士，在芝加哥舉辦的全國社會工作人員協會的年會上發表演說，並獲選為理事長。他的演說充滿革命性，Kenneth 院長特別強調，社會工作人員應該可以，且一定能夠在矯正機構裡工作，最重要的是，要能在一開始去說服（或推銷或激勵）那裡的案主願意幫助自己改變（改造）自己。這個主張獲得激烈的迴響，傳統的社工員紛紛認為 Pray 院長的想法過於激烈，居心叵測。這個議題在 1945 年之後 *Social Service Review* 期刊所發表的論文中有許多辯論，也在幾年內幾個會議上有所討論。他的幾篇論文在他往生後的 1949 年被賓州大學出版社集結出版，名為《革命時代的社會工作》（*Kenneth Pray; Social Work in a Revolutionary Age and Other Papers*），這個議題的辯論又延續了好幾年。

1959 年，在 Werner W. Boehm 所主導的十三冊課程研究（thirteen-volume Curriculum Study）中，試著將社會工作的課程作一個統整，其中第五冊《矯正領域中的社會工作教育》（*Education for Social Workers in the Correctional Field*）是 Elliot Studt 所主筆，他的結論是：「對於要進入矯正領域服務的社會工作人員，不需要另外的特殊課程。」他的最後一個句子是這樣寫的：「專業的教育應該要挑選學生，並裝備他們適合擔負早期的領導責任（early leadership responsibility）。」這位作者的議論讓他加入這個爭議論壇，他的另一篇文章：「矯正領域的大學課程」（The University Curriculum in Corrections），於 1959 年 9 月發表在《聯邦觀護議題》（*Federal Probation*）期刊。這篇文章提供兩種可能的課程，其一是專門針對矯正領域，其二是給對矯正領域有興趣的社會工作人員。1959 至 1964 年之間，在福特基金會（The Ford Foundation）經費贊助下，社會工作教育諮詢委員會（The Council on Social Work Education）進行了一項五年的矯正課程方案研究，該計畫主要在精細地探討是否社會工作教育需要在課程中加入什麼額外的資訊，讓社會工作畢業生適合從事矯正領域的工作。贊成要加入新

的課程內容的人認為，1917 年時，Mary Richmond 的著作《社會診斷》有一些問題，使得現行社工專業從事矯正工作出現狀況。然而，該研究計畫最後獲得的結論與 Elliot Studt 課程研究的結論相同，就是：不需要另外的資訊或新增課程。

　　然而該計畫的延伸發展，Arden House 矯正人力與訓練研討會（Arden House Conference on Manpower and Training for Corrections）於 1964 年 6 月 24 日至 26 日在紐約州的 Harriman 舉行，共有超過 60 個以上的全國性單位或組織參加。由這次研討會議所延伸發展的，包括 1965 年的矯正復健研究法案（Correctional Rehabilitation Study Act of 1965）、1965 年的受刑人復健法案（Prisoner's Rehabilitation Act of 1965）、矯正人力與訓練聯合委員會（Joint Commission on Correctional Manpower and Training），這些都是由福特基金會在 1966 至 1969 年間所贊助支持。社會工作專業人士持續主張要進入矯正領域工作，他們不需要任何新增或額外的訊息加入（現行的課程內容及學習已經足夠了）。這一段社會工作實務在矯正領域的歷史，反映出上下起伏的狀況，其中出現社會工作實務人員在矯正的威權環境裡工作的無力感，以及部分州的立法委員會要求社會工作碩士（M.S.W.）是矯正機構裡社工人員的最基本學歷要求，例如紐約州、密西根州、威斯康辛州、明尼蘇達州及其他幾州都有這樣的要求與實施。一些較資深的保護管束官（觀護人）十分驚訝，具社工碩士學位的觀護官對於違反保護管束規定的暴力犯罪人，居然只是單純認為他們不符合被服務、保護管束的條件（not eligible for probation），而未將事實據以建議法官將違反者的保護管束予以撤銷，將他們再度監禁入獄。社會工作理念中的「權威的建設性使用」（constructive use of authority）是基於不符合服務資格的考量，而非進一步懲罰當事人。這種理念上的誤解在矯正領域中之社工人員與一些其他專業領域矯正人員及行政人員之間已經都在發生了。

　　這是第一本主要關切矯正領域中專業社會工作的書籍，本書所涵蓋之矯正社會工作之所有領域，幾乎與原本該專業所從事實務的領域一樣多。社會工作專業再次進入矯正領域是從青少年服務的領域開始，特別是在法院及社區的層次。其次是成年犯罪人的觀護業務（保護管束）。假釋是在

更後面才開始有社工再介入，成年犯罪人被安置於低度或中度安全戒護的機構中，高度安全戒護的監獄是社工最後一個再進入的場域，本書介紹這些情況的進展情形及進展的形式。本書超過前半部分的篇幅在探討社工人員在少年犯罪領域的工作，本身也是社工重返矯正領域的切入點，再來探討了保護管束觀護業務、假釋、法院的工作，最後也探討高度安全戒護監獄的社會工作；雖然在那一章中所使用的例子，在某些較強烈高度安全戒護的單位可能不會發生（那些單位裡有較限制性的情況），不過，作者其實是用堪薩斯州感化院的心理衛生部門（Mental Health Unit of the Kansas State Penitentiary）為說明的例子，不是高度安全戒護單位。這符合基本的模式，也反映出社會工作再次返回矯正領域漸進式的情形真的發生了。監獄部分的其他三章探討自願服務及家庭關係的問題。總而言之，本書幾乎完全把社會工作重返矯正領域的方式完整呈現出來，討論了社工人員在威權體制內工作的問題（the problems of working with authority）、案主自決的問題（the problem of client self-determination）、案件負荷量的問題（the problem of caseloads）、社會工作專業化領域問題（the problem of speciali-zation in social work），幾乎與整個矯正領域息息相關。有一篇Ellen Handler的文章刊登在《犯罪學期刊》（*Criminology: An Interdisciplinary Journal*, August, 1975），寫得真好，立論焦點是矯正與社會工作「不是很容易合作的伙伴關係」（an uneasy partnership），這只是廣泛的相關文獻的其中一篇，諸多文獻都支持本書議論的想法。

Kenneth Pray 院長應該會感覺到非常驕傲，如果他可以看到本書的出版；他在 1945 年於芝加哥發表革命性的演說之後陷入一些亂流及辯論，他堅認社會工作有能力且應該在矯正領域中工作。本書作者們不論是本身在矯正領域工作許久或是矯正領域的追隨者，都曾經歷練多年的奮鬥與面對諸多挑戰的衝擊，所以，也應該以本書為榮。事實上，雖然矯正與社會工作不是容易相處的伙伴關係，但情況不應該如此。還有許多不同領域的專業人員在威權環境中與矯正領域的人員一起工作，也面臨很大的困難，他們一直期盼能幫助犯罪人們自立。在多年的挫折經驗下，可喜的是有愈來愈多的專業人員與矯正人員合作時已經可以比較舒坦了，即使在最高度安

全戒護的監獄也可以如此。如果一個專業要等待被服務的人變得有動機來接受幫助才能去幫助他，則是一種無法接受的傷害（失行），因為矯正社會工作所面對的是一群感到極為挫折或對社會怨怒的犯罪人，他們可能從來無法到達自己有改變動機的程度。有些人會覺得這樣的冷漠（對於沒有動機的人不聞不問）是助人專業中極大的不道德。現在有部分的社會工作人員會去談論「主動積極的個案工作」（aggressive casework）作風，主動積極去碰觸那些很難的個案、主動出擊服務到家、激勵人們產生動機去幫助他們自己。本書對於幫助社工人員了解矯正領域十分重要，不過更重要的是，所有矯正領域的行政人員與實務人員閱讀了本書，可以了解到新的社會工作專業必須提供什麼專業服務，及如何發揮他（她）們的專業功能。幾年下來，如果本書可以幫助矯正人員及社工人員彼此更加互相了解，產生具有相輔相成的互相了解與專業同盟關係，則是本書最大的貢獻。

Vernon Fox

Professor

School of Criminology

Florida State University

Tallahassee, Florida

第二版序

譯者：鄭瑞隆

　　本書中所討論的知識基礎、概念、趨勢、理念、政策、方案發展、工作內容描述與工作角色、研究發現等，對社會工作人員與社會工作學生而言，在學術上及實務上都具有顯著性與重要性。在美國，有機會修矯正社會工作（correctional social work）、被害者學（victimology）、少年犯罪（juvenile justice）或家庭暴力（family violence）等相關課程的學生，經常被存在犯罪及刑事司法系統中固有的爭議與兩難所吸引與挑戰。本書聚焦於社會工作對聯邦、州及地方機構與單位之涉入與在其中所扮演的多重角色，這些單位組成全美的刑事司法系統。從第一版《矯正社會工作》在十幾年前出版以來，已經有許多值得注意的改變，這本全面增訂更新的第二版中，已經加入新的政策與立法、新的統計與趨勢資料、最近的研究發現，及公私立機構的方案發展，有三分之二的篇章是全新的，或已經全面修訂，與第一版有很大不同。

　　除了上述，第二版也有兩項主要的修正。首先，本書現在反映出從1980年代中期以來相關方案的蓬勃發展，特別是對犯罪被害人的協助、家庭暴力及性侵害的介入方案。這些方案是1984年犯罪被害人法案（Victims of Crime Act, VOCA）及其修正法案（包括來自 U.S. Office of Crime Victims 的聯邦經費分配）的直接結果，以及1994年受暴婦女防治法案（Violence Against Women Act, VAWA）的授權，於1995至2000年要編列12億美元進行該項計畫。現在，在刑事司法領域中有關於犯罪被害人協助的方案及社會服務方面，有相當強烈的社會工作精神出現，本書有六章就聚焦於危機介入（危機干預或危機調適）（crisis intervention）、被害人協助、性侵害防治政策與方案，以及家庭暴力防治方案。

第二項主要的改變是加入獨立的三章探討警察社會工作運動，以及警察與社會工作之通力合作（police-social work collaboration）。第三個主要改變是加入新的三章探討矯正問題（corrections）。這三章分別探討監獄過度擁擠問題、改變中的矯正政策、犯罪人中藥物濫用導致威脅生命的問題、男性及女性受刑人中 AIDS 傳播的問題、發展遲緩（障礙）犯罪人的權益問題，以及社會工作學生愈來愈多機會可以在監所中實習及從事自願服務工作的情形。

Albert R. Roberts, D.S.W.

New Brunswick, N. J.

xx

第一版序

譯者：鄭瑞隆

由於對犯罪少年、成年人，及犯罪被害人的社會服務需求日漸殷切，本書的目的就是要提供一個完整周延的敘述，說明社會工作在少年及成人刑事司法系統中現行的作法，以及如何增進作為，在刑事司法領域應該如何變得更有效能，以促進人性化的服務。

許多大學層級及碩士班層級的學生正在積極準備進入刑事司法領域，成為基層的服務人員（entry level positions），進行犯罪人的處遇及復健工作，這個角色不應只在犯罪人犯罪之後才提供服務，而是必須包括：對於問題少年的早期確認發現、對危機家庭進行介入協助、協調整合社區機構資源，並參與影響政策的制訂以增加對所需服務的經費編列。

本書聚焦於少年與成人刑事司法情境中社工人員及諮商人員的角色，具體回應逐漸快速變革中的少年犯罪防治政策與方案，以及執法、成年人矯正、觀護（保護管束）與假釋、法院運作等問題。鑑於經費預算的刪減及犯罪人處理及行為改變的諸多問題，刑事司法專業人員正在找尋對犯罪少年、犯罪人及被害人社會服務傳輸方法上的改善與提升，來提升專業品質。所以，本書是為了滿足實務人員、社會工作教育人員及刑事司法教育人員的需求而寫。

被選入本書中的各種主題是根據廣泛的需求評估研究之所得，我自1981 年晚春開始就在探討這些主題。當時我發展出兩頁的問卷，郵寄給303 所 CSWE 所認證的社會工作大學部系主任，及 87 所社會工作研究所（學院）的院長（或所長），請他們協助問卷的填寫。該問卷的調查目的有二：(1)了解刑事司法（矯正）領域相關社會工作課程的內容與數量；及(2)找出具有此一領域實務經驗、知識基礎，及具有動機的專業人士，願意

投入本書的撰寫計畫者。結果我收到湧至的已發表論文、研討會論文、計畫中篇章的大綱，這些都是全國各地許多同僚們熱誠與我分享的結果。

被選入本書中的篇章都是可讀性最高，也是提升刑事司法系統效能最需要的知識的代表，各種知識、技術、工作大綱的平衡表達。我的目標是要讓本書呈現最新的知識內容及盡量實用。

我十分感激準備每一篇章的作者們的重大協助，幾乎每一位作者都能在約定的交稿期限內交出他們的初稿及篇章的修訂。最後的成果是許多優秀的學者與專家呈現出他們對主題的周延分析，他們對這些主題的政策、議題內容、實務技術非常熟悉，可以運用在刑事司法系統中的獨特部分。

我要感謝 Payne Thomas 及其他的優秀同事們，在本書出版過程中的所有步驟提供細心、有效率的處理。在個人部分我非常感謝我的內人 Beverly，她提供無價的協助，除了情緒支持之外，她一直花費無數的時間協助編輯細節及參考資料之處理。

我期望本書能夠刺激讀者對於本書所探討之主題運用到刑事司法系統的思考，並提出改善之道；我也希望本書扮演催化的作用，使刑事司法領域能進一步發展與改進獨特的方案，最終能產出更具人性的方案，使我們有更安全的社會。

Albert R. Roberts

總校閱者序

　　社會工作是一門運用最廣的助人專業，目標是對各種受助人群提供問題解決良方，以協助他們有更好的生活適應、更佳的生命品質，及個人社會功能能順暢發揮。目前在台灣已經有超過二十所大學院校開設社會工作系所，但是仔細檢視所開設之專業領域課程，發現專門針對行為偏差者或犯罪人服務之課程十分缺乏，然而，社會工作或相關系所畢業生日後在實務領域卻是經常需要對行為偏差者或犯罪人進行專業介入與處遇。此現象或許是影響現在行為偏差者或犯罪人被介入及處遇成效不顯著的原因之一。「矯正社會工作」就是填充這個空缺的重要課程。

　　矯正社會工作是將社會工作的哲理、相關理論、助人技術、專業倫理運用在對偏差行為者或犯罪人協助上，至少包括社會工作理念在刑事司法上之運用、少年犯罪政策與方案、矯正政策、警察社會工作、社區警政工作、對犯罪被害人之協助、觀護體系、更生保護與法院系統的運作、矯正機構社會工作、犯罪人之評估及處遇等。在台灣，傳統的犯罪防治領域極少注意到社會工作專業可能可以提供之正向力量，而長久以來社會工作領域的人員也視對於犯罪人或行為嚴重偏差者之協助為畏途，甚至不認為社工人員需要去理會偏差犯行者或罪犯。這個情形導致犯罪防治（刑事司法）與社會工作在我國很難攜手合作，結果是兩方都遭遇實質的困難與障礙，得不到互相的協助。這種現象已經到了該改變的時候，畢竟科際整合的助人專業已經成為時代的主流思想。

　　校閱者在國立中正大學犯罪防治研究所開設「矯正社會工作專題研究」課程多年，一直為沒有適當的教科書所苦，也因為矯正社工的內涵相當多元，故在課堂上常需找許多文章資料提供學生閱讀。博士班學生李自強主動提供本書原文，更在課堂上由碩、博士班修課同學一起閱讀，引發課堂豐富且熱烈的討論，顯示成效不錯。個人發現這本書雖然不新，卻已經是

最近版本。在幾位博士班學生（李易蓁、李自強、邱顯良）提議下，大家一起著手翻譯，他們邀請個人協助校閱，準備出版。

教學、研究與服務工作讓個人經常忙得焦頭爛額，故在校閱工作上實在有點力有未逮。幸好幾位同學相當幫忙，進行同儕審核，互相校閱彼此的翻譯文字，另也感謝心理出版社總編輯的包容與協助，否則本翻譯書要問世，恐怕仍有變數。

凡事踏出第一步都是最困難的，本書的翻譯與出版亦是如此。現在至少第一步是勇敢地踏出來了，後續的挑戰仍大，我們仍會持續關注此一領域，為此領域灌注新的生命。本書的出版時間並不寬裕，故疏漏或不足之處在所難免，期盼讀者給予指正與回饋，將來本書一定會更臻於正確與可讀。

鄭瑞隆

譯序

2004 年春，我們三位都還是博士班研究生，一同選修鄭瑞隆老師的「矯正社會工作專題研究」。這門課的設計，是希望學習運用社會工作方法為刑事司法矯正領域的案主提供直接或間接服務。而我們當中有兩位（自強、易蓁）均是接受社會工作教育，然服務於刑事司法矯正體系，並以觸法少年、藥物濫用者為主要工作對象，且也分別在東海大學社工系與嘉南大學社工系開設矯正社會工作課程。另一位譯者顯良雖非社會工作背景，然以其服務警界的多年經驗，每每在課堂討論中，激發喝社工奶水長大且難免被社工思維制約的我們一些另類思考；也進而觸及探討台灣目前所推行之社區警政，若可和社會工作結合，則可能激盪出的嶄新工作模式。凡此種種課堂中的討論，均使鄭老師與我們三人體認到有必要多多倡導「矯正社會工作」的意義與重要性。但是也同時發現，坊間並無一本適合大學部同學研讀的類似中文教科書，所以，在各自以往的教學經驗裡，經常是以散見各處的期刊或論文來引導教學，這樣的方式雖非不妥，但是，我們也總覺得似乎有掛一漏萬之憾。

尤其，在工作過程中深刻體認刑事司法體系與社會工作專業理念與哲學觀的差異，以及在面對這些觸犯法律的非自願案主時，與一般社福機構所服務之自願性案主相較之下，的確需考量之問題層面與工作技巧均有其特殊性。輔以感受到不僅過去社會工作教育鮮少論及於刑事司法矯正領域提供社工服務的相關議題，矯正機關也對社會工作專業非常陌生，以致即使目前各監獄戒治所均已編制社工人員，然社工人員的專業角色並不盡然均得以充分發揮。特別少年事件處理法修正後，許多觸犯微罪的少年被轉向安置於中途之家，這些觸法少年與傳統社工領域所協助之弱勢兒童、少年，在特質上更是顯著不同。雖說社會工作相信非行行為是源自創傷經驗的外化反應，須多接納、包容。然當面對觸法少年種種抗拒、不合作言行

時，相關工作人員仍不免會覺猶疑、無力感，甚至被激怒。只是當面臨這類工作困境時，亦鮮少有相關書籍、文獻可資解答、指引。

在因緣際會的情況下，我們從 Amazon 網路書店買到這本原文書，並以一學期的時間共同讀完，認為此書內容可為矯正社會工作實務提供工作指引，且分析未來發展趨勢。最後，我們三人與鄭老師決定一起將此書譯成中文，以鼓勵並倡導更多社工人投身矯正社會工作相關領域。當然過程中，心理出版社迅速取得中文版權以及總編輯林敬堯先生的推波助瀾也是功不可沒。一年多的譯書過程，我們三人，除了原有的博士班課程外，也都還有各自的工作或教職，所以，分配在這本書譯寫方面的時間相對不是很充裕。基於截稿時限在即，雖然我們都知道其中仍有許多不甚滿意之處，但是譯寫工作還是必須暫歇下來。對於譯寫內容如有不正確之處，還請先進不吝指教是幸。

Part

· · · · · · · · · · · · · · ·

1

政策議題

5　　　　中央與地方少年刑事司法政策發展在滿足少年與成年犯罪者以及他們的家庭和被害人的社會需求上扮演關鍵角色。社會政策之目的為增進整體社會、個人、團體與人群關係之生活品質（Gil, 1973）。社會政策可減輕社會問題，並創造一個可促使個人、團體和社區繁榮發展的環境，而且保護社會免於因身處暴力社區而遭受痛苦。

　　　本章節分析與刑事司法體系有關之社會政策。並檢驗會影響社工人員、個案與司法體系之間複雜互動的社會和政治議題。

　　　Albert R. Roberts 在第一章介紹並回顧刑事司法社會工作的主要議題。聚焦於探討社工人員所扮演的其他專業角色，包括觀護人、補償方案的管理者、社會政策制定者，以及被害人的倡導者。

　　　Harvey Treger 和 G. Frederick Allen 在第二章強調了解和運用跨專業合作以及社會變遷的重要性。這些系統化的努力可以改善直接服務、計畫、管理和評估的品質。一些如同第二章所提到的不同專業間合作事例，可以促成資源共享、增加轉介，並激發其他機構開發出嶄新的服務。

　　　社會工作領導者在經營這類合作方案的初期，就已經在發揮對司法體系相關社會政策與方案發展的潛在影響力。Treger 和 Allen 探討進階社會工作教育，特別是司法社會工作的可行運作模式。教育機構與社區之間的深厚關係可適切提供符合成本效益的工作模式，並激發整體系統的內在改變，進而可使相關體系，諸如刑事司法體系、社會服務體系、教育體系與社區均可受益。

6　　　　即便與刑事司法公共事務有關的議題不斷在改變，但仍有一些已運作多年的刑事司法政策。C. Aaron McNeece 在第三章中聚焦於討論目前的司法矯正議題，包括：轉向、拘禁、身分犯、暴力少年、替代處遇、犯罪預防方案與正當程序（due process）。上述議題均會涉及以下問題：少年法庭是否應該保有對特定個案的司法審判權，或者應將某類個案轉介至心理衛生或社會服務機構，以接受更適切的處遇。McNeece 在本章中也檢驗了

近年來少年刑事司法體系的改革，以及現有的問題與濫權情形。

Sheldon Gelman 和 Daniel Pollack 在第四章中系統化探討了一些相關議題，以釐清矯正政策發展和運作的脈絡。他們整理了矯正、社會工作與法律相關文獻，以及和司法決策與媒體報導有關的資訊，以舉例說明會影響矯正政策制定的因素。矯正政策蘊含一些相互衝突的價值觀，遭受犯罪行為威脅、經濟與政治等社會觀點，均在矯正政策的發展上扮演重要角色。矯正政策有雙重目標，反映出「復健」（rehabilitative）和「倡議應報」（just desserts）的觀點。傳統上，一旦某一觀點主導矯正政策的運作，另一個觀點就會被提出來討論。當上述影響矯正政策發展的因素隨著時間而改變時，一些要求改革的聲音即會出現，進而也會發展出不同的政策。而且一些執行矯正作為所需的資源也會隨之修訂。為了了解矯正政策的內涵，則必須詳細檢驗此相關影響因素的演變過程。

H. Wayne Johnson 在第五章探討促使衍生犯罪和偏差行為的社區脈絡，以及社區對這類社會問題的反應，此即所謂刑事司法的回應。社會對於犯罪行為的回應可形式化為法院、假釋、觀護、拘禁中心、機構和社區替代處遇機構。H. Wayne Johnson 同時檢驗都會地區和鄉村地區的各式各樣刑事司法體系處遇模式。都會和鄉村社區的基礎發展趨勢已愈來愈相似了。鄉村地區的犯罪率正大幅成長，幾乎要凌駕都會區的犯罪率。同樣地，都會和鄉村地區亦均會同時運用傳統和非傳統作法來處理犯罪和偏差行為。

REFERENCE
參考資料

Gil, David G. *Unraveling Social Policy.* Cambridge, MA: Schenkman Publishing Co., 1973.

第 **1** 章

導論與概述

　　受聘於成人矯正機構擔任矯正處遇專家或諮商員的社工人員經常會遇到工作困境，全國各個社工專業服務的領域都在經費嚴重刪減的狀態下辛苦經營。在成人與青少年矯正教育與復健方案被刪減萎縮之際，聯邦政府與各州政府正在興建更多監獄，法官正在宣判更長的刑期。從 1990 年代早期開始，大眾驚訝又生氣地發現，許多社會所熟知的暴力犯罪案件是暴力犯罪前科犯所為，他們出獄或假釋後又犯下傷天害理的罪行，這情形引起許多州的立法通過了要求將常習慣犯（如果第三度被定罪的話）判決更長的徒刑，甚至因而創構出一個新的哲學，就是所謂的「三振法」，如果你犯罪達三次以上，就要在監獄中終身監禁。

　　長久以來，大眾一直在爭辯一些有關懲罰、復健、嚇阻、違法者能否被改變等相關議題，這些議題現在呈現出前所未有的相關性。犯罪人在被逮捕、審判期間、定罪之後所接受的處遇類型，對於個人與整體社會有相

當深遠的影響。身為司法社會工作人員，我們當中有許多人相信犯罪人是具有改變的潛力，因此我們給予他們一些機會以獲得法律和系統性的倡護，讓他們接受個別和團體治療、物質成癮治療、社會福利服務及職業復健。但是，不幸的是，由於許多州強調司法監護及懲罰，故許多矯正機構裡社會工作人員的位置紛紛被精簡了。

由於整個美國社會到處充斥著暴力犯罪，人們對暴力行為的恐懼感也深，有兩種主要成長的產業是存在的。首先，社會工作者及刑事司法專業人員極為重要，他們廣泛投入被害人扶助、家庭暴力干預、強暴危機干預與調適，與性侵害預防方案。第二個成長的產業是，有愈來愈多的監獄及犯罪人被監禁得愈來愈久；這個產業與社會工作者企圖以人道的社會服務傳輸及促成犯罪人復健的助人角色恰好相反。到 1994 年 6 月時，聯邦與各州監獄中人口急速擴張，已經到達突破 100 萬人的數字。儘管懲罰的立論獲得支持（亦即監禁），但事實上尚未有效果（Welch, 1994, p. 266）。柯林頓總統的犯罪法案已經授權聯邦政府增加額外的 99 億美元建造新的監獄。在本書第四章 Gelman 和 Pollack 教授指出：「當監禁（imprisonment）或司法監護（custody）在政治人物與一般大眾心理中認為最重要，處遇服務與社區處遇的資源就會萎縮。投入以監禁為目的的資源，使得原本就很有限的復健及較非限制性的替代方案，顯得更沒資源（因為資源被轉向或被排擠了）。」

社會工作者可以擔任改變的媒介（change agents）、立法倡護者（legislative advocates）、政策制訂者（policymakers）、方案執行者（program administrators）等角色，對犯罪被害人及犯罪人人道服務及有效方案之發展具有重大影響力。

當前青少年及成人刑事司法系統正面臨前所未有的難題，係導因於以下各項因素：

1. 大多數主要的重大犯罪類型持續增加。
2. 青少年犯行暴力化的程度一直增加，許多是與幫派有關。
3. 青少年與成人的犯罪活動與各種不同類型的物質濫用有關，例如與販

毒相關的暴力行為、因為吸毒而產生犯罪行為、以非法行為獲取金錢以購買毒品等。

4. 對重大犯罪人該進行而未做好的處遇工作，不一致及無效的處理與徒刑的執行。

5. 缺乏適量適當的專業人員與矯正機構中過度擁擠的狀況。

6. 因為預算經費刪減使得觀護與假釋機構案件負荷量過重。

7. 缺乏完整周全的預防、轉向、補償恢復及介入調處方案。

8. 官僚政策使然，當犯罪人尚未被逮捕時，許多以檢察體系為主導的被害人／證人扶助方案（victim/witness assistance programs）無法提供需要的服務給需要的人。

在過去的幾十年當中，許多社會工作者的作為使得整個矯正系統更退化、更不公平、更傾向懲罰。矯正社會工作者們的疏忽在以下的傾向上最明顯：

1. 在犯罪人當中搜尋個人的病理現象，並據以發展處遇計畫。

2. 忽略文化規範與社會結構問題，使得不公義更嚴重。

3. 逃避在警察單位、教養訓練機構、矯正機構、假釋機構中的直接服務工作。

4. 未理會案主環境對案主的影響。

5. 忽略了案主的社會情境對其每天產生的壓力，使得他們無法控制生活該怎麼過。（Costin et al., 1973）

不僅社工人員忽略了案主們每天的壓力和所受到的壓迫，以及在許多矯正機構裡的環境所出現的羞辱貶抑的特質——特別是在一些最高度安全戒護的監所當中，某些調查分類監獄官員、矯正心理師、舍房管理人員、監所教誨師、觀護人、假釋官，也使得這樣的狀態更加惡化（羞辱貶抑犯罪人）。

觀護系統

　　儘管所有的媒體與社會大眾都非常關注與贊成以增蓋監獄作為政府重視刑事司法產業的象徵，倒是很少聽到大眾對於觀護系統的未來有什麼抱怨。1995 年有大約 300 萬人在接受觀護服務，人數在逐年增加中。媒體與決策官員都因疏忽而犯了一個重大的錯誤，他們忽略了觀護部門需要重新組織（再整頓）的需求，特別是既然幾乎三分之二接受矯正機構監督的成年犯都有接受保護管束，觀護體系的確值得重視（Sluder, Sapp & Langston, 1994; Bureau of Justice Statistics, 1991）。

　　觀護部門的哲學差異頗大，包括強調社會控制與擴大監控；有的強調個案管理（case management）與依案主需要提供社會服務；有的強調犯罪人矯正復健（offender rehabilitation）。Burton、Dunaway 與 Kopache（1993）完成了一項對全國各州刑法典的調查分析研究，分析各州刑法規定矯正機構與觀護機構處理犯罪人的作法，該研究指出各州的規定大致上有一共同目標，就是使犯罪人復健。雖然各州都支持復健是他們處理犯罪人的最高目標，但也有一些附帶的目標，例如保護社會大眾安全（public protection）、懲罰違法行為（punishment）、再整合使其復歸（reintegration）、監護（custody）與阻卻（嚇阻）違法（deterrence）等。

　　在美國已經有許多種非傳統的觀護方案在實施中，包括居家監禁（house arrest）、電子監控（electronic monitoring）、日間罰款（day fines）、日間報到中心（day reporting centers）、分期監禁（split sentences）、社區服務監禁（community service sentences）、補償恢復（restitution）和密集觀護監督（intensive probation supervision, IPS）。現在新的改變是以密集觀護監督（IPS）取代傳統的觀護（保護管束）。

　　密集觀護監督（IPS）的目標是以兩位觀護官（觀護人）負責最多 30 名受保護管束人，觀護人每週到家裡與工作場所探視受保護管束人好幾次，

並經常施以採驗尿液，防止他們使用非法藥物。這種類型的密集監督方案與大都會區的現況正好相反，因為大都會區飽受預算刪減之苦，使得觀護人的案件負荷量甚重，對接受保護管束者的監督已到最少的量，甚至實際上已經沒有什麼監督作用。例如，紐約市每一位觀護官個案負荷量高達 300 名，而洛杉磯郡可能高達 1,000 名。

在 1980 年代中期至 1990 年代前半葉，有愈來愈多的州開始實施 IPS 方案。此方案在各地由不同的部門透過不同的方式在運作，包括：居家監禁、透過腳踝環進行電子監控、宵禁檢查（curfew checks）、拜訪工作的督導（visits with work supervisors）、觀護官不預警進行夜間或週末家庭訪視，以及確認補償金有依規定付給犯罪被害人（Lurigio & Petersilia, 1992）。執行 IPS 的觀護官也經常不預警地對犯罪人進行驗尿、電話追蹤查訪、每週數次不預期地去探訪犯罪人的住所與工作地點。他們也提供諮商服務、轉介職業與工作技能訓練，及安排犯罪人去接受物質濫用（成癮）的戒治課程或方案。

密集觀護監督有三種類型。某些州，像喬治亞州和華盛頓州採用一種「前端管控」（front-end）的 IPS 模式，主要的目的是要防止犯罪人被放至機構裡監禁。第二種類型是大家較熟知的所謂「後端管控」（back-end）的方案，即犯罪人已經在監所中服刑一段時間後，給予提早出獄的釋放（假釋），對他們進行出監後的觀護。這種方案在紐澤西州用得十分普遍，有一個重要的目標，是可以減緩監獄中過度擁擠的現象，並節省公帑的花費。根據犯罪人的危險評估分數高低，決定他們是否接受 IPS 方案，通常以低再犯危險者較有希望。觀護官與他們接觸的頻率從（週一至週五的期間）每天一次至每月數次。觀護官之個案負荷量從每人 12 位至 40 位多一點。

北卡羅萊納州是一個很喜歡使用 IPS 方案的州，觀護官都是訓練有素且有督導監督的專業人員，監督與諮商任務通常由個別觀護官或兩人一組的團隊負責。當 IPS 是由一個團隊負責時，兩名觀護官員可以負責到最多 25 位被觀護犯罪人，當單獨一位觀護官執行業務時，個案負荷量最多是 16 人（Clarke, 1991）。在華盛頓州的西雅圖市，IPS 觀護官的個案負荷量維持在 20 人，而傳統一般觀護官負荷量是 85 人（Petersilia et al., 1992）。佛

羅里達州全州 IPS 觀護官的個案負荷量最多不超過 20 人。（有關於具有社工碩士學位觀護官角色扮演的討論，請見第十五章 Harvey Treger 教授與 G. Frederick Allen 博士的文章。）

根據 Todd Clear 與 George Cole 教授（1994）所指出，未來前瞻的觀護部門正在分派觀護官至某些犯罪人處遇團體，結果是觀護官扮演轉介媒介者或仲介者服務，將接受觀護的犯罪人安排至適當的處遇團體，如少年性罪犯處遇、成年性罪犯處遇、古柯鹼濫用成癮者，或其他有心理健康問題的犯罪人處遇團體。

有些城市或郡縣的政府鼓勵觀護官督導們要完成社會工作碩士學位（M.S.W.），不過大多數的觀護官都只有學士學位，主修科系大多是刑事司法（犯罪防治）、社會學、心理學或社會工作。（有關於觀護督導擴大角色問題的討論，請見第十六章 Frank B. Raymond 三世院長的文章。）

補償制度

補償制度是另一種法律強制性的中介調解制度（intermediate sanction），在 1990 年代迅速成長。兩種主要的犯罪補償類型是金錢補償（賠償）（monetary restitution）與社區服務補償（community service restitution）。在金錢補償方面，法院命令犯罪人要賠償給付犯罪被害人因犯罪直接導致之金錢或財物損失；而社區服務補償方面，法院命令犯罪人提供無償的公共服務（勞務），例如：在公路旁撿拾垃圾、清潔公共廁所、清除牆上之塗鴉等。

犯罪人需給付賠償之金錢額度，經常是由刑事法庭或巡迴法庭法官決定，法官會考量犯罪人的不動產與個人財產狀況、個人之收入與給付能力，作為決定金錢補償額度的參考。根據 Rosen 與 Harland（1990）的研究，補償制度方案愈來愈受重視，是與以下的因素有關：法制與行政層次的政策、被害人於犯罪事件中所受衝擊之廣受注意、懲罰前之報告加入了對於犯罪

被害人財務損失狀況的描述。

　　補償制度正成為美國觀護體系與少年法庭重要的方案，例如，費城的成年人觀護與假釋部門就有 26 名觀護官（全部有 220 位觀護官）被分派去處理補償業務，1991 年 5,863 位犯罪人繳付了 1,584,049 美元的補償金。在奧勒岡州的波特蘭市地區，檢察署被害人扶助計畫在 1992 年募集了來自犯罪人所繳納的 925,221 美元。在 1976 至 1992 年之間，波特蘭市的計畫共匯集了 739 萬美元以幫助犯罪被害人。

　　猶他州的補償制度的成長也令人印象深刻。1970 年只募集了 29,146 美元，到了 1992 年就達到 826,690 美元。該州也於 1986 年建立了由法院監督執行的社區服務工作隊（community service work teams），給無法繳付補償金的犯罪少年參與，在 1992 年，猶他州青少年共完成了 255,768 小時的社區服務。

被害人扶助與家庭暴力方案

　　Albert R. Roberts 教授（1990, 1996）強調被害人權益與被害人服務立法的重要性，特別是在 1984 年「犯罪被害人法案」（Victims of Crime Act, VOCA）及 1994 年「受暴婦女防治」（Violence Against Women Act）之影響下。這兩個法案成為聯邦撥款的重要依據，從 1985 至 1995 年，超過 10 億美元被分配用以進行幾個非常重要的犯罪被害人扶助計畫，包括受虐婦女庇護中心（battered women's shelters）、性侵害被害人扶助計畫（sexual assault programs）。現在全美已經有超過 6,000 個以上的犯罪被害人扶助方案，然而直到最近，大學之社會工作學院（科系）及刑事司法學系才開始規律地開授被害者學（victimology）、家庭暴力及危機干預等課程。因此，到本書撰寫時為止，全美仍然十分欠缺有專業訓練的社工員與刑事司法人員能夠擔任全職的犯罪被害人扶助專業人員；特別是在人口密集的大都會區，需受助的被害人較多，專業人力缺乏之情形更為明顯。

　　自從世界上第一個受虐婦女庇護中心於 1972 年在英國倫敦成立以來，受暴婦女運動在過去二十多年來已經有相當好的成長，現在在美國和加拿

大有 1,500 個以上的婦女庇護中心為受暴婦女及她們的孩子提供服務。社工人員們在婦女庇護中心有相當多的工作機會，不過，他們仍然以為家暴施暴者提供團體諮商服務的工作機會較多。

　　社會工作教授 Liane V. Davis 與 Jan L. Hagen（1988, 1994）檢視了女性主義理論解釋婦女受暴的問題，並強調全州家暴聯盟草根組織（grassroots domestic violence coalitions）向當局遊說修法與增加預算以提供受暴婦女社會服務的重要性。Susan E. Roche 與 Pam J. Sadoski（1996）兩位教授強調社工員應該在各州、各郡縣的婦女庇護中心互相結盟當中扮演重要角色。Roche 教授並將全國 622 個受虐婦女庇護中心加以建檔，在她的全國性調查中發現，受虐婦女庇護中心平均大約有九年的歷史，有 6 名全職員工、4 名兼職員工，還有 25 名義工。622 個中心的預算報告顯示，1991 年的平均預算約在 135,000 至 160,000 美元之間（Roche & Sadoski, 1996）。最後，社會工作教授 Daniel Saunders（1994, 1995）有許多著作探討社工人員在改造社會、改造系統、改變案主方面扮演倡護者（advocates）的角色；再者，他也強調家暴案件的專業社工在兒童監護權案件、家內殺人案件中擔任專家證人（expert witnesses）的角色，以及保護令對於受暴婦女與法院命令對施暴者強制諮商之重要性。

　　在美國社工人員角色有些許、但革新性的改變，就是擔任犯罪被害人與犯罪人間之調解者（mediator）角色（Umbreit, 1993）。在 1995 年春，全美有超過 150 個以上的被害人與加害人調解方案（victim-offender mediation programs），加拿大有 26 個此類型的方案（Umbreit, 1995）。這種類型的方案經常是由跟法院簽有契約關係的非營利社會工作機構來負責，也有一些方案是由法院的觀護部門負責。這種調解方案鼓勵犯罪人勇敢地面對被害人，透過語言溝通修補關係、給予金錢方面的補償，或負責修補損失的財物。

13

矯正社會工作近來的歷史

　　如同鐘擺一樣，矯正社工員的定位從早期投注甚多於權威的矯正場境，到近來對矯正機構最少涉入。在二十世紀的前半段時期，矯正社工員投注甚多心力在警察機關、矯正機構、觀護部門、少年法庭，工作焦點是透過個別化處遇及復健方案改變犯罪人。然而，由於現在美國社會瀰漫著一股懲罰意識的風氣，受雇在矯正機構裡工作的專業社工人員大幅減少。矯正工作的哲學、政策及實務已經改變，從問題解決取向（problem-solving）及處遇模式（treatment mode）轉成強調壓抑（repression）、報應（retribu-tion）及懲罰（punishment）。因此，社工人員在成人矯正機構裡未來的角色實在很難預測。

　　社會工作參與幫助犯罪人與被害人的投注已經有很長的歷史。在 1930 及 1940 年代，社工人員就已經投注於法院系統及矯正系統去幫助少年及成人犯罪人；此外，在全美國各大主要城市中，警察部門也聘僱了許多警察社會工作員（police social workers）扮演諮商專家，對婦女及遭遇問題困擾的兒童與少年提供服務。

　　從歷史的角度來看，社工人員在刑事司法領域的能見度可以說是「進兩步、退一步」。我們可以舉例說明這樣的現象，例如 1970 年代到 1980 年代早期的警察社會工作運動及被害人扶助工作。在 1970 年代後半期，擁有社會工作碩士學位的社工人員與諮商員廣泛地被幾個州的警察部門聘僱工作，如加州、伊利諾州、紐澤西州及德州。在科羅拉多州、康乃迪克州、麻州、紐約州及羅德島州的許多城鎮也雇用了社會工作員，在聯邦政府執法援助管理部門（Law Enforcement Assistance Administration, LEAA）經費挹注下，許多社工員都簽下三年的工作契約，在這些種子經費用罄時，某些州的計畫部門又將這些計畫方案延長了兩年。不過由於 LEAA 後來裁撤，並且許多地方政府不願意繼續負擔經費，故許多警察社會工作員在

14

1980 年代初中期失去了工作。然而在某些州,例如德州的達拉斯與休士頓,警察部門卻聘用了更多社工人員。

相較於警察社會工作,社工人員投入被害人扶助方案的時間較短,但關係卻更密切。從 1970 年代中期開始,在 LEAA 的經費支持下,許多社工員被聘擔任被害人與目擊證人扶助方案的主任(program directors)與被害人倡護人員(victim advocates)。這些方案主要的促進力量是「犯罪被害人法案」(VOCA)的經費支持。自 1985 至 1993 年,VOCA 分配經費從 6,800 萬美元增加到 6 億 2,000 萬美元,結果是全美成立了數千個受虐婦女庇護中心、性侵害處遇方案(sexual assault treatment programs),檢察官主導的犯罪目擊者扶助方案(prosecutor-based witness assistance programs)也擴大了規模。雖然家庭暴力防治方案的主任及被害人扶助方案工作人員之教育背景,從社會學、諮商教育到心理學、神學都有,大多數還是具有社會工作碩士(M.S.W.)學歷,在 Roberts 的全國性調查研究中發現,超過三分之一的此類方案主任及總幹事最高學歷是社會工作碩士(M.S.W.)(Roberts, 1994)。

當前社會大眾一般的意識與感覺都認為,對於暴力犯罪少年(violent juveniles)及成年慣犯(habitual adult offenders)應該施予更長的監禁。主張對犯罪人強硬模式的支持者堅定地相信,將少年犯行視為社會工作問題是忽略了被害人的權利,也破壞了對犯法者應報的對稱原則。社會大眾的觀感認為成年犯罪人沒有能力改變,與這樣的想法強烈對比的是,有許多社會工作支持者投入少年刑事司法系統的工作,最近好幾個聯邦支持的方案以社會工作觀點提供少年犯罪預防及矯正方案,這些方案支持者都認為,以機構來處理犯罪少年,長期如此會使問題更惡化,而處遇與預防方案提供了最有希望的替代選擇。

未來的情況

　　在西元 2000 年及往後我們可以期待些什麼？聯邦及各州的機構是否會繼續分配數十億元的經費去建造更多的監獄？是否花費鉅資費用與相對無效的監獄處遇會導致經費的重新分配，導向更符合成本效益原則的替代策略，例如審前轉向處遇（pre-trial diversion）、電子監控、家庭諮商、回復式正義與補償（restorative justice and restitution），以及被害人與加害人協商調解制度（victim-offender mediation）？這些似乎是司法社會工作當局的共識，就是社區處遇成為監禁的替代方案需要全面擴張，在全美推廣。

　　本書作者預測，在好幾個行政區域中，一旦評估研究完成，且發現符合成本效益及有實質成效，全面式的少年密集監督方案（intensive supervision programs, ISP）將會顯著地擴張。全美犯罪與偏差防治會議（National Council on Crime and Delinquency）的計畫大綱（Krisberg et al., 1994）提供了少年密集監督方案的理論觀點、目標、基本議題和方案內容。該計畫大綱的發展是根據一個危機控制框架指導下的擴大評估過程，該框架包括復健及社區控制的目標。密集監督方案（ISP）原本是根據一個觀察結果，就是犯罪人需要增加更多仔細的監視與監督，然而大部分的方案已經包括了教育、職業訓練、工作安置、生活技能訓練、犯罪補償與（或）社區服務。在過去十年中，密集觀護監督（IPS）方案在復健及日間處遇方面較弱。評估系統方面是整個方案計畫中一個重要的部分。不過，最近 IPS 似乎更為完整周延，提供更多可能性去中止或預防初次重大犯罪人未來發生更多的犯行。

　　柯林頓總統的犯罪法案（Crime Bill），或特指 1994 年之暴力犯罪控制與執法法案（Violent Crime Control and Law Enforcement Act of 1994），授權提供外增 10 萬名警察，並大量擴增家庭暴力處遇與預防方案。犯罪法案中的受暴婦女防治法案規定在五年之間編列 12 億美元進行相關工作，社

工員們可以扮演關鍵的角色在發展具有成本效益的暴力犯罪被害人處遇方案，以及較人道的犯罪人處遇方案。社工員在許多層面具有足夠的經驗，例如行政方面、方案計畫與發展、社會政策分析、服務傳輸、倡護工作、社會工作處遇等。不過，社工員與刑事司法專業人員在未來五年之中能否擴大合作以因應這些新的挑戰，仍待進一步觀察。

好幾位著名的社會工作專家對於未來的情況提出他們的預測。C. Aaron McNeece（1995）指出，在 1995 年之前以較人道及較有效率方式處遇犯罪人的措施已經增加很多，例如電子監控、對被害人的補償，以及社區服務方案。他建議應該繼續使用這些人道的處遇措施。社會工作者與廢除監獄的行動者 Jerome G. Miller 博士（1995）提出建議，社會工作者要扮演改變現狀的倡護者，否則現在的犯罪控制政策將會導致被監禁的人愈來愈多，在 1990 年代結束之前，監獄裡會擠滿 400 至 600 萬名受刑人，他們當中大多數是少數族裔群體。

社會工作退休榮譽教授 Rosemary C. Sarri 博士曾經整理了犯罪的趨勢、逮捕率，以及成為犯罪被害人的風險率，她的文章發表在《社會工作百科全書》（*Encyclopedia of Social Work*）第十九版，倡言社會工作人員及社工專業應該需要多參與計畫、設計及實施有效的犯罪預防政策及方案。她說：「如果犯罪行為要被有效地減少與獲得控制，答案就在於採取干預介入的措施，改善家庭與社區生活、消弭貧窮、提升教育、提供更多就業機會，而不是在更強力的執法。」（1995, p. 645）

社會工作研究者 Jeffrey A. Butts 博士曾經探討了現行在全美國使用社區矯正對犯罪青少年進行處遇的問題，他提供了以下可以在社區中使用的方案建議，「這對於刑事司法系統之有效性與財政穩定性非常重要」（1995, p. 554）：強制的社區服務方案、犯罪被害補償方案的擴大（犯罪人要金錢補償被害人或幫被害人修復損失的財物）、居家監禁（除了工作或去參加被核可的職業訓練之外，不得離開家裡）。

社會工作教授 Armando Morales（1995）已經發展出一個合時宜的心理社會的預防策略用以預防幫派殺人，並探討社工員在國家及社區層次中可以扮演的潛在角色。他覺得司法單位的社工員需要與社區中的機構緊密結

合工作，並且NASW（美國社工人員協會）應該進行一些策略性的計畫，採取系統模式去預防不需要的幫派槍殺事件。

結論

　　令人振奮的是，最近NASW已經重新關切社會工作在司法系統裡的問題，在過去十六個月當中（1994年5月至1995年9月），《社會工作》（*Social Work*）期刊已經刊登了八篇相關的學術論文（平均每兩個月就有一篇），主題包括刑事鑑識社會工作（forensic social work）、矯正社會工作（correctional social work）、犯罪被害人需求問題。最近這些趨勢已經跟1980年代中期至1993年時很不一樣，在那段期間內，《社會工作》期刊只刊登了一篇跟刑事司法有關的學術論文（每兩年才一篇）。由於NASW的會員有大約15萬人，每位會員都會收到期刊，故社會工作界對改善刑事司法系統的關切與策略將能觸及廣泛的大眾。刊登在《社會工作》期刊的這些領域文章議題，包括：刑事司法系統對嚴重心理疾患的衝擊與影響（Solomon & Draines, 1995）、監獄女受刑人性虐待被害經驗、歷史與其心理社會問題（Singer, 1995）、如何將社會工作的信仰價值適用到矯正環境（Severson, 1994）等。

17

REFERENCES

參考資料

Bureau of Justice Statistics. (1991). *Probation and Parole, 1990.* Washington, D.C.: U.S. Department of Justice.

Burton, V.S., Jr., Dunaway, R.G., & Kopache, R. (1993). To punish or rehabilitate? A research note assessing the purposes of state correctional departments as defined by state legal codes. *Journal of Crime and Justice, 16(1):*177–188.

Butts, J.A. (1995). Community-based corrections. In R.L. Edwards (Ed.), *Encyclopedia of Social Work* (19th ed.). Washington, D.C.: NASW Press, pp. 549–555.

Clarke, Stevens H. (1991). *Law of Sentencing, Probation, and Parole in North Carolina.* Chapel Hill, NC: University of North Carolina at Chapel Hill.

Clear, T.R., & Cole, G.F. (1994). *American Corrections* (3rd ed.). Belmont, CA: Wadsworth.

Costin, L.B. et al. (1973). Barriers to social justice. In B. Ross & C. Shireman (Eds.), *Social Work Practice and Social Justice.* Washington, D.C.: NASW.

Davis, L.V., & Hagen, J.L. (1988). Services for battered women: The public policy response. *Social Service Review, 62:*649–667.

Davis, L.V., Hagen, J.L., & Early, T. (1994). Social services for battered women: Are they adequate, accessible, and appropriate? *Social Work, 39:*695–704.

Handler, E. (1975). Social work and corrections. *Criminology,* 13.

Kahn, A.J. (1965). Social work and the control of delinquency: Theory and strategy. *Social Work, 10:*8–12.

Krisberg, B., Neuenfeldt, D., Wiebush, R., & Rodriguez, O. (1994). *Juvenile Intensive Supervision: Planning Guide.* Washington, D.C.: U.S. Department of Justice, Office of Juvenile Justice and Delinquency Prevention.

Lurigio, A.J., & Petersilia, J. (1992). The emergence of intensive probation supervision programs in the United States. In J.M. Byrne, A.J. Lurigio, & J. Petersilia (Eds.), *Smart Sentencing: The Emergence of Intermediate Sanctions.* Newbury Park, CA: Sage Publications, pp. 3–17.

McNeece, C.A. (1995). Adult corrections. In R.L. Edwards (Ed.), *Encyclopedia of Social Work* (19th ed.). Washington, D.C.: NASW Press, pp. 60–68.

Miller, J. (1995). Criminal justice: Social work roles. In R.L. Edwards (Ed.), *Encyclopedia of Social Work* (19th ed.). Washington, D.C.: NASW Press, pp. 653–659.

Morales, A. (1995). Homicide. In R.L. Edwards (Ed.), *Encyclopedia of Social Work* (19th ed.). Washington, D.C.: NASW Press, pp. 1347–1358.

Petersilia, J. (1990). Conditions that permit intensive supervision programs to survive. *Crime and Delinquency, 36:*126–145.

Petersilia, J., Turner, S., & Deschenes, E.P. (1992). Intensive supervision programs for drug offenders. In J.M. Byrne, A.J. Lurigio, & J. Petersilia (Eds.), *Smart entencing: the Emergence of Intermediate Sanctions.* Newbury Park, CA: Sage, pp. 18–37.

Roberts, A.R. (1996). *Helping Battered Women: New Perspectives and Remedies*. New York, NY: Oxford University Press.

Roberts, A.R. (1995). Victim services and victim/witness assistance programs. In R.L. Edwards (Ed.), *Encyclopedia of Social Work* (19th ed.). Washington, D.C.: NASW Press, pp. 2440–2444.

Roberts, A.R. (1994). Crime in America: Trends, costs and remedies. In A.R. Roberts (Ed.), *Critical Issues in Crime and Justice*. Newbury Park, CA: Sage Publications, pp. 3–18.

Roberts, A.R. (1990). *Helping Crime Victims: Research, Policy and Practice*. Newbury Park, CA: Sage Publications.

Roche, S.E., & Sadoski, P. (1996). Social action for battered women. In A.R. Roberts (Ed.), *Helping Battered Women: New Perspectives and Remedies*. New York, NY: Oxford University Press, pp. 13–30.

Rosen, C.J., & Harland, A.T. (1990). Restitution to crime victims as a presumptive requirement in criminal case dispositions. In A.R. Roberts (Ed.), *Helping Crime Victims: Research, Policy and Practice*. Newbury Park, CA: Sage Publications, pp. 233–245.

Sarri, R.C. (1995). Criminal behavior overview. In R.L. Edwards (Ed.), *Encyclopedia of Social Work* (19th ed.). Washington, D.C.: NASW Press, pp. 637–645.

Saunders, D.G. (1994). Child custody decisions in families experiencing woman abuse. *Social Work, 39:*51–59.

Saunders, D.G. (1995). Domestic violence: Legal issues. In R.L. Edwards (Ed.), *Encyclopedia of Social Work* (19th ed.). Washington, D.C.: NASW Press, pp. 789–795.

Severson, M.M. (1994). Adapting social work values to the corrections environment. *Social Work, 39(4):*451–456.

Sluder, R.D., Sapp, A.D., & Langston, D.C. (1994). Guiding philosophies for probation in the 21st century. *Federal Probation Quarterly, 58(2):*3–10.

Solomon, P., & Draine, J. (1995). Issues in serving the forensic client. *Social Work, 40(1):*25–33.

Umbreit, M.S. (1995). Holding juvenile offenders accountable: A restorative justice perspective. *Juvenile and Family Court Journal, 46(2):*31–42.

Umbreit, M.S. (1993). Crime victims and offenders in mediation: An emerging area of social work practice. *Social Work, 38(1):*69–73.

Welch, M. (1994). Jail overcrowding. In A.R. Roberts (Ed.), *Critical Issues in Crime and Justice*. Newbury Park, CA: Sage Publications, pp. 251–276.

第 2 章 司法系統中的社會工作——一個概述

社會工作專業從一開始存在就投注心力關切貧窮人家、社會上之失利者、弱勢者的基本生活所需，大約在1940年代中期，社會工作擴大關注的範圍。賓州大學社會工作學院（the Pennsylvania School of Social Work）主任 Kenneth Pray 主張爭取社會工作在社會行動中提高其能見度（Pray, 1945a），其中一個需要社會工作提供服務且十分有希望的領域是矯正領域（corrections）。

在這個時間點，法院非常投注於透過復健觀念[1]（the concept of reha-bilitation）的採用，去修正其對犯罪人的反應方式，於是社會工作專業逐漸受到注意，成為犯罪人矯正服務的主要提供者。社會工作專業服務進入刑事司法體系的漸進過程並不簡單，除了面對改變的慣性（能不變盡量不變）之外，還有在矯正機構裡的社會服務提供常是非自願性質的（involuntary），以及與社會工作其他的價值之間的矛盾，例如案主的自決權利（client's right to self-determination）、為

案主提供倡護（advocacy for the client）或支持矯正機構，以及在一個權威的情境裡提供服務給沒有動機的案主。

　　大約在十九世紀快結束時，在美國伊利諾州第一個少年法庭法律制訂時，社會工作首次出現在刑事司法系統。這部少年法庭法律將所有涉及犯罪少年（含兒童）、被疏忽及依賴兒童（dependent children）的案件整併成在同一個單位管轄。之後對少年的復健模式（rehabilitation approach）也被正式地擴展到對成年人的處遇，包括保護管束（probation）及假釋（parole）。到這個時候，社會工作已經能夠累積出一個體系的知識與技術，特別去關切犯罪人行為與社會功能的塑造，因此，成為能夠對矯正工作有重大貢獻的專門學科。

　　社會工作對於人類行為的了解恰好與刑事司法方案的基本要素相互連
20　結，包括判決前的調查與監督。法院需要工作人員具備人類行為與環境，以及介入干預的相關知識。因此，在 1960 年代時，因為對於犯罪人的復健成為矯正處遇的核心概念，故社會工作的能見度更高，也愈加興盛。社會工作創出一個位置（niche），因為它能落實改變犯罪人暴力行為這個有用的社會功能。因此，許多矯正機構，如保護管束及假釋部門，聘請了許多具有專業訓練的社工員去執行對犯罪人的調查及監督的工作。法官也仰賴社工專業人員來提供犯罪人的相關資料訊息，例如犯罪史、個人發展史、家人關係圖像、就學歷史、軍中生活史、經濟狀況、態度及動機等。社工人員對於犯罪人個人及環境的評估（assessment），可以幫助法院確認到底要給予判決入獄或保護管束[2]。有一位在伊利諾州北區的聯邦法官經常提醒犯罪人，他要將他們移給一位保護管束官（probation officer）來負責，該保護管束官是一位有專業訓練的社工人員，能夠提供犯罪人們心理及社會方面的服務。

　　不過，到了 1970 年代時，復健的概念陷入了爭議。雖然司法系統裡的社會工作方案無疑地已經對非行少年及成人犯提供了許多深具價值的服務，但對犯罪人干預處遇當中出現的一些令人失望的事情也時有所聞，招惹了許多對該系統的批評。後來，當時的美國矯正局（Bureau of Prisons）局長 Norman Carlson 回應了一些當時的批評如下：

我們機構遭遇到許多次的批評，因為人們不了解我們的機構是負責經營一個安全與人道的監獄，不是去懲罰或使被定罪者獲得復健。我們必須把自己從我們可以改變人類行為的理念中切隔開來，我們事實上沒有力量可以去改變受刑人，我們能做的是為那些想要改變的受刑人提供一些機會。（Earley, 1984, p. A19）

　　這個說明指出一個強調點，就是環境對人類行為的影響。然而，對監獄環境的報告明確指出，監獄系統未能提供這樣的機會給受刑人。當復健的觀念逐漸式微，社會工作在刑事司法體系中也逐漸式微，誠如Cressey所說：「當復健的理念不見了，人道主義在監獄中也跟著消失了。」（Cullen & Gilbert, 1982, p. xx）許多在社區矯正機構中的復健措施紛紛被危機管理（risk management）所取代，這些作法是透過與社區本身關係較密切的干預措施，而與被復健的個人較無關係，例如：居家監禁（house arrest）、電子監控（electronic monitoring）、密集監督（intensive supervision）、罰金（fines）、補償（restitution），及社區服務（community service）。

　　十多年來監獄不斷增加，判決的結構也發展出固定的內涵，這些事實導致更多懲罰式的制裁，不過我們並未因而看到犯罪有實質的減少。柯林頓總統在對執法人員演說時指出，在過去三十年來，我們的暴力犯罪數量增加了300%。在過去三年當中，有三分之一的美國人本身或他們的家人曾經遭遇犯罪被害。根據美國刑事司法統計局的資料，被聯邦與州的監獄所監禁的美國人數量在1994年6月30日跨過100萬人大關，這意味著從1980年以來，美國的監獄人口已經增加三倍，我們依賴監禁來處理犯罪人的作法，已經使美國被冠上「懲罰的社會」（punitive society）的國際名聲。根據Black（1991）指出：「美國是全世界使用監獄最多的國家，而且差距正在擴大中，其他國家使用較多的替代式判決。」在1992至1993年間，美國聯邦有130萬監獄人犯，比率是每10萬人有519人被關，這個比率數字遠超過西歐國家，也比大多數的亞洲國家高。Mauer（1994）指出，美國聯邦與其他國家的差距在拉大當中（指監禁人數比率）。

當我們仔細思考該怎麼辦時，在先前 1970 年代因評價效果欠佳而被揚棄的社會服務系統，因為新的發現而成為新的希望。新的發現露出新的曙光，投射在過去刑事司法系統中的社會服務干預與處遇（social service intervention），特別是我們知道什麼處遇的干預會是有效的，什麼是無效的（Gendreau & Andrews, 1990; Gendreau & Ross, 1979; Halleck & Witte, 1977）。刑事司法系統再次將方向轉向社會工作人員及他們獨特的工作模式，將犯罪人範定在與社區連結的某些關係上，並讓他們回歸到能守法的狀態。是否社會工作專業能重新定義其範圍，適度地回應刑事司法系統中社會服務干預上的挑戰，是我們邁向 2000 年的觀察重點。

重新定義社會工作在刑事司法上的服務範圍

　　社會工作必須重新定義其在現代刑事司法系統中的範圍，以便能展現其成效。這個重新定義的一部分牽涉到緊密結合個別化及法院。例如，是否犯罪人一般都是壞的，所以需要被懲罰？或者，犯罪人一般是有病的，所以需要被處遇（治療）？或者兩者皆有？

22　　一個國家對於犯罪的反應，是那個國家對於為何某些人會犯罪而某些人不犯罪的基本解釋的反映。從歷史觀點來看，學術上、專業上及理念上的解釋都是根據兩種流派，即古典或主張懲罰模式（the classical or pro-punishment approach），以及實證或主張處遇模式（the positivist or pro-treatment approach）。古典或主張懲罰模式是基於「懲罰是防止犯罪的一種手段」，而實證或主張處遇模式認為，犯罪行為的根源是受大多數不是犯罪人可以自己控制的外在因素之影響，所以犯罪人必須被處遇作為防止犯罪的手段。社會工作者大多數贊成主張處遇模式的邏輯，因為這與社會工作與社會學及心理學密切連結的關係一致。社會工作認為人道主義的原則（humanitarian principles）很重要，支持犯罪人應該在刑事司法體系中被處遇的理念，

特別是針對有心理疾病的犯罪人，因為此類犯罪人被監禁的人數一直在增加中[3]。

在實務方面，判決的法官已經使用了保護管束官及假釋官的幫助，他們具有社會工作的訓練背景，這些官員們準備了判決前的調查報告（含社會歷史），幫助法官能做出適當的判決。聯邦判決（量刑）準則（federal sentencing guidelines）於 1987 年生效實施，導正了許多無端惱人的判決差異性，即相同犯罪之差異判決。其後有相當多的權力從司法單位移轉到行政執行單位，換句話說，原本刑期是由法官決定，現在授權由檢察官明確地在其指控中將刑期納入（具體求刑）。在此種固定判決的運作之下，刑期判決變成檢察官指控機制的一部分。在此制度下，觀護官原本給法官的報告中那些有意義的心理社會資料訊息，變得比較沒那麼重要了。

在刑事司法領域中有一些共識，就是社會上犯罪的原因都可以追蹤出許多社會學面向的因素。社會學理論主張個人是今日社會現存環境的產物（Schmalleger, 1995, p. 102），對一個特殊的個案而言，不論什麼環境因素在影響他，刑事司法系統都要負起責任去處理對社會造成的危機。既然社工人員是刑事司法系統的一部分，他們的主要任務就應該要去處理或解決這些問題，不過到底社工員要處理的是犯罪人個人，還是社會（社區）？這個問題應該以下列的方式加以處理：即刑事司法系統裡的社工人員必須有義務去處理犯罪人本身及司法系統中對社會較優先的議題。

所有的專業人員都需在法律的規範下運作，以發揮其功能，支持合乎 23 法律的行為。Treger 強調對犯罪人之社工實務應該在此觀點的指導之下來運作：

> 違法行為的結果可能是具有破壞性的：它常使得社工人員容易變成共犯（an accomplice），它並未保護社區（社會），它破壞了發展負責任的社會行為的目標。再者，個人有可能從緊抓其行為的後果而得到好處。（Treger, 1989, p. 483）

因此，刑事司法系統中的社工專業必須倡護一個較有效的政策方向，

以控制犯罪。表面上來看,這似乎與社會工作的基本價值取向互相衝突,幾年前 Charlotte Towle 曾經表示:

> 很清楚地,我們必須接受並維持我們的認同,我們是法律的代表,同時擴展到對個人的協助,這可能是他所期待的,因為他可以感受到我們的良善美意,我們對他的了解與尊重他為一個人,使得他自己有一個認同,不再是犯罪人的認同。(Pray, 1945b, p. 244)

社工員有時候會扮演為其案主倡護的角色,故某些社工員會將其倡護角色延伸到對犯罪人的服務上,這與他們早期對貧窮者、失利者與弱勢者的賑濟服務是一致的。然而,為了使社工人員在他們的矯正工作上能夠順利(即拒絕不使用懲罰,只在乎復健),他們必須調整社工的價值去適應新的工作環境(Jansson, 1986)。社工員在此類的受雇機構裡,經常面對他們生涯目標與專業價值間的衝突,他們可能被要求去執行一些他們認為對案主不太有人性的政策(不把案主當人來對待)。對社工員倫理上的挑戰還包括要去權衡刑事司法系統的需求與犯罪人的需求之間的平衡點。社會工作人員應該面對挑戰,參與立法行動以便形塑社會政策,建立刑事司法系統與犯罪人之間的平衡點。如此,社工人員可以幫助刑事司法系統提供較有效的服務給犯罪人、他們的家人及社區;同時,社工員可以透過參與公共政策發展的過程,提升他們自己身為專業人員的專業可信賴度(credibility as professionals)。

修正的關切議題

修正的關切議題將促進三方面的干預工作:即刑事司法的境況、犯罪人的危險性,及矯正處遇。刑事司法系統獨特的重要項目,包括:罰金、

補償、社區服務，及強制性的復健方案等，這些重要項目經常是由法院強制命令來諭令附加。而在受監禁的犯罪人方面，監獄官們被責令一定要遵守判決上對犯罪人的特殊限制。在對犯罪人社區監督方面，社工員同樣也被責令一定要遵守判決上對犯罪人的特殊限制，社工員對這些法律判決上的限制或處遇規定，通常無法加以協商或加入個人意見。

　　修正的關切議題也將呈現犯罪人危險介入（offender-risk intervention），用以預測一位犯罪人對社會之潛在傷害。這些資訊將呈現在正式或非正式的危險預測工具上，一旦犯罪人的危險程度可以被確認出來，則矯正的介入工作就將在這個危險程度說明的要項當中進行。所以，對於失控的犯罪人或那些可能對社會傷害很大的犯罪人，介入的機制就必須最優先去控制這些犯罪人。在這些人獲得控制或穩定化下來後，就可以將他們轉移到接受諮商或心理問題的介入處理。由於目前的危險預測工具（例如再犯預測）仍然十分粗略與不夠精準，故在介入犯罪人危險控制的過程中，社工人員要扮演方案評估角色（不能只靠工具的評估）。

　　矯正處遇介入的領域是社工人員能見度最高的地方，也最有機會去影響新的關注議題。雖然大多數的矯正機構可能會依靠加害人危險介入的模式，被期待的是矯正處遇需要能真的提供給犯罪人，矯正處遇需要有診斷，加害人要能從介入中獲得益處。並非所有的犯罪人都被提供社會服務的處遇，基本的理念是：服務的提供需要根據犯罪人的狀態來決定。

　　矯正處遇是否應該由在矯正機構中服務的工作人員直接來提供，或者可由社區中之私立或公立機構來提供，目前缺乏充分的實證知識作為決定的依據，這是一個值得研究與評估的領域，作為引導將來公共政策的依據。

青少年

　　根據聯邦調查局 1992 年的統一犯罪報告（*Uniform Crime Reports*, UCR），美國有八分之一或 13% 的暴力犯罪是青少年所為，包括殺人、強

暴、搶劫、加重暴力攻擊（aggravated assault）。自從 1985 年以來，13%的數字一直未有什麼改變。

　　當對成年人復健的概念一直遭受嚴重的質疑之際，對青少年復健的基本理念還算完整（大眾較能接受）：因為青少年犯罪人還是孩子，如果能給予適當的介入、管教、輔導，可以發展成具建設性與生產性的公民。不過，這個觀念也在改變中，因為愈來愈多的少年幫派事件及青少年暴力事件，使得許多美國人民想要以更強硬的方式對待少年犯，以對成年人指控起訴的方式對待他們，或判決少年犯更僵硬的監獄徒刑。在這些過程中，社工人員可以扮演什麼角色呢？由於社工人員具有社會科學知識與技術，他們可以透過研究向社會大眾證明，其實從事可怕的暴力犯罪的少年是相當少數的，這些少數少年的行徑嚴重地影響社會大眾對少年們的觀感，使得他們想對少年採取懲罰式的反應。社會大眾應被告知，青少年可以從適時、適當及有目的的介入干預獲得益處，這些干預介入是漸進式的、可以執行的。社工員們可以揭露，適時的介入可以拯救少年犯罪人免於進入更懲罰式、被動反應的刑事司法系統。被動反應的刑事司法系統無法幫助年輕的犯罪人透徹了解他們自己行為的後果，事實上，反而可能鼓勵他們觸犯更多嚴重的違法行為。

　　社會工作在少年刑事司法系統中出現的方式，可以是少年保護管束官、社區工作人員、處遇專家，以及少年犯罪研究人員。研究本身可以發現事實，讓大眾知道嚴重與暴力犯罪少年問題是多面向的，需要一個完整周延（comprehensive）與科際整合（interdisciplinary）的介入模式。

社會工作重返刑事司法系統

　　社會工作人員如何調整與增進他們在刑事司法體系中的信譽？在此體系中，社會工作人員可以透過整理他們自己的經驗、找出服務無效率的部分、不好的溝通方式，及其他妨礙高品質服務的問題，去承擔一個增能

（enabling）的功能。當刑事司法社群的同僚們將社工人員視為能處理那些實務問題的專家，他們較可能將社工人員當成他們的「隊友」（team players），對所屬機構有實質貢獻的成員（Rosenberg & Weissman, 1981）。社會工作人員也可以提倡單位裡的「員工協助方案」（employee assistance programs），以提升他們的信譽，例如提供諮商服務、酒精依賴處遇、轉介與壓力管理方案，幫助刑事司法機構的工作同僚處理他們自身的問題，提升他們的工作效率。

社工人員再次支持刑事司法體系

在十多年來，國家為了處理犯罪問題花費相當多的預算之後，或許能有效地減少再犯率（recidivism），不過，Andrews（1994）對這些情況做了一個摘要的結論如下：

1. 只懲罰犯罪人而未提供矯正處遇服務，是行不通的（無效的）。
2. 提供犯罪人矯正處遇服務而未考慮他們對社會的危害性及他們的真正需求，是行不通的（無效的）。
3. 臨床及心理學取向的矯正處遇服務對犯罪人有效與否，可以由犯罪刑罰執行機關在許多情況或機構狀態下加以確認。
4. 對犯罪人適當的矯正處遇服務之傳輸有賴於適當的評估，這些評估必須對社會的危險性及犯罪人之需求有高度的敏感度。

根據美國法院行政局（Administrative Office of the United States Courts）的一個研究（Wooten et al., 1988），大多數與犯罪人的接觸都是在保護管束官的辦公室，而不是在犯罪人所處的實地（field）；另外，對於被歸類為高危險犯罪人（high-risk offenders）的觀護密度也稍高於低危險的犯罪人（low-risk offenders）而已。大約三分之一的低危險犯罪人，通常是白領犯罪人（white-collar offenders），被觀護的次數約是一個月一次以上。如果

26

社會工作在刑事司法系統要呈現出有效的結果，則社工人員必須被訓練成可以處理高危險犯罪人；這些高危險犯罪人當然不是自願接受傳統的諮商服務，也不會主動地向觀護官報到。要輔導這些犯罪人，社工人員當然要能省察及使用各種的服務方案與介入模式，在新時代中（關切議題已經修正），如果社工人員只會使用一種傳統的諮商、教育與技術去處理高危險犯罪人，顯然是不夠的。根據Rand基金會的研究（Petersilla, 1985）發現，傳統的觀護服務對於高危險重刑犯（high-risk felony offenders）的處理並未成功，所以，這是一個必須發展新工作技術的領域。

　　社會工作服務的提供必須包含評估的內容，評估的內容必須是務實的，否則介入的結果會出現負面的結果。例如，對於一位長期吸毒犯的處遇，雖然早期司法部的「零忍受」（zero tolerance）政策要求所有矯正人員必須對所有經藥檢發現陽性的吸毒者進行懲罰約束（sanction），但是矯正人員對吸毒者之懲罰約束應該參考藥物問題的新知識進行調整。長期的藥物濫用者（chronic abusers）很可能需要被安置在適當處所進行一段時間的監護，以便去毒（detoxification）。除非他們的環境有很大的改變，否則在釋放之後，他們很快地再沾上毒品是可以預期的。很明顯地，對於此類犯罪人個人施以治療式的介入模式（therapeutic intervention approach）會遭遇無法避免的挫敗。

　　如何以適當的模式適時地提供給適當的犯罪人，這是非常重要的。現在已經有許多的研究發現，假使個別化的社區處遇模式（individualized community-focused approach）能夠被用在矯正處遇當中，則矯正處遇就能展現成效。

27 **合作**

　　早期致力於讓社工人員在警勤區裡與警察通力合作的努力（Treger, 1975, 1981），提供了一些典型的經驗，用以支持機構間合作的想法。刑事

司法系統中機構間合作是可以達成的。一項對於早期機構間合作情形的回顧顯示，警察與社工員雙方都對於一起工作顯得有點焦慮。警察—社工連結計畫（the police-social worker project）顯示，要達到成功的科際間合作是一個動態的過程，需要有非常敏感、非常有知識及有經驗的工作取向。以下是達成這個目標的一些工作建議：

1. 必須了解實際可達成的目標，給予明確的定義，並特別強調對彼此專業的好處。
2. 對每個專業的角色定義；特別強調釐清與指出各自的獨特性與專業間彼此的相同性，以便能促進對彼此界線間審慎、合乎邏輯與操作性之認知。
3. 合作與承諾投注於朝向彼此欲達成正向態度的方向，去除迷思，並建立善意的工作契約。
4. 找出重要或關鍵的工作領域（問題點），並開始去解決它，例如：溝通、協調、決策。
5. 了解社會變遷的過程並加以因應，例如：現存的社區服務有無連鎖反應及失衡之處，特別是那些因導入專業間合作之方案而產生的問題。（Treger, 1981）

社會工作服務計畫與執法單位合作的經驗告訴我們，大家彼此間一起工作的經驗是缺乏的，結果是工作計畫的參與者彼此出現對對方的負面觀點與感覺。社工人員與警察缺乏對彼此專業次文化的認識與了解，也對對方組織服務的系統不夠清楚。他們也對於對方專業上主要關切的問題缺乏釐清，包括專業的議題核心、他們的工作價值、倫理、工作方法，以及不同案主群的態度，特別是不同的案主群在不同社區中接觸不同專業時所採取的態度（Bartlett, 1961），結果是兩個專業都不知道他們要如何一起合作工作，也不知如何能對對方及社區有幫助。透過一起工作，警察與社工員可以互相學習對方的專業服務系統，知道彼此互相與對社區的觀感，也可知道哪些關切領域可以合作對大家是有幫助的。類似這樣的專業關係與合作的安排，在刑事司法系統內外的其他專業間也可以安排、發展。可預見

的結果是，能量可以釋放出來投入周延整合的服務，而不會支離片段，或因彼此關係的問題而磨損消耗。

警察—社工連結計畫的經驗也顯示，社區的情況與困境經常是複雜的、互為牽連的，需要許多不同專業的投入，使系統間互相合作成工作團隊，以便能最大化各專業對諸多問題的影響。透過這個方式，每一個專業都能加入他們的知識與服務，提供案主新的替代選擇方式（new alternatives）。因此，社會工作專業服務在刑事司法系統中的擴展，需要與其他專業與系統加強合作。

專業間與系統間的合作並非沒有風險，由於有不同的專業取向、價值觀，及對地位與控制的專業需求，故在決策方面可能會有衝突，「暗中較勁」（the issue of turf）在專業間的合作過程是一個事實。一方可能被另一方吞沒或取代是一個潛在的可能性，基本上，我們總是要處理一些彼此的差異及因差異而生的不舒服感，像這些敏感性的問題，需要大家都有安全感，保持彈性並有能力可以調解與改變。這些問題的處理不是使彼此關係更加發展，就是抑制彼此合作的努力。與其他專業合作可以使社工人員更加成長，其實社會工作早就有專業間團隊合作與協調的傳統，例如與醫學、護理、精神醫學、心理學、教育、法律、建築，及軍事單位合作的傳統與經驗。這些知識與經驗有許多可以被抽出，借用在當前的司法工作實務，並用來教育刑事司法體系中的社工人員。社會工作早已使用其他專業來改善專業服務，同樣地，其他專業也可以來幫助社工專業表現更好。我們與執法部門的新關係及與社區中其他刑事司法部門、單位的關係，及與大學裡各種科系的關係，可以增強社會工作既存的能力，發展新的工作模式來增強系統間與專業間的合作，引導出更進一步的知識與理論建構，提供刑事司法系統中社工實務及教育使用。一個基本原則是：「我們是否能建立一個真正的互賴關係，使我們能改善對人群服務的效能？」家庭扶助聯盟團隊（Family Assistance Coalition Team, FACT of Northern Medina County）就是一個將居民需求與服務進行連結的例子：

一個男人走入警察局告訴警察，他有些錢被偷了，他相信是

他兒子的朋友偷的。他也懷疑，他的兒子可能有使用毒品，而他和太太對於要不要報案舉發存有不同意見。

「傳統上，警察會當成一件財物被竊的案件來處理，採取調查行動，」Beyer 說：「不過在本案中，警察了解到錢的問題似乎不是那麼重要，而是家庭關係的問題更為重要。」

那個家庭需要幫助，因為有家內爭吵、藥物與酒精濫用問題，以及孩子與父母之間關係緊張的問題。

在那位先生簽署了資料釋出讓別單位使用的同意書後，警察將資料轉移給適當的單位，Northland諮商中心與那位先生及他的太太接觸，之後，如期待地將案件轉介給藥物與酒精處遇機構的方案。至於竊盜報案則暫時未做處理，等到該家庭處理好比較重要的基本問題再說。（Sheldon, 1994, p. 1B）

然而，在專業、學科或系統間開始合作之前，必須有一個需求、期許及能量進行改變，各系統間必須允許開放及觀念的交換；合作的結果，就可以使社會變遷（social change）得以發生。

矯正系統中社會工作的課程

大學將會扮演一個獨特的角色，培育社會工作的學生使他們具備當前社會在此領域所需的專業能力。大學的社會工作學院（schools of social work）必須扮演主導的角色，將各種所需要的多元學科內容含入大學課程中。

要進入刑事司法領域的社會工作人員應該具備法學與刑事司法組織系統的知識，以及所有社會工作原本具備的知識、技術、共通的價值理念。這個領域要求社工人員需能發展新的服務模式，去釐清尚未定義清楚工作型態的部分，以及社會工作之貢獻尚未被刑事司法領域人士所接受的部分

（扮演先驅及開發新領域的能力）。社工人員要有能力與技術去設計、執行，及傳輸與評估重要的服務，所以，課程應該是社會工作整體觀點取向（holistic approach to social work），包括了解其他人群服務專業次文化的知識，知道如何合作的過程，並達成社會變遷的結果。從創新的刑事司法系統工作所獲致的實務上的智慧與經驗，應該被掌握與使用，以進行社會工作教育與實務的研究，提升刑事司法（矯正）社會工作的發展。

　　課程目標。刑事司法（矯正）社會工作一般的教育目標應該是提供學生課堂上及實地學習的經驗，使學生能勝任專業的刑事司法（矯正）系統中社會工作實務。明確的教育目標如下：

1. 對案主直接服務的知識基礎，能進行刑事司法系統中社會服務之計畫、行政與管理工作。
2. 透過實習（internships）獲得直接服務可以「上手」（hands-on）的經驗，以便獲得發展刑事司法（矯正）系統中工作技術之機會，能夠獲得計畫、行政與知識建構的實務經驗。
3. 專業間合作與管理改變（managing change）的技術。
4. 科際整合研究與合作的經驗，以便能與刑事司法系統中多種專業人員協同工作，以及了解團體過程的動力。
5. 學習公共政策、方案發展的取向，知道倡護（advocacy）的過程，學習進行改變與評估的技術，造就能夠在刑事司法系統工作的專業人員。

　　大學作為一個社群及系統，已經建立了許多的結構在運作，通常會抗拒改變，即使要改變也是相當緩慢。由上面敘述獲得發展方向啟示，就是要創造學科專業（professions）與實務領域（disciplines）之間的合作關係，以便開始發展新的社會工作教育模式，這個方向對主要的學術領域都將有所影響：如教學、研究及社會服務。

　　由於大學本身不是一個公共政策決策單位，它是提供一個環境，使得解決問題的各種替代方式能得以提出與獲得評價。大學可以承擔公共服務的角色，透過帶領各種創新觀念與有效方案的發展，及培育畢業生使其能具備從事專業實務工作的具體能力。而社區本身透過顯露其獨特需求與資

源，可以挑戰與刺激大學運用及發展其專業知識，導向新的知識領域並具有創新性。當教育本身有加入當前問題與關切焦點的探討，則對於改善我們社會生活狀況的效能就可以提升。

在當前資源缺乏的時期，實在有必要驗證創新觀念的效能，或許可以誘導出對社會及教育都有幫助的多重收益。事實上，大學與社區的合作可以對現有資源作較有效率的使用，對於都市社會問題的解決可以比各自單打獨鬥更有影響力。很可能經由大學與社區更緊密關係的連結，創新與服務的良性循環將被啟動，從理論到實務的接駁車（shuttle）將會開啟。社會工作在這些新的安排當中可以扮演關鍵的角色，將所有人及專業團體帶到一起，協調大家的專業貢獻來解決社會（社區）的問題。

假使社會工作真的要成為刑事司法的一部分，必須重新構思實務領域的概念，縮小社工教育與刑事司法實務間之差距，透過教育機構及社會機構間彼此均有用的關係，似乎可以提供符合成本效益的模式，來刺激相互交換與發展之所需，以提供許多系統多元的益處。

總之，雖然社會工作與刑事司法（矯正）系統長久以來有所連結，但似乎連結程度淡薄，未來需發展新的伙伴關係，透過各自環境中的個人去合作找出各種可行的替代措施。例如，警察與社會服務機構的結盟、協同合作，將部分犯行者導入社會服務機構接受幫助，而非進入刑事司法系統的處理，這個模式是必要且需漸進進行的，假使行政當局希望能真正處理犯罪問題且不想超過他們的預算太多的話，傳統的作法只會使犯罪問題更形複雜化。警察人員經常是在處理人際間面對面爭議事件的第一線，因此，他們通常最有可能去評估潛在的問題，並將犯行者導向受助。警察與社工的伙伴關係可以提供犯罪人與被害人所需要的服務，例如諮商、藥物或酒精戒治復健，或提供暫時性的住宿及食物所需之來源。很明顯地，只對犯罪人進行監禁而不提供他們本身及其家人適當的服務，將無法解決社會上的犯罪問題。事實上有許多證據顯示，這樣的作法（指強調監禁而不提供適當的協助）只會使得問題更加惡化。

美國的犯罪法案（1994 年之暴力犯罪控制與執法法案）所規定的更嚴厲的監禁政策、增聘更多的警察於街頭值勤、犯罪少年的軍事訓練營（boot

31

camps），都是非常昂貴的政策，要花費甚多預算，都必須以更科學的方法去驗證它們的成效。社會工作可以透過設計有效的評估模式做出貢獻，在過去，研究已經為刑事司法政策做出重要貢獻。如果我們的政策都是為了回應大眾對犯罪的憤怒情緒，則難保政策本身不會反應過當。百年來，社會工作的經驗一直都有研究在作為引導，這可以幫助刑事司法政策的制訂者與實務人員去思考犯罪問題，特別是有關犯罪的原因、評估的替代方案，及發展合理的、具有良好判斷為基礎的，及可達成的工作目標。未來各州、各地區，甚至全國與國會議員（立法者）的會議中，要特別去討論這些已經修正了的議題（the revised agenda），以便社會工作實務的經驗可以傳遞出來，成為公共政策計畫與立法過程的一部分。

---

1 此觀念從 John Augustus 開始，他是觀護之父，於 1841 至 1858 年間協助許多出獄人。

2 從 1987 年起，在新的聯邦判決原則系統下，許多犯罪人個人特徵已慢慢地不被採認，或根本不作為判決的依據。

3 某些學者認為（如：Burkhead, Carter & Smith, 1990），有精神疾病的犯罪人（如：精神分裂症）比過去更容易被關入監獄。一項芝加哥的研究（Kagan, 1990）發現，Cook 郡監獄 728 位受刑人中，約有 6.4% 有明顯的精神病症狀。

REFERENCES

參考資料

Andrews, D. A., & Bonta, J. (1993). *The Psychology of Criminal Behavior.* Cincinnati: Anderson.

Bartlett, H. (1961). *Analyzing Social Work Practice by Field.* National Association of Social Workers: New York.

Black, C. (1991). "Paying the High Cost of Being the World's No. 1 Jailer," *Boston Globe,* Jan. 13, at 67.

Burkhead, M., Carter, J., & Smith, J. (1990). N.C. program assists mentally ill. *Corrections Today, 52,* 88–92.

Carter, R. (1972). The diversion of offenders. *Federal Probation, 36,* 35.

Cullen, T., & Gilbert, K. (1982). *Reaffirming Rehabilitation.* Quoted in foreword by Donald R. Cressey, p. xx. Cincinnati: Anderson Publishing Co.

Earley, P. (1984). "Chief of Prisons Bureau, a Former Guard, Stress Value of Staff Training." Quoted in *Washington Post,* March 15, at A19.

Feifer, G. (1978). "Slave To His Friends." *London Telegraph,* Sunday Magazine Section, April 16, 1978, p. 30.

Gendreau, P. & Ross, R. (1987). Revivication of rehabilitation: Evidence from the 1980s. *Justice Quarterly, 4,* 349–408.

Gendreau, P., & Ross, R. (1979). Effective correctional treatment: Bibliography for cynics. *Crime and Delinquency, 25,* 463–489.

Gendreau, P., & Andrews, D. (1990). Tertiary prevention: What the meta-analyses of the offender treatment literature tell us about "what works." *Canadian Journal of Criminology, 32,* 173–184.

Halleck, S., & Witte, A. (1977). Is rehabilitation dead? *Crime and Delinquency, 24,* 372–382.

Inkles, A. (1965). What is Sociology? *Models of Society in Sociological Analysis.* Englewood Cliffs, NJ: Prentice-Hall.

Jansson, B., & Simmons, J. (1986). The survival of social work units in host organizations. *Social Work,* September–October, 339–343.

Kagan, D. (1990). Landmark Chicago study documents rate of mental illness among jail inmates. *Corrections Today, 52,* 166–169.

Mauer, M. (1994). *American Behind Bars: The International Use of incarceration, 1992–1993.* The Sentencing Project, Washington, D.C.

Morris, N. (1974). *The Future of Imprisonment.* University of Chicago Press: Chicago.

Petersilla, Joan et al. (1985). *Granting Felons Probation: Public Risks and Alternatives.* Santa Monica, CA.

Pray, K. (1945a). Social Work and Social Action. In the *Proceedings of the National Conference of Social Work: Selected Papers from the seventy-second annual meeting.* New York: Columbia Press, pp. 349–359.

Pray, K. (1945b). The place of social casework in the treatment of delinquency. (Discussion by Charlotte Towle.) *The Social Service Review, 19*, 244.

President Clinton. (1994). Remarks made by the president on February 15, 1994 to members of the law enforcement community, Ohio Peace Officer Training Academy, London, Ohio.

Schmalleger, F. (1995). *Criminal Justice Today: An Introductory Text for the 21st Century* (3rd ed.). Englewood Cliffs, New Jersey: Regents/Prentice-Hall.

Senna, J. (1975). Social workers in public defender programs. *Social Work, (2;0)* 271–276.

Sheldon, S. (1994). "A Policeman is a Friend in Need; Brunswick Shifts from Cuffs to Counseling." *The Plain Dealer.* Plain Dealer Publishing Co., September 11, 1994, at p. 1B.

Speedy Trial Act of 1974, Administrative Office of the U.S. Courts: Washington D.C., 1979.

Studt, E. (1965). *A Conceptual Approach to Teaching Materials: Illustrations from the Field of Corrections,* Council on Social Work Education: New York.

Studt, E. (Ed.). (1959). *Education for Social Workers in the Correctional Field,* Volume V the Social Work Curriculum Study, Council on Social Work Education, New York.

Treger, H., Collier, J., & Henninger, C. (1972). Deferred Prosecution: Community Treatment Alternative for the Non-Violent Adult Misdemeanant. *Illinois Bar Journal, 60,* 922–931.

Treger, H. & Associates. (1975). *The Police-Social Work Team.* Springfield, IL: Charles C Thomas, Publisher.

Treger, H. (1981). Police-social work cooperation: Problems and issues. *Social Casework,* 62.

Treger, H. (1989). *Encyclopedia of Police Science.* New York, Garland Publications, Inc.

Wooten, H., Reynolds, S., Maher, T., & Meierhoefer, B. (1988). *The Supervision of Federal Offenders.* Probation Division of the Administrative Office of the U.S. Courts, Washington, D.C.

第 3 章

少年刑事司法政策——現在的趨勢與二十一世紀的議題

1991 年 4 月，佛羅里達州 Tallahassee 一位 15 歲的少年衝進一部停在便利超商前停車場的汽車，槍殺了他堂兄的前女友。此事件引發社會極大的震撼與憤怒，一時之間，報紙的頭條新聞紛紛大幅報導，大致上都回應一樣的感觸：「為什麼會發生這樣的事情？」

當地警察局長於案發數日後向媒體發布了一些駭人聽聞的消息，指出兇手曾經因大約 30 個案件而被逮捕，其中有數件是觸犯重罪，以及對他人施加暴力，不過從來未曾因這些犯行被監禁過任何一天。因為地方的監禁機構是在法院的指揮下運作的，法院曾經下令要減少監所內過度擁擠的現象，因此根本沒有足夠的空間去容納這位少年。

這除了是一件謀殺案之外，並不是一件特別獨特的案件。警方估計少

年犯罪人在被羈押之前平均都有被逮捕 10 次的紀錄。與前述事件在同一個月發生的，有一位同樣是 15 歲的少年駕車與警察高速飛奔追馳了 26 分鐘，終被逮捕。他之前從 1 月 1 日至 4 月 13 日之間平均每四天就被警方逮捕一次，其中 18 次是觸犯重罪。另一名 14 歲少年正在等待接受少年處遇方案的名單中，他曾被補 33 次，這次再被逮捕是因為在街頭轉角處欲強迫一名女生發生性行為（Salmon, 1992）。不幸的是，類似這樣的案件似乎很平常，甚至極少登上地方報紙的頭版版面。

然後在 1993 年 9 月，有三名青少年被指控槍殺了一位來自英國的遊客，並也打傷了其同伴，因為他們在接近佛州 Monticello 附近的 10 號州際公路的休息站企圖搶劫被害遊客。這三名少年都是黑人，先前都有被逮捕的紀錄，三人全都被以對成年犯罪人一樣的審判方式在刑事法庭上受審（即使身高只有 4 呎半的 13 歲男孩也不例外）。

這個案件引起全國的媒體與民眾的注意，因為牽涉到一名外國遊客的死亡，而且使人對佛州的印象有極為負面的觀感，也嚴重損及該州的主要工業（觀光產業）及稅收來源。大多數在報紙上讀到這則新聞或在晚間新聞聽到這件事的人都不知道的是，佛州正逐漸改變成將少年犯轉由成年人法庭來審判；不過不幸的是，這個程序的使用，較常使用在黑人少年身上，即黑人犯罪少年較一般非少數族裔少年更常受到成人法庭的審判。

以下對少年犯罪趨勢及案件處理之討論，讀者必須謹記在心，我們正在處理的是根據向官方報案紀錄的估計，官方的案件處理不只是警察與少年接觸的案件。在 Tallahassee，警方估計他們大約花費 90% 的時間在處理少年犯罪問題，現在有一個趨勢是，警察傾向於忽略較輕微的犯行，而只將焦點放在比較嚴重的犯行，例如像殺害遊客的案件。當處理少年重大犯罪的資源與人力都已經不足夠時，輕微的少年犯行當然會被忽略。大多數警察所接觸處理的少年及他們所觸犯的犯罪行為，都未被登入官方統計，大多數而言，少年要有相當嚴重的犯罪行為，才會被轉介進入接受法院的審理。

主要的政策轉變

　　自從 1960 年代以來，美國聯邦政府的少年犯罪政策有三方面主要的轉變（Ohlin, 1983）。1960 年代早期，聯邦決策者採取社區組織模式（community organization models）來培養社區民眾對於少年偏差行為的責任，不幸的是，這些方案一般而言並未成功。政策方面第二個轉變是來自總統所任命的委員會對犯罪及暴力問題研究之後所提出的建議。1967 年第一個委員會對這些問題提出一項劃時代的革新建議，例如對身分犯行的去犯罪化、將少年犯由法院審理轉向、犯罪少年處遇去機構化。1974 年的少年刑事司法與犯罪預防法案（Juvenile Justice and Delinquency Prevention Act of 1974, JJDPA）就是這些革新轉變的體現（McNeece, 1980）。雖然這個法案遭到尼克森與福特政府的反對，但卻是在眾議院（House of Representatives）以 329 票對 20 票通過，在參議院（Senate）也只有 1 票反對，幾乎獲全數通過。該法案的目的是要對身分犯罪人之處遇加以去機構化、提供更多的經費給社區以便改善犯罪預防方案、建立新的機制以處理少年逃家問題，並將犯罪少年從成年人監獄及監禁設施中移出（Bartol & Bartol, 1989）。

　　少年刑事司法政策第三個主要的轉變於 1970 年代中期開始，聯邦政府開始注重「法律與秩序」哲學（"law and order" philosophy）。雖然 JJDPA 的精神基本上是預防性質，但是其實施的結果卻很快變成較屬「控制」性質。該法案於 1977 年曾修訂，部分回應校園暴力與破壞行為的增加，允許較彈性地處理去機構化的過程。一直到 1970 年代末期，「鐵拳」（ironfisted）式處理非身分犯罪人（non-status offenders）的模式出現了（Hellum, 1979），由於民眾愈來愈大的犯罪被害恐懼感，促使少年刑事司法系統傾向使用更多抑制的行動（Ohlin, 1983）。

　　1981 年，雷根政府宣示要打擊嚴重或常習累犯少年犯罪人，一度更將整個處理少年犯罪的方向導向於控制。1984 年，美國國家少年刑事司法與

36

犯罪預防諮詢委員會建議，聯邦應停止對州政府在繼續推動身分犯去機構化的經費補助；雷根政府認為，長久以來少年刑事司法系統過於關心少年犯的保護，而犧牲了社會大眾及被害人的利益（Bartol & Bartol, 1989）。這樣的「轉趨強硬」模式（"get-tough"approach）在 1984 年實施的全面犯罪控制法案（Comprehensive Crime Control Act）中十分明顯。

◪ 轉向與去機構化方案

「轉向處遇」方案的積極運用，事實上已經創發了一個新的「半法律、半福利」取向的科層體制（semi-legal, semi-welfare bureaucracy），這個體制擴大了對少年刑事司法體系有效的社會控制力量，但卻未十分重視少年兒童的法定權益（Blomberg, 1983; Empey & Stafford, 1991）。許多少年犯罪行為被視為所謂的身分犯罪（status offenses），並加以去犯罪化，以另外的處置方式加以處理，這當中看不出對孩子們的處理方式與過去有多大差異。在「少年刑事司法與犯罪預防法案」於 1974 年通過之前，大約有一半被監禁於機構內的少年犯是屬於身分犯罪人，該法案實施後，此類少年在公立機構中之人口減少幅度很小（McNeece, 1980）。不過 1979 至 1989 年間，身分犯罪少年在私立機構中之收容人口卻是增加不少，這些增加的數字與公立機構中減少的數據大約相等（OJJDP, 1991b）。儘管已經歷了二十年的改革，實際上少年身分犯罪人有接受監護的人數變化不多，甚至沒什麼改變。1985 年一項對 19 州 70 個有關身分犯罪去機構化的相關研究進行回顧的研究發現，所獲結論指出，在地方及州級層次的轉向處遇與去機構化的措施是失敗的（p. 2），將身分犯去機構化似乎對於犯罪少年處遇之最終結果影響甚小，甚至完全沒有什麼差異。與那些同樣觸犯身分犯罪但未受到去機構化處遇的少年相比，57.14% 的去機構化少年之再犯率並未改變，而再犯率變高及變低的比率則均為 21.43%（OJJDP, 1985, p. 7）。

大多數的州至少有一個後送的處所（loophole），允許可以繼續監禁那些身分犯罪的少年。1980 年少年刑事司法法案允許法院對於逃離法院安置的少年科以藐視法庭（contempt of court）的罪名，這些犯行者都有可能被

重新歸類為犯罪少年。官方統計顯示，1971 至 1977 年之間被收容於公立機構的少年人數確實有減少（Bureau of Justice Statistics, 1981），不過，同時私立矯正機構、住宿式處遇方案、醫院之精神醫療單位裡的少年收容人數則有增加。雖然傳統長期監禁的公立機構收容人數的確有點下降，但是私立機構的設施抵銷了那些下降的數字（Lerman, 1980）。1974 至 1983 年間全部監禁於公立機構的身分犯罪少年人數從 79,017 人增為 80,097 人（OJJDP, 1985, p. 13）。其後由少年刑事司法與預防局（Office of Juvenile Justice and Delinquency Prevention, OJJDP）（1991b）所提出的一份名為 *Juveniles Taken into Custody* 的報告指出，那個趨勢是一直持續的，即收容於公立機構中身分犯罪少年人數之下降，被收容於私立機構中之人數所抵銷（p. 6）。

監獄移出方案

1973 年，美國最著名的少年刑事司法專家 Rosemary Sarri 博士在參議院調查及少年犯罪委員會上作證時指出：

> 全美到底有多少少年監禁在監獄中，這個人數的精確數字並不存在。再者，目前也很難發展出一份精確的數字，因為來自各城市、各郡縣、各州及聯邦政府的可比較的資訊及可靠的數字是缺乏的。（U.S. Congress, Sanate, 1973a）

1973 年冬天，參議院調查及少年犯罪委員會主席 Birch Bayh 參議員提出的少年刑事司法及少年犯罪法案（1973 年通過），其內容包括一些立場強硬的條文，規定對於少年犯監禁的事項。少年「不應被監禁」或留置於任何成年人監禁的機構，或內有正等待審判的成年人的留置處所（U.S. Congress, Senate, 1973b）。不過，該法案最後通過的版本變得非常薄弱，其中充滿妥協，同意少年犯可以被監禁於監獄中，只要可以和成年人分開房舍就行。

卡特總統（President Carter）於 1980 年簽署同意再授權少年刑事司法及少年犯罪法案成為正式法律，該修正法案包括歷史性的修訂，要求將少年移出監禁成年犯罪人的監獄，只有因觸犯重罪被當成年犯審判的少年可以被允許留置或監禁於成年監獄。OJJDP 也特別留意一些鄉下地區的情形，因為許多鄉下地區，監獄是警方唯一能用以暫時留置少年犯的地方。這個規定實施的成功狀況，各州的情形都有差異，科羅拉多州監禁於成人監獄的少年犯人數，從 1980 年的 6,117 人降低到 1984 年的 1,522 人（Schwartz, 1989）。相反地，紐約州與佛羅里達州少年犯監禁於監獄裡的人數，則從 1978 到 1983 年成長了 400%。這兩個州監獄中的少年犯人數驚人，1983 年 6 月 30 日時，36% 的少年被監禁在監獄中（U.S. Dept. of Justice, 1987）。一個較成功的州是阿拉斯加，該州身分犯罪少年被監禁的比例在 1987 到 1988 年降低了 78%（Parry, 1990）。

然而，刑事司法統計局（Bureau of Justice Statistics, 1991）的報告指出，監獄中少年收容人的比例從 1983 年的 1.3%，上升至 1989 年的 1.5%。至 1992 年 6 月 30 日止，估計全美監獄收容人有 0.63% 是少年犯罪人（BJS, 1993），這個數字在三年內就以很快的速度下降。全國各州少年刑事司法諮詢團體聯盟（National Coalition of State Juvenile Justice Advisory Groups）於 1990 年結論指出，將少年從監獄移出的方案一般而言算是已經成功了（OJJDP, 1990），根據 BJS（司法統計局）最新的資料，少年監禁於成人監獄中的人口數的每日平均為 2,527 人（BJS, 1993），不過，「根據 1980 年法案修訂後條件加以收容在成人監獄中的少年犯人數資料則無法知悉」（p. 10）。

或許這個立法的最重要影響是，如果各州不遵守該法案規定將少年移出成人監獄的強制規定（juvenile jail-removal mandates），則可能會被法律追訴。

「新時代的」少年刑事司法：調解、針灸、軍事訓練營、藥物處遇及私有化

不論是否已經有效，「轉向與去機構化」都已經是舊的新聞了，在過去幾年中，許多新的少年犯罪處遇模式紛紛被導入少年刑事司法系統中。這些新的觀念出現最早的或許是「調解」（mediation）模式，這個模式幾乎在 1950 年代社區爭議調解中心（community dispute resolution centers）發展時期就出現了（Ray, 1992）。過去十年中，調解模式似乎再次復活，最近的評估研究發現，其結果與其他較花錢的模式一樣符合期待（Umbreit, Coates & Kalanj, 1994）。在某些案件中，少年被法院強制要求去參加有被害人參與的調解方案；某些案件被害人及犯罪少年被提供選擇彈性是否參加調解方案，作為法院正式審理過程的一部分。與參加其他方案的少年相比，有參加調解方案的少年較可能會付出調解賠償金（restitution），且比較不會再次犯罪（Umbreit & Coates, 1993）。

1994 年的「暴力犯罪控制法案」爭取了數百萬美元投入軍事訓練營（boot camps）的新方案，此方案也成為現在受政治人物歡迎的新選擇方案。在軍事訓練營裡，少年犯們被要求過規律的生活模式，要早起接受訓練、嚴格的磨練，以及超越障礙的課程，日常例行的是每天嚴苛的一致訓練、嚴格的著裝要求、經常的檢查等，全部都要接受藥物濫用處遇、教育課程，以及心理諮商（Marlette, 1991）。雖然許多人早期對軍事訓練模式寄予厚望，但是最近的研究發現，軍事訓練模式並未比其他較傳統的機構處遇模式更有效（Florida DHRS, 1994）。

許多研究已經指出，與犯罪行為相關聯的很多因素也可以用來預測少年的藥物使用行為（Hawkins, Catalano & Miller, 1992），這也指出藥物濫用處遇方案是目前少年刑事司法中特別需要的。不過，不幸的是，地方政府經常缺乏足夠的資源有效地處遇少年藥物濫用的問題，許多情形是，少年刑事司法人員甚至都沒有所需要的評估工具，以確認他們所服務的少年使用藥物的嚴重程度（Stone, 1990）。經常被提出來對藥物濫用少年處遇

的方案與技巧,包括:(1)社會技巧訓練;(2)家族治療;(3)個案管理;(4)處遇後的支持方案,例如自助團體、再犯預防,及更生保護(Jenson,付梓中)。

針灸(acupuncture)是最近發展出來、較具爭議性的少年藥物濫用處遇選項。通常是針對耳朵部位用針,其原理是針灸可以刺激人體產生 beta-endorphin,使得個體降低對藥物渴求的慾念。不過,針灸療法通常用在對成年人或接近成年人的青年人為主,比較少對少年使用。到目前為止,不論是對成年人或少年,其成效檢驗的證據都仍然甚少(Brumbaugh,1993)。

成年人及少年刑事司法都有一個愈來愈明顯的趨勢是,各類服務或處遇的私有化(privatization of services)。美國現在已經有「出租警察」(rent-a-cops)受雇於私人公司與住房不動產公司(homeowners' associations);有「出租法官」(rent-a-judges)協助介入民事爭議(civil disputes)協商及調解程序;有犯罪人收容在私人開設的監獄,對犯罪人的矯正處遇服務也可以從私人公司(機構)來購得服務(Bowman, Hakim & Seidenstat,1992)。社會大眾會有一些疑慮,就是刑事司法系統方案的公共可責性(public accountability)是否會在私人化服務的過程中遭受損傷,也有一些人質疑,在完全私人化的系統中,會不會為了使成本作最有效率的運用,而犧牲了犯罪人復健處遇的目標(McNeece, 1995)。

40 ### ■ 少年刑事司法中「倡議應報」的想法

有趣的是,某些成年人刑事司法政策改革的想法,會溢出(spill over)而影響少年刑事司法的作法。約在十幾年前開始,華盛頓州採取了「確定刑期政策」(determinate sentencing policy)來處理少年犯。在該政策要求下,依照少年犯犯行的嚴重程度科以事先公定的刑期,其目的是要使「罪刑相當」(make the punishment fit the crime)(Serrill, 1980)。這個概念顯然與少年刑事司法中廣泛流行的復健理想的理念並不相容,不過改革者相信,這樣的作法較公平與公義。

這樣的改變可能讓少年刑事司法工作專業人員感到挫折與無力感,而且更糟的是,這樣的作法似乎也顯示社會大眾的情緒或觀感在改變,朝向對少年只重處罰,不重矯正復健。這樣的觀感改變也從1981年佛羅里達州立法的改變看出來,該州法律允許法官以成年人的刑法來審判少年犯,並可將少年犯拘留在地方的拘留所作為處罰(S.B. 243, 1981),相同的立法在其他好幾個州也一樣通過(Schwartz, 1992),在全國很多相關案件對少年犯的處理上,都可以看得出來這樣的觀感與趨勢。1985至1989年期間,少年接受保護管束的人數稍有下降,不過被安置於矯正機構的少年人數則顯著地增加,同時被以成年人刑事司法案件加以審判的少年人數則急速狂增!1985年被這樣子處理的少年犯約有9,000人,到了1989年就遽增到大約16,000人,這段期間非白人男性少年受到以成年犯加以審判的人數增加了850%(McNeece, 1994)。在刑事司法處理的每一個階段,弱勢族群少年的人數都比正常人口分布比例高出甚多,且比非弱勢少年更被嚴厲對待(Krisberg, 1992a),特別是被控訴毒品藥物相關犯行的少年。很明顯地,整個國家的觀感愈來愈傾向於無法容忍少年犯罪或提供更多的經費給處遇或復健方案,事實上處罰已經成為愈來愈流行的想法。

正當程序

從1960年代開始,法院突然改變很多對少年刑事司法系統的作法。從二十世紀之初少年法庭運動(juvenile court movement)開始,成人犯及少年犯(含兒童犯)在法律上的差別待遇與權利就是被容許的,用比較不嚴格的標準適用在少年犯身上,被認為是符合兒童最佳利益的原則,兒童與少年在憲法上的法定權益,實質上就是與成年人不同的。然而,從1960年代中期開始,許多最高法院的裁決增強了兒童的權益,*Kent* 案(1966)擴大了有限的正當程序適用於少年,*In re Gault* 案(1967)提供少年獲悉被指控內容的權利、接受諮商的權利、享有免於有罪自白的權利(the privilege

41

against self-incrimination）、可對證人面質或詰問的權利。在 *In re Winship* 案（1970），「合理懷疑」（reasonable doubt）的標準適用於少年案件。

因此，在 *McKeiver v. Pennsylvania* 案（1970）中，最高法院維持了對少年使用不同標準的原則，拒絕了兒童也應該接受陪審團審議的要求。「國家親權主義」（*parens patriae*）原則在 *Schall v. Martin*（1984）案子裡也仍然清晰可見，在該案中，法院於審結時表示，「與成年人不同的，少年在任何時候總是要有某些監護來加以保護」。因此，當兒童少年仍未像成年人一樣享有憲法上的各種權益保障之時，司法系統就已經朝此方向前進了，被以刑事違犯指控的少年可能不像二十世紀前半一樣，被隨意地、漫無標準地加以處理。

1977 年，奧克拉荷馬市 *Oklahoma Publishing Co. v. District Court in and for Oklahoma City* 的案件中，毫無異議地一致決定（430 U.S. 308），如果記者們有出席法庭中之審判過程且未遭到反對的話，允許記者可以使用少年的名字及照片。審前對少年拘留措施的使用會增加少年觸犯其他犯行的風險，這個概念於 1984 年 *Schall v. Martin* 這個紐約的案件（467 U.S. 253）中，受到最高法院當局的支持。

1989 年，最高法院在 *Stanford v. Kentucky*（492 U.S. 361）案中的判決主張，對 16 或 17 歲觸犯殺人罪的青少年判處死刑不算殘虐與異常，不違反第八修正案（the Eighth Amendment）的精神。1992 年，最高法院在 *Reno v. Flores*（507 U.S. ____, 113 S. Ct. ____, 123 L.Ed.2d1）案中的判決主張，把正在審理中將遭強制遣返的外籍青少年責付給他們的父母親、監護人，或其他親近親屬，並沒有違反第五修正案規定的少年權益。

從 1970 年代中期開始，好幾個州對少年案件之審判採取了法定最低刑度規定（mandatory minimal sentences）或明確刑度規定（determinate sentences），現在大約有三分之一的州採取懲罰性的少年審判量刑策略，在那些州，基本上對少年犯之審判量刑與對成人犯沒什麼差異；我們很難相信，依照兒童少年之犯行實施那些強制最低刑度規定，與兒童少年的真正需要及最佳利益有何關係。可以確定的是，這些少年刑事司法過程已經變得愈來愈具懲罰性質，其正式的審判程序、報復式的公開處理方式，以及定罪

的結果愈來愈趨嚴厲，這些情形在 *In re Javier A.*（1984）案件中充分顯露。

42

　　我們已經透過要求對少年刑事司法程序權益相關事務的密切注意，改善少年刑事司法體系這一個嚴重的缺失，不過到目前為止，上訴法院（appellate court）對於這些呼籲的回應僅止於一些口頭上的宣示，尚未有實質的改變。例如，雖然已經提供少年被告法律諮詢，但案件之審判結果則與以前沒有什麼差別。最近的研究顯示，雖然有派遣辯護律師在法庭上代表少年，但對少年犯之裁判宣告（adjudication）或安置決定（disposition decision）沒有實質的差異（National Institute of Juvenile Justice, 1980）；甚至還有研究發現，如果少年有法律諮詢者代表他，反而較會遭受更嚴厲的安置處理（McNeece, 1976; Stapleton & Teitlebaum, 1972）。問題是，整個少年刑事司法體系中仍然充斥著要關切少年刑事司法案件程序權益（procedural rights）的態度，許多為少年辯護的律師相信，因為少年法庭是原本就是一個要為少年權益進行處遇的機構，所以，他們似乎不太需要太過於積極（激進）地追求對少年權益的保護。終究，法院仍然是被認為要為「兒童少年最佳利益」而努力。

　　近年來在州級層次的改革，至少有以下三個領域。有好幾個州降低可以被依成年犯加以審判的少年犯年齡，如果少年觸犯的是嚴重犯行的話；有些州放寬了少年犯可以被成人法庭審判的條件；有些州甚至完全廢除了少年法庭，因為他們認為最高法院既然已經把少年審判及成年人審判的系統改成那麼相似，再維持兩種不同的系統是沒有意義的，所以乾脆整個將少年法庭予以廢除（Schichor, 1983）。其他州認為，為了要保護社會大眾，以及「懲罰」及「監禁」危險的少年犯，應該要放棄對此類少年犯之治療或矯正處遇。不幸的是，這樣的立場及想法已經成為政治人物心中普遍的觀點。

　　我們可以想像，法院可能會為了回應這些保守的反動想法，因而以更具懲罰性的行動來處理一部分的犯罪少年（本來是應該接受矯正處遇的少年案主），以下的篇章資料可以讓我們檢視一下，這樣的趨勢是否真的存在。

少年刑事司法的經費

　　另一個分析少年刑事司法政策轉變的有用方式，是分析其經費編列或來源型態的改變，因為方案計畫的財源支持對該方案是否成功執行有相當重要的關聯。假如決策者很重視政策的改變，一定會從其編列經費預算的方式反應出來。少年刑事司法領域的經費編列主要改變，是始於 1965 年「執法協助法案」（Law Enforcement Assistance Act）（P.L. 89-197）的通過，以及 1968 年的「犯罪控制及街頭安全法案」（Omnibus Crime Control and Safe Streets Act）（P.L. 90-351）。這兩個法案提供了金錢與行政機制補助給各州及地方機構，協助各州及地方的執法與相關犯罪防治方案。1974 年，少年刑事司法及犯罪預防局（Office of Juvenile Justice and Delinquency Prevention, OJJDP）成立於 LEAA 之下，使其專注於協調各種犯罪防治的努力，以控制犯罪（P.L. 93-415）。在 1975 至 1977 會計年度中，OJJDP 總共允諾補助了各州及地方機構 89,125 件申請案（OJJDP, 1979），光是 1977 年，OJJDP 花費在少年犯罪控制與預防方案的經費就有 47,625,000 美元。

　　在卡特總統的領政下，OJJDP 的預算當局預定在 1981 會計年度將預算增加到 1 億美元，1982 年度增加到 1 億 3,500 萬美元（Office of Management and Budget, 1981b），而 1980 年度實際花費在少年刑事司法經費補助的額度為 6,800 萬美元（OMB, 1981b）。

　　這當中由於國會與 LEAA 間的不合，導致在卡特政府結束執政之前，國會就想把 OJJDP 這個機構關掉。雖然在 1980 會計年度所有的 LEAA 方案的實際支出是 444,781,000 美元，但是 1982 會計年度的執行預算要求則有 159,691,000 美元。LEAA 所剩不多的經費於 1982 年結束（OMB, 1981a），原先要透過 OJJDP 來分配的經費則變成統塊經費（block grants）的方式分配給各州（OMB, 1981c）。直到最近，新的「暴力犯罪控制法案」（Violent Crime Control Act of 1994）通過，不多的聯邦經費才再次明確地

分配給少年犯罪預防及犯罪防治方案。由於現在新改選出的國會組成較為保守，被核定的經費到底會有多少錢真正分配給少年處遇或刑事司法方案，則仍有待觀察。

許多原先倡議要聯邦政府分擔犯罪與非行防治經費的人，現在認為他們讓幾十億美元的錢花在犯罪人及少年方案上，是一項錯誤的決定，有些人甚至覺得那不只是浪費金錢，更將問題弄得更糟。Wilson（1975）相信，那幾十億美元的花費沒有讓我們更清楚到底哪些方案或模式是最有成效的，也並未驗證矯正處遇及預防的理論有無效果，只「資助了我們大家的恐懼感」。

不知是會更好或會更糟，來自聯邦對少年矯正的賀禮（經費）已經停止了，各州及各地方政府將會持續負擔少年機構方案，及其他後續審判後處理少年的鉅大財政負擔。各城市及各郡縣將支持大多數的執法方案（law enforcement programs），各州及各地方的歲入也會持續支持法院及觀護部門的人事經費（Bureau of Justice Statistics, 1981）。由於聯邦的經費主要是負責少年犯罪預防方案的發展，故大家心有隱憂，各州及各地方社區可能會回復到過去的預算編列、支付方式，變成比較「傳統的」少年處遇或刑事司法方案，也就是機構處遇與保護管束（institutions and probation）。

44

官方統計

從 1929 年以來，有關美國少年法庭的活動報導都由 *Juvenile Court Statistics*（少年法庭統計）系列作為最主要的訊息提供者，第一份統計報告就是介紹了 1927 年美國 42 個法院對少年事件的處理情形。到目前為止，這仍然是一份自願的統計報告（voluntary reporting system）（各法院可提供，也可以不提供），所以，很少有法院願意一直提供少年個案詳細的紀錄報告。在 1937 年以前，少年個案報告量就下降到只剩保護性的個案（dependency cases），幾年後就決定只報導保護性的個案及少年犯罪個案的集體

數字（aggregate counts）（不再詳細報導個案內容）。

　　1957 年，兒童局（the Children's Bureau）開始一項新的資料蒐集方案，對超過 500 個法院進行分層隨機抽樣調查，蒐集有關少年法庭的活動。雖然早期的這個作法已經廢除了，但國家少年刑事司法中心（National Center for Juvenile Justice, NCJJ）於 1975 年曾獲得來自 OJJDP 的獎助經費，這樣一來，就有更多的法院對少年案件保留自動的檔案紀錄，以符合各自法院的需求，所以現在如果要估計少年案件的趨勢，就變得更容易了。

　　本章使用 NCJJ 主要的資料檔來估計少年犯罪案件，這些資料係來自於 1986 至 1990 年全美少年法庭案件處理的報告，這些數字的估計是根據：(1)來自全美 1,000 個以上的社區（涵蓋一半以上的危機少年人口），至少有超過 50 萬份少年個案資料；以及(2)一份與法院層級可相互對照的樣本整體統計（aggregate statistics），來自各州超過 10 萬筆額外的犯罪少年案件。根據這些資料所得到的估計資料於報告中會進一步說明，就是司法部（Department of Justice）出版 1986-1990 年的少年法庭統計（*Juvenile Court Statistics*）。

　　官方統計指出，美國每一年約有 180 萬至 220 萬名少年遭受逮捕（FBI, 1987），不過，大約只有一半被捕的少年被移送到少年法庭，其他少年可能並未遭後續的指控（起訴），或獲得撤銷指控（不起訴處分）。另外，有 25 萬名少年是其父母親、學校、人群服務機構（社會機構），及其他的人士將他們直接訴請法院審理。法院審理的少年案件（1990 年有 1,264,800件），大約有一半正式進入後續對其犯行的審理聽證，接受審理聽證的少年犯有四分之三被司法確認為具體的犯罪者，而接受觀護處分安置、裁定罰金或支付賠償金、接受強制的諮商輔導，或被安置收容在機構中（U.S. Department of Justice, 1983）。

　　在過去幾年中，接受法院審理裁判的少年人數呈現中度的增加（如表3-1 所示），我們必須記得的是，在 1986 至 1990 年之間接受法院審理之少年犯人數增加 9.95%的同時，我們整體的少年（12-18 歲）人口數下降了4.7%（U.S. Department of Commerce, 1986, 1992）。少年犯人數增加最多的是在 13 歲以下的這個群體，從 1986 至 1990 年間增加了大約 18.7%。

表 3-1　少年法庭審理少年案件數之全國性估計數（單位：千人）

1986	1987	1988	1989	1990
1,150	1,146	1,151	1,189	1,212

犯行

表 3-2 提供了 1986 至 1990 年少年各種犯行的四種廣泛分類情形，此四類犯行大致上定義如下：

對人之犯行（crimes against persons）：這類犯行包括殺人、強姦、搶劫、嚴重攻擊暴行（重傷害）（aggravated assault）、普通傷害（simple assault），以及其他對人身的犯行。

表 3-2　少年犯罪全國估計數（依犯行類別）：1986-1990

	人數	財物	藥物	公共秩序	總計
1986	184,700	667,800	73,400	214,400	1,150,300
	16.1%	58.9%	6.4%	18.6%	100.0%
1987	183,600	680,600	72,900	208,300	1,145,500
	16.0%	59.4%	6.4%	18.2%	100.0%
1988	189,200	678,400	80,300	203,200	1,151,000
	16.4%	58.9%	7.0%	17.7%	100.0%
1989	206,300	689,100	77,300	216,500	1,189,200
	17.3%	57.9%	6.5%	18.3%	100.0%
1990	239,700	731,700	68,200	225,200	1,264,800
	19.0%	57.8%	5.4%	17.8%	100.0%

45　　**對財物的犯行**（crimes against property）：這類犯行包括夜盜（侵入竊盜）、竊盜、汽機車竊盜、縱火、破壞毀損、贓物犯行（stolen property offense）、侵入私人領域（trespassing），以及其他以財產為標的的犯行。

　　藥物濫用的犯行（drug law violations）：非法販售、購買、分配、製造生產、栽培、輸運、持有或使用管制或限制的物質或藥物，或隨身攜帶個人使用的此類藥物，或企圖從事上述這些行為，都是屬於違犯藥物禁令。吸食膠類、漆類、罐裝氣體，或其他可吸食物質也都包括在內。因此，這個名詞的內涵比 UCR（聯邦調查局之統一犯罪報告）藥物濫用違犯的概念更廣。

　　對公共秩序的違犯（offenses against public order）：這類犯行包括攜帶兇器犯行、非暴力的性犯行、非法飲用酒類（非屬身分犯行）、違犯社會
46　秩序行為、對社會正義的違犯，以及其他妨礙公共秩序的犯行。

最近趨勢

　　1986 至 1990 年之間，少年犯罪整體比例增加了 9.95%，掩蓋了某些特殊犯罪類型的重要趨勢，例如，當藥物濫用（毒品犯罪）增加了 1.4%的同時，對人身安全的犯行增加了 29.8%。當然，這些較廣泛的犯行類型幾乎也將某些一樣重要的變化隱藏在較明確的犯行之中。在可及的紀錄中，與持有毒品相較，少年觸犯毒品買賣（drug trafficking）的犯罪行為大量增加（Florida Department of Health and Rehabilitative Services, 1992）。事實上，以佛羅里達州為例，1986 至 1990 年間輕微的藥物（毒品）犯行減少了，不過，重大的毒品犯罪案件數幾乎增加了 400%。相當多的證據檢視讓我們確信，許多對人身安全犯罪之惡化原因，與毒品犯罪息息相關，不幸的是，到現在為止仍然缺乏全國性的資料庫，能提供我們可以作為仔細檢視與了解少年犯罪的依據。

　　當非白人少年所觸犯的對人身攻擊之犯罪數維持在持平的狀態時（43.1%至 44.5%之間），少數族裔的少年觸犯毒品犯罪人數則是呈現增加

速度驚人，從 1986 年的 26.5%增加至 1990 年的 46.1%。同時期白人少年觸犯毒品犯罪之比例則從 73.5%下降為 53.9%。根據一份最近對 696 位地方法院管轄的白人少年所做的研究顯示，白人少年有三倍於非白人少年的比率因酒精犯行被移送法院，但是，非白人男性少年因為觸犯毒品罪被移送法院的比率，則比白人少年多出 16%（National Institute of Justice, 1989）。

雖然大多數犯罪少年是男性（1990 年時為 81.2%），但從犯罪類型來看，則有一些與性別相關聯的情形，1990 年女性少年占所有公共秩序犯行人數的 19.5%，但在藥物濫用類別則僅占 13.3%。然而，因藥物犯行被移送法院的非白人男性少年人數比非白人女性少年高出七倍的同時，白人女性少年因藥物犯行被移送法院的人數比率卻比非白人女性少年高出 66%（NIJ, 1989）。

拘留

拘留指在移送法院及案件審理終結之間，將少年安置於一個限制式的設施裡。表 3-3 提供我們 1986 至 1990 年間少年被拘留的人數估計。

表 3-3　犯罪少年遭拘留與否之人數估計（1986-1990）

	被拘留	未被拘留	總計
1986	239,500 20.8%	910,800 79.2%	1,150,300 100.0%
1987	226,800 19.8%	918,700 80.2%	1,145,500 100.0%
1988	235,400 20.4%	915,600 79.6%	1,151,000 100.0%
1989	259,400 21.8%	929,800 78.2%	1,189,200 100.0%
1990	286,300 22.6%	978,500 77.4%	1,264,800 100.0%

被拘留少年人數增加的比例（19.5%）比未被拘留少年人數增加（7.4%）的多很多。雖然被拘留的女性少年人數只增加 10.7%，但非白人少年被拘留的人數比例則增加了 35.6%。在此相同期間，佛羅里達州被拘留的黑人少年人數增加了 70%（Florida DHRS, 1992）。

處理的方式

處理的方式是一個法院在其系統中對於案件處理的一般性分類。訴願的案件（petitioned cases）是對先前處理過的案件再次向法院遞出訴狀進行請願，請求法院對於少年的案件重新確認，到底該少年是刑事犯行、身分犯罪，或只是一位需要保護依賴中的兒童，或者該少年應該以成年人受審的方式加以審判。非訴願案件（正式處理的案件）是透過正當授權程序，由法院人員進行篩檢，於正式被提出訴願申請之前先進行調整，這些法院人員包括法官、仲裁官、觀護官、其他法院官員，或其他專為處理少年訴願案件篩檢而設置的人員。

表 3-4　犯罪少年法庭處理方式人數估計（1986-1990）

	正式處理	非正式處理	總計
1986	540,200 47.0%	610,200 53.0%	1,150,300 100.0%
1987	539,000 47.1%	606,500 52.9%	1,145,500 100.0%
1988	557,100 48.4%	593,900 51.6%	1,151,000 100.0%
1989	591,300 49.7%	598,000 50.3%	1,189,200 100.0%
1990	634,400 50.2%	635,500 49.8%	1,264,800 100.0%

48

與整體少年犯罪案件增加數字相比，非訴願案件增加比例只有 3.3%，遠遠比不上整體案件增加幅度，而訴願案件增加幅度為 17.4%；整體女性少年犯罪案件訴願比例增加了 13.5%，而非白人少年訴願比例增加了 34.2%。其他最近的研究也指出，少年法庭對於少年觸犯酒精與藥物違犯案件接受訴願的比例，不像其他犯行的案件比例那麼高，不過藥物濫用案件接受正式訴願之案件比例（47%），仍然高於酒精犯行案件（38%）（OJJDP, 1989）。在佛羅里達州，白人少年案件訴願比例的增加只稍微比全國的平均增加比例高一些（15.9%），不過，黑人少年案件訴願之增加比例則增加了 63.9%（Florida DHRS, 1992）。

■ 判決

當一位少年受到了司法裁判確定後，就可以確認是一位少年犯或一位身分犯行者（status offender）。表 3-5 提供從 1986 至 1990 年之間，全國被裁判確定及未裁判確定的少年犯罪案件數之估計。

表 3-5　犯罪少年判決情形案件數估計（1986-1990）

	裁判確定	未裁判確定	總計
1986	345,200 30.0%	804,900 70.0%	1,150,300 100.0%
1987	326,900 28.5%	818,600 71.5%	1,145,500 100.0%
1988	322,000 28.0%	829,100 72.0%	1,151,000 100.0%
1989	350,000 29.4%	839,200 70.6%	1,189,200 100.0%
1990	361,200 28.6%	903,700 71.4%	1,264,800 100.0%

裁判確定的案件數成長比例（4.6%）比全體案件數成長比例較慢，不過，未裁判確定的案件數成長率則快多了，為 12.3%。女性少年裁判確定案件比例呈現中度成長（6.5%），但是，非白人少年被依較重罪名裁判確定之比例則顯著增加，增加達 22.5%之多。

■ 審理結果

審理結果是案件經法院處理後所科以之最嚴重程度的結果或處遇計畫，個案審理結果被分為下列各種類別：

豁免（免除）（waived）：豁免少年法庭之審理，轉由刑事法庭家加以審理，或轉移聽證。

安置（placement）：少年個案被處以家外安置（placed out of home），安置於一個住宿式的機構（residential facility）中。

保護管束（probation）：少年個案接受非正式／自願機構之安置，或接受正式／法院命令之保護管束或監督。

解除（dismissed）：被解除限制的少年個案，不需接受進一步的安置、警告或諮詢。

50

其他：不包括於上述各項審理結果的其他各種處理雜項，包括罰金、補償、社區服務、由法院向外轉介至其他少年福利服務機構等。

有兩種審理結果的類別值得我們注意。雖然解除及其他類別案件數增加的幅度只比整體增加數多一點，且保護管束稍有減少，但機構安置則增加了 14.2%，而免除少年法庭審理轉由成人刑事法庭審理的案件則是增加了 65.7%，增幅驚人。

雖然整體被免除少年法庭審理的案件增加相對較少的比例（1990 年為 800 件），女性少年被免除少年法庭審理的案件數自 1986 年以來增加了 60%，同一時期，女性少年受到家外安置（1990 年為 14,300 件）的件數增加了 10%，而男性少年家外安置件數則增加了 14.7%。

我們已經注意到，當我們檢視少年的膚色時，發現各類審理結果的增加情形與膚色有關。白人少年被轉到成年人法庭審理的增加比例有 25.4%，

而非白人少年被轉到成年人法庭審理的增加比例則高達115.9%；白人少年被安置於機構的比例只增加了1.9%，而非白人少年被安置的比例則增加了34.5%。以佛羅里達州為例，黑人少年被移送接受安全（保安）方案（secure programs）的人數增加了76.4%，而被免除適用少年法庭而移送成人法庭審理的人數增加了133.2%，佛州黑人少年觸犯毒品（藥物濫用）而被以重罪指控的人數比例增加了700%（Florida DHRS, 1992）。很明顯的是，非白人少年的確比其他少年遭受較嚴重的審理結果。

表 3-6　犯罪少年案件審理結果案件數估計（1986-1990）

	豁免	安置	保護管束	解除	其他	總計
1986	10,200 0.9%	106,700 9.3%	419,300 36.4%	438,300 38.1%	175,800 15.3%	1,150,300 100.0%
1987	10,900 1.0%	103,900 9.1%	423,600 37.0%	433,900 37.8%	173,200 15.1%	1,145,500 100.0%
1988	12,400 1.1%	101,700 8.8%	422,700 36.7%	438,700 38.2%	175,500 15.2%	1,151,000 100.0%
1989	16,000 1.3%	116,100 9.8%	409,300 34.4%	472,800 39.8%	175,000 14.7%	1,189,200 100.0%
1990	16,900 1.3%	121,800 9.6%	448,500 35.5%	485,000 38.4%	192,600 15.2%	1,264,800 100.0%

少年犯行與案件處理的混淆趨勢

　　從表面上來看，在過去幾年中，少年法庭對少年案件之處理方式並無什麼改變，整體案件數量也大致持平，被拘留、接受正式訴願或裁判確定的案件比例也變化不大。不過，當根據種族與犯行類型仔細分析案件性質，就發現，在現在變得對少年犯「轉趨強硬」（get-tough）的政策之下，前面所認為對少年案件之處理沒什麼改變的想法就不是那麼正確，特別是對

51

少數族裔少年之犯罪行為之處理方面。事實上，當少數族裔少年觸犯毒品犯罪時，我們的司法系統就很快速地以對付成年犯罪人的方式來處理他們（表3-7）。很明顯地，資料中少年犯行型態的改變至少是因為執法方式的問題（對不同少年有不同強硬方式），與少年犯行實際改變的情形應是相當的。其中在 1986 至 1987 這一年，佛州毒品重罪增加了 72%，而黑人少年被控毒品重罪的人數從 696 人增加至 1,687 人（Imershein, Mathis & McNeece，付梓中）這樣戲劇化的毒品重罪人數增加情形，極不可能是因為少年真正的犯罪行為所造成的。

52

表 3-7　犯罪少年（非白人男性）被移送成人法院審判之人數估計
（1986-1990）

	人身	財產	藥物	公共秩序	總計
1986	1700	1700	300	300	4000
1987	1900	1900	600	300	4700
1988	2200	2300	1000	400	5800
1989	3000	2700	1900	500	8100
1990	3900	2800	1800	600	9100
增加% 1986-1990	129.4%	64.7%	500%	100%	127.5%

51

　　從全國性的角度觀之，1986 至 1990 年，非白人男性少年被免除少年法庭審理而移送至成人法庭審理的人數增加超過一倍以上，不過，非白人男性少年被免除少年法庭審理而移送至成人法庭審理的人數則增加超過「500%」！除此之外，非白人男性少年因毒品罪而遭家外安置及被留置於少年刑事司法系統的人數增加幾乎三倍，而所有非白人男性少年被安置的人數增加了 34.9%。

　　為了進一步說明非白人少年遭受較嚴厲的司法處理之危機，我們在表3-8 比較了同樣是 17 歲白人與非白人觸犯毒品罪少年審理結果之差異性。由該表可知，這一群組中，非白人少年較容易被移送至成人法院審理或被

安置，而白人少年較容易被解除指控或較常被裁定保護管束。

表 3-8　觸犯毒品罪 17 歲男性少年審理結果與種族關聯性人數估計
（1986-1990）

	豁免	安置	保護管束	解除	其他	總計
白人	300 （21.4%）	1000 （43.5%）	3700 （63.8%）	4600 （61.4%）	1600 （38.5%）	11200
非白人	1100 （78.6%）	1300 （56.5%）	2100 （36.2%）	3000 （38.6%）	1000 （61.5%）	8500
總計	1400 （100%）	2300 （100%）	5800 （100%）	7600 （100%）	2600 （100%）	19700

結論與建議

　　根據一份最近的報告，現在被關在聯邦監獄裡觸犯毒品罪的美國人民人數，比雷根總統宣示就職總統當時全國被關在聯邦監獄中的各類犯罪人數還多，美國聯邦政府現在把人民關在監獄裡的人數比例，比世界上任何一個國家都還多。年輕的黑人被關在監所裡，或被某一形式的刑事司法所監督的可能性，比上大學就讀的可能性還高（Baum, 1992）。從 1990 年以來，少數族裔的美國少年占整體被公私立矯正機關收容少年的一半以上，1985 至 1989 年，在公立機構中監護的少數族裔少年占了 13%，而白人少年在那些機構中之人數則降低了大約同樣的比例（Office of Juvenile Justice and Delinquency Prevention, 1991）。

　　大約在十幾年前，有一篇談論少年刑事司法政策的文章提到，在我們知道要如何為犯罪少年提供有效的處遇之前，應該盡可能使整個少年刑事司法系統更平等、更符合正義原則、更符合人道精神（McNeece, 1983）。

雖然我們在這篇文章中並沒有討論人道主義的問題，但很明白的是，我們在處理犯罪少年的公平性方面仍大有問題，我們也更懷疑，沒有達到正義原則。我們應該立即採取行動來處理對少數族裔及非少數族裔犯罪少年的

差別處理（司法上之差別待遇）情形。即使有相當高比例的較大黑人少年觸犯了較重的毒品犯罪，也不應該一直將他們送入成人監獄，我們應該採取任何需要的行動來避免這樣的悲劇，不要讓這樣的悲劇有任何發生的情形。

如果我們讓目前的情況持續下去，就是讓不成比例（極高比例）的少數族裔成年人在監獄中監禁至死，假使我們的刑事司法系統不能認真地處理對少年犯及成人犯公平正義的問題，我們這個國家是會一直存在分裂對立的狀態。

53 ## 結論

我要對讀者致歉的是，並未在這一章描繪出少年刑事司法系統及政策較樂觀的圖像，我們發現，我們自己也正處於一個對少年犯「轉趨強硬」的時期。從最近的犯罪法案及其他立法，可以看出我們的政治領導人們並不想花費更多的金錢來找出處理少年犯罪問題更有效、更符合人道的答案。在這個到處充滿少年軍事訓練營、最低刑度要求、「三振法案政策」（third strike and you're out）、將少年服務方案委託給最低標金者的時代，少年刑事司法系統的政策不會有太多的改變，除非等到下次的全國大選。即使到那個時候，我們可以期待的或許也跟值得憂慮的一樣多。

REFERENCES

參考資料

Bartol, C., & Bartol, A. (1989). *Juvenile delinquency: A systems approach.* Englewood Cliffs, NJ: Prentice-Hall, Inc.

Baum, D. (1992). Just say nolo contendere: The drug war on civil liberties. *The Nation,* June 29: 886–888.

Blomberg, T. (1983). Diversion's disparate results and unresolved questions: An evaluation perspective. *Journal of Research in Crime and Delinquency, 20:* 24–38.

Bowman, G.W., Hakim, S., & Seidenstat, P. (1992). *Privatizing the United States Justice System: Police, adjudication, and correction services from the private sector.* Jefferson, NC: McFarland Company, Inc.

Brumbaugh, A. (1993). Acupuncture: New perspectives in chemical dependency treatment. *Journal of Substance Abuse Treatment, 10(1):*35.

Empey, LaMar T., & Stafford, M.C. (1991). *American Delinquency: Its Meaning and Construction* (3rd ed.). Belmont, CA: Wadsworth Publishing, 1991.

Executive Office of the President, Office of Management and Budget, *Budget of the United States Government, Fiscal Year 1982, Appendix.* Washington, D.C.: U.S. Government Printing Office, 1981b.

Executive Office of the President, Office of Management and Budget, *Budget of the United States Government, Fiscal Year 1982,* Washington, D.C.: U.S. Government Printing Office, 1981a.

Executive Office of the President, Office of Management and Budget, *Budget of the United States Government, Fiscal Year 1982, Budget Revisions: Additional Details on Budget Savings.* Washington, D.C.: U.S. Government Printing Office, 1981c.

Federal Bureau of Investigation. (1987). *Uniform crime reports.* Washington, D.C.: U.S. Government Printing Office.

Florida Department of Health and Rehabilitative Services. (1992). *Profile of delinquency cases at various stages of the Florida juvenile justice system.* Tallahassee, FL.

Florida Department of Health and Rehabilitative Services. (1994). *Outcome evaluations for juvenile boot camps.* Tallahassee, FL.

Hawkins, J., Catalano, R., & Miller, J. (1992). Risk and protective factors for alcohol and other drug problems in adolescence and early adulthood: Implications for substance abuse prevention. *Psychological Bulletin, 112(1),* 64–105.

Hellum, F. (1979). Juvenile justice: The second revolution. *Crime and delinquency, 25:* 299–317.

Jenson, J. (forthcoming). Juvenile delinquency and drug abuse: Implications for social work practice in the justice system. In C. McNeece & A. Roberts (Eds.), *Social work roles in the justice system: Helping offenders, victims, and witnesses.* Chicago: Nelson-Hall Publishing Co.

Krisberg, B. (1992a). *Juvenile Justice: Improving the Quality of Care.* Washington, D.C.:

National Council on Crime and Delinquency, 1992.

Lerman, Paul. (1980). Trends and issues in the deinstitutionalization of youths in trouble. *Crime and Delinquency, 26:* 281-298.

Marlette, M. (1991). Boot camp prisons thrive. *Corrections Compendium, 16,* 6-8, 10.

McNeece, C. (forthcoming). Comparative state of the child: Juvenile justice in Florida. In A. Imershein et al., *Comparative state of the child.* General Hall Publishing.

McNeece, C. Aaron. (1980b). "Justice" in the juvenile court: Some suggestions for reform. *Journal of Humanics, 8:* 77-97.

McNeece, C. Aaron. (1976). *Juvenile courts in the community environment.* Ph.D. Dissertation, University of Michigan, May, 1976.

McNeece, C. (1983). Juvenile justice policy. In A. Roberts (Ed.), *Social work in justice settings.* Springfield, IL: Charles C Thomas, Publisher.

McNeece, C. (1994). National trends in offenses and case dispositions. In A. Roberts (Ed.), *Critical issues in crime and Justice.* Thousand Oaks, CA: Sage Publications, 1994, pp. 157-170.

McNeece, C. (1995). Adult corrections. In NASW (Ed.), *Encyclopedia of social work.* Washington, D.C.: National Association of Social Workers.

National Institute of Justice. (1989). *OJJDP Update on Statistics,* Juvenile courts vary greatly in how they handle drug and alcohol cases. Washington, D.C.: U. S. Government Printing Office.

National Juvenile Court Data Archive, National Center for Juvenile Justice. (1991). National estimates of juvenile court delinquency cases: 1985-89 (machine-readable data file). Prepared through grants from the Office of Juvenile Justice and Delinquency Prevention, U. S. Department of Justice, Pittsburgh, PA.

Office of Juvenile Justice and Delinquency Prevention, U. S. Department of Justice. (1991). *Juveniles taken into custody: Fiscal year 1990 report.* Washington, D.C.: U. S. Government Printing Office.

Ohlin, L. (1983). Interview with Lloyd E. Ohlin, June 22, 1979. In J. Laub, *Criminology in the making: An oral history.* Boston: Northeastern University Press, pp. 22-23.

Ray, L. (1992). Privatization of justice. In *Privatizing the United States justice system: Police, adjudication, and correction services from the private sector.* Jefferson, N.C.: McFarland Company, Inc., pp. 109-202.

Salmon, B. (1992, May 7). Florida targeting juvenile crime. *Tallahassee Democrat,* pp. B1, B3.

Schichor, D. (1983). Historical and current trends in American juvenile justice. *Juvenile and family court journal, 34:* 61-75.

Schwartz, I.M. (1992). *Juvenile justice and public policy: Toward a national agenda.* New York, NY: Macmillan, Inc.

Serrill, M.S. (1980). Washington's new juvenile code. *Corrections Magazine, 7,* 36-41.

Stapleton, V., & Teitlebaum, L. (1972). *In Defense of youth.* New York: Russell Sage, 1972.

Stone, K. (1990). Determining the primacy of substance abuse disorders among juvenile offenders. *Alcoholism Treatment Quarterly, 7*(2), 81-93.

Umbreit, M.S., & Coates, R.B. (1993). Cross-site analysis of victim-offender mediation in four states. *Crime and Delinquency, 39,* 565–585.

Umbreit, M.S., Coates, R.B., & Kalanj, B. (1994). *Victim meets offender: The impact of restorative justice and mediation.* Monsey, NY: Criminal Justice Press division of Willow Tree Press, Inc.

U.S. Department of Commerce. (1992). *1990 census of population, general population characteristics, United States.* Washington, D.C.: U.S. Government Printing Office.

U.S. Department of Commerce. (1987). *Estimates of the population of the United States, by age, sex, and race: 1980 to 1986.* Washington, D.C.: U.S. Government Printing Office.

U.S. Department of Justice, Bureau of Justice Statistics. *Sourcebook of criminal justice statistics, 1980.* Washington, D.C.: U.S. Government Printing Office, 1981.

U.S. Department of Justice, Law Enforcement Assistance Administration, Office of Juvenile Justice and Delinquency Prevention, National Institute for Juvenile Justice and Delinquency Prevention. (1980). *A national assessment of case disposition and classification in the juvenile justice system: Inconsistent labeling, Vol. 11, Results of a literature search.* Washington, D.C.: U.S. Government Printing Office.

U.S. Department of Justice, Law Enforcement Assistance Administration, Office of Juvenile Justice and Delinquency Prevention. (1979). *Second analysis and evaluation, federal juvenile delinquency programs, Vol. 1.* Washington, D.C.: U.S. Government Printing Office.

U.S. Department of Justice, Law Enforcement Assistance Administration, Office of Juvenile Justice and Delinquency Prevention. (1985). *Reports of the National Juvenile Justice Assessment Centers: The impact of deinstitutionalization on recidivism and secure confinement of status offenders.* Washington, D.C.: U.S. Government Printing Office.

U.S. Department of Justice. (1983). *Report to the nation on crime and justice: The data.* Washington, D.C.: U.S. Government Printing Office.

U.S. Department of Justice, Office of Justice Programs, Office of Juvenile Justice and Delinquency Prevention. (1991b). *Juveniles taken into custody: Fiscal year 1990 report.* Washington, D.C.: U.S. Government Printing Office.

Wilson, James Q. (1975). *Thinking about crime.* New York: Basic Books.

 ## CASES
案件

In re Gault, 387 U.S. 1, 1967.

In re Javier A., 159 Cal., App.3d 913, 206 Cal Rptr. 386 (1984).

In re Winship (397 U.S. 358, 1970).

Kent v. U.S. (383 U.S. 541, 1966).

Oklahoma Publishing Co. v. District Court in and for Oklahoma City (430 U.S. 308) 1977.

Schall v. Martin, (467 U.S. 253) 1984.

Stanford v. Kentucky (492 U.S. 361) 1989.
Reno v. Flores (507 U.S. _____, 113 S.Ct. _____, 123 L.Ed.2d1) 1992.

第4章 矯治政策的發展趨勢

「美國監獄受刑人人數越過一百 ⁵⁷
萬大關」（*New York Times*, October,
28, 1994）、「阿肯色州執行三十二年
來首次的三重死刑（一次處決三名死
刑犯）」（*New York Times*, August 5,
1994），這是最近連續出現在報紙頭
條的兩則新聞。到底矯治領域發生了
什麼事，使得這些新聞值得媒體如此
關注？

當我們嘗試討論矯治政策時，馬
上會面臨到進退維谷的境地，這個困
境關乎兩個獨立但互有關聯之議題，
第一個議題牽涉到下面這個問題：
「所謂政策是指什麼？」第二個議題
則是「是否有一些可以被稱為所謂的
矯治政策？」第一個議題可經由不同
學者從多方面的觀點加以定義以謀求
解決（e.g. Jansson, 1994; Flynn, 1992;
Schwartz, 1992; DiNitto, 1991; Dobels-
tein, 1990; Tropman, 1989; Moroney,
1986; Morris, 1979; Gilbert & Specht,
1974; Gil, 1973; Kahn, 1973; Rein,
1970），有數種原則或方式可指出哪
些活動得稱為「政策」；至於第二個

問題則較為棘手，因為到目前為止並無單一的政策來指引矯治領域的作為。

社會政策

　　基本上，由於每一個工業化社會本身是其組織結構的一部分，它會經由系統性的正式規章，試圖符合每一位社會成員的需求，這些規章、法律或政策企圖建構出某種程度的秩序，以便社會及其成員可以發揮最大潛能，以實現自我。建構社會政策的目的，是用以協助符合社會需求、減緩社會問題、創造適合社會及其成員成長的環境，以及為其成員提供可以獲得安全的措施。根據 Gil（1973）的看法，社會政策係處理社會大眾之生活品質、個人及群體之生活環境，以及社會內部人際關係的本質。Kahn認為，政策是「許多原理原則的明確或隱示核心，或是許多決策與限制之持續路線，指出特定的方案、立法及行政實務或優先考量之前提」（Kahn, 1973, p. 8）。某些學者將政策視為一種過程，在此過程中相關的問題或需求受到確認，進行選擇，並發展因應策略；亦有其他學者認為，政策是上述過程的產物。根據 Moroney（1986）的看法，政策走向之決定係受到態度及信念所反映出之價值觀所影響。一般而言，政策的發展涉及一個目標或系列的目標，這些目標之出現是用以回應已經確認的或所預期的問題（Jannson, 1994）。政策本身兼具過程及結果之性質（process and outcome），它不僅是解決問題的潛在方法，亦是社會問題的原因或促發因素。

矯正政策

　　就像在前面提到的，矯治領域並無單一政策，其相關政策之制訂及實施涉及此領域的諸多層次，許多機構及團體曾在過去或目前致力於發展矯

治政策，這些機構及團體的功能或運作，部分獨立於政府或政治的管轄。政策的制定通常經由政治協商來達成，而且就其方向及焦點而言經常是相當矛盾的（DiNitto, 1991），例如：

> 逮捕率增加及經費縮減，使得法院及監所人滿為患，紐約市長朱利安尼（Giuliani）命令將以前為了節省經費而關閉的監獄重新開張。……這些行動突顯出……一種為了調和兩個互相衝突目標的掙扎，這兩個目標是去年朱利安尼競選的兩個主軸：撙節預算並提升市民的生活品質，對犯罪者採取強勢打擊作為，即使是輕微犯行者亦不寬貸。（Fritsch, 1994, B1）

政策的走向乃是各種利益團體經由正式或非正式的協商所形成的，而這些利益團體的立場是受其特定的價值取向所決定，終究政策是社會大眾價值信念的反映，可能經由政治代言人（代議士）來發聲，並透過專業的執政人士來制訂及執行（Dobelstein, 1990）。因此，嘗試詳細討論矯正政策或許可行，但要評價某個矯治政策或政策的結果是否有效，則是較有問題，何況要進一步分辨這些政策究屬矯治政策或是一般公共政策更是困難。例如，最近新推行的政策，對微罪者（minors）、無家可歸之暴力精神病患（violent mentally ill homeless persons）、假釋之精神病患（mentally ill parolees），以及愛滋病受刑人施予宵禁措施，引發人權問題的極大爭議，不只是矯正政策的問題而已。

此外，由於政策發展之概念及行政方面，與其執行的過程有所區別（Dobelstein, 1990），是故要了解矯治政策之影響及效能更加困難（Levine, Musheno & Palumbo, 1980）。和其他領域的政策一樣，矯治政策之執行，其結果經常受到許多行政裁量的影響，致使結果成效不彰或影響到政策。雖然本章所有參考資料將刑事司法視為一個「體系」（system），但我們卻不想給大家一個印象，以為真的有一個統一的、容易識別的體系存在。所謂體系這個字的含義，應該從廣泛的範疇來看，泛指在刑事司法領域所發生或進行的一連串活動。

59

了解上述背景訊息後，現在我們可嘗試理性地討論一些不是很相連貫的議題，矯治政策就是在這些情境中發展及運作。為能廣泛周全地了解矯治政策，必須採取系統取向（systematic approach），藉由這種取向可找出相關議題及其結果，這個取向必須定義問題的性質，說明為何需要矯正體系介入、其所隱含的價值前提、解決問題的理論路徑、目標及目的、傳統上對該問題之處理或回應方式、成本花費、相關政策對矯治領域的影響，以及預期及非預期的效果，也特別要對矯正領域的資源與「權利」（rights）問題給予關切及檢視。

問題的本質

　　每一個社會都會遭遇犯罪問題，故每一個社會均會發展相關政策，以便處理違反社會常規的行為，例如死刑（death）、使身體殘缺損傷（physical maiming）、流放（ostracism）與監禁（incarceration）等刑罰措施，均曾被用來抑制違反社會常規的行為。而懺悔贖罪（penitence）及復健（治療）（rehabilitation or treatment）亦曾被認為是對於違犯者的適切處理方式，社會回應犯罪問題的方式，在某種時期可能會偏愛某種型態的處遇模式，但就政策的發展歷史來看，它是循環不斷的，即人們常以較為人道（humanitarian）及具復健取向的措施，去平衡或取代過於嚴厲（或殘酷或不人道）的刑罰，反之亦然。

　　學者長期以來對犯罪活動（違犯社會常規的行為）的原因爭論不休，也一直爭辯到底何種回應方式較能維持社會正常功能及保護社會。犯罪行為之原因長久以來被視為有可能來自個體的缺陷（基因或生物方面），且（或）肇因於具壓迫性的或不公義的社會。對於犯罪原因或處理方式，由於沒有任何一個學說觀點能永久占上風，故吾人也無法找到一種最有效的干預方式，能夠完全消除或嚇阻違法行為，以便創造公平和諧的社會。民眾滿意度應該與該干預措施能否有效消除或嚇阻犯罪活動有關，但很不幸

60

的是，擬訂矯正政策所根據的經常是社會大眾對犯罪的主觀觀感，包括犯罪恐懼感，而非考量該處遇措施是否有效。

潛在的價值前提

　　民眾對犯罪之主觀觀感、犯罪被害恐懼感及威脅感等相關信念，經常是沒有根據客觀資料的、莫名而生，民眾覺得現行打擊犯罪的作為是無效的，而不是因為實際的犯罪狀況持續惡化，這樣子就可以要求矯正政策的改革。矯正政策之改弦更張，主要還是在回應民眾的犯罪被害恐懼感及對現行實務措施的不滿，這個現象部分可以解釋全美各聯邦及州屬監所超額收容受刑人的事實，全美目前在監之受刑人已超過一百萬人，大約是十年前的兩倍（*New York Times*, October 28, 1994）。

　　矯治領域的政策主要在處理社會大眾所感知的權益與社會對其成員所負的責任等相關問題，它存在的價值是要能夠保護社會及其成員免於違法者的侵害，其關注的焦點包括維護社會秩序，保障社會之和平、健康及安全。犯法者及部分懷有政治動機與合理藉口的人士，被視為是偏離社會（可接受的）規範及價值觀的人，大眾認為這種偏差的表現對已建立的社會秩序有妨礙，故必須發展一系列社會控制之制度及方法，來處理這些偏差問題。這些社會制度不管是否經由正式立法或徒具形體，均被認為是變遷社會中穩定的因素（Ponsioen, 1969），它建構了一個持續且有條理的框架，使我們得以了解團體的價值觀，並經由這些制度，將社會之制裁行動加諸於偏差行為者的身上（Merrill, 1961）。

　　刑事司法體系在保護社會及犯罪人復健治療等兩方面，長久以來面臨衝突矛盾的目標（Netherland, 1987），觀察這些衝突矛盾目標的一個方法，是對照大家熟知的所謂「倡議應報」（just dessert）（Von Hirsch, 1976; Dershowitz, 1976）或「正義模式」（justice model）（Fogel, 1975）與「復健理想」（rehabilitative ideal）之間（Allan, 1959）的差異。上述「倡議應

報」觀點主張，對於犯罪人不需要關心他們是否復健，不用在乎是否將犯罪人個人重塑或再造使其適合社會，而要聚焦於給予每一位犯罪人罪有應得的懲罰，這與他們的犯行比率相稱，因為他們對社會及其成員造成了傷害（Duffee, 1980）。

61

　　道德家模式（moralist approach）是刑事司法體系思潮之一，認為刑事司法體系是在維持社會的道德及價值觀，此一體系亦被認為具有嚇阻違法者的力量，它鼓勵每一位民眾遵守社會的要求與規範，以免受到報應式的刑罰制裁（retributive sanctions）。懲罰被視為是刑事司法體系的一個主要元素，其實施及威嚇力量是維持社會秩序不可或缺的一環，根據 Packer 的說法：「不管是經由立法廢止，或是執法機構的不執行，當刑罰的威嚇力量撤除或減少時，以往受到壓制的……即容易死灰復燃。」（Packer, 1964, p. 118）不僅違反法律者即應受到應有的刑罰，且最好能利用刑罰來嚇阻潛在的犯罪者，刑事審判（量刑長短）則是依據犯罪者過去之行為表現及其罪質（nature of the offense）來加以衡量。

　　與上述取向南轅北轍的是「復健理想」或「社會福利」觀點，社會福利觀點贊同復健概念，並認為應報思維及刑罰對犯罪行為之影響極其有限。根據 Duffee 的說法，持社會福利觀點者之典型特性，係「堅持應就是否能夠改善受刑人之狀況或矯正其行為，來評估刑事法體系的能力」（Duffee, 1980, p. 8）。此一觀點強調應將重點擺在受刑人身上及其處遇治療，這些都與整體社會相關，並為社會福祉之一環；此觀點認為，犯罪行為的主要原因，大多是根源於政治、經濟體系等環境因素影響所致，而非犯罪人個人本身。復健治療模式要從兩個層面著手：違犯社會法律的犯罪者本身，以及對社會之復健，使其消除讓個體從事犯罪活動之需要。本論點經常認為，社會共同之利益與福祉，只能透過人道處遇及適當的復健活動來加以確保。根據 Hussey 的說法：

　　　社會及受刑人之福利均相等重要，當犯罪者被判決有罪時，若能進行研究，考量其特殊需求再給予制裁，則兩者均將能各蒙其利。的確，刑事司法體系應為每位受刑人量身打造其處遇方式，

易言之，我們要採取實證主義的方法，為受刑人提供適當的處遇，而不是僅僅關心其罪行。（Hussey, 1979, p. 41）

審前調查（pre-sentence investigation）以及謹慎使用保護管束及假釋（parole），可以整合納為相關處遇作為，以進行個別化的處遇，協助受刑人之復健，讓其能順利復歸社會，發揮正常的社會功能。

由於對成年犯罪人之態度已轉向長期監禁的發展方向，少年犯以前常被認為應以寬鬆刑度來對待，過去長久以來被視為應該緩和處理的少年犯，現在已被視為小大人（miniature adults），故受到嚴厲刑罰之機會大增。《美國法學期刊》（*National Law Journal*）最近針對 250 位少年法庭法官進行問卷調查，結果顯示大多數法官傾向將少年犯視為成年犯來處遇。據 Sherman 的說法：

> 具壓倒性的比率，有 91% 的法官贊同延伸他們的權力，對於違犯最嚴重犯罪的少年犯，予以加強監督或施以監禁。他們需要更多資源與處遇的選擇來把這件事情（對少年之監督）做好。法官們一致地相信，大多數被帶到少年法庭的犯罪少年，都是能夠順利被復健治療及復歸社會的。同時，多數法官亦贊同，即使年齡 14 歲的少年，如果觸犯殺人罪，亦得判處死刑（Sherman, 1994, p. 1）。

其他法官所贊同的「轉趨強硬」措施尚包括：

- 93% 的法官贊成按捺指紋。
- 85% 的法官同意將少年時的犯罪紀錄，開放給成年人法庭查閱。
- 68% 的法官贊同開放重罪少年的審訊過程。

比較有趣的發現是，有 86% 的法官認為，他們所仰賴來處遇少年的社會福利機構缺乏足夠的資源，去有效處理少年犯的相關問題。

62

矯治政策之目標與目的

　　所有矯治政策均包括兩個基本前提，第一個前提關心社區的安全維護與社會的安全，第二個前提關心的焦點則是個別的犯罪人，這兩個前提整合後，可成形成以下四項一般性的矯正政策目標：

1. **抑制**（restraint）：矯正使犯罪人受到一種遏阻力量，約束犯罪人的行動自由，監禁及刑罰是常用的懲罰手段，以便藉以保護社會安全。
2. **改造**（reform）：比較不針對犯罪人，較強調社會之改造，不僅是犯罪人本身，社區的革新亦更形重要，此一觀點帶有阻卻的焦點，使大眾均能符合社會主流的信念及價值觀。
3. **復健**（rehabilitation）：矯治的努力，強調改變犯罪人的病態與偏差行為，使之得以遵守社會規範。
4. **重整**（reintegration）：此政策目標對於犯罪人及社區均抱持高度關心，企圖提升各方好的機會，使犯罪人與社會之間有更好互動及正向參與。（Duffee, 1975）

63　　同樣地，有四個傳統的目標與矯治活動有關：

1. **剝奪**（incapacitation）：以監禁的方式，使犯罪人無法於監禁期間犯罪，預防犯罪之發生。
2. **嚇阻**（deterrence）：以嚴厲的刑罰為範例，嚇阻被定罪的犯罪人或其他人再犯罪，以嚇阻進一步的犯罪行為。
3. **應報**（retribution）：刑罰輕重之比率符合犯罪人犯罪的嚴重性，以遏阻犯罪行為。
4. **復健**（rehabilitation）：犯罪行為不是干預措施的重點，犯罪人是矯正治療措施干預介入的焦點。（Netherland, 1987）

不過，目前的矯正政策既非上述 Duffee 所言之導向，亦非屬傳統目標導向，並不存在純粹的某一種取向，它經常是這些相關取向的混合體，不同取向立場間常互有消長競爭，且常隨著不同時空因素而改變，因此刑事司法體系的目標在本質上並非單一的型態，「因為刑事司法體系所欲達成的目標太多、太龐雜，以致很難清楚論斷哪一個目標才是最重要的」（Hussey, 1979, p. 36）。雖然目標是混雜的，但復健取向的模式在 1960 年代末期及 1970 年代早期達到其巔峰。在那個時期，強調的是個人的權利（individual rights）、人民的自由（civil liberties）、程序正義（due process）、去機構化（deinstitutionalization）、教育機會（educational opportunities）、社區處遇的替代方案（community alternatives），以及多樣化的處遇與諮商模式，故刑罰及監禁等手段遭到鄙棄（Mitford, 1973; Clark, 1970; Menninger, 1969）。時至今日，刑罰思潮再次翻轉，使得禁監及死刑等刑罰手段再度復甦。

問題之範疇

犯罪統計的效度長久以來都是各方爭辯的議題，因為其計算方式及解讀觀感依不同統計機關（如：FBI、National Crime Survey）以及不同蒐集資料之目的，而會呈現不一致的結果。然而，每個人都可能成為犯罪人或犯罪被害人，這些情形都讓我們可能需要和刑事司法體系有所接觸。違法犯罪的問題在在影響我們的生活，我們每一個人都在為犯罪違法的問題付出代價，不管是直接的犯罪被害人，或每一年繳納稅金等，均與犯罪問題有直接或間接的關係。矯治政策的走向，深受民眾對於犯罪之主觀感受所影響，真實的犯罪統計數據或犯罪人本身反而常常不是政策制定的依據。統計指出，雖然犯罪人數於 1984 至 1992 年間呈現明顯增加趨勢，但目前觸犯重罪人數卻呈現減少的趨勢（Krauss, 1994）。這些統計數字之增加到底是民眾積極報案所致或是犯罪案件真的增加，其真實的面貌如何仍未可

知，但社會大眾對犯罪的觀感及恐懼感，已經轉換成大眾對犯罪問題的憤怒，使得被監禁在各級監所（地方、州及聯邦監所）的受刑人數急遽增加。

在 1990 年時，受矯正系統保護管束、控制或監禁的人數，達全美人口總數之 2.35%，其中有 2,670,234 人接受保護管束，有 403,019 人在地方監獄中拘禁，有 745,157 人在州的監獄服刑，並有 531,407 人在假釋中（Bureau of Justice Statistics, 1990）。男性受刑人口的資料，可從司法服務局（Bureau of Justice Services）隨時取得，此處不加以贅述，倒是比較引人注意的是，女性監禁人口數是一個新的現象，值得進一步討論。

女性受刑人

最近 Snell（1994）調查在州級監獄服刑之女性受刑人，發現女性人數占受刑人總數的 5.2%，其中有三分之一是觸犯暴力犯罪。雖然有近 12% 的女性受刑人是因謀殺罪服刑，但僅有 32 位女性受刑人被判決死刑。至 1991 年 6 月止，總計約有 39,000 名女性在監服刑，其人口剖面資料（profile）數據如下：

種族	非西班牙裔白人	36.2%
	非西班牙裔黑人	46.0%
	西班牙裔	14.2%
年齡	18-24	16.3%
	25-34	50.4%
	35-44	25.5%
婚姻狀況	已婚	17.3%
	離婚	19.1%
	分居	12.5%
	未婚	45.1%

（下頁續）

使用毒品	曾經使用	79.5%
	曾經規律性地使用	65.3%
	在本次犯行當月有使用	53.9%
	在本次犯行當月每一天均使用	41.4%
	觸犯本次犯行時正受藥物之影響	36.3%
	以犯罪所得購買藥物	23.9%
感染愛滋病毒	所有女性	3.3%
	非西班牙裔白人	1.9%
	非西班牙裔黑人	3.5%
	西班牙裔	6.8%

　　有許多社會問題是造成女性監禁人口增加的原因，諸如意外懷孕、遊 65
民問題、單親媽媽、愛滋病、藥物濫用、貧窮及教育低落等等。

　　因為女性犯罪人口增加，監獄管理當局亦依其實際需要，要求為女性
監禁人口增設專門的設施、方案、新的分類系統，以及健康醫療中心與心
理衛生中心，以符合實際需求。由於女性服刑的刑期相對較短，故監禁環
境之建置應兼顧假釋觀點以及長期機構關切（收容）。

新型態犯罪及新的矯治政策

　　由於犯罪活動及監獄受刑人人數不斷增加，使得社會大眾、特別是政
治人物均要求矯正政策要加以改革，過去受到支持的長期復健導向已漸漸
被震撼性改造、漸進或刑罰手段所取代。在 1980 年代早期，為解決監所人
口過於擁擠的問題，類似軍事訓練營（boot camps）的管理方式應運而生。
根據這個想法，若將初犯、非暴力犯罪者放入嚴格管教的軍事化環境，應
可加以挽救使免於再犯。某些州則將軍事訓練營當成一種復健處遇的取代
措施，此外也有人認為，這是降低處遇花費及降低再犯率的好方法，不過

初步的報告並未顯示,這種矯正環境能顯著地降低再犯率或降低每一位受刑人的處遇成本(Osler, 1991)。

承此,「倡議應報」的想法再度復甦並受到重視,復健思維與社會福利的努力則同時被打入冷宮。民眾對於復健的理念會感到不滿,部分原因可溯自大眾認為犯罪似乎不斷增加,被害恐懼感亦高居不下,且對於犯罪人行為的危險性難以預料(Underwood, 1979);另外,社會科學研究未必證明在作矯正政策制訂時,復健理想是最好的選擇。面對失業率升高、通貨膨脹及犯罪問題,民眾及政治人物一再要求只要能壓制犯罪活動,使大眾獲得安全、能安居樂業就好,假如復健治療導向的作法成效難以有效地預測,則有必要尋求更為有效的干預模式,至少要能讓民眾滿意的方式。應使用短時間內不計成本的作法,有別於過去的作法,讓民眾有耳目一新的感覺,以撫平民眾的忿怒與不安。

與復健導向遭到擱置同時出現的,連帶使得審判程序亦有所轉變,這些改變包括改採定刑期(determinate sentence),以達到判決確定的一致性(uniformity)以及限縮法官的裁量權(discretionary power),不讓法官在量刑方面有太多犯罪人個別化或個別需求性的考量(Hussey & Lagoy, 1981)。對於不確定刑期的司法裁判不滿意的由來,主要是在許多不同的司法管轄區裡有差異相當大的刑期裁判,在某種程度上,被批評有因種族及社經地位之差異致影響判決結果,造成不公平。民眾期待能有一致、平等、公正且明確的判決方式與結果,然而,我們事實上並無法同時兼顧個人正義(individualized justice)及平等正義(equal justice)(Levine, Musheno & Palumbo, 1980);換言之,「復健」思想與「倡議應報」的這兩種思維,在刑事司法的運作上,其前提是矛盾且互斥的。

藥物

民眾對犯罪的態度之所以會改變,部分原因亦與犯罪類型及方法的改

變有關，從 1980 年代中期開始，吸食古柯鹼的案件不斷增加，對此類犯罪之處遇人員也只好跟著增加（Inciardi, Lockwood & Pottieger, 1993; Williams, 1992）。此類犯罪案件數量的增加，使得主張應該建造更多監獄的人與主張應對犯罪人施予更多治療復健處遇者，展開更加激烈的論辯（Reno, 1993）。

藥物濫用及犯罪行為之間的關係，已受到決策者及學者專家的密切注意（Inciardi, Lockwood & Quinlan, 1993; Inciardi, Horowitz & Pottieger, 1993; Chaiken & Chaiken, 1990; Huizinga, Menard & Elliot, 1989）。Roth（1994）最近的研究報告就提出暴力行為與藥物及酒精之間的關係密切。其主要的發現包括：

研究已經發現暴力行為與影響心智狀態的物質（psychoactive substances）有高度相關，這些物質包含酒精及非法藥物等，不過因著所使用之藥物類型不同，其相關程度亦有差異。

在所有影響心智狀態的物質，酒精是唯一確實於使用後通常會造成攻擊行為的物質，而在大量使用安非他命（amphetami-nes）、古柯鹼、麥角酸二乙胺（LSD）以及天使粉（PCP）之後，某些人會出現突發的暴力行為（violent outbursts），這可能源自於他們用藥之前的心理狀態或病態（preexisting psychosis）。快克（crack）對人體之藥理作用仍有待研究，因為它對腦部的影響比任何型態的古柯鹼更直接。

非法藥物會與暴力行為扯上關係，主要還是因為毒品市場所導致，例如互爭地盤而廝殺，買賣雙方引起的糾紛、搶奪，或因要籌措買毒資金而犯罪等；更值得注意的是，這些非法市場有可能影響我們所生活的周遭社會與經濟環境。（Roth, 1994, p. 1）

批判者提醒我們以下的事情：

不論毒品（藥物）政策如何實施，民眾的權利需要被保護，

對執法的效力要嚴厲限制；值得注意的是，對毒品的執法作為可能會增加一般人認為藥物與犯罪有關係的印象，而忽略了藥物的藥理學因素、經濟需求面的問題，以及次文化角色的問題。對於毒品、藥物的法律與執法策略應該關心如何減少需求，至少要與減少提供面（supply reduction）一樣強力執法。對於毒品的執法不可成為限縮民眾合法權益的藉口，而且必須要有堅強的輿論基礎。（McBride & McCoy, 1993, p. 274）

愛滋病

藥物濫用也可能是監禁人口罹患愛滋病者大增的原因之一，美國刑事司法局曾報告指出，監獄自 1981 年以來登錄罹患愛滋病的受刑人個案已達 5,000 件，且此一趨勢預料將會持續及快速增加；受刑人因為使用毒品、同性戀行為及共用針頭的問題，比平常人有較高的愛滋病罹患風險。

矯正系統對於受刑人愛滋病問題關切之焦點已然改變，從關心短期的危機問題，例如偶發傳染事件引起的恐懼感，到目前轉為關心長期性的問題，諸如愛滋病患的監禁房舍、處遇方案問題、醫療照護問題等等。這些長期性的問題之解決相當複雜，經常牽涉政治、法律及成本預算考量。（Hammet & Moini, 1990, p. 1）

槍械

另外一個關切的焦點是，與槍械有關的暴力犯罪持續增加。Roth 估計在 1989 年時，殺人案件的被害人有 60% 是受到槍擊死亡，他引用國家健康統計中心（National Center for Health Statistics）的資料指出：「若將謀殺案之被害人以年齡加以區分，則介於 15 至 19 歲之被害人有 82% 是遭到槍擊死亡；介於 20 至 24 歲之被害人遭槍擊死亡之比率則是 76%。介於 15 至 19 歲的黑人男性，遭槍擊殺害之比率為十萬分之 105.3；同年齡層之白人男性被槍殺比率則僅有十萬分之 9.7。」（Roth, 1994, p. 1）

青少年殺人案件（teenage homicide）比率上升，也是一個特別值得關注的警訊，介於 15 至 19 歲之青少年殺人比率，從 1985 至 1991 年上升了 154%，暴增原因幾乎全是槍枝所引起的（Butterfield, 1994）。為了抗制這些令人吃驚的統計數字，許多州的立法部門正相繼以十分快速的速度制訂多項槍械管制法案（gun control bills）。以 1994 年為例，全國州議會聯合組織（National Council of State Legislatures）估計，當時已經有槍械管制法案估計超過 2,000 個（Butterfield, 1994）。

性侵害犯

在過去一年中，為了對性侵害犯採取更嚴厲的處理作為，許多法案通過州議會審核，紛紛採取更積極與嚴厲的措施對付性罪犯。這些新措施包括更嚴厲的審判、更嚴格的假釋規定。如果所侵害的對象是少年，也對性罪犯科以更長的刑期；再者，無限期停止其假釋、在社區時必須接受當地執法機構之登記控管，以及通知社區居民附近有性侵假釋者遷入居住。

有關這些特別的條款，某些州已經制定的含括如下：

- 在釋放後的前六個月至十二個月之間，施以特別、額外的監督。
- 在紀錄上必須註記為性侵害犯罪者，而非一般重罪犯人。

- 禁止性罪犯與某些人接觸，特別是未成年人，其中亦包括禁止與家庭內近親亂倫的被害人同住。
- 要求性侵害犯持續接受團體或個別治療，其治療的型態應該與在監服刑時所接受的治療模式一致。
- 性罪犯在假釋前需經由一組心理衛生（含精神醫療）專業人員的評估，來評定其是否可以假釋或應撤銷假釋。實際作法可能包括心理及性格測驗，或接受陰莖體積變化儀的檢測（a penile plethysmography exam）。

精神病犯

另一個令決策當局關切的複雜問題現象，是受到監禁的精神疾患犯罪人（精神病犯）人數不斷增加，監禁人口屬於精神病犯者之比率介於 10%（Adams, 1988）至 25%（Cecire, 1992）之間。這種現況部分歸因於對精神病犯收容之非機構化政策，而他們在社區也缺乏適當的支持性服務可用。需要相關支持性服務的人經常發現他們身陷囹圄，而地方的監獄經常是他們獲得協助的唯一資源管道，當然相對地，這些有特殊需求的人口亦使監獄在管理方面衍生一些重要的管理問題（Rock & Landsberg, 1994）。此外，因缺乏適當或足夠的治療處遇照護，經常導致精神病犯再犯率偏高，若他們無法契合社會的期待時，亦容易引起大眾不滿的情緒。

轉變中的政策觀點

當犯罪率不斷上升且監獄人滿為患時，國會議員（立法者）被迫重新思考他們的理念哲學。先前擁有較大量刑裁量空間的法官，現在也遭到撤銷或限縮，立法者亦轉為關心相關領域的法律問題，例如家庭暴力之強制逮捕、酒醉駕駛之強制吊銷執照、保護管束及假釋之限制、最低強制刑期，以及將部分少年犯罪案件移轉至刑事法庭的問題等等。目前有超過 40 個州的監獄是在法院的管轄之下運作（Koren, 1993），監獄過度擁擠的問題，經常是立法者、矯正官員以及刑事司法研究人員等列為優先討論的議題（Welsh, 1993; Gettinger, 1984）。

雖然矯正政策的重心在 1990 年代曾再次轉為強調「倡議應報」模式，但混合式的矯正政策目標依然持續運作。當媒體及立法部門專案小組愈來愈強烈主張以強硬手段（hard-line）來處理犯罪問題時，因復健模式所關切的民眾人權、正當程序，以及個別化處遇等，仍然持續主導許多專業社會工作（NASW, 1994）及矯正相關文獻。例如美國社工人員協會（NASW）對刑事司法體系方面的政策白皮書即斷言：

> 對於許多活動所造成的犯罪問題，政治人物及媒體關心的焦點似乎有些失焦，因為它忽視了隱藏在犯罪率上升背後的社會問題⋯⋯。民眾的恐懼感變成無限上綱，使得大量建造監獄及擴張警察權限等作法，有了合理化的理由。（NASW, 1994, p. 50）

各界認為解決犯罪問題的不二法門，有賴於社會大眾的力量與意願，去消除貧窮及不平等待遇，克服青少年疏離感的問題，發展並執行公平正義的法律，以及建構理性及一致的執法、審判及矯正的體系。社區處遇（community-based treatment）是應該用以對大多數的犯罪人進行處遇的替

代方式，矯正機構的監禁只適用於那些確實對社會有重大危害的犯罪者。

當這些政策建議如此有系統性，且受到專業矯正實務人員的支持時，它卻像一些社工專案計畫一樣，未與現在一般民眾所關心的問題或矯正領域的壓力相符。在以採取「強硬手段」的態度對付犯罪人的同時，也出現了一些相反的認知，就是監獄未必要以懲罰的態度去處理犯罪人，而是能愈人性化愈好。例如「美國身心殘障法案」第二章（Title II of the Americans With Disabilities Act, ADA）即要求矯正機構及司法機構，要能為殘障犯罪人在其相關方案、服務及活動方面提供「平等參與的權利」（equal access）。一個人要被確認為殘障人士，基本上要有正式文件證明，在視覺、聽覺、行動或學習能力等身體或精神方面，有實質上之缺陷或限制。有趣的是，在司法及矯正體系內的殘障人士到底有多少，卻缺乏全國性的統計。此外，該法案所強調的其他重點尚有，相關部門需要提出書面計畫明確指出策略與程序，以符合該法案所要求之設施水準，提供或設置輔助盲人使用的點字書、手語翻譯、錄音書，以及專為聾胞使用的TTD電話，以協助他們生活上的不便。

推動長期監禁刑制度，以及增加獄監內的收容床位，在美國任何一州都不是新鮮事，各州監獄監禁人數爆滿概可歸咎於三個主要原因：(1)許多州執行某些形式的強制監禁政策（mandatory sentencing policy）；(2)確定刑期之立法；(3)減少收容人被假釋出獄的人數——這些都可以反映出對以前矯正活動成效的不滿。

70
保密與資訊之分享

社會大眾對隱私與保密的定見也影響了矯正領域。近年來工業技術的發展，使得人們或機構間更加容易傳遞並分享資訊，但相對地亦興起另一個議題，亦即資訊有可能會流向沒有合法使用權利的人們或機構。只要能做好安全防護措施，我們沒有理由不讓矯正機構使用這些新興的資訊系統

（Pollack, 1991）。當矯正機構能夠適當地使用與分享資訊時，他們的當事人（受刑人）是最大的受惠者，且復健的遠景與可能性也將大為提升。

在 1960 及 1970 年代，民眾的事務通常由單一的政府機關來服務，到了 1980 年代，每項事務變成由多個政府機關在服務，民眾辦事時經常要面對許多不同的政府機關，而這些機關或機構的資訊互相不流通。例如，當一位有精神問題的假釋者需要食物券（food stamps）時，可能要和三位不同的業務負責人員接觸，而這些人都無法獲得來自相關機關之間，有關該個案的相關檔案資料。

到了 1990 年代，雖然民眾還是由多個政府機關或機構來服務，但是現在轉變成由一個機關擔任主要的個案管理者角色（primary case manager）。例如，由於政府矯正部門及心理衛生部門之資訊已經共享，當矯正部門個案管理人員想取得假釋者出獄後的精神醫療服務資訊，便可以辦得到。如果沒有這些資訊共享系統，許多個案管理者恐怕得要憑直覺來辦事情了。

美國各州均已經通過個人資訊系統維護的相關立法，這些法律規範了資訊管理系統的本質及目的、規定哪些政府機關及組織得以進入該資訊系統使用資訊、建立使用程序以確保其安全性並避免遭到非法使用、制定管理規章規定如何合法正當取得使用，以及就系統運作所引起的爭議設定指導方針以解決問題。此外，對於非法或不適當使用個人資訊者之刑事及民事處罰，也有相關的規範。

相關保密法規正在重新檢討，使相關資訊可以有適當的使用但不會侵害民眾的隱私權，這樣可以使得大眾更不會感到疑慮，它需要確認什麼樣的資訊在什麼情況下可以釋出分享，以及需要採行何種等級的防護機制，以確保資訊不會漫無目的地被濫用，也不會未經檢查之前就流出。如果能夠建立適當的防護機制，資源共享是有益的，且不會傷害個別的案主。這不只為滿足大眾知的權益，也是與保護個人隱私權之間取得平衡。更確切地來說，它是使政府機關之間以負責任的態度來共享相關資訊，藉由這些機制的建立，為民眾謀求更大的福利。

71

經費預算

　　矯正領域的資源，即矯正之經費預算用以支應矯正活動，其來源與矯正政策發展歷程中幾個重要階段所反應出之矯治目標及目的有很密切的關係，正如本文之前所提及的，矯正目標及目的之發展是政治運作過程的一部分，其預期之影響及結果方面亦是相當分歧的。政治上的考量亦包括經濟層面，因為整體可用資源是有限的。當資源被導入或被指定用來發展某些類型的方案時，這些資源就無法挪用至其他用途上的，是以，當監禁或監護等措施已然是政治人物或一般民眾心中至高無上的矯正指導原則時，則處遇服務及社區處遇等措施的經費便會相對地受到限制，或無資源可用。所以當經費已經被投注在監禁措施時，復健處遇模式及較不限制式的替代方案等之經費便會相對緊縮。

　　在 1990 年，整個聯邦、州及地方政府在司法體系所支出的總經費達74 億美元，其中約有 65 億美元是州及地方政府的花費。從 1971 至 1990年，總經費的成長率達 606%，從 1979 至 1990 年的成長率達 185%，而從1985 至 1990 年的成長率則是 63%；光是 1990 年，整個刑事司法體系雇用了大約 170 萬名員工，其中 555,000 人是在矯正機構工作（Bureau of Justice Statistics, 1992）。

　　從歷史的觀點來看，我們發現很有趣的是，監禁率與國家的社會、政治及經濟環境有直接的關係，監禁人口在經濟困頓的時期會增加，而在經濟成長時期則相對減少，監禁率與戰時經濟狀況有相互關聯（Farber, 1968; Abt, 1980）。當失業率高的時候，矯正領域的人力需求卻會增加，據估計，1%的失業率會使矯正機構監禁人口上升 4%（Lieber, 1981）。

保護權益

在過去三十年間，討論「權益」的議題相當廣泛，許多社會運動者提出司法方面的決議建議，以維護各個群體的權益（如少數族群、精神耗弱、青少年及身體殘障者），他們認為，身為一位公民他們有權免於遭受差別待遇（歧視）（discriminatory actions）。需要被列為保護權益的群體包括受刑人、受假釋者及受保護管束者在內。社會運動者要求法院應確保相關 ⁷² 的政府機構（如警察機關及矯治機關）依法行政，且不逾越法定權限，以免損及民眾個人的「基本權益」，這些權益除了程序正義（due process）及平等保護（equal protection）之外，尚包括以下數項：

1. 有平等的教育機會。
2. 免於不適當的教育分類、標籤及分班。
3. 在最少限制的環境下，接受社區服務及處遇。
4. 免於奴役（peonage）及非自願性的勞役（involuntary servitude）。
5. 免於限制性的區域劃分（區域隔離）作為。
6. 得以自由出入建築物及大眾運輸系統。
7. 免於從事非憲法規範的責任事務（unconstitutional commitment practices）。
8. 擁有生育權。
9. 平等地受到適切的醫療照顧。（Gelman, 1981）

支持上述這些主張的聲音，最常從受刑人、市民團體、矯正人員及支持復健治療模式者那裡聽到，他們贊成限縮行政部門的執法權限（discretionary power）。而反對這種「自由派」改革的人士，則泰半是信仰正義模式或「倡議應報」模式者，他們並認為這種改變將使民眾掉入容易受傷害的位置，因為這樣做會使得犯罪人的權益維護，超越了其犯罪行為被害人

或潛在被害人的權益。

　　就像前面討論過的，最近幾年的政策走向再度翻轉，傾向必須確保社會大眾的平安及矯正機構的安全。若此目標要能達成，則有賴於重新建立秩序，並再度引用「倡議應報」模式的概念，這些相關的強硬手段策略是很明確的，包括假釋審查需要經過多少正當程序、假釋資格應如何、定刑的決定應如何、廢止假釋制度與否，以及限縮假釋委員會成員的豁免權限等。

結論

　　在前述的介紹中，我們嘗試找出決定矯正政策的相關因素，事實上，矯正措施的功能及矯正者的角色與價值前提常是矛盾衝突的，也常互斥而不能相容，同時它也伴隨著經濟及政治層面的考量，經濟與政治力量扮演很重要的角色。矯正政策的意圖常是繁雜的，同時反映了「復健治療」及「倡議應報」的兩種因素。在不同的歷史階段中，這兩種模式曾幾度互占上風，當其中某一觀點大行其道時，另一觀點也受到各種團體支持而仍然存在。經由時間的遞移，當恐懼感緩和時，形勢將改變，且關心的焦點將會轉移，因著資源多寡的不同，社會大眾的觀念將變得更為開放或更為保守。違法犯紀者接受了矯正處遇，新的問題會出現，需要新的保護措施，以維護社會及個人的權益。終究，諸多的努力是在於維持一個動態平衡的矯正體系。

73

REFERENCES
參考資料

Adams, R. D. (1988). *Exemplary county mental health programs: The diversion of people with mental illness from jails and in-jail mental health services.* Washington, D.C.: National Association of Counties.

Allen, F. A. (1959). Criminal justice, legal values and the rehabilitative ideal. *Journal of the Criminal Law Criminology and Police Science, 50,* 226–232.

Bureau of Justice Statistics. (1990). *Correctional populations in the United States, 1990.* Washington, D.C.

Butterfield, F. (October 14, 1994). Teen-age homicide rate has soared. *New York Times,* A22, Col. 1.

Cecire, R. (1992). *Jail-based mental health services in New York City Department of Correction facilities.* New York: New York City Department of Health.

Chaiken, J., & Chaiken, M. (1990). Drugs and predatory crime. In Tonry, M., & Wilson, J. Q. (Eds.), *Drugs and crime* (pp. 203–239). Chicago: University of Chicago Press.

Dershowitz, A. M. (1976). *Fair and certain punishment.* New York: McGraw-Hill.

DiNitto, D. M. (1991). *Social welfare: Politics and public policy.* Englewood Cliffs, NJ: Prentice-Hall.

Dobelstein, A. W. (1990). *Social welfare: Policy and analysis.* Chicago: Nelson-Hall.

Duffee, D. (1975). *Correctional policy and prison organization.* New York: Sage.

Duffee, D. (1980). *Explaining criminal justice: Community theory and criminal justice reform.* Cambridge, MA: Oelgeschlager, Gunn & Hain.

Farber, B. (1968). *Mental retardation: Its social context and social consequences.* Boston: Houghton Mifflin.

Federal Bureau of Prisons. (December 29, 1980). *Monday morning highlights.*

Fingerhut, L. (1993). *Firearm mortality among children, youth and young adults 1-34 years of age; Trends and current status: United States, 1985-90.* Washington, D.C.: U.S. Department of Health and Human Services, National Center for Health Statistics.

Flynn, J. P. (1992). *Social agency policy.* Chicago: Nelson-Hall.

Fogel, D. (1975). *We are the living proof: The justice model for corrections.* Cincinnati, OH: W. H. Anderson.

Fritsch, J. (1994, September 3). Mayor orders jail reopened in Brooklyn. *New York Times.*

Gelman, S. R. (July, 1981). Who should administer social services? *Social Work, 26(4),* 327–332.

General Accounting Office. (December 10, 1980). *Women in prison: Inequitable treatment requires action,* Report #GGOD-81-6.

Gettinger, S. (1984). *Assessing criminal justice needs* (Research in brief). Washington,

D.C.: U.S. Department of Justice, National Institute of Justice.

Gil, D. G. (1973). *Unraveling social policy.* Cambridge, MA: Schenkman.

Gilbert, N., & Specht, H. (1974). *Dimensions of social welfare policy.* Englewood Cliffs. NJ: Prentice-Hall.

Hammett, T., & Moini, S. (1990). *Update on AIDS in prisons and jails.* Washington, D.C.: U.S. Department of Justice.

Hindelang, M. J., Gottfredson, M. R., & Flanagan, T. J. (1981). *Sourcebook of criminal justice statistics—1980.* Washington, D.C.: U.S. Dept. of Justice, Bureau of Justice Statistics.

Huizinga, D., Menard, S., & Elliot, D. (1989). Delinquency and drug use: Temporal and developmental patterns. *Justice Quarterly, 6,* 419–455.

Hussey, F., & Lagoy, S. P. (1981). The impact of determinate sentencing structures. *Criminal Law Bulletin, 17(3),* 197–225.

Hussey, F. (1979). Just desserts and determinate sentencing: Impact on rehabilitation. *The Prison Journal, 29(2),* 36–47.

Inciardi, J., Horowitz, R., & Pottieger, A. (1993). *Street kids, street drugs, street crime.* Belmont, CA: Wadsworth.

Inciardi, J., Lockwood, D., & Pottieger, A. (1993). *Women and crack-cocaine.* New York: Macmillan.

Inciardi, J., Lockwood, D., & Quinlan, J. (1993). Drug use in prison: Patterns. processes, and implications for treatment. *Journal of Drug Issues, 23,* 119–129.

Jansson, B. S. (1994). *Social policy: From theory to practice.* Pacific Grove, CA: Brooks/Cole.

Krauss, C. (November 13, 1994). No crystal ball needed on crime. *New York Times.*

Kahn, A. J. (1973). *Social policy and social services.* New York: Random House.

Koren, E. (1993). Status report: State prisons and the courts—January 1, 1993. *Journal of the National Prison Project, 8(1),* 3–11.

Law Enforcement Assistance Agency. (1978). *Census of jails: Preliminary report—February 1978.*

Levine, P., Musheno, M., & Palumbo, D. (1980). *Criminal justice: A public policy approach.* New York: Harcourt Brace Jovanovich.

Lieber, J. (March 8, 1981). The American prison: A tinderbox. *New York Times Magazine,* 26–61.

Martinson, R. (Spring, 1974). What works? Questions and answers about prison reform. *The Public Interest, 35,* 22–54.

McBride, D., & McCoy, C. (1993). The drugs-crime relationship: An analytical framework. *The Prison Journal, 73,* 257–278.

Menninger, K. (1969). *The crime of punishment.* New York: Viking.

Merrill, F. (1961). *An introduction to sociology society and culture.* Englewood Cliffs, NJ: Prentice-Hall.

Mitford, J. (1973). *Kind and unusual punishment: The prison business.* New York: Knopf.

Moroney, R. M. (1986). *Shared responsibility: Families and social policy.* New York: Aldine.

Morris, R. (1979). *Social Policy and the American welfare state: An introduction to policy analysis.* New York: Harper & Row.

National Association of Social Workers. (1994). *Social work speaks.* Washington, D.C.: Author.

Netherland, W. (1987). Corrections system: Adult. In *Encyclopedia of Social Work* (18th ed.). Silver Spring, MD: National Association of Social Workers, 351–360.

New York Times. (October 28, 1994). U.S. prison population crosses 1 million mark. A1.

Osler, M. (March, 1991). Shock incarceration: Hard realities and real possibilities. *Federal Probation,* 34–42.

Packer, H. (1968). *The limits of the criminal sanction.* Stanford, CA: Stanford University Press.

Palmer, T. (1975). Martinson revisited. *Journal of Research in Crime and Delinquency,* 133–152.

Pollack, D. (June, 1991). Sharing information without forsaking personal privacy. *Corrections Today,* 30–32.

Ponsioen, J. A. (1969). *The analysis of social change reconsidered.* Paris: Mouton.

Rein, M. (1970). *Social policy.* New York: Random House.

Reno, J. (May 7, 1993). *Testimony at Congressional drug summit.* Washington, D.C.

Rock, M., & Landsberg, G. (1994). The mentally ill in the criminal justice system: Issues and strategies for change. *Criminal Justice in the Americas, 7(3),* 14–17.

Rohter, L. (May 10, 1994). In wave of anticrime fervor, states rush to adopt laws. *New York Times,* A1, A19.

Roth, J. (1994). *Firearms and violence.* Washington, D.C.: U.S. Department of Justice.

Roth, J. (1994). *Psychoactive substances and violence.* Washington, D.C.: U.S. Department of Justice.

Schwartz, I. (1992). *Juvenile justice and public policy.* New York: Lexington Books.

Snell, T. (1994). *Women in prison.* Washington, D.C.: U.S. Department of Justice, Bureau of Justice Statistics.

Sherman, R. (August 8, 1994). Juvenile judges say: Time to get tough. *The National Law Journal, 1,* 24–25.

Studt, E. (1977). Crime and delinquency: Institutions. *Encyclopedia of Social Work.* Washington, D.C.: National Association of Social Workers, 208–213.

Tropman, J. E. (1989). *American values and social welfare: Cultural contractions in the welfare state.* Englewood Cliffs, NJ: Prentice-Hall.

Underwood, B. (June, 1979). Law and the crystal ball: Predicting behavior with statistical inference and individualized judgment. *Yale Law Journal, 88(7),* 1408–1448.

U.S. Department of Justice, Bureau of Justice Statistics. (September, 1992). *Justice expenditure and employment,* 1990. Bulletin NCJ-135777.

Von Hirsch, A. (1976). *Doing justice.* New York: Hill & Wang.

Welsh, W. (1993). Ideologies and incarceration: Legislator attitudes toward jail overcrowding. *The Prison Journal, 73(1),* 46–71.

Williams, T. (1992). *Crackhouse: Notes from the end of the line.* Reading, MA: Addison-Wesley.

第5章

刑事司法體系在城鄉間的差異

緒論

在討論像刑事司法體系及社會工作等這類廣泛且複雜的主題時，其實，我們很容易即可想像這裡面其實包含許多面向，其中經由我們（所處的社區或社會）所定義之偏差行為，以及有系統地去回應這些社會問題的方法，統稱為刑事司法體系。當我們研究刑事司法體系內之社會福利機構時，無可避免地會討論到社區這個變項，因為在犯罪等社會問題上，社區扮演了十分重要的角色。

本章討論的重點在於，當犯罪或偏差行為發生，以及刑事司法體系運作之時，社區所扮演的角色為何，不管它是鄉村的或者是都市型態的社區，都是本文關心的焦點。故本文首先討論到所謂鄉村及都市之概念，其次因為城、鄉對於犯罪之本質及範疇或有其基本上的差異，是以偏差現象或許會與這些概念有關。接下來，我

們將討論「執法」、「審判」及「矯治」等三種不同型態的司法體系，適用的對象包括少年及成年犯罪者，在矯治的部分則側重討論社區處遇及機構處遇。另外，我們也將檢視社工員在都市及鄉村司法體系裡的角色；最後在結論的部分，我們將討論最近的趨勢，以及未來可能之發展方向。

都市及鄉村的概念

　　為了了解相關議題，我們首先將社區分為鄉村及都市等兩種型態，並分別定義如下，所謂鄉村社區係指依美國人口普查局（U.S. Bureau of the Census）所調查，其人口數在 2,500 人以下的社區（Ginsberg, 1993, p. 3）；另一個劃分之界線，是該區普查人口在 50,000 人者，則稱之為「大都會區」（metropolitan areas），這種都市型態大多是有一個都市，周邊帶狀圍繞著許多郡等衛星市鎮，而這些居民共同分享此一都會之某些特性；而所謂「城市區域」則係有一中心都市或是雙子星都市之型態，其居住人口超過 50,000 人，並緊密相鄰（Bureau of the Census, 1993）。

　　為了便於分類，我們以 50,000 人口作為城市及鄉村之分界線，就其實際意義來看，許多居民人口數千人的社區，一般而言較亦會被歸類為鄉村型。不過有關上述之區分方法，仍有幾件事情需要敘明，首先是社區就像是人一般，有其獨特性並具有不同的特徵，因此進行推論時必須注意其局限性，以避免過度推論的問題。有些居民人口數約 30,000 人左右的社區，或許會在許多面向上，比某些人口數大上兩、三倍的社區，更像都市的型態；同樣地，某些城市在工業發展上是都市型態，然而從社會學或其他角度來觀察，卻是將之歸類為鄉村。

　　此外，鄉村亦包含農村及非農村社區等型態，且目前係後者占大多數，故若將鄉村與農村社區等同視之，事實上是不正確的，大多數鄉村社區的居民係住在市鎮或村莊裡。同樣的道理，5 萬人口、50 萬人口，甚至 500 萬人口等不同大小的都市之間，均會有其差異存在。在市郊的部分，其差

78

異就更大了。

鄉村及都市的犯罪問題

在檢視鄉村及都市的刑事司法體系之前，我們必須重新審視各該社區主要的犯罪型態。一般而言，吾人通常會認為鄉村社區沒有犯罪問題，社會問題應大多集中在都市，非都會區則較為單純、乾淨而沒有污染，事實上不盡然如此，鄉村仍然存在著某些法律所不許的社會問題（Johnson, 1993）。

都市的犯罪率一般比鄉村來得高，根據 Bachman（1992）的說法，市區的犯罪被害率比市郊高，且市郊又比鄉村高。美國司法部於 1981 年發展一種評估犯罪率之統計方法，稱為「家庭之犯罪被害率」（Households Touched by Crime），據 1992 年之統計資料指出，有 28%位於都會區的家庭、21%位於市郊的家庭，以及 17%位於鄉村的家庭，在那一整年內曾受到犯罪事件之侵害（Rand, 1993）。

根據聯邦調查局 1992 年之統一犯罪報告，都會區之各類型犯罪率均較鄉村地區為高，但非都會區的犯罪事件總數則與都會區不相上下（如表5-1）。

79

表中縱火部分係為新增統計項目，尚無完整數據可供填入欄位。另外，在 1992 年的犯罪逮捕率，則詳見於表 5-2。雖然大都會區當年度的犯罪案件多於小城市或鄉村地區，但鄉村地區之暴力犯罪逮捕率曾經高於都會地區，以 1979 年為例，鄉村地區的逮捕率，有將近四分之一（24.5%）是屬於暴力犯罪案件，而都會區之暴力犯罪逮捕率則僅約為五分之一（19.4%）。上述單一年度的資料與某些研究發現吻合，但亦與某些認為都會區有較多暴力犯罪（e. g., Smith & Donnermeyer, 1979; Warner, 1978; *Uniform Crime Reports*, 1992）之研究不相一致。

表5-1　都會區、其他城市區，以及鄉村區之犯罪率（1992，比率1/100,000）

犯罪類型	全美	都會區	其他城市	鄉村
犯罪總數	660.2	6,272.3	5,316.6	2,025.7
暴力犯罪	757.5	871.2	486.2	220.5
財產犯罪	4,902.7	5,401.1	830.3	805.5
謀　　殺	9.3	10.4	5.4	5.2
性　侵　害	42.8	46.1	37.2	25.1
強　　盜	263.6	323.2	70.1	16.3
重　傷　害	441.8	491.5	373.5	173.6
夜間竊盜	1,168.2	1,265.1	1,011.9	660.6
竊　　盜	3,103.0	3,378.1	3,601.4	1,035.8
汽車竊盜	631.5	757.9	217.0	109.1
縱　　火				

資料來源：聯邦調查局 1992 年之統一犯罪報告（1993, p. 59）

表 5-2　各區域之逮捕情形（1992）

起訴案件	城市	市郊	鄉村／郡
總數	9,120,287	4,286,760	938,630
謀殺及故意殺人	15,022	4,610	1,510
性　侵　害	24,983	10,688	2,980
強　　　盜	135,514	34,139	2,704
重　　傷　害	336,233	140,117	30,816
夜　間　竊　盜	266,291	127,350	31,682
竊　　　盜	1,092,869	459,033	48,492
汽　車　竊　盜	136,622	51,058	8,195
縱　　　火	11,899	6,627	1,494

資料來源：刑事司法統計（1993, pp. 435, 439, 443）

表 5-3 所呈現的分析，則係警方偵察逮捕情形與社區大小之間的關係
（從大到小排列）。從表 5-3 可知，雖然在大城市有較多犯罪案件為警方
偵破且逮捕嫌犯，但在小社區仍有較高的逮捕率。

表 5-3　警方偵破並逮捕嫌犯之情形（1992）

起訴案件	總數[1]	城市總數[2]	城市						鄉村	
			第一類型[3]	第二類型[4]	第三類型[5]	第四類型[6]	第五類型[7]	第六類型[8]	市郊[9]	鄉村[10]
總　數	13,644,294	11,129,801	4,388,956	1,605,099	1,561,115	1,354,617	1,200,248	1,019,766	1,968,541	545,952
逮捕率	21.4%		18.8%	21.4%	22.0%	23.7%	25.9%	24.1%		

[1] 13,246 個機構，總人口數 235,810,000
[2] 9,301 個城市，人口數 160,465,000
[3] 人口數逾 250,000 人之城市計 63 個，人口總數計 46,186,000
[4] 人口數介於 100,000 人至 249,999 之城市計 130 個，人口總數計 19,456,000
[5] 人口數介於 50,000 人至 99,999 之城市計 350 個，人口總數計 24,230,000
[6] 人口數介於 25,000 人至 49,999 之城市計 678 個，人口總數計 23,595,000
[7] 人口數介於 10,000 人至 24,999 之城市計 1,577 個，人口總數計 24,890,000
[8] 人口數在 10,000 人以下之城市計 6,503 個，人口總數計 22,109,000
[9] 1,313 個機構，人口總數計 49,330,000
[10] 2,632 個機構，人口總數計 26,015,000
資料來源：刑事司法統計（1993, p. 450）

表 5-4 比較城市及鄉村逮捕率之性別差異，顯示被逮捕者大多是男性，
其中鄉村區之男性被逮捕率壓倒性地高過市郊地區，且市郊之男性被逮捕
率亦高於城市。

根據全國犯罪被害調查（National Crime Victimization Survey,
NCVS），表 5-5 呈現犯罪被害以及家庭曾受犯罪侵害之情形，其中市郊及
鄉村區的比率相當，城市區則仍然有較高之犯罪被害率。當年度（1992
年）約有 23%的家庭曾受到犯罪侵害，比上一年度 24%略為減少。

表 5-4　各區域不同性別之逮捕率（1992）

起訴案件	城市		市郊		鄉村	
	男性比率	女性比率	男性比率	女性比率	男性比率	女性比率
總數	80.7	19.3	81.0	19.0	82.5	17.5
謀殺及故意殺人	90.7	9.3	89.6	10.4	87.0	13.0
性侵害	98.8	1.2	98.7	1.3	97.9	2.1
強盜	91.4	8.6	91.7	8.3	91.7	8.3
重傷害	84.7	15.3	86.0	14.0	87.2	12.8
夜間竊盜	90.3	9.7	91.6	8.4	92.4	7.6
竊盜	67.1	32.9	68.4	31.6	77.0	23.0
汽車竊盜	89.2	10.8	88.5	11.5	88.1	11.9
縱火	86.4	13.6	88.0	12.0	86.1	13.9

資料來源：刑事司法統計（1993, pp. 435, 439, 443）

表 5-5　家庭曾受犯罪侵害之比率（1992）

家庭被害率	居住地區		
	城市	市郊	鄉村
NCVS 總數	28.1%	21.4%	16.9%
暴力犯罪	6.4%	4.6%	3.8%
性侵害	.2	.1	.1
強盜	1.8	.7	.4
傷害	4.7	3.9	3.5
重傷害	1.9	1.2	1.3
一般傷害	3.1	2.9	2.5
竊盜案件	19.5%	15.0%	11.4%
個人	11.4	9.8	6.9
家庭	9.7	6.3	5.2
夜間竊盜	5.0	3.8	3.7
竊盜	3.2	1.8	.6
重大暴力犯罪 [a]	3.7%	2.0%	1.8%
高指標性犯案 [b]	8.8%	6.1%	5.3%

[a] 性侵害強盜或重傷害。

[b] 遭到陌生人性侵強盜或重傷害，以及夜間竊盜。

資料來源：美司法部出版之「犯罪與全國家庭」（Washington, 1993, p. 4）

雖然在鄉村地區之成年犯罪及少年偏差行為，有些年度會略增而超過 80
城市地區，但傳統而言，城市區仍然有較高的偏差行為率，且此一趨勢持
續好幾年。表 5-6 呈現自 1980 至 1983 年之波動，「少年司法統計」（*Ju-venile Court Statistics*）將區域分為城市（居民總數之 70% 必須居住在城市
區）、準城市（居民總數之 30% 到 70% 必須居住在城市區），以及鄉村地
區（移居市區之人數未達居民總數之 30%）。依表列數據顯示，城市區的
偏差行為率高於準城市區及鄉村區。

表 5-6　家庭曾受犯罪侵害之比率（1980-1983） 83

年度	城市		準城市		鄉村	
	數量	百分比	數量	百分比	數量	百分比
1980	1,012,900	70	337,700	23	94,800	7
1981	928,900	69	318,100	23	103,500	8
1982	876,100	68	325,900	25	90,500	7
1983	876,200	69	306,700	24	92,700	7

資料來源：1983 少年法庭統計（匹茲堡：全國少年司法中心，1987, p. 13）

若將財產犯罪與暴力犯罪相較，不管在城市區或是鄉村地區，均以財 80
產犯罪占大多數，其中又以竊盜案件為大宗，雖然不同類型的竊盜犯罪，
在行為態樣上可能不盡相同，但其本質仍然是竊盜行為。目前在農村地區， 82
仍然會發生竊取牲畜、稻穀及農用機具等案件，而在城市地區、非農村之
鄉村區以及農村地區，均會發生夜間竊盜，或破壞侵入住宅、辦公室或其
他處所之竊盜案件。

有些跡象顯示，鄉村地區的犯罪率比城市區來得高，因為其犯罪黑數
相對較高，許多犯罪事件未正式記錄。造成鄉村地區犯罪黑數高的原因，
主要是因為鄉村社區非常獨立自主，比較不配合執法機構之犯罪預防策略；
其次是因為鄉村地區有某些值得信賴的社會控制機制，可替代警察機關處
理一些微罪案件（Karr, 1978）。另一方面，Newman（1978）認為鄉村及
城市之居民，對於警方及法院的觀感及態度，均沒有顯著差異，所以態度

不會影響民眾報案的意願。

刑事司法體系

社會為了處理偏差及犯罪等問題，必須建構刑事司法體系（實際上它不像體系，因為許多部分經常缺乏完善的聯繫），它包含了「執法」、「審判」及「矯正」等三個次體系，這些預防犯罪的機制，其社會控制的特色相當醒目，但也有其根本上的問題及局限性，可能會因社區大小不同而呈現不一樣的面貌，但其本質及特色則不會因此而有所改變。

83

執法機構

84

就民眾所關心的執法作為而言，市中心區相當重視警察事務的發展，而在鄉村地區的警察工作，則主要由郡警長辦公室（sheriffs' units）、警官（marshals）或其他適當的人士來執行，他們的勤務方式大多以兩人為一組，以便可以相互支援。除此之外，也有許多州警及聯邦司法官執行治安維護的工作，不管是在都市或是在鄉村地區，州警是非常重要的執法警力，因為他們可以處理交通事故、維護公眾安全、應付緊急事故，以及執行其他相關的警察勤務。

城市及鄉村地區之執法機構，兩者主要的差異在於距離以及時間，一般而言，市區警察可在數分鐘內快速抵達現場並處理相關事故，而在鄉村地區，可能離事故現場最近的執勤警力是遠在 45 分鐘車程之外，經常緩不濟急。這些現實條件使得鄉村地區的警力大多需要單獨執勤，或是將警力預置在較為孤立無援的地區，因為鄰近無警力可供呼叫支援，所以該地區的警察人員在執勤過程中較容易受傷（Haafke, 1994）。另外一項差異，則是市區警察人員面臨的問題相對而言較為專業化，而鄉村地區警察所處理案件則較為千奇百怪；此外，市區的警察體系亦較為官僚化，且其組織運

作通常亦更為龐大且複雜。

　　傳統而言，都市警察的訓練及處理案件之經驗，均較鄉村警察更為豐富老練，不過，現在鄉村地區的執法機構亦已急起直追，故在各方面均有明顯進步。執法援助管理部門（LEAA）基金會亦在各地社區協助執法機構進行現代化，特別是在硬體設施方面，更是不遺餘力。

　　各地警察人員的共通問題之一，即是自殺問題，據刊載於社工人員協會通訊（National Association of Social Workers, *NASW News*, 1994, p. 9）的某篇文章披露，哥倫比亞大學研究發現，紐約市警察局所屬警察人員自殺比率很高，稍後研究亦發現，警察人員自殺率高於一般民眾自殺率達四至五倍。從 1985 至 1994 年，總計有 57 件警察人員自戕案，幾乎都是舉槍自盡，僅有 4 件係以其他方式結束生命。該文作者 Andre Ivanoff 亦指出，警察不想露出軟弱無助的樣子，而且拒絕討論問題或心裡的感受；相關問題尚包括物質濫用（藥物及酒精）及精神沮喪等，亦是造成警察人員自殺的原因（NASW, 1994）。雖然這個研究是以全美最大城市為研究場域，但對於其他城市、西部或中西部某些人口稀少地區而言，此類警察自戕案件不全然是大城市的專利。

■ 審判機構

　　鄉村及城市審判機關之差異，與兩者在執法機構之相似及相異點相當雷同，鄉村地區的審訊措施過去一向相當簡單，某些社區的作為仍然延續這樣的傳統；甚至某些地區的檢察官是屬兼任性質，同時還經營私人律師事務所，由於沒有辦法全心投入檢察官工作，以致多少會影響追訴犯罪的成效。此外，亦有少數鄉村律師專門為嫌犯或被告辯護。

　　如果被告沒錢聘請律師辯護，現行有三種方法解決這個問題，即公設辯護律師、法院安排的律師諮詢服務，以及與律師公會或事務所簽訂契約提供相關服務。1980 年代，在全美前 50 大的城市中，有 43 個城市設有公設辯護律師，服務範疇遍及該地區 68%的民眾；至於在鄉村地區，則大多是由法院安排之律師諮詢服務（Johnson, 1993）。

有些被告不計遠近地在市中心區聘請律師，某些州檢察官亦可能將被告移送至各地的郡辦公室偵訊，以確保案件得以順利起訴，因為在鄉村地區較少舉行審前的公聽會，某些駭人聽聞的謀殺案件，在鄉村地區更會受到媒體青睞而大肆報導，甚至受到全國的矚目。

　　市區案件審判或許可以在同一個處所進行，但在鄉村地區可能會在不同的郡立法庭「巡迴審理」（ride a circuit），據估計，鄉村地區約有半數少年法庭法官要兼顧幾個地區的法院，以審判少年案件。雖然在鄉村地區服務，地理環境及視野較為廣闊，但相對地恐怕要犧牲個人居住在市區的方便性。

■ 矯治機構

　　在執法、審判及矯治等三種司法機構裡，對社會工作而言，最重要的應屬矯治領域，較例外的是歸屬於審判系統之少年法庭，社會工作亦著力甚深，但因為許多少年法庭均辦理大量的諮商及緩刑業務，故少年法庭基本上是連接審判及矯治系統的混合體。

少年法庭

　　少年法庭制度最早是在芝加哥及丹佛等大城市推動，時至今日，大多數少年法庭仍然位於城市地區，不管社區居民多寡，少年案件通常是由少年法庭來管轄審理。

　　許多審理少年案件的法官不是專責性質，他同時要審理其他非少年案件，這種情形在鄉村地區尤其普遍。另一種實務上的作法，是指派某一法官依既定行程巡迴至各郡少年法庭，專責審理少年案件。Levin 和 Sarri（1974）認為，這種作法可使法官累積審理少年案件之經驗，以提升案件審理的品質。

拘留

　　矯治體系很重要的一項工作，即是暫時性拘留，其目的不外乎：(1)案

件調查期間，得由警方借提偵訊；(2)等待召開公聽會或聽候判決；(3)法院判決之後，等待移監服刑；(4)大部分成年案件係屬一年左右短期監禁。以青少年為例，即有少年之暫時性拘留處所，併有監禁成年犯的情形。

大多數郡都有監獄，但多為老舊建築且通常缺乏完善的管理，相關問題叢生，例如建築年代久遠、破舊不堪、衛生環境不佳、管理人員不適任，以及缺乏相關矯治方案等，不論是市區或鄉村地區都有這些類似問題，主要差別在於問題的複雜程度。現在某些地區已有較新式的監禁設施，有些是獨立建築，亦有附屬在執法機構、司法大廈或其他更現代化的建築；有些人口較稀少的地區，則可以數個郡合用一個監禁設施，以解決上述監獄建築老舊的問題。

目前比較嚴重的問題，是缺乏專門拘留少年的處所，使得少年經常需要留置在監獄，如此對少年將有不良影響。現有專責辦理少年拘留之處所，多數位在城市地區，並附屬在獨立之少年法庭下，而鄉村地區則大多缺乏專責處理少年案件之設施，為解決這種窘境，似可朝向地區整合方式，規劃數個郡共用一個拘留處所，成年犯監禁問題亦可以同一思維來解決。故地點之選擇規劃相形重要，其地理位置要能使各地區均方便出入，且其腹地廣大足以容納監禁或拘留的人數，以便能有效運作。

此處另一個值得討論的議題，係成年犯及少年犯可否於同一處所拘留，傳統監獄大多有這種情形，事實上此種情況相當不利於少年，可能衍生的不良影響，諸如同性戀性侵、攻擊、自殺、身體接觸之感染、惡習傳承，以及犯行變本加厲等，故尤應加以禁止。聯邦政府近年來頻向州政府施壓，呼籲盡量停止監禁少年或避免與成年犯留置同一處所。鄉村地區之監禁處所，原則上可同時監禁成年犯及少年犯，惟應嚴格分開執行，同時為符合經濟效益，可僅建置一個廚房分別為兩邊監禁人口提供膳食，且其醫療及社會服務等資源均可集中調度運用，這是朝向地區制規劃的開端，不管是成年犯或少年犯的監禁問題均可適用。

事實上，我們應重新檢討相關政策，以避免新建過多的矯治機構、監獄、拘留所與特殊監獄，因為根據以往的經驗可知，再多的監獄仍不會夠用，它們依然會人滿為患，由於過度依賴隔離監禁政策，許多實際上不需

要入監服刑的人一再被送進監獄，故不管是在都市或鄉村地區，這種情況都應該謀求改善。

緩刑

另一種傳統的矯治方案就是緩刑制度，成年及少年法庭都適用緩刑規定，相關方案亦遍及鄉村及都市地區，不過因為人口稠密程度不同，兩者亦有其基本上的差異。通常鄉村地區觀護人服務的區域包含二至三個郡，而都市地區的觀護人則可能僅負責單一社區中的一部分區域，所以鄉村地區觀護人訪視個案之路程返往時間，可能多到無法計數。由於時間因素的限制，意謂著他（她）無法長時間待在辦公室處理業務，或作好更多的家庭訪視，以及到機構、學校等地探訪相關當事人等等。在人事編制上，許多少年觀護官乃受雇於郡，不過各地的作法亦不盡相同，然而可確定的是，不管是鄉村或都市地區，這些觀護人所接個案之數量都已超過負荷（President's Commission, 1967）。總統委員會建議每位觀護人適當接案量是 35 件，也有其他相關組織認為 50 件是合理的，但目前每位觀護人實際的接案量高達上述標準的二至三倍之多（Cole, 1992, p. 641）。

機構

長期監禁機構包括少年技能訓練所、少年感化院、監獄、成年犯中途之家等等，有關這些監禁制度之運用，在城市地區通常會將犯罪者送入監獄，而在鄉村地區則有不同的作法，於是乎衍生許多的問題。

立法機關以前推動立法，為受刑人、精神病患、弱智及特殊團體籌建相關機構時，大多將這些建築設施蓋在鄉村地區，從當代的眼光來看，它們似乎也不宜建置在人口密集的地方。以愛荷華州為例，它是典型的鄉村型態，在其境內設有四間精神病院，分別座落在州境的四個不同方位，沒有任何精神病院或矯治機構與現在的大城市相毗鄰，這些州立機構最初的設立地點，即是周遭緊鄰大片的農地，但最近這些鄰近農田有些已被賣掉或休耕，農夫也較少到田裡工作。

許多都市人被關在鄉村地區的監獄服刑，衍生許多的問題，其中距離

遙遠是最大的障礙，使得受刑人家屬探監不易，對受刑人而言，來自家人的支持是最重要的一件事。此外，許多受刑人原來即屬於低社經地位，這種距離無形中亦造成經濟上的負擔，因為不論是搭車、開車或利用其他運輸工具，在在都會增加花費，而且這些勞碌奔波除往返費時外，也連帶會影響工作時間及經濟收入。

因為這些機構設立在鄉村環境，故監所警衛、矯治官員及青少年社工等職員，大多招募自鄰近之農場及小鎮，以致較難找到具有頂尖專業素養的人才加入。通常這些勞工階級或中產階級白人在受雇後，需要與少數民族或較為貧困者一起工作，且其中大部分人的工作需要直接與受刑人接觸。雖然當局想要增聘一些黑人或其他少數民族，但因為當地小鎮的人口結構使然，故使得相關招募工作極端的困難。

據觀察，在少年技能訓練所裡，來自鄉村的管理人員與來自都市的收容少年之間，兩者極少建立溝通管道，由於缺乏良善的溝通模式，故管理人員會傾向採取指導或命令式的口吻。對管理人員而言，採取命令式口吻可能較容易掌握狀況，但對部分少年而言，這種作法可能會激起敵意及抗拒改變（Towley, 1994）。

另外一個問題是，鄉村地區之機構能否吸引並留任有經驗的專業人才（Towley, 1994）。隨著返鄉服務運動（back-to-the-country movement）以及某些地區的進步，現今招聘人才可能稍微容易一些，但基本上仍極難聘任到醫師、心理學家、精神醫師、社工以及其他專業人士到任服務，部分原因可能是這些專業人士不喜歡到矯治領域服務，另外也可能擔心若到鄉村地區任職，比較缺乏進修機會及專業方面的刺激回饋。

安全醫療監所（security medical facilities），以及某些因應特殊議題而設的監所不斷增加（Clemens, 1994），其設立之目的或許不盡相同，但通常是專門處理患有精神疾病之受刑人的診斷及處遇問題，並評估他們出庭、入監服刑及假釋等事宜。為滿足這些特殊功能，故它們比一般監獄更需要精神病學及醫學方面的專業人士加入。這些法庭醫院（forensic hospitals）在 1990 年代以後已較不流行，箇中原因，至少是整個刑事司法體系不斷施壓，尤其是因為法院承審案件激增，以及造成監獄收容擁擠不堪。目前要

將受刑人移置精神病院已益形困難，因為牽涉法律程序正義的問題，整個司法界不斷強調人權及程序正義，實已影響上述醫療監所在診斷、醫療方面的運作，甚至在某些州，以精神喪失作為無罪抗辯的被告，等到他們的狀況稍稍穩定，即會被馬上送回法院受審。

因為全國性推動「酒後不開車」運動，在嚴格取締的情況下，某些監獄目前收容許多「三犯」酒後駕車者，他們亦因此會受到更多的診斷。性侵害法案是另一項促發原因，使得收容在醫療監所的受刑人問題更為複雜化，後續要如何進行處遇是一大難題（Clemens, 1994）。隨著全國性推動「去機構化」思維，許多長期監禁者（boarders）出來後，沒有辦法順利復返社區，於是監獄又再度成為這些社會適應不良者之去處（Clemens, 1994）。

有些安全醫療監所為其方案目的，亦會設置在鄰近大學之周邊地帶，部分原因是考量專業人士的需求。因為大學遍及城市及鄉村地區，學校教師不僅可隨時支援擔任專業人員，他們亦使學生有機會參與實習，包括社會工作學系在內之各學門的學生，得以有機會獲得相關領域的實務經驗。因此，參與刑事司法體系相關方案之工作人員，不論是專任或兼職者，其中有許多人仍同時保有學生身分。

假釋

最後一項傳統矯治方案就是假釋制度，少年部分或有改稱為「就業輔導」者（aftercare），先前在緩刑制度所談的某些問題，也一樣得適用於假釋的特色，假釋觀護官通常隸屬於州政府，而非屬郡或地方政府的人員，假釋制度的監督管理機制亦比較有一致性。緩刑及假釋兩者在市區的機構，通常接案量相當多，所以觀護人要花很多時間整理個案資料以便能分類管理；而在鄉村地區，由於個案數量較少，觀護人在執行上可能較具有個人特色，另一方面，鄉村地區觀護人負責的區域較為寬廣，相對花在往返路程上的時間亦比較多。

軍事訓練營及震撼監禁

自 1980 年代以還，有一項有趣但頗受爭議的發展，即所謂「軍事訓練營」（boot camps）或「震撼監禁」（shock incarceration），此一制度特別適用於少年初犯。它是介於緩刑及長期監禁之間的刑罰措施，這項措施的基本理由包括：(1)發揮短暫而密集的監禁效果；(2)軍事化的管理方式，可增強少年體能並提升自我紀律，以改善不良生活習性；(3)有利於教育、職業訓練、物質濫用處遇，以及諮商對談；(4)所需花費成本較為節省（Austin, Jones & Bolyard, 1993）。在參加過震撼監禁以後，大多會再實施一段時間的緩刑或假釋觀護。

大多數「軍事訓練營」方案仍集中在州立監獄收容人口，以 1993 年為例，計有 28 個州立監獄系統，正陸續執行 43 個「軍事訓練營」方案（Austin et al., 1993），不過，這項措施亦漸漸為郡立或市立監獄所採行；雖然實施「軍事訓練營」方案並無人口因素之限制，但後者大多是在較大的社區及監獄來推動。根據 Austin 等人（1993）的研究顯示，實施該方案的郡、市，其人口數大約介於 95,000 至 100 萬之間。

根據 Austin 等人（1993）的研究顯示，實施「軍事訓練營」方案可達下列效果：(1)紓解監獄擁擠的情形；(2)順利復歸社會；(3)改善與社區關係及監獄的運作。根據方案規定，大多數受刑人受監禁之日數約為 90 天，待在監禁的期間相當短暫，故可適時舒緩監獄收容擁擠的問題。至於復歸社會之期待，相較於一般監禁所產生的負面影響，「軍事訓練營」方案之日數相對較短，當使受刑人得更順利復歸社會。實施「軍事訓練營」方案帶來的最大效益，是得以改善監禁條件，諸如提升受刑人的勞動效率（efficient inmate work force）、創造安全的監禁環境（safe housing environment），以及精實監獄人員的訓練等，凡此種種當能為受刑人建構「直接而富有助力」的環境（Austin et al., 1993）。而社區工作計畫亦可改善監獄的社區關係，某些震撼監禁方案受到評估（MacKenzie, Shaw & Gowdy, 1993），結論咸認有助於他們未來復返社區並改過遷善。

至目前為止，我們大多介紹傳統的矯治制度，除了「軍事訓練營」方

案之外，另外的新式措施即是以社區為基礎之服務及監禁（community-based field services and institutions），這些措施在城市及鄉村地區之實務作法，亦有某些相似及相異的地方，不過其中關於兩者相異之處，有些過於誇張的說法，認為鄉村地區完全缺乏相關的服務。Johnson（1980）認為，因為在鄉村地區相關資源較為匱乏，所以服務工作的本質當然會有所差異，端看他們如何傳達服務，事實上許多差異程度是些微的，如果能全面關照並整體視之，我們將會發現，都市及鄉村的刑事司法體系是極其相似的。

以社區為基礎的替代性方案

此刻我們將轉移討論的重心，從傳統的矯治制度轉向以社區為基礎的替代方案，各界對於此一制度之空間限制因素已有一些討論，它是肇始於輿論要求革新，不管刑事司法體系是如何保守且步調緩慢，相關替代措施在都市及鄉村地區都陸續推動起來，可預見的是，這些新式制度將可作為監禁的替代方案。

近年來，因為經由一般程序被起訴判決有罪之少年或成年犯，容易被貼上負面標籤，以致有很高的再犯率，輿論開始注意到司法程序之轉向（diversion）問題。以往主要的轉向者曾是警方，但現在轉向制度已經建立其結構，並有特別方案陸續推出，在許多方案裡，轉向之時間點比以往警方的作法還晚。某一個居民人數 96,000 人的郡，其中有 60,000 人居住在市區，它在 1978 至 1985 年間，實施獨立的轉向制度，使早期少年問題得以轉向處理，這種類似成年犯提訊（arraignment）之作法，稱之為「期前調查」（preliminary inquiry），法官在聽完相關報告後，可以將少年交付轉向單位（Liggett, 1994）。無論個案是否需經由正式程序處理，社工均需將轉向計畫送交法院或觀護人審閱，稍後並經由非官方之緩刑監督機制，全程掌握個案的動向；若個案少年成功完成這個方案，則可撤銷其案件，並不會留下任何犯罪紀錄（Liggett, 1994）。

「審前相關服務」（Pre-trial and related services）是另一種以社區為基礎的方案，這類方案是由 LEAA 所研擬的「示範方案」（Exemplary Program）而來，最早實施的地點在愛荷華州首府第蒙（Des Moines）地區，一個有 193,000 人口的小市鎮。所謂示範方案（National Institute of Justice, 1981）是「鑑別優良刑事司法方案之系統性方法，以確認方案成果，並廣泛地宣傳」的作法，其衡量標準在於必須展示目的成果，並得複製、測量、有效率及容易實施。第蒙方案包含四個部分，即「審前釋放之審議」、「審前之社區監督」、「郡立執行緩刑單位」，以及「以社區為中心的矯治設施」（National Institute of Law Enforcement, 1973），由單一個行政單位負責執行，設計相當簡單，故成本花費很低，也很有效率。

上述方案前兩部分能有效減少進入司法程序的人數，並舒緩監獄擁擠情形，同時，沒有具保即開釋者，後來願意接受司法相關調查的比例亦很高，在曼哈頓保釋計畫（Vera-Manhattan Bail Project）及其他在社區監督之下的高風險保釋者，情況亦是如此（National Institute of Law Enforcement, 1973）。

第蒙地區「以社區為中心之矯治設施」，儘管不屬於審前方案，惟其效果仍極為顯著。該設施以軍事保留區內一座廢棄軍營改建，並作為入監服刑之替代性選擇，對於收容進來的重刑犯及藥物濫用者，教育訓練及工作釋放（work release）是主要的運用方案，由於地點鄰近社區，故可運用之資源較為多元，且矯治設施亦較容易招募優秀人員加入服務。由於這個設施是由軍營改建而來，所以並不需要花費大筆資金蓋硬體設施，而且在這個開放建築服刑者，非法逃跑的比率相對較低，大概僅介於 12%至 15%之間（Hancock, 1994）。上述方案之四個部分均適用於任何型態之社區，人口較稀少之地區則可結合鄰近較大社區共同實施，大多數地區都可找到某些較廉價或廢棄的建物，司法當局可予價購或租用後，將之改建為地區性的監禁設施。

以社區為中心之矯治設施，許多實務作法與「部分監禁」（von Hirsch, 1976）、「工作釋放」（Cole, 1992, pp. 649-650）有關，這些方案大都在郡立、市立監獄或其他地方性之設施內實施，許多社區都可見到相關措施。

其構想及作法是僅限制受刑人的部分時間，例如夜晚或週末等時段，並且允許他們保有工作，並得以繼續與社區維持聯繫，這樣的安排讓各方都能受益，讓社會免於負擔協助照顧受刑人家屬的成本。同樣地，工作釋放或部分時間監禁者可以支付相關費用，以減輕納稅人的負擔。

緩刑期間之「密集監督」（intensive supervision），則是對有高再犯風險者實施嚴密監控的作法，緩刑本身傳統上即屬於矯治措施之一環，可適用於不同人口密度的社區，此處的革新作法是將經過挑選的個案施以高度密集的服務及監督。Burton 和 Butts（1990）及其他研究分別詳述了此一取向在少年、司法上之應用情形。密集監督比傳統的緩刑制度成本更為昂貴，但相較而言，還是比機構監禁便宜許多。

與密集監督關切相當密切的，是 Petersilia（1988）及其他學者所研究的「居家監禁」（house arrest）制度，受到這種判決受刑人依法要留在受指定之處所，某些受刑人甚至受到電子螢幕之監控，且須在足踝或手腕處戴上電子裝置，透過這種裝置便可充分掌握受刑人的動向。這種裝置雖然昂貴，但仍然比入監服刑的成本要低，且均適用於鄉村及都市地區（Rath, Arola Richter & Zahnow, 1991）。

另一項以社區為基礎的作法，即是復古風的「補償制度」（restitution），這項制度不僅犯罪被害人高度關心，且由加害人對被害人提出補償或恢復原狀，對兩造雙方之復歸而言都深具意義。補償制度同樣均適用於鄉村及都市地區。

「社區服務」（community service）之運用，在各地方則略有不同，一般而言，受到這種處罰者要為非營利組織提供某些時數的勞役服務，不過與其他處遇方法一樣，仍有某些問題尚待克服，所以也不是刑罰制度的萬靈丹，惟它亦適用在城市及非都會地區。事實上，這項作法可能更加適於鄉村社區，因為居民或許較能直接觀察並體會受刑人所帶來的建設性，例如維修公共建築物、打掃環境，或幫助慈善團體等，這樣順帶也能提升受刑人的正向態度（經由這種動力改善受刑人的態度，其實是與民眾互補的），能為每個人默默付出是非常實在的事情（Harris, 1979）。

作者曾經參與過社工系高年級學生在大學社區裡的社區服務計畫，他

們的職責是帶領同一方案二年級學生的活動，招募新社區機構來參加這個方案，以及負責與參與機構聯繫，相關活動包括訪談、資料蒐集、記錄整理及檔案管理等。在另一個矯治機構（安全醫療設施）裡，一位臨床社工系畢業生對監督、執行有興趣，故他目前在大學部教一些相關的通識課程。
上述都是作者在小社區裡所參與或經歷的，其實這些都是深具意義的事情，讓我們了解有多少經由大學院校及社會工作教育諮詢委員會（CSWE）推動之學生參與方案（至 1994 年止有 385 個方案），是在小社區裡進行（Council, 1994），當時設有社會工作系的大學院校計有 118 所，假如這些方案都能發揮其力量，對於刑事司法體系潛移默化的影響力，將是無遠弗屆的。

　　「少年團體之家」（group homes），以及適用於少年及成年犯罪者之「中途之家」（halfway houses），在鄉村及都市地區都有不同的風貌，有些是替代監禁並以高度安全管理聞名，有些則是作為受刑人出獄復歸社會前之過渡機構。不過，設立此類團體之家或中途之家的共通現象，是附近居民多會群起反對，而且這種現象相當普遍，居民害怕會降低周邊地區的居住品質，或擔心受刑人會出現不良舉止等理由。但有趣的是，若鄉村地區之居民提議關閉監獄或縮減其規模，會引起更大的反彈，因為在某些較小的市鎮，監獄所提供的就業機會相當可觀，甚至可能是當地最主要的「企業」（industry），故監獄關閉或遷移將嚴重影響當地經濟收入。

　　近年來，少年逃家問題亦愈來愈受到重視，並相續設立許多短期「庇護所」（shelter），逃家基本上被認為是偏差行為，是屬於少年司法的範疇，惟關於這種身分犯罪（status offense），亦有許多意見認為不應將其視為非法，不過這些爭議仍未能完全解決逃家少年的問題。據庇護所指南手冊（National Directory, 1993）之提示，庇護所遍布全美各地區，惟大多數設在市中心區，當然在其他小型社區亦有相關機構設立。

　　另外一種「庇護所」，則是專為婚姻暴力或家庭暴力受害者而設，它在各地之分布情形亦極不均勻，且規模大小不一。在鄉村地區要維持此類機構持續運作比較困難，因為庇護所的地點需要高度保密，而在非都會區很難做到這一點。此外，兒童虐待防治相關措施之主要目的，是在於幫助

父母，而不是懲罰父母，雖然虐待行為本身是違法行為，嚴重的話有可能會成為刑事案件。

「強暴危機處遇方案」（rape crisis programs）是另外一項新式制度，每個地方都可能發生性侵害案件，但是，在鄉村地區卻較難建立相關社會服務網絡，因為社區大多傾向忽視或否認這些個人隱私，部分鄉村社工人員的挑戰，即是設法活化社區去正視本身的需要，並著手協助建置相關方案（Davenport, 1978）。此外，「約會性侵」（date rape）及熟識者間的性侵事件亦有增加趨勢，這些事件不論在任何型態的社區均有可能發生。

社工人員在鄉村及都市刑事司法體系之角色

社工人員在刑事司法體系裡之功能，類似其他服務領域人士之角色，都是在協助犯罪者解決相關問題，兩者本質或有略微差異，但是所從事的活動基本上是相同的，這些作為包括一連串的調查、評估、形成行動方案、執行方案、干預或行動，以及考核。

一般而言，所謂刑事司法體系社會工作之角色，包括緩刑及假釋觀護官、機構之諮商師或社工人員、審前方案工作者、警察社工員（將另闢專章討論），或是其他較為新式的職務，負責執行賠償或社區服務等相關事務者，均可視為刑事司法社會工作之一環；另外，新近的發展，則是犯罪被害人與證人的服務議題（Johnson, 1995）。大多數刑事司法的社工人員，是為個人、家庭或團體（傳統的個案工作及團體工作）提供直接的服務，但是他們執行工作的層面不同，包括州立矯治機構首長、研究人員、教授及其他相關人士等，都屬相關人員之一環。矯治領域之相關服務，則包括物質濫用者、性侵害受刑人之諮商、家庭暴力案件之干預措施等，這些工作或許是由觀護官、諮商人員來執行，但仍然是屬於社會工作的範疇。

文獻強調指出，鄉村地區的社會工作亟需由多才多藝的人士擔任

（Johnson, 1980, pp. 145-148）。鄉村地區矯治機構之情況亦是如此，這種人才要能執行直接且立即性的服務工作、致力推動方案發展，以及管理自助活動（self-help activity），他（她）要能夠在社區、居民、傳統服務網絡、執法人員、神職人員、學校、租賃公寓，以及其他社會現有「助力」（natural helper）之間，擔負起調和鼎鼐的角色，並能自動自發且獨立運作，不需要任何監督或專業上的鼓舞。

相較於鄉村地區的通才需求，都市的社工人員則較為注重專業，當然這並不意味其方案就會較好或較有效率。事實上若加以檢視，不管是將鄉村及都市之現況分開或放在一起觀察，刑事司法都應該是大雜繪式的非體系，而不是組織完整、整合順暢的社會有機體。許多非屬刑事司法體系的社工人員，在實務上有機會接觸到犯罪者，相對地，許多犯罪者亦有機會接觸到社工人員，因此如何使社工人員能提升專業素養，並能勝任服務工作，是相當重要的一件事情。

未來的趨勢

就犯罪與偏差行為受關心的程度而論，鄉村及都市地區的發展趨勢已愈來愈相似，鄉村地區的犯罪及偏差行為持續增加，有時甚至會超越都市地區。雖然不同社區出現之犯罪特徵或有差異，但不管在市中心、市郊或鄉村地區，都能發現許多不同類型之犯罪案件。

在鄉村及都市地區以往都有傳統刑事司法規範，但許多改革方案亦在不同型態社區間展開，其中以社區為基礎之措施，先在都市區建立起來後，某些有發展潛力的方案，並陸續推展至人口稀少的地區，雖然州及聯邦之相關經費萎縮，可能會影響發展規模，但這些相關方案之發展趨勢，預料未來將會持續數年。

犯罪問題是全國性矚目的焦點，民調亦顯示，多數民眾最關心的社會問題即是犯罪問題，它是總統任內（1988 至 1992 年）亟欲克服的問題；

迄至 1994 年，它仍是總統大選炙手可熱的辯論議題，每個政黨及候選人均矢言致力打擊犯罪，候選人幕僚均認為，他們對於犯罪問題針鋒相對，並不是在教育民眾有關犯罪的細節，而是充分反映出民眾對犯罪問題甚感憂慮及忿怒。鑑於媒體在教育民眾及傳遞資訊的功能上，具有舉足輕重的角色，但這些憂心情緒及不合理的現象，不僅未能經由媒體獲得紓解，反而更加渲染了犯罪問題。

有關刑事司法及少年司法的問題，未來仍有賴聯邦及州政府之立法及執法，特別是針對地區性問題加以克服，例如某些地區可將吸食藥物行為予以除罪化，或未來將酗酒除罪化，或是對酒後駕車者給予不同的處遇，這些修正將對執法、審判及矯治等三個次體系產生長遠的影響。不過，預料這些修正案在短期內仍不會發生，未來仍會對於犯罪人採取「強硬」（getting tough）態度，除非社會屆時覺醒到極致強硬手段所衍生的問題（如財政惡化、市民自由權利受剝奪），才有可能再作政策上之修正。

聯邦於 1994 年通過犯罪防治法案，反映了民眾對犯罪及犯罪人的矛盾心態，這個法案包含一些預防措施及壓制犯罪的方法，它將在各地投入更多的巡邏警力，至於能達到什麼效果，仍有待後續的觀察。

未來另一個發展趨勢，即是協助社會工作等專業人員發展更有效的方案，以服務一些「非自願性的對象」，並改變他們的態度及行為。矯治領域是所有社會服務工作中最困難且最具挑戰性的地方，大體上這種特質恐怕不容易改變。

結論

本章首先討論了鄉村及都市的概念，以及各該地區的犯罪及偏差行為狀況，其次是刑事司法的三個次系統以及種種措施，包括傳統及非傳統的實務作法，我們都一一檢視其成效，以社區為基礎的監禁替代方案也一併包含在內。此外，我們也探究鄉村及都市地區的社工人員所應扮演的角色。

在鄉村及都市地區的犯罪問題及司法方案上，有一些特別議題值得探討，兩者的差異大多言過其實，未來專就犯罪問題的解決方面，大社區及小社區之間將會愈趨整合。社區一般陳舊不合時宜的觀念，以及犯罪、社會福利服務及矯治機構等，在在都需要修正以保持平衡，不管是在司法哪一階段的相關方案，惟有獲得當地社區的支持配合，才能發揮最大的功效。

解決犯罪及偏差問題沒有萬靈丹，目前各地社區都有方案陸續在進行，以期處理偏差行為問題，由於每個地方的犯罪問題，可能具有不一樣的地區特性，故方案的設計也要能因地制宜。一般而言，大多數區域相關犯罪問題及情況包括：(1)青少年犯罪；(2)因種族及少數民族問題，所引起的歧視以及不平等待遇等問題；(3)貧窮人口增加，以致形成社會低下層級社會問題；(4)人們有明顯的精神及情感上之困擾、智力問題、物質上癮、品性疾患、文盲、教育缺乏等種種問題。每個地區都需要仔細檢視本身犯罪問題的起因，才能據以擬定有效的防治方案。

當然，另有一些受過良好教育者、中上階層者以及白領犯罪者等，其犯罪狀況與上述情形不相符合，他們亦需有相關方案來處遇，不過這些犯罪者仍占少數（至少被逮補的人數是如此），所以不需過於關注或投入過多的矯治資源。

社區真正需要做到的是預防工作，根據上述對犯罪問題之描述，我們對於犯罪者及犯罪成因已有所了解，故以下相關措施應有助於預防犯罪：(1)社會能提供任何年齡之所有民眾得有適切工作；(2)適當的社會支持體系，例如維持收入、房屋、健康、營養及教育等；(3)提倡社會平等，不因年齡、階層、種族等而有所差異，並致力於消除偏見及歧視；(4)設計適當的處遇方案，例如成癮戒治方案、精神或性格疾患之治療等；(5)鄰里互助創造良好生活環境，提升教育、宗教及休閒需求，並充分了解人生的機會、變化及各種挑戰。犯罪預防是全國性的議題，但卻是需要各地方、各個社區共同打拚才能克竟其功，這是未來要面對的挑戰。

REFERENCES

參考資料

Austin, J., Jones, M., & Bolyard, M. (1993). *The growing use of jail boot camps: The current state of the art.* Washington: U.S. Department of Justice.

Bachman, R. (1992). *Crime victimization in city, suburban and rural areas.* Washington: U.S. Department of Justice.

Barton, W. H., & Butts, J. A. (1990). Intensive supervision programs for juvenile delinquents. *Crime and Delinquency, 36* (2), 238–256.

Bureau of the Census. (1993). *A guide to state and local census geography.* Washington: U.S. Department of Commerce.

Clemens, C. (Nov. 7, 1994). Personal communication. Oakdale, Iowa.

Cole, G. F. (1992). *The American system of criminal justice* (4th ed.). Belmont, CA: Wadsworth Publishing.

Council on Social Work Education. (1994). *Colleges and universities with accredited undergraduate social work programs.* New York.

Davenport III, J. (1978). Rape crisis service in rural areas (a videotape). University of Kentucky: Appalachian Education Satellite Program.

Ginsberg, L. H. (1993). Social work in rural communities. *Council on Social Work Education.* Alexandria, VA.

Haafke, R. L. (August 13, 1994). Personal communication. Sioux City, Iowa.

Hancock, J. (November 28, 1994). Personal communication. Des Moines, IA.

Harris, M. K. (1979). *Community service by offenders.* Washington: U.S. Department of Justice, National Institute of Corrections.

Johnson, H. W. (1995). "Crime and juvenile justice," Chapter 12 in Johnson, H. W. *The social services: An introduction,* 4th ed. Itasca, IL: F. E. Peacock Publishers, pp. 199–222.

Johnson, H. W. (1993). "Rural Crime and Corrections" in *Social work in rural communities,* L. H. Ginsberg (Ed.). Alexandria, VA: Council of Social Work Education, pp. 208–217.

Johnson, H. W. (Ed.). (1980). *Rural human services.* Itasca, IL: F. E. Peacock Publishers.

Juvenile Court Statistics, 1983. (1987). Pittsburgh: Center for Juvenile Justice, p. 13.

Karr, J. T. (1978). *Rise of proactive police strategies—An alternative approach to bureaucratic rationalization and rural-urban crime differentials.* Unpublished doctoral dissertation, University of Kansas.

Levin, M. M., & Sarri, R. C. (1974). *Juvenile delinquency: A study of juvenile codes in the U.S.* Ann Arbor, MI: University of Michigan, National Assessment of Juvenile Corrections.

Liggett, J. (November 7, 1994). Personal communication. Iowa City, Iowa.

MacKenzie, D. L., Shaw, J. W., & Gowdy, V. B. (1991). *An evaluation of shock incarceration in Louisiana.* Washington: U.S. Department of Justice.

Maguire, K., & Pastore, A. L. (Eds.). (1994). *Sourcebook of criminal justice statistics — 1993*. Washington: U.S. Department of Justice.

NASW News. (1994). N.Y.P.D. suicide studied. Washington: National Association of Social Workers, *39(10)*, p. 9.

National Director of Children, Youth and Families Services 1993-94: The Professional Reference, 9th ed. (1993). Longmont, CO: Marion L. Peterson Publishers.

National Institute of Justice. (1981). *Exemplary Projects*. Washington: U.S. Government Printing Office.

National Institute of Law Enforcement and Criminal Justice. (1973). *Community based corrections in Des Moines*. Washington: U.S. Department of Justice, Law Enforcement Assistance Administration.

Newman, J. H. (1978). *Differential reporting rates of criminal victimization*. Unpublished doctoral dissertation, Washington State University.

Petersilia, J. (1988). *House arrest*. Washington: U.S. Department of Justice.

President's Commission on Law Enforcement and Administration of Justice. (1967). *The challenge of crime in a free society*. Washington: U.S. Government Printing Office.

Rand, M. R. (1993). *Crime and the nation's households 1992*. Washington: U.S. Department of Justice.

Rath, Q. C., Arola, T., Richter, B., & Zahnow, S. (1991). Small town corrections — a rural perspective. *Corrections Today, 53(2)*, 228-230.

Smith, B. L., & Donnermeyer, J. F. (1981). *Criminal victimization in rural and urban areas — A comparative analysis*.

Towley, J. F. (November 4, 1994). Personal communication. Waterloo, Iowa.

Uniform crime reports for the United States 1992. Washington: Federal Bureau of Investigation.

von Hirsch, A. (1976). *Doing justice*. New York: Hill and Wang.

Warner, Jr., J. R. (1978). *Rural crime — A bibliography*. Monticello, IL: Vance Bibliographies.

Part

· · · · · · · · · · · · · · · ·

2

警察社會工作者的角色

第6章

社會工作在刑事司法體系的歷史與角色

▌緒論

　　警察社會工作與女警的出現有著密切的關係，不僅是因為她們從事的是社會工作服務，而且她們大多具有社工的訓練背景。1900 年代早期，當男警被指派至街頭巡邏時，女警即被指派從事社會服務，特別是保護婦幼的工作。文獻上並未指明當時（二十世紀前段）警察被指派從事社會服務工作，惟因社會工作是女性占優勢的職業，故警察社會工作早期是由女性來執行是可以被理解的。

　　雖然警察社會工作運動有個亮麗的開始，但其隨後卻幾近消失達四十年之久，隨著第二次世界大戰的結束，它幾乎被人們遺忘。現在警察機關已漸漸關心民眾在社會工作及醫療服務方面的需要，事實上，他們可進一步提供更為開明及人性化的社會工作介入服務，以應付緊急事件。

　　本文旨趣在於擴張進入社會服務

傳遞系統的切點，以便研究警察及社會工作合作之歷程。在文獻探討方面，主要在於將廣泛分散在警察社會工作運動的資料加以綜合解析，並且探討妨礙警察社工運動發展的原因。由於警察社工運動受到一些錯誤觀念、敵意及忽視，而阻礙了它的發展，故文獻概略地整合了一些子題，來評析警察社工發展的歷程。

並無足夠的文獻指出，在二十世紀前半段，警察是否特別關注社會工作，但早期許多女警在受雇於警察局前，即具有社工訓練背景，且在她們的例行性巡邏勤務中，充分展現了社會工作的角色，特別是在保護婦幼方面。雖然早期女警角色與首次出現的警察社工員，兩者不容易明顯區分，但作者認為警察社會工作之義涵，與警察局所屬之婦幼局（women's bureaus）及一般女警等是同義的。的確，警察社工運動的濫觴，可追溯自二十世紀初葉警察機關開始設立婦幼局的時期，而婦幼局的成立，是回應民眾要求為婦女及孩童提供更優質的預防及保護措施之結果。

筆者堅信，研究以往有礙警察社會工作運動發展的問題，可避免社會工作在推動過程中再次重蹈覆轍。本章主要討論婦幼局轉變成典型警察社會工作的開端及發展史；其次分析警察社會工作式微的原因；最後，為警察及社會工作攜手合作開創新局，提供幾點建言。

婦幼局與警察社會工作

警察機關長期關注婦幼保護工作，但警察社工運動發展重要的里程碑，大約是 1910 至 1920 年代間，警察機關開始設立婦幼保護單位。雖然波蘭首先於 1905 年開始發展保護年輕女性之服務工作，但美國則隨後於 1910 年在奧瑞崗有女性員警出現（Pigeon, 1939），是為女警這個行業的濫觴。Mrs. Alice Stebbins Wells 在當年 9 月奉派在洛杉磯擔任警官，在進入警界之前她研究過犯罪問題，並認為警察之服務工作亟需女性加入（Graper, 1920），然而初始因為缺乏市民的支持，她的求職過程並不順利，因為市

民並不了解女警的工作內涵，經過無數次向市長陳情，她才被納入警察體系。非常幸運的是，Mrs. Wells 得以藉媒體及政治人物的力量不斷發聲，才使得市長及議會議員在沒有壓力的情況下，同意她的請求（Darwin, 1914），歷經一年的努力，她才得以正式加入洛杉磯警察局，女警的工作性質被歸類在市民服務項下，這也使得其他女性有機會從事保護青少年的工作。

在芝加哥亦有類似上述洛杉磯的發展過程，據 Minnie F. Low（1911）的報導，有社工人員在芝加哥警察局值班，使得許多人上警察局找社工人員吐苦水，社工人員亦被指派處理市民的一些瑣事，以減少民怨，經過社工員的努力，使得法院的訴訟案件明顯減少，這樣的安排亦獲得法院的讚賞。故在兩年內（1913 年 8 月），芝加哥警察局雇用了 10 名有社會工作經驗的女警，專責從事市民服務；至 1919 年，女警人數增加至 29 人（Minor, 1919）。

起初大多數警察局之男性員警明顯反對雇用女警，然而這些反對聲浪逐漸平息（至少在表面上是如此），是以女警數目隨後有漸增之趨勢。據美國人口調查局（United States Census Bureau）統計，在 1915 年有 25 個城市雇用女性員警（由警察局發薪），其中人數最多的是芝加哥市，有 21 人，其餘在巴爾的摩、匹茲堡、洛杉磯、舊金山、明尼亞波里、西雅圖、波特蘭、聖保羅及托皮卡（Topeka）等各大城市之女警編制人數，則為 2 至 5 人不等。

Mrs. Alice Stebbins Wells 後來擔任「國際女警協會」（International Association of Policewomen）主席，並於 1916 年在慈善與矯正協會以女警運動為題發表演講。她指陳讓女性擔任警察工作，可滿足照顧弱勢幼小的渴望，亦認為許多有困擾的女性或許不便向男警投訴，但可以向女警吐露心聲，「女警可對真正需要幫助者提供諮商及保護服務」，她並致力女性招募及訓練事宜，鼓吹女性在這個領域發展。

1920 年，女警在社會工作（特別是處理青少年問題）的角色，似乎漸漸受到重視。明尼亞波里市警局所轄婦幼保護單位主管 Mina Van Winkle（1920）在一場國際社會工作協會的演講中表示：「女性員警的出現，使

得社工人員、市民大眾以及警察三者的關係更為密切。」Van Winkle 更進一步描述婦幼保護單位為「與警察局分離的單位，直接向警察局長負責，並為婦幼提供全天候的預防及保護服務」。Van Winkle 也區分了四種型態的職責——保護、預防、矯正及一般警察工作，並特別提及女警「應該持續關心女性、確保就業、對容易造成偏差行為的環境加以提升及改變、擔任自願性的緩刑假釋官⋯⋯身心檢查、問題環境之調查⋯⋯安置迷途少女、協助警察個案工作及少年犯罪法庭等」。她也提到女警其他的職責，諸如協尋離家少女、協助男警處理賣淫案件等等（Van Winkle, 1920）。

　　1915 至 1920 年，女警人數明顯增加，並且組成了國際女警協會。協會初始訂定的標準，包括以下諸項：

> 　　行動上像票據交換所般快速蒐集及散播資訊，保持高水準的工作，提升預防及保護服務品質。
> 　　女警首要執行保護及預防性的工作，雇用受過專業訓練的女性、建立大學或社會工作學院的講授課程，以及保持適當的紀錄等等。（Pigeon, 1934）

　　然而，國際女警協會的發展仍是有限的，因為警察社工員運動（police social worker movement）僅在華盛頓、柏克萊、芝加哥、底特律、克里夫蘭、紐約、洛杉磯、西雅圖及聖路易斯等幾個大城市推動，其他地方則否。

　　十年來女警人數穩定地成長，在 1930 年，全美僅 509 名女警遍布在 200 個警察局服務（U.S. Department of Labor, 1931），到 1949 年，根據美國勞工局的統計，全美超過 1,000 名女警，惟其數量仍不到警察總數的 1%。雖然早期女警人數很少，惟她們的工作極其重要，且她們的教育程度明顯較高。以底特律警察局為例，在 1944 年時，該局有 58 名女警，她們都獲有大學文憑或同等學歷，且在進入婦幼保護單位前，已有兩年以上的相關實務經驗。廣義而言，許多由這些高學歷的女性所執行的工作，可被分類為社工介入，雖然她們是受雇執行街頭巡邏及案件調查等工作，但她們有能力處理個案開發及轉介到適當的機構。

l09

以下介紹底特律警察局所屬婦幼保護單位，於 1940 年代從事社工介入的兩個實際案例（Connolly, 1944）。

第一個案例是女警 Miss Kidder 尋獲逃家少女，並將之帶上警車，當時她差點被陌生男子帶往旅館，雖然少女起初有些說謊及狡辯，但在 Miss Kidder 和善專業的詢問之下，少女在警察局和盤托出自己的故事。17 歲少女逃家，在俄亥俄的家中有酒鬼父親及繼母，來底特律想投靠親戚未遇，加上未能保有在戲院的工作，少女飢寒交迫無家可歸，此時脆弱無助最易受到淫媒誘惑。警察與少女有以下的對話：

> 「當我找到你的時候，他想帶你去什麼地方？」
> 「他想租一間房間給我。」
> 「你的意思是──你們兩個一起？」
> 「不，他說不是，他答應……」
> Miss Kidder 直截了當地詢問少女：「Jean，你是否有和男生發生性關係？如果有，你必須接受檢查。」
> 「不，我沒有，如你執意檢查，我也不介意！」
> 「好的，現在你必須被留置，直到你的案件調查告一段落，然後你會被暫時送往一處乾淨的私人空間，你不須被逮捕或留下任何警方的紀錄，你只是受到保護。」
> 「不要送我回家！」
> 「假如你家如你所講的一般，那麼它將受到調查，你不需回到那裡，假如你想留在底特律，我們將幫助你調適，社會機構會為你找一個乾淨的地方住，並協助找工作及結交一些朋友，這樣你喜歡嗎？」少女流淚沙啞地答應。

上述這個案子顯示出 1940 年代早期的警察社會工作，他們致力於協助少年（女）遠離偏差行為。 110

第二個案例也是取自底特律警察局的紀錄，顯示為了年輕女孩的利益著想，或許應該更為強勢地緊急介入。

在底特律，一名年輕女孩離家整整一週，經由警方日以繼夜的搜索後尋獲。這個名為 Helen 的小女孩在夜晚獨自離家，在街上遊蕩看電影，被一名 14 歲的年輕皮條客帶到公寓，幫 Helen 換上其他衣服，使她看起來像 18 歲，並被帶去賣淫。雖然她外表看起來像 18 歲，但聲音仍舊童稚，致嫖客斷定她仍非常年幼，旅館侍者後來讓她離開，Helen 奇蹟似地免於受到性侵。（Connolly, 1944）

底特律婦幼保護單位的副主管 Mrs. Coolidge，對於不斷增加的性侵案件仍指派男性員警偵訊調查，感到驚奇不已。由於受害人在偵訊過程中，對於可怕的事件再次回顧，將引發極度的緊張或其他情緒，她強烈建議，所有性侵案件的調查工作應由女性員警來偵辦。

Van Winkle（1924）是社會工作及警察工作合作的先驅，早在 1924 年，她便建議社工人員要配合警察勤務之執行，她呼籲借助社會工作技巧來處理青少年問題，預防他們變成偏差行為少年，並提議由受過專業訓練的警察社工員來作這方面的工作。Van Winkle 認為這樣的安排，能實際減少警方、法院及假釋官等機構間互相指陳，誰該為青少年問題負責的爭辯情形。

Van Winkle 亦非常惋惜地指出，某些機關僅注意本身的特殊職能，而忽略了應全面觀照整個服務傳遞系統，她強調：

> 每個組織都以偏概全，無法一窺問題的全貌，故吾人應攜手，警察工作是社會工作，直到將它包含至社會服務之中，然後我們才能將偏差問題從這個機關傳遞至另一個機關，從感化院至習藝所、監獄等，社會化的警察工作是政府為提升公共利益，未來所應作的延伸。（Van Winkle, 1924）

從以上的敘述我們可以了解，從 1910 年代開始，女性漸漸在全美各大城市的警察機關占有一席之地，他們主要從事社會服務導向之警察工作，

服務的對象特別是青少年及女性。然而，這些受過良好教育的警察社工員，仍然伴隨著一些未能解決的問題，以下章節將繼續討論這些相關問題。

不適當的觀念與問題

在1900年代早期，女警必須承受公眾對她們扮演角色的錯誤認知，報紙出現一些諷刺漫畫，將她們描繪成沉默、強壯、腰掛警棍擺盪，並手持左輪手槍之形象。諸如這些報章媒體具有敵意的處理方式比率甚高，紐約緩刑保護協會執行秘書Maude E. Minor在1919年回應該說法並強調，女警不像男警般從事打擊犯罪及逮捕工作，她們主要領域係職司青少年保護工作。

不僅報章媒體對女警的敵意，阻礙了警察社工員運動的發展，就連男警或男性長官亦是阻力的另一來源，男警普遍難以接納女性同事，他們對警察社工員的敵意，不僅源自認為女性應繫屬於家庭，且對社工員存有偏見，因男警強調力量、威權的角色，恰與多數警察社工員強調人性服務之個案工作的導向格格不入。

研究分析二十世紀前葉（1900至1925年）的警察社工員運動，很重要的一點是，在這段期間，社會大眾對於在這個領域發展的女性，仍然相當輕視，甚至視女性進入傳統男性行業如警察工作等，是不名譽的行為，女警持續受到批評，她們也嘗試去做「男性的工作」如逮捕罪犯。事實上，早期的女警更有興趣投入社會工作介入服務而非巡邏工作，女警的精神經常是加倍耗費的，從提供全時的保護服務，到轉而反覆為本身工作的真正目的、功能提出辯護、解釋等等。

除女警早期需忍受媒體及男性同僚的敵意之外，尚有其他的阻力妨礙警察社工員運動的發展，其中最明顯的是「政治考量」、「缺乏市民的熱情與支持」、「缺乏私人組織或基金會支持，未能引起公眾關注警察社會工作及人力擴展的目標」、「資金不足以支持」、「缺乏地方、州政府社

112

會福利機構及警察機關的協助」、「相關社工系所學生到警察機關服務的機會有限」等等。

特別是地方層級的政治因素，阻礙了警察社工員運動的發展，例如新任的民選市長經常重新任命一位警察局長，新人新政可能會使得警察社工員的招募受到限制，甚至影響到婦幼保護單位的運作。

一連串伴隨著新任市長而來的結果，諸如「直接或間接壓力迫使婦幼保護單位主管去職換人」、「內部作業程序的改變，致使警察不再轉介適當個案至婦幼保護單位，反而想自行處理」，由於警察斷絕了社區資源的相關連結，一些對孩童的諮商團體治療安排、旅行者的援助，及其他社福機構等將因此停擺。

這些結果經常發生，也反映了警察對社會工作客體缺乏興趣。在某些案件事例中，警察不願深入警察社工員運動，當警察首長的支持開始減退時，他們迅速措辭強調反對婦幼保護單位工作之立場。且當地報紙對女警之定型化誇張言論會定期地出現，使得許多男警對於由女警同仁執行的社工職責存有許多偏見。

近幾年來，美國社工界與刑事司法界的協同合作相當有限，僅少數幾個州設置警察社工員，對青少年、成年人、老年人及家庭，提供立即性介入服務，目前僅有加州、夏威夷、紐約、羅德島及伊利諾等幾個州的相關方案仍持續運作（Carr, 1979, 1982; Michaels & Treger, 1973; Treger, 1972, 1974, 1983），其他地區的方案則仍在發展。

在許多地區，有更多的警察首長願意提供人性化的服務，這方面的成長是明顯的，未來警察相關方案似應著重在關注社會服務的客體、訓練加強家庭危機及社工介入服務，及設立強暴案件的危機處理中心等。

113

建議

警察社工的歷史，證明社工員可以擴展警察角色及服務範疇，並提供

重要貢獻，特別是對青少年及其家庭的危機介入服務。故隨之而來的是，自 1980 年代起開始浮現一個問題：「社工人員與刑事司法之執法人員間，應該呈現什麼樣的關係？」

在 1900 年代早期，上述兩種行業均已擴展它的功能，社工機構持續提供更多的服務，而執法功能亦由警察適切地執行。然而，若警察欲更有效率地執行相關工作，他們必須具備危機介入策略的基本知識，察覺社區有哪些適切資源可供利用，面對社區民眾時能更敏銳地察覺社會問題。

這裡所提的建議擬連結兩個型態的方案，第一個是提升警察人員的訓練，俾使在遭遇求助者時，有能力適時有效地提供協助，這些應急技巧尤其在夜間、週末或假日時特別重要，因為多數社工機構在這些時段無人當班。危機介入訓練應聚焦於包括「兒童虐待」、「自殺」、「酒精中毒」、「家庭暴力衝突」和「少年犯」等問題之處理。

在處理兒虐事件時，警察的知識及技巧須擴展至醫院急診間，他們需要受過人際關係及衛生保健、敏感度訓練，及了解如何辨識人格違常等等。他們不只像是具有經驗的社工師、精神醫師、心理學者等，還要在危機剛發生時能夠迅即介入處理，許多編制較大的警察局已經對新進人員實施類似的訓練，它需要不厭其煩地反覆實施，且需要建立一套標準化程序，以減少各種處理程序不一致的現象。

第二種建議強調發展社工小組配合警察局，這些小組成員由有經驗的社工員組成，並熟知警察的處理程序，他們受指派完成下列職責：　114

1. 與機關建立堅實的工作關係，俾能在社區內提供立即性的藥物、精神醫療治療及社會服務工作。
2. 對個案實施初步的診斷評鑑供警察參考，或將之轉介至其他適當機構，並持續追蹤後續之處理。
3. 為警察提供危機介入技巧之訓練服務。
4. 配合警察線上巡邏，提供全天候 24 小時的支援服務。

州級的相關訓練及研究，得以受到聯邦及私人基金的支持，設有刑事司法系所及社會工作系所的學校，在資源擴展或再分配上，可以提供寶貴

的支持，例如教職員、課程、錄音設備和電腦時間等，可以加入展示、訓練和研究計畫之中，並可評估「社工—警察合作模式」之實際運作情形。

　　若無發展國家級的標準及目標，難免一再重蹈覆轍，社工界應參酌前人留下的經驗，共同努力建立「社工—警察合作模式」，結合上述之建議，應足可作為規劃的藍圖。

REFERENCES

參考資料

Bard, Morton and Berkowitz, Bernard. "Training Police as Specialists in Family Crisis Intervention: A Community Psychology Action Program." *Community Mental Health Journal, 3* (1967) 315–317.

Bard, Morton. *Training Police as Specialists in Family Crisis Intervention.* Washington, D.C.: U.S. Government Printing Office, Law Enforcement Assistance Administration, 1970.

Bard, Morton. "Family Intervention Police Teams as a Community Mental Health Resource." *Journal of Criminal Law, Criminology and Police Science, 60* (June, 1969) 247–250.

Carr, John J. "Treating Family Abuse Using a Police Crisis Team Approach," in Maria Roy (Ed), *The Abusive Partner.* New York: Van Nostrand Reinhold Co., 1982, 216–229.

Carr, John J. "An Administrative Retrospective on Police Crisis Teams." *Social Casework, 60:7* (July, 1979) 416–422.

Connolly, V. "Job for a Lady: Detroit's Women Police Tackle the Girl Delinquency Problem." *Colliers, 113* (June 10, 1944) 19–20, 48.

Darwin, M. "Police Women and Their Work in America." *Nineteenth Century,* (June, 1914) 1370–71.

Graper, E. D. *Police Organization and Methods of Administration in American Cities.* Doctoral dissertation, Columbia University, Faculty of Political Science, New York, 1920.

Low, M. F. "Report on Joint Section Meetings." *Proceedings of the Thirty-eighth Annual Session of the National Conference of Charities and Correction.* Boston, Mass., 1911.

Michaels, Rhoda A. and Treger, Harvey. "Social Work in Police Departments." *Social Work, 18* (September, 1973) 67–75.

Minor, M. E. "The Policewoman and the Girl Problem." *Proceedings of the Forty-sixth Annual Meeting of the National Conference of Social Work.* Atlantic City, N.J., 1919.

Pigeon, H. D. "Policewomen." *Social Work Yearbook, 1933.* N.Y.: Russell Sage Foundation, 1934.

Pigeon, H. D. "The Role of the Police in Crime Prevention." *National Probation Association Yearbook,* 1939.

Shimota, Kenneth L. *Police Social Worker, Eau Claire Police Department: A Summary Report.* Madison, Wisc.: Wisconsin Division for Family and Youth, mimeographed.

Treger, Harvey, Thomson, Doug, and Jaeck, Gordon S. "A Police-Social Work Team Model." *Crime and Delinquency* (July, 1974) 281–290.

Treger, Harvey. "Breakthrough in Preventive Corrections: A Police-Social Work Team Model." *Federal Probation 36,* (December, 1972) 53–58.

Treger, Harvey. "Guideposts for Community Work in Police Social Work Diversion." *Federal Probation*, 44 (September, 1980) 3–8.

United States Census Bureau. *General Statistics of Cities.* Washington, D.C.: U.S. Government Printing Office, 1915.

U.S. Department of Labor. *Juvenile Court Statistics.* Publication No. 200. Washington, D.C.: U.S. Government Printing Office, 1931.

U.S. Department of Labor, Women's Bureau. *The Outlook for Women in Police Work.* Bulletin No. 231. Washington, D.C.: U.S. Government Printing Office, 1949.

Van Winkle, Mina. *Standardization of the Aims and Methods of the Work of Policewomen.* Proceedings of the National Conference of Social Work at the Forty-seventh Annual Session, New Orleans, La., 1920. Chicago, Ill.: University of Chicago Press, 1920.

Van Winkle, Mina. *The Policewomen.* Proceedings of the Fifty-first Annual Session of the National Conference of Social Work, Toronto, Ont., 1924, Chicago, Ill.: University of Chicago Press, 1924.

Wells, Alice Stebbins. *The Policewoman Movement, Present Status and Future Needs.* Proceedings of the Forty-third Annual Session of the National Conference of Charities and Correction, Indianapolis, Ind., 1916, Chicago, Ill.: Hildman Printing Co., 1916.

第7章 警察社會工作觀點的社區工作

當伊利諾大學社會工作學院將社工畢業生派至社區警政單位時，此一舉動就像是將小石頭投入水中一般，立即引起一陣漣漪，這項革新作法為公共服務界提供了新的關係及機會，並隨之發展出新興的知識領域、系統運作模式等。

所謂「警察─社會工作小組」（The Police-Social Work Team）模式是一種新的運作方式，它在大眾彼此可接受的安排下，能夠統合大學資源，並有助於改善社區的問題，且同時滿足社區的需求。對於提升社會工作之專業性而言，「警察─社會工作小組」擴展了傳統的合作模式，促進更新專業訓練之發展，並為更多民眾提供更優質的服務。

這項「警察─社會工作」的創新作法起於 1970 至 1977 年間，社區工作在這個時期累積了大量的運作基礎模式及相關經驗，這些前人走過的心路歷程，或許有助於其他正致力發展類似合作模式者參考。

對於許多在公共服務領域發展的

專業人士而言，回想他們投身社區、發展工作關係、最後變成社會福利方案的一份子等等之過程，彷彿是一件神奇的事情，由於文獻缺乏類似的記述，所以這些成長經驗正可以填補相關知識領域的不足；此外，它亦有助於發展常規化之實用技巧、工作評估，以及規劃未來的努力方向。

警察機關、刑事司法體系及政治機構等等，在社區裡是屬於較威權的體制，如果社區要轉變上述這些機構並將之統合成方案，那麼需要先予了解威權之本質，以及各機關相互間之關係。進行調和的第一步，通常也是最重要的步驟，便是「你要如何進入警察機關？」（How did you get into the police department?）正如進入任何體系都有其困難度一般，要進入警察機關亦不是一件容易的事情，特別是欲進入該體系者，係來自其他專業訓練背景者，更是如此。

推展方案者之首要工作，便是要能有機會與機關首長對話，在上述例子中，便是要與警察局長溝通，舉例而言，某一社區嘗試發展「警察—社會工作」方案，但它是從與少年警察隊合作開始，因為自始沒有得到警察局長的首肯及支持，故這個方案發展沒有受到持續的奧援，以致少年警察隊警官亦無法有效建立持續性的方案。

準則一　假如你想要在社區的機構裡發展方案，首先必須要與該機關首長溝通，並強力介紹你的點子。

假如由機關首長熟識或信賴的人來為你引薦，或許會更有幫助，一旦機關首長對你的點子有興趣，且與他在警察工作或公眾服務方面之哲學觀一致，並認為該作法將有助於機關與社區時，或許他會要你跟督察長或幕僚主管進一步接洽，解釋方案的細節部分，以及它將如何運作等。

假如你與機關首長及督察長面商之後，他們覺得方案確實可行，首長會要求你透過正式程序取得必要的核准、支持及經費等。對於社會工作方案推動者而言，全面關照與相關體系接觸之經驗是非常重要的，你可以在過程中觀察工作關係如何建立，確認權力核心及其掌控模式，記錄公職人員關心的面向及其個人特質，以及他們的興趣等等，尚且可以更深一層地觀察決策的機制，以及這個社區慣常的運作模式，最後你或許也想藉助這些有關「系統如何運作」之資訊，來達成方案的目的。一旦你熟習如何「經

營」（operate）一個大型系統時，當有助於提升個人能力，以便爾後經營更為複雜的系統運作；因此，你當能在組織的互動關係裡，發展深度的洞察力，以及在不同的系統或組織內與他人共事時，能夠保持高度的自信及熟練的工作技巧。

準則二　聽從機關首長的指導，因為他較為了解他們所屬的社區及政治系統，以及引介新的人、新的方案進入原有結構的過程。

警察局長在社區裡是具有關鍵影響力的人物，若能爭取他的支持，對於相關方案的規劃、發展及運作層面等等，將有莫大的助益。準備將方案正式提報市政會議前，或許需要先與市長、市政相關部門，及其他幾位具關鍵影響力的諮詢委員先行溝通，所以各項會議之事前準備工作是相當重要的，你要經常反思「為什麼要統合大夥來開會？你的目標是什麼？你希望做到什麼地步？秉持什麼策略？需要準備什麼資料，以便能成功推銷這些方案計畫？用什麼方式呈現簡報，最能打動觀眾的心？上述這些所需的資料，都已做好萬全準備了嗎？」等等，這些事前準備工作均有助於與會團體在會前了解方案。舉個例子而言，有個地方官員在聽取方案簡報前，因對方案缺乏充分了解，以致會議結果就像一場災難，官員結論正好與方案建議之方向南轅北轍，自相矛盾，因為之前他已經承諾推動某些現有的方案，以致這次的會議結論，讓某些與會委員深深覺得不可行，且不符大眾期待。在與會前若能用心準備，可以確保收到較佳的效果；或者地方政府決定不推動新方案時，亦可不必浪費時間舉辦類似的簡報說明會，以免勞師動眾。

地方政府官員通常會關注的焦點如下：

1. 這是什麼樣的方案？它將如何運作？
2. 在其他地方實施過嗎？成效如何？
3. 為何會想要到本社區來推動這個方案？
4. 方案所需的經費？
5. 我們社區需要這個方案嗎？
6. 方案執行者有足夠的時間及能力來指導方案的進展嗎？他（她）能否

118

與社區內之政治體系或不同組織合作而勝任愉快？

7. 方案預計達成的目標是什麼？這些成果對於政府專職人員、甚至其他市政部門會造成什麼影響？

為能有效說明或推動方案，可以舉實際例子說明，使之了解方案如何解決特殊的問題，或讓他們實地考察，如此更能貼近真實的情況。會後可以多留一些時間讓他們提問，雙方若對方案均抱持高度興趣，且互動相當熱絡的話，較能激發出一些不錯的想法，若尚有不明瞭的地方，亦能當場澄清。

當政府官員或部門主管在評估方案及方案執行者時，應該為上述第 6 及第 7 問項提出答案。他們會很熱切地想了解你是什麼樣的人，你是體貼型或是衝動型？為人公正抑或是行事霸道？你的想法是固定一成不變的，還是深富彈性且開放的？他們也想知道你的決策模式，是專斷的或是會與他人彼此關心？你是如何處理與同儕及上司共事的種種問題？又是如何處理本身的權力問題？你是小組成員嗎？你會就政策議題與官員磋商嗎？諸如此類。

這個過程很像應徵工作時的面談，當然它可以是雙軌並行的，你也可以評估以下的問題：

1. 這位部門主管有取得必要的授權嗎？他的權限能否足以開辦方案並維持它的發展？

2. 他投入的程度及其承諾的情形如何？在爭取追加預算的過程中，需要什麼樣的協助？他能夠使得上力嗎？

3. 就方案推動期間而言，相關政治環境是否穩固？

準則三　為能爭取社區相關人士的支持，本身全心的投入及承諾是必備的要素。

最近在德國漢諾威（Hanover）地區「警察—社會工作方案」發展的情形，恰可為此一原則作見證。這個方案最初是由司法部長為較落後的薩克森州（Saxony）所發起的，其部分經費是來自德國馬歇爾基金會（Marshall

Fund）。自漢諾威市引進這個方案以來，受到市長核准並予充分支持，而這也是這個方案得以成功的原因之一。特別值得一提的是，司法部長與漢諾威市長係分屬立場相左的不同政黨，但能為民眾福祉共同努力。此一方案推動概分為兩階段：

1. 先與市長、司法部長、方案指導者及諮詢委員等人共同開會研商，討論市長對於方案發展所關注的焦點，並鼓勵他全心投入。
2. 安排市長訪問美國並實地考察，以便其能親身了解「警察—社會工作方案」。

在上述會議裡，漢諾威市長對「警察—社會工作方案」指示下列三點看法：

1. 有關政治性的考量，例如在警察與社工人員之間，潛在性的角色衝突及合作關係。
2. 社會工作為社區問題所帶來的影響，例如社工人員僅僅是理論派的，還是他們亦兼具務實的？
3. 少數民族的問題（阿富汗裔、希臘裔、南斯拉夫裔及義大利裔等），以及方案效力與這些族群原有問題相互牽扯所衍生的其他問題，例如庇護所、醫療照顧、親子文化衝突問題、偷渡問題等等。

漢諾威市長關心的焦點，正與美國各州政府當年於各社區推動方案時所擔心的事情極為類似。為能協助其推動，故將於漢諾威方案推動的第一年期間，前往當地任職的美國社工員，他們的背景即包括有警察—社工員資歷，及服務少數民族之經驗等等。120

市長隨後訪問美國，實地考察一些方案，並與州政府官員及實務工作者交換意見，商討相關議題，以期本身對警察—社會工作之觀點建立信心，市長稍後表示很高興能有機會實地造訪，並認為此行受益良多。大多數人一致感受到市長目前對於新方案的投注態度，他也協助統合某些原先不願加入警察—社會工作方案的相關機構，使他們能夠共同合作，以達成方案推展的目的。

最初步的計畫大部分完成後，方案執行者必須不斷地反求諸己，為社區投注更多的心力。

準則四　推動方案之目的及其優先次序，在不同的時間點，均能契合社區的特性及其層次，以提供最適切的服務。

方案剛開始推動時，應該縝密規劃所需建立的資料及發展合作關係等，蒐集相關資料並發展相互支持、服務之合作關係，需要大家共同來努力，且為求深入了解，你應該逐一走訪社區。你要不斷地反思，在這次活動之前或之後，究竟想蒐集到什麼樣的資訊？而且在什麼條件下較能夠獲得這些資訊？交通運輸、學校、教堂、購物、安全性，及警察、消防和市政服務之聲譽，以及大眾生活品質等等，是多數人共同關心的事情，這些資料應從何處取得？某些資料可自以下這些地方取得，諸如商業團體、市政廳、圖書館、國際性市政管理協會之出版物「市政年鑑」，以及社區裡具有關鍵影響力的人士，相關機關、協會的主管等，特別是你即將與之共事的人，更需要前往請益。

警察機關是資訊來源處所之一，社區商店的小道消息則較無參考價值。警察首長可協助確認某些足以影響方案成敗的社區人士，他了解這些人士彼此間的關係，以及他們的事業等等，因此警察在社區發展工作上具有關鍵性領導地位。

特別是在少年偏差行為預防及犯罪控制等領域，因而衍生的經費問題、政治觀點、社區問題之沿革、可運用之資源、服務工作之缺失，以及社區的環境、氣氛等林林總總的問題，警察均會有獨到的見解。

準則五　為能成功推展方案，方案執行者必須具備工作能力，並成為社區發展的伙伴。

他們必須全心投入並且關心社區，例如參與社區會議及公共事務、為相關機構的委員會提供服務，以及就專業領域部分提出市政建言，惟有全心投入，才能深切耕耘。由以往的經驗得知，新人或新方案進入社區，就如新生兒般跌跌撞撞（new kid on the block），所以相關機構的執行部門應該先了解：「他（她）是誰？為什麼會在這裡？希望達成什麼目標？預計停留多久？」等問題。此外，亦需了解他即將為此地帶來哪些改變，例如

「他（她）能為大夥兒做什麼事？他（她）依據方案之所作所為會有什麼影響？有誰或什麼機構需要與他們合作嗎？他們提供全額服務或是由使用者付費？新方案會排擠現有的機構嗎？這些原有機構的功能是否需要調整？」等等。

由發展警察—社會工作方案的經驗得知，社區接觸方案之初期，大概會有兩件事情浮上檯面：

1. 某些居民對社區現有的方案感到非常矛盾，這種感覺也是某些警察、社工員、大學教授及基金會職員共有的典型感受。以社區居民的觀點而言，他們是在跟陌生人打交道，就如同一位具影響力之社區人士所言，外來者「甚至連街道名稱都不曉得」；其他人則表示，怕方案實施後會允許犯罪者在街上遊蕩。

2. 但是當服務社區民眾之工作展開後，最後證明一切都是值得的。

「社區居民會觀察、評估方案執行者處理各種突發狀況的能力，這也有助於方案執行者逐步建立自信心」（Treger, 1976）。精力充沛的互動模式是促使社區改變的一部分動力，當方案開始運作且服務工作展開後，社區及相關機構的關係將隨之發展。因著許多機構及系統相互合作，在傳遞服務工作的過程中，你將能增廣見聞，並持續擴大支持方案發展的基礎；此外，你亦能了解哪裡可以取得所需要的資源，以及什麼地方最需要服務，因此愈益擴展資源加以運用，便愈能帶來更多影響。社區裡的問題通常是複雜且有連帶關係的，需要結合許多專業的機構共同攜手來解決，並藉此擴大影響力，因此每個參與機構都能隨之提升其機關功能，並能服務更多民眾；最後，各機關間將漸漸形成較優質的協調機制，及提供更廣泛的服務。當然，欲統合跨機關或不同的系統，不是沒有危機，因為不同的工作導向及價值觀會形成衝突，因此各機關所設底線之敏感度，應該更為柔韌及富有彈性，以免相互制肘。

準則六　方案設計之導向，應貼近民眾的需求。

在不同社區推動方案，所服務的顧客群一定不同，包括藍領階級、中產階級、上流社會及少數族群等各階層人士，他們的生活型態當然也不一

樣。方案推動的過程絕不能抱持「速食文化」的心態，否則它將無法站穩腳步或施行長久，故應多花些時間善待社區裡的每一份子，把他們當作顧客一般，盡力蒐集並累積社區裡重要的資訊，經過評估以後，將這些資訊當作灌溉方案的養分，使方案得以繼續回饋成長。舉例而言，伊利諾州的Maywood是許多勞工階級及少數族群聚集的地區，當地推動警察—社工方案所服務的對象，大約有 30%不是領取救濟金度日就是收入微薄。在這些社區裡推動方案的社工員或學生，對這些居民不僅僅是提供服務而已，還要表達高度熱誠及隨傳隨到的精神，因少數族群通常較不信任政府，但他們卻常是政府推動方案所要服務的顧客群。為了激發民眾參與的動機，Maywood方案服務工作幾乎都是到府服務，除非該個案經評估後認為不宜前往者除外，在警察局經辦者則少之又少。孩童醫療照護缺乏、交通不便及經費不足等情形，則是社工員經常下鄉進行家庭訪視的一部分原因，他們認為，服務工作若無法依社區居民之生活型態及其需求來量身打造，則服務成效將會明顯地打折。因此，上述這種受到民眾接納的服務型態，以及機關持續追蹤與民眾保持聯繫的作法，是該地區維持高品質服務的不二法門。

　　剛推動方案時，若能有個開放式建築物作為交流的處所，將有助於我們盡早認識社區居民，並能提供不同團體當作聚會的空間，如相關機關主管、方案贊助者、大學教授、警察及社工員等人，可以隨時舉行非正式的聚會，彼此因而能不斷建立新的合作關係，並產生新的機會。例如，屬回教團體的某美國眾議院成員出席Maywood開放之家後，回了封信表示支持該方案，而其中最有力的支持，是他捐助了方案第二年所需的經費。

　　準則七　社區裡新方案的發展，應該以整體系統觀點來看待。

　　警察社會工作服務方案是整體系統中之一個體系（Treger, 1951），當你跟不同體系的專職機構合作時，對於不同觀點體系在彼此關係下所作成的決策，以及這些決策後續產生的影響力，你都必須保持高度關心。例如，警察—社工服務方案雖然是刑事司法體系的一環，但它與大學相關系所、專業的社會工作及社會福利機構等，均有密切的合作關係，所以任何體系對於方案所作的任何決策，對上述其他相關機構所形成的影響，真可謂「牽

一髮而動全身」。

　　Inkles（1964）曾說過：「社會某些改變，可以強烈影響其他體系的運作，因此亦讓我們更清楚地了解，為什麼改革是如此緩慢的原因。」假如相關體系對預期決策導向所作的反應，事前並未經過深思熟慮，那麼這些反應將連帶發生一些無法預期的結果，甚至可能有礙方案的發展。如同我們之前提過德國漢諾威市的例子，當警察—社會工作方案於 1979 年 8 月在該市正式運作時，專業社工員協會強烈反彈，並且不願意與警察人員合作，他們擔心警察出現會壓縮社工員的工作空間，所以協會決定聯合抵制該方案推動。據資料顯示，社區內的機構並未被方案囊括進來，它也未徹底了解方案的本質及目的，以及社工員會受到什麼樣地對待，致使社工人員覺得被遺棄了，就像是孤兒的處境般，所以他們決定表達他們的擔心及憤怒。為了疏導上述這些反彈聲浪，最好的方法就是加強溝通，以建立警察機關及社工團體彼此間的互信基礎。

　　另外一個不同體系間互動的例子是，法官相當生氣地指責警察局少年隊的警察，因為他未照法院指示，將某少年納入方案並加以管制；某些檢察官亦擔心警察人員及社工人員會侵犯他的職權。有人嘗言：「經由基層執法機構將某些犯罪者轉向（divert）到社區處遇（或轉向至警察—社會工作方案），將可以大量降低進入起訴、審理及入監矯正等階段之犯罪者人數；進入正式司法體系的犯罪者人數減少，將可緩和法院積案待審的情況，並降低執行緩刑及假釋的工作壓力，以及縮減相關機構人員的編制。然而，這種運作模式若得以實現，相關機構直覺地在某些時間點上會感受到被裁併的壓力，同時激起一股維護自身機關權益的反應。」（Carter, 1975）雖然社區領導者期待新方案可以解決社區的問題，然而他們卻大多傾向墨守成規，因為新方案會挑戰原有的規範及合作關係，或引發對立衝突，使原有的社會結構失衡；是以社會應該對於任何改革措施有所預期，並應預擬因應腹案，屆時才不會步調紊亂。推出任何新的團體或方案，最後必須被原有體系整合、吸收或排除，故方案得以發展，實有賴各機關及不同系統間以務實、積極的態度共同攜手努力，才能克竟其功。

　　到社區裡頭推展新方案，事實上與學開車的步驟極其類似：第一關便

是要進駐相關機構及社區；第二關則是熟悉社區裡面的一切人、事、物，讓社區具有影響力的仕紳、各機關、組織及體系等等，認識你的到來；接下來第三關，要持續建立溝通管道，且廣為宣導相關資訊，並將之納入社會福利方案發展。若能秉持積極的態度，照著這些步驟持續推動，隨著時間的累積，將會帶來影響並產生新的局面，這些積極努力的過程，當能促使新方案、專業機關、政治體系、經費贊助團體以及社區民眾等各方之間，得以互補互惠，並有助於各方彼此間建立全新的伙伴關係。

124

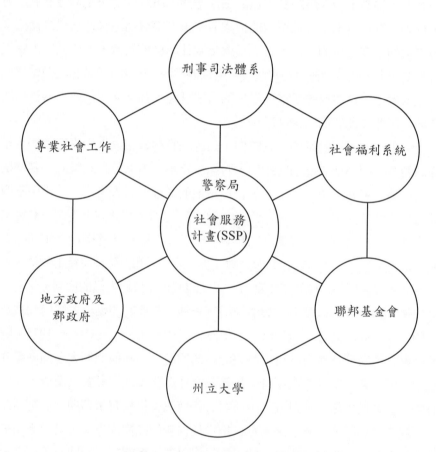

圖 7-1　社會服務計畫──A 體系

REFERENCES

參考資料

Carter, Robert M. "The Diversion of Offenders." *Federal Probation,* 36:4 (1972) 35.

Inkles, Alex. *What is Sociology?* Englewood Cliffs, N.J.: Prentice-Hall, 1964.

Treger, Harvey. "Process in Development of the Project." *The Police-Social Work Team.* Springfield, Ill.: Charles C Thomas, 1975.

Treger, Harvey. "Wheaton-Niles and Maywood Police-Social Service Projects." *Federal Probation,* (September, 1976) p. 34.

第8章

警察社會工作的過去與未來

緒論

我們現今所處的社會，充斥著強烈的焦慮及恐懼感，這是以往從未有過的現象，在 1990 年代，社會瀰漫著許多暴力事件，包括綁架孩童、性侵幼童、恐怖威脅、跟監騷擾、婦女受虐、性侵害、謀殺、連續殺人、幫派暴力以及仇恨犯罪（hate crime）等等。警察單位因具有全年無休的勤務值勤特性，使得警察人員經常受理民眾報案，前往處理許多家庭暴力、性侵害及自殺事件。此外，他們亦經常獲報處理家庭失和、自殺未遂、鄰里爭吵、慢性精神病患、少年偏差行為、酒後亂性、租屋糾紛以及各種社會失序案件。事實上，警察值勤時大多在回應民眾的服務需求，真正從事逮捕犯罪嫌疑人的時間反而較少。在大學社會工作系（所）主修臨床實務，並取得碩士學位（master's degree in social work, M.S.W.）的社工人員，

受訓後可投入實務領域，為犯罪被害者、藥癮患者、受暴婦女、精神疾病患者及其他處於危機中的人，爭取其應有的權益。尤其是受過專業訓練的警察社工員（police social worker），可以協助警察處理協尋案件、危機介入、緊急事故、精神醫療諮商及犯罪預防等工作。

社工員在協助受害者、處理家庭危機，以及犯罪預防等方面學有專精，可以適時提供服務，並協助警察處理這類他們較為生疏且無興趣的案件，因為有警察社工員的加入，使警察更能專注於交通疏導、處理車禍事故、犯罪偵防，以及逮捕犯罪嫌疑人等。

歷史背景

中上階層社會人士遇到困難時，可求助於律師、神職人員、心理諮商師、家庭醫師等等；而低社經地位民眾面臨危機來臨時，則大多數傾向找警察幫忙。社會工作是早期協助貧困者的核心工作，它可追溯到美國在 1877 年推動的慈善組織社團（Charity Organization Society, COS）運動，Mary Richmond 及其他社會工作的先驅，負責指導調查工作並訂定協助事項之範疇，安排家庭訪視並幫助民眾照顧其年幼孩童，以及將受虐兒童安置於適當機構等。

在 1930 年，全美已超過 500 名女警，遍布在位於各大城市的 200 個警察局服務，大多數女警是派駐在女警隊或犯罪預防單位的社會工作者，這些早期警察社工員主要服務對象是婦女及少年。在二十世紀前半葉，就婦幼保護工作而言，警察社會工作與女警隊兩者幾乎是同義詞（Roberts, 1983），女性警察社工員主要的工作範疇，包括協尋逃家少女、失蹤兒童及少年、協助男警偵查逼迫賣淫案、協助婦女就業、擔任受緩刑少年之觀護工作，以及兒童安置就養等等。

問題

　　警察社工員運動在 1950 年代逐漸走下坡，主要係受到政治首長更迭導致政治環境改變、各界對該運動之誤解、男性至上主義及角色扭曲等因素影響。因新任市長選舉揭曉後，包含警察局長在內的市府一級主管經常跟著走馬換將，如果新任警察局長抱持性別歧視觀念，則將嚴重限縮女性擔任警察社工員的發展空間。傳統觀念認為，有某些專門行業並不適合女性加入，例如，警察工作即被視為是男性的天下，當新任警察局長不再支持女警單位時，男警亦不會再轉介適當的個案進來，甚至女警單位主管最終會遭到撤換；此外，當地報紙嘲諷女警的漫畫，將女警描繪成「高大、沉默的男性傀儡形象，配掛的警棍在腰間擺盪，手持著左輪手槍」（Roberts, 1983, p. 98）。這些對於女警誇張形容所產生之刻板印象，亦連帶強化了許多男警的偏見，致使他們反對由女警來擔任社工員的角色。

128

新近發展之歷史觀

　　1960 年代，某些位於中上階層社區的警察局，開始利用警察社工員為社區各年齡層人口及家庭提供社會服務。至 1970 年代，受過專業訓練的警察社工員受雇於全美各地之警察局，其中多數「警察社會工作展示方案」的經費，係由聯邦執法援助管理部門（LEAA）透過州立刑事司法計畫辦公室（state criminal justice planning agencies, SPA's）核撥。其中幾個值得一提的方案，陸續在加州、伊利諾州、紐澤西州、紐約州、羅德島及華盛頓州等地發展起來（Roberts, 1983; Treger, 1983），這些警察社會工作方案專為偏差少年及其父母提供諮商服務；此外，警察社工員亦介入家庭暴力及

性侵害案件，並提供受害者適時的保護措施。到了 1980 年，由於 LEAA 停止運作，仍繼續維持運作之警察社工方案寥寥無幾，當聯邦不再挹注經費時，只有少數警察首長尚能籌募經費繼續推動警察社工方案。事實上，LEAA 只維持了幾年時間，最後完全中斷，不再編列任何經費，不像「社區精神醫療中心法案」（Community Mental Health Center, CMHC），得以編列七年期的長程計畫，為數以百計的CMHC建築、相關人事費用以及方案發展等，提供龐大的發展經費；甚至在該七年計畫期滿後，其經費也是逐年小幅縮減，而非立即完全取消，這種漸進式的作法，可使業務承辦機關在聯邦經費中止前另闢財源，漸漸地以州政府、地方政府經費，以及私人贊助等來源，逐步取代聯邦所提供的經費。

其實，在警察機關內部籌設警察社工員也是問題重重，因為各州均未同意立法編列經費招募警察社工員，亦無其他私人基金會或合作的發起人、贊助商等同意簽署這類型方案，聯邦機構亦未提供持續性的主要經費來支持是項方案，唯一獲得聯邦承諾的經費來源，係 1984 年的「犯罪被害人法案」（VOCA），該法案並於 1990 年再次認可提供經費補助（Roberts, 1990）。自 1984 至 1991 年間，全美投入數以百計「受害者及證人保護方案」及全國性「受害者補償方案」的經費，約為 6 億 2,000 萬美元（Roberts, 1992）；然而在 1995 年，僅少數尚在擴展中的警察機關領取聯邦及郡核撥給「受害者保護方案」的補助經費，而政府在該年度因犯罪案件所科處的罰金遠超過 10 億美元，這些罰款會全數受到 VOCA 管理運用，其中大多經由聯邦執法機構根據 1994「犯罪控制法案」（Crime Control Act），核發給社區發展相關方案。在 1995 至 2000 年間，聯邦政府將好幾十億美元的經費，撥給各州、市及鎮等各級地方政府所屬之警察機關，故各地推動危機介入及家庭暴力諮商方案的警察首長，仍會持續增加。

犯罪被害者之服務工作

　　警察人員值勤時，約有 50%至 90%的時間，是在蒐集資料及提供社會服務，許多遭遇危險或有難的市民經常打電話報警求救（助），特別是社工單位及家庭諮商機構下班後之時段，獲報情況更是熱烈，結果執法人員常被迫去面對某些特殊情境，而處理這些情境或事件，通常需要社會工作之專業知識及技巧。某些警察人員喜歡與人交談，他們也能從幫助他人的過程中獲得成就感，受雇於警察單位的社工員要能察覺或感受警察樂於幫助他人（例如無依無靠者、汽車被竊者、迷路的孩童等等）的特質。同時，警察單位的運作模式強調制服鮮明及團隊互助合作，巡邏員警會遵從上級警官的領導，但他可能會對於社工員的指導不屑一顧。故社工員與警察應如何扮演好各自的角色並共事一堂，兩者之角色應如何取得平衡，需要靠相關人員發揮智慧，事實上，當他們相互熟識及合作無間時，警察與社工員兩者角色是兼具共通性及互補性的。

警察社工員之角色及功能

　　警察社工員本身的觀點及民眾的需求，會影響他們的角色改變及功能擴增，服務於警察局各單位的社工員，其中尤以承辦少年案件及家庭暴力案件者，其角色增強程度甚於其他單位，因為家庭暴力嚴重時會威脅到生命安全，偏差少年則多半有不同方面的心理需求，是以警察社工員經常被派駐在這些單位，以期能妥適處理是類案件。不管是屬於早期發覺並主動介入，或被分派到社區相關機構之個案，這些案件都是警察社工員主要的服務對象，警察社工員最重要的功能，便是為孩童及其家庭提供短期危機

介入處理，以期迅速填補服務工作的缺口。

　　危機介入牽涉到直接接觸偏差少年及其家庭，這項工作有時亦涵蓋暴力犯罪被害者之保護措施。暴力犯罪及車禍意外所導致的死亡事故，對於家屬（不管是孩童或成年人）而言，都會造成精神創傷及人生重大危機，而警察機關卻極少觸及到這些民眾的需求；此外，警察人員殉職或自殺案件，也會成為警察同僚生涯危機的導火線，警察機關對如何處理類似情境，亦缺乏充分的準備。有位受虐婦女遭到另一半嚴重傷害，她及其兩名子女（分別是 6 歲及 8 歲）被送到警察局，但警察局缺乏孩童照護之經驗，對於上述情況，受過訓練的警察社工員可適時提供專業見解，並接手處理孩童保護措施。具有專業訓練背景的警察社工員，足可勝任危機介入、諮商輔導、具體服務、團體諮商、家庭危機處理、遊戲治療，及被害者與證人協助方案、藥物戒治方案，以及其他適當的社區服務案件等等。

　　處於焦慮不安狀況的偏差少年及其父母，以及犯罪被害者等，被帶至警察單位的機率相當高，對許多民眾而言，警察局是相當陌生且令人卻步的地方，在擁擠喧囂都會區的警察局，多位於龐大老舊的建築物裡，置身其中更容易使孩童及老年人加重其焦慮感。警察社工員的其中一個功能，便是主動關心並安撫來訪民眾的焦慮無助感，為他們解說警察單位的運作模式，以及接下來應該如何配合運作。他（她）們可以協助民眾辦理各種有關事項，例如，犯罪被害人應如何領回其財物、如何申請犯罪賠償、如何取得緊急資助或食物配給票券，或如何妥適因應危機情境等。社工員主要協助民眾動員其社會支援網絡、使用新的因應技巧，以及發展行動計畫。

　　警察社工員例行工作所肩負的責任相當龐雜，以服務於紐澤西州中區警察局之社工員為例，其主要任務包括為偏差少年、團體及其家庭提供危機介入處理及短期諮商，轉介少年及其父母至適當的社區機構接受輔導等。社工員無法預料下一刻發生的案件，故在某些日子裡，他們可能要與逃家少年面談，或與用藥少年的父母進行諮商；在其他時候，則可能需要緊急介入處理少年過失槍擊兄長頭部的案件，或是辦理用藥父母疏於照顧幼兒的案件，或者為父母遭槍擊致死之失依兒童尋找寄養家庭等，這些個案有些來自少年警察隊、少年觀護官、地區性的少年輔導委員會，以及高中的

諮商輔導人員。警察社工員可能在一週內有好幾個晚上都需要值勤處理家庭危機事件，雖然幾乎所有社工機構都在下午五點下班，但由於警察社工員工作性質特殊，他們受到的要求相對地較為繁重。

專業警察社工員主要的工作，乃在協助個人或團體解決社會問題或情緒困擾，以警察局全體員工而論，警察社工員是對社區相關機構、行動及社會服務等，最為知識豐富且瞭若指掌的人，他們亦經常負責聯絡社區精神醫療網絡、刑事司法體系以及社會福利服務系統。在處理某些個案時，警察社工員或可決定個案最需要的處遇方式，例如特殊的社會服務，或轉送長期照護機構治療等，且適當地加以分派。在作決定時應加以考慮的因素，包括：婚姻衝突、沮喪、焦慮、性問題、恐慌症、酗酒、古柯鹼及其他合成藥物成癮、疑似孩童性侵害、學校問題（如曠課）、毆打婦女，以及精神問題等。

結論

在執法機關裡從事社會工作其實已有相當的歷史，在 1930 至 1940 年代間，數以千計的社工員在刑事司法體系內持續奮鬥，不管他們服務的對象是被害者或者是加害者；到了 1970 年代，聯邦政府經由其執法援助管理部門（LEAA）撥發經費發展警察社會工作，並漸漸遍及全美。不幸的是，LEAA 在 1981 年停止運作，影響所及，各州均只有少數幾個警察社會作工方案得以延續下來。

在刑事司法體系發展社會工作，必須注意主流專業協會——美國社工人員協會（NASW），它設立的宗旨在於增進專業知識及技巧，長久以來，NASW 遺忘了犯罪被害者及加害者之社會工作，這個領域的重要性不可言喻，但卻長期未受到應有的關注。某些受雇於警察機關的社工員在崗位上有特殊貢獻，就像警察人員、消防人員及緊急救護部門的人員一般，警察社工員平時與民眾接觸的時間相當短暫，但因為介入工作具有迫切緊急之

本質，因此警察社工員應有優良的專業訓練，能夠在緊急時刻足以擔負重任，並且受到他們所屬專業協會的認可，這些專業協會或組織包括 NASW，以及國際警察首長協會（International Association of Chiefs of Police, IACP）等等。

REFERENCES
參考資料

Berg, B. (1992). *Law Enforcement: An Introduction to Police in Society.* Needham Heights, MA: Allyn and Bacon, Inc.

Feinman, C. (1986). *Women in the Criminal Justice System.* New York: Praeger.

Roberts, A. R. (1983). "The History and Role of Social Work in Law Enforcement." In A.R. Roberts (Ed.), *Social Work in Juvenile and Criminal Justice Settings.* Springfield, IL: Charles C Thomas, Publisher, pp. 91–103.

Roberts, A.R. (1990). *Helping Crime Victims.* Newbury Park, CA: Sage Publications, Inc.

Roberts, A.R. (1992). "Victim/Witness Assistance Programs," *F.B.I. Law Enforcement Bulletin, 61*(12): 12–17.

Roberts, A.R. (Ed.). (1996). *Helping Battered Women: New Perspectives and Remedies.* New York, NY: Oxford University Press.

Treger, H. (1983). "Social Work in the Justice System: An Overview." In A.R. Roberts (Ed.), *Social Work in Juvenile and Criminal Justice Settings.* Springfield, IL: Charles C Thomas, Publisher, pp. 7–17.

U.S. Department of Labor. (1931). *Juvenile Court Statistics.* Publication No. 200. Washington, D.C.: U.S. Government Printing Office.

U.S. Department of Labor, Women's Bureau. (1949). *The Outlook for Women in Police Work.* Bulletin No. 231. Washington D.C.: U.S. Government Printing Office.

Part

....

3

被害者協助工作

135 　　犯罪被害人的服務工作，是最受矯正社工忽略的工作領域之一。傳統上，犯罪被害人向來被法院、社會福利政策制定者以及社會工作實務所忽略，惟最近這幾年，犯罪被害人愈來愈受到關注，現已發展出犯罪被害人服務方案，且刑事司法體系也主動投入受害人服務方案。

　　犯罪被害人協助方案會急速增加，主要是因為聯邦政府提供補助款資助。執法援助管理部門（LEAA）是「犯罪被害者—證人協助方案」（victim-witness assistance）、「安全鄰里／犯罪預防方案」（safe neighborhoods/crime prevention）最主要的贊助者，建構性侵害防制中心的基金，則來自現在已經被廢除的 LEAA 以及國家心理衛生協會的國家性侵害防治中心。在 1970 年代期間，婚姻暴力被害人方案得到 CETA 基金會協助並提供基金，而得以聘請較多的工作人員。犯罪被害人服務基金的其他來源，尚包括社區發展和 ACTION 補助款，以及政府的個人服務補助款。大多數提供補助基金的機構，因為雷根總統的經濟和社會政策，大多已被裁撤或削減預算，目前這些被害者協助方案會重新再運作，主要是得到 1984 年犯罪被害人法案（VOCA）之經費補助以及政府一般歲收補助。

　　最近的統計數字指出，每年有將近 400 萬至 870 萬的婦女在自己家中受到伴侶虐待，當中某些被害人曾受虐一次或兩次，有些受害者則是經年累月受到愈來愈頻繁和嚴重的虐待。受虐婦女及子女緊急庇護中心已經為受創傷被害人提供協助，現在全美國有超過 1,250 個受虐婦女庇護中心。

　　第九章摘要 Roberts 博士所調查之 176 家庇護中心的全國性報告，他聚焦於討論年度預算來源、自陳報告優缺點、機構職員的型態，以及管理委員會之組織架構。已有愈來愈多的被害人倡導和庇護中心的管理者／協調者擁有社會工作學士或碩士學歷。上述 176 所庇護中心中，即有將近三分
136 之一的管理者為社會工作碩士或諮商碩士。

　　第十章敘述由檢察官體系負責之被害人／證人協助方案，並檢驗該等方案之目標和目的，且討論這些方案所具有的不同功能。

第十一章由 John Gandy 討論一些創新的被害者協助方案，包括「被害者—證人協助」、「安全鄰里／犯罪預防」、「補償」（restitution）、「審前和解」（pre-trial settlement）及「被害人與加害人之調解」（victim-offender reconciliation）。在探討被害人服務的一般概況後，Gandy 聚焦討論在刑事訴訟過程中必須直接服務被害人之方案；本章其他部分則探討社工人員在服務輸送過程中的角色。並簡明概要說明社會工作涉入刑事司法體系之現況，社會工作者所扮演倡導、調解及仲裁，以及在解決爭議和化解衝突上所扮演的角色，也一併加以討論。

　　第十二章聚焦於女性性侵害被害人和性侵害法規之修改。在調查此問題之盛行率和影響範疇之後，作者回顧了最重要的聯邦政府法令和官方行動。本章在最後章節探討性侵害被害人感染 AIDS 的高風險。強制命令性侵害加害人接受愛滋病檢驗，和蓄意傳染他人愛滋病或其他性病應科以刑責，是新法規中最受到批判的部分。

　　綜觀過去歷史，聽障者在刑事司法體系面臨重大溝通障礙，這些障礙可藉由運用合格翻譯人員和提供聽障者遠距通信設備（TDD）加以排除。雖然 1973 年制定之復健法案第 504 號條款，以及法規部門要求機構接受美國聯邦政府財務資助以儲訓合格翻譯人員，但仍有許多地方的刑事司法體系無法提供翻譯人員。

　　Janet Pray 在第十三章中探討當聽障者進入刑事司法體系時會面臨的特殊問題。她告知讀者社會工作專業已經在刑事司法體系占有一席之地，有責任教育聽障個案和刑事司法體系雙方，都應重視法定權利要求、運用合格翻譯人員以及遠距通信設備的好處。社工人員也可發展技巧並且充實各種新式資源之相關知識，盡力服務聽障者，使聽障者在刑事司法體系中享有和聽覺正常的人一樣的經驗與服務。

第 **9** 章

受暴婦女庇護組織的架構與功能

問題之範疇

婦女受暴事件是全美最盛行及最具危險性的社會問題，據調查指出，介於 400 萬至 870 萬婦女，曾經在家遭受到配偶暴力相向（Roberts, 1996）。其中某些婦女在一年內曾受到掌摑或拳腳相向至少一至二次，頻率更高者，甚至是經年累月地受到這種待遇。全美不同地區，幾乎每週都會傳出婦女遭到配偶或男友謀殺等令人震驚的家暴事件。很不幸的是，這些殺人事件層出不窮，每年約有 2,000 名婦女遭到配偶或男友殺害，約有 750 名長期受暴婦女在罹患「創傷後壓力症候群」（post-traumatic stress disorder, PTSD）、受到死亡威脅或長期夢魘不斷的情況下，殺死她們的另一半（Roberts, 1996b）。此外，她們的孩子也常是暴力攻擊的目標，假如孩子沒有直接受到暴力虐待，他們亦可能因目睹母親的受暴過程而身心受創。

許多婦女在長期受暴的狀況下，出現沮喪、焦慮、創傷後壓力症候群、恐慌症及自殺傾向（Petretic-Jackson & Jackson, 1996; Walker, 1985），以在庇護所收容婦女或參加支援團體婦女為樣本之三個研究為例，受暴婦女罹患創傷後壓力症候群的比率至少有 45%，最高則可能高達 84%（Roberts, 1996a; Houskamp & Foy, 1991; Austin, Pincus & Foy, 1990），其他的研究發現，一致認為受暴婦女有相當嚴重的身心問題及壓力症狀（Cascardi & O'Leary, 1992）。

138

　　政府在 1970 年代開始設置危機處理單位或緊急庇護所，以茲回應受暴婦女的需求，同時也開始訓練警察人員，因為警察通常是最早接觸家暴事件的人員，故官方致力於提升警察處理家暴的技巧，使警察在第一時間能避免雙方受到傷害，以減少事後補救所需花費的成本外，亦同時能夠蒐證保存犯罪事實（Roberts, 1996）。

　　因為被揭發的長期受暴事件愈益增加，過去二十來，對於受暴婦女及其子女所提供的庇護場所不斷成長，其服務範疇亦愈來愈廣。舉例而言，在 1975 年時，約僅 6 家庇護所，但是到 1995 年時，有 1,250 家遍及全美各地區。在 1970 年代晚期，庇護所主要服務項目，是為受暴婦女提供 24 小時的熱線電話，以及一至八週的庇護處所及食物供給等服務；在該婦女準備離開時，庇護所得依婦女個人的需求，轉介至其他社會福利機構或法律諮詢等服務，但婦女極少提出類似要求（Roberts, 1981）。時至 1990 年代，許多庇護所為婦女提供諮商、假日訓練以及就業媒合等服務，對其子女亦提供諮商服務。配置在庇護所的人員也有很大的改變，從早期自民間招募的輔助性專業人員（paraprofessionals），到目前係配置受過訓練的專業人員，這些專業社工大多有學士或碩士學位（Roche & Sadoski, 1996）。

　　以紐澤西州為例，政府除為家暴及性侵受害人建置 24 小時的熱線電話、危機處理中心及庇護所外，亦同時為受害者及「有受暴之虞者」（pro-survivors）提供團體及個人諮商，這些服務並與醫院、法院及警察機關結合，以利受暴婦女使用（The New Jersey Coalition on Battered Women, 1995）。相關機構並且會印發宣傳小手冊，以及在各大專院校指導辦理社區教育方案，它們為專業人員提供在職訓練及圖書查詢系統，這些服務亦

能以西班牙語使用。但是，這些方案及服務措施會因為政府預算萎縮而受到影響，在這種狀況下，招募以往受過庇護照顧的婦女來擔任志工，或許是可行的辦法，使在經費有限的情況下，不減服務的品質。

庇護所資金之簡要歷史

受暴婦女庇護所的資金來源，在過去十五年間有相當戲劇性的改變，據頗負盛名的全國性調查報告（Roberts national survey reported, 1981）指出，在 1970 年代晚期，全美 89 家庇護所，其中大多數是依靠小額預算來維持運作；時至 1990 年代中期，則動輒花費上百萬美元資金挹注建立大型庇護所，特別是在馬里蘭州、密蘇里州、明尼蘇達州、北卡羅萊納州、賓夕凡尼亞州及德克薩斯州等州。早期庇護所的服務人員大多是志工、學生，及「聯邦綜合雇用及訓練方案」（Federal Comprehensive Employment and Training Act, CETA）的社工人員，早期的庇護所有 65% 是由 CETA 分發職員，這些由 CETA 訓練的社工人員，大多來自弱勢團體或是失業者，約三分之一的庇護所（29 家）有配置全職的專業社工人員。當然這些庇護所在轉型前，亦是由輔助性專業人員、志工及曾經受暴的婦女來擔負服務工作。

1990 年代中期，庇護所之資金及社工人員的專業性，均有長足進步，早在 1980 年代期間，許多州通過家庭暴力相關立法，包括從犯罪所得撥付數百萬美元、結婚及離婚加收附加費用，或對犯罪者處以罰金刑等。由於相關團體提倡被害者權利，在一再遊說及與婦女團體聯手的情況下，使得家庭暴力的相關立法有了劃時代的立法改革，在聯邦 VOCA 基金不斷挹注下，使州及郡政府的基金有了支持後盾，這筆專款被用來發展保護家暴及性侵害被害人之相關方案。1995 年 11 月，由犯罪人所得撥付給「聯邦犯罪被害者基金」（Federal Crime Victims Fund）的金額高達 10 億美元，其中半數基金（5 億 5,700 萬美元）被用在州立的受暴婦女庇護所、性侵害危機處理方案，以及兒童虐待處遇方案。

由於庇護所資金來源增加，在 1990 年代時，庇護所職員人力結構亦有所改變，每家約有 6 至 10 名全職專業人員，並有若干名兼職的職員及志工，其中約有 37.5%（66 家）的庇護所主任（shelter directors）擁有碩士學位，相對而言，僅有 3 名主任是二年制專科學歷（two-year associate's degrees），以及 6 名主任無任何學位，故總結來講，有高達 94.8%的庇護所主任至少擁有學士學歷。

■ 方法論

這是一項針對全美 176 家受暴婦女庇護所所作的全國性調查，以了解該等機構職員的型態、資金來源、案件承辦量、提供的服務及其功能，以及自陳報告優缺點等等，此一研究之樣本以「全國受害者協助組織」（National Organization for Victim Assistance, NOVA）及「司法部所屬被害者事務辦公室」（Office for Victims of the U.S. Department of Justice）登錄有案的庇護所為準，樣本抽取比率占樣本總數（1,250）的 20%（250）。研究工具是四頁的自編問卷，經向三個庇護所施以前測（pre-tested）後，據以修訂量表，並於 1994 年 1 月間以密封郵件投遞至 250 家庇護所；在經過第一次郵遞後一個月，向未填答回覆的單位，再次郵遞一封說明信函並附上一份問卷。至 1994 年 4 月間，作者收到 177 份來自 37 個不同州區的填答完整問卷，填答率達到七成。

回答結果在都市、郊區及鄉村地區呈現相當不同的面貌，本章宗旨在於總結關於方案目標、提供服務的類型、職員配置的型態、資金來源、1993 年每個方案的接案量、被忽略的被害者組織、自陳報告每個方案的優缺點，以及過去兩年間的重大改變等林林總總的質性與量化的資料。

本研究使用的測量工具是四頁的自編問卷，問卷的問項聚焦在組織結構、服務傳遞、資金來源，以及自陳報告所知的每個方案之優缺點，當然，職員的配置型態（例如教育水準、全職人員之人數等等）也一併包含在內了。

研究發現

　　由於本研究的樣本遍及全美 37 個主要的州區，所以填答結果亦呈現著廣泛的地理分布。有多家庇護所回應的州，包括明尼蘇達州（12）、德克薩斯州（11）、北卡羅萊納州（11）、密蘇里州（9）、賓夕凡尼亞州（9）、加利福尼亞州（8）、華盛頓州（8），以及蒙大拿州（8）。但以下幾州則代表性不足，或未填答：阿肯色州、康乃狄克州、科羅拉多州、德拉威州、哥倫比亞特區、佛羅里達州、喬治亞州、肯塔基州、伊利諾州、印第安那州、路易斯安那州、密西根州，以及南卡羅萊納州。若以地區來分，最具代表性的地區是第五區——五大湖地區（Great Lakes states），共有 26 家庇護所回應，第七區——小麥地帶（wheatbelt），共有 23 家庇護所回應，以及第三區——中大西洋區（mid-Atlantic states），共有 22 家庇護所回應，詳細情形如表 9-1 所示。

　　關於人口統計資料，受暴婦女庇護所的分布情形，與司法機構及其管轄地區之人口數有相當的關係，以人口數來講，美國最大的六個地區分別是紐約市（7,400,000 人口）、德州達拉斯市（1,008,000 人口）、亞利桑那州鳳凰城（983,000 人口）、馬里蘭州巴爾的摩市（736,000 人口）、田納西州孟菲斯市（610,000 人口），以及華盛頓州西雅圖市（516,000 人口）。而人口最為稀少的六個地區則分別是，俄亥俄州的 Clarksville 地區（485 人口）、南達科他州的 Eagle Butte 地區（489 人口）、馬里蘭州的 Upper Marlboro 地區（745 人口）、蒙大拿州的 Harlem 地區（882 人口）、維吉尼亞州的 Rocky Mountain 地區（1,051 人口），以及明尼蘇達州的 Grand Marais 地區（1,107 人口）。

142

表 9-1 受暴婦女庇護所之地區分布情形

地區（州名）	數目	地區（州名）	數目
第一區		**第六區**	
康乃狄克州	0	阿肯色州	0
緬因州	2	路易斯安那州	0
麻塞諸塞州	3	新墨西哥州	1
新罕布夏州	2	奧克拉荷馬州	4
羅德島州	1	德克薩斯州	11
佛蒙特州	4	總數	16
總數	12		
		第七區	
第二區		愛荷華州	7
紐澤西州	5	堪薩斯州	1
紐約州	5	密蘇里州	9
總數	10	內布拉斯加州	6
		總數	23
第三區			
德拉威州	0	**第八區**	
哥倫比亞特區	0	科羅拉多州	0
馬里蘭州	7	蒙大拿州	8
賓夕凡尼亞州	9	北達科他州	7
維吉尼亞州	5	南達科他州	3
西維吉尼亞州	1	猶他州	1
總數	22	懷俄明州	1
		總數	20
第四區			
阿拉巴馬州	1	**第九區**	
佛羅里達州	0	亞利桑那州	4
喬治亞州	0	加利福尼亞州	8
肯塔基州	0	夏威夷州	1
密西西比州	2	內華達州	2
北卡羅萊納州	11	總數	15
南卡羅萊納州	0		
田納西州	3	**第十區**	
總數	17	阿拉斯加州	1
		愛達荷州	2
第五區		奧瑞崗州	5
伊利諾州	0	華盛頓州	8
印第安那州	0	總數	16
密西根州	0		
明尼蘇達州	12		
俄亥俄州	5		
威斯康辛州	9		
總數	26		

以上十個區域總計 **177** 家

預算總額

　　各受暴婦女庇護所在 1993 年的年度預算規模差別極大,其中年度預算低於 50,000 美元的共有 14 家庭護所;而年度預算超過 100 萬美元的共有 5 家庭護所。如以整個州為單位來比較,以緬因州的預算數最少,僅有 163,000 美元;而以密蘇里州的預算總數最高,為 15,060,000 美元,預算排行第二位的州則是德克薩斯州,總額為 4,320,000 美元。平均年度預算最低的是蒙大拿州,平均預算額為 45,187 美元;平均年度預算最高的則是密蘇里州,其平均預算額為 1,670,000 美元。

經費來源

　　在有效樣本 177 家庭護所中,有 92.6%(163 家)提供資金來源以及各種來源所占年度預算百分比等相關資料。大多數庇護所的資金來源是多元化的,且其中 90.1%(147 家)庇護所接受州及(或)郡政府預算之挹注,這兩種經費來源合計總額,占許多庇護所 1993 年年度預算的 70%至 100%。

　　接受「地區聯合通路機構」(Local United Way agency)挹注資金的庇護所占 32.5%(53 家),事實上,其中 25 家是以此一款項為主要收入。聯邦基金經由「犯罪被害人法案」(VOCA)挹注給 44 家庭護所,另有 9 家庇護所收到其他聯邦獎助金(例如 HUD);最後,有少部分的庇護所自陳有一些小額經費是來自創建基金、聯合補助及勸募而來。

庇護所 24 小時熱線電話之應用

1992 年民眾撥打熱線電話共計 213,877 通，平均每家庇護所接聽 1,495 通，相對地，有 72,789 名婦女經由此一管道接受個別諮商服務，平均每家庇護所接案 627 人。至 1993 年，熱線電話增加為 244,468 通（平均每家庇護所 1,630 通），經此接受個別諮商之婦女增為 109,362 人（平均每家庇護所 875 人）。據最近的估計，在辛普森（Simpson）殺妻案發生後，1995 年熱線電話的接聽量爆增三倍之多。

自陳報告之優點

有 89 家庇護所回應上述問題，大多數強調為弱勢者提供各式各樣的服務，特別是諮商服務（約占 20%），其他服務內容包括孩童方案、教育服務、危機介入以及支持團體等。超過 14% 的庇護所強調機構的「組織增權」（empowerment）是其最大優點；此外，也有其他庇護所強調雙語（bilingual）及跨文化（bicultural）服務、提供便利的運輸服務、個案管理技巧，以及延伸與追蹤服務等等。超過 57% 的庇護所認為，有專業諮商人員為民眾服務是最大優點，但亦有超過三分之一（34.2%）的庇護所認為，擁有專注而訓練精良的志工是最其有利的條件，團隊精神亦是許多庇護所提及的條件之一。

有 28 家庇護所回應有關倡護（advocacy）的問題，共有 7 家（25%）辦理倡護相關方案；在業務項目方面，其中有 6 家提供法律倡護服務，4 家提供法庭倡護服務，3 家提供個人支持服務，3 家使用網路系統，以及 2 家有醫療方面的倡護。

有 25 家庇護所回應有關社區參與（community involvement）的問題，其中 15 家自陳有堅強的社區支持系統，其餘的表示與社區維持非常良好的關係。有少數庇護所強調它們的硬體設施是其最有利的條件，可以料想到，這些新式建築非常適合舉辦各種活動，有些庇護所則仍在尋覓適當地點（詳見自陳報告不足處之章節）。

其他優點中較少被提及的是「固定的經費來源」（僅有 3 家提及）、「免費服務」（僅有 1 家提及），以及「長期與人格分裂症患者一起工作」（僅有 1 家提及）。總而言之，大多數有回應上述這些問題的庇護所，對於它們的服務品質、職員及志工的表現均深具信心，並且感到相當驕傲。

受到忽略的團體

就這些回應者所談及的受忽略團體而言，有 20.3%（36 家）庇護所表示服務對象涵蓋所有暴力犯罪的被害者，並沒有任何弱勢團體遭到忽略。但另有 20.3%（36 家）庇護所幾乎沒有為受暴婦女的子女提供任何服務，有 12 家庇護所認為較容易忽略鄉村地區的被害者，有 11 家庇護所未針對老年受暴婦女作任何防範措施，有 10 家庇護所無力設置過渡性處所（transitional housing），以茲安頓離開庇護所的婦女。

自陳報告不足之處

經費困窘是最大的問題，例如經費不足、有限的資源，以及微薄的薪水及福利待遇等，普遍都是各庇護所共同的難題。某些庇護所亦相當擔憂前述提及之自陳優點（各種方案）能否存續，因為礙於經費限制，許多方案之推動，例如孩童方案、擴大服務範疇的努力、法律方面的倡護，以及

處遇方案等，亦會受到影響。

其他關注焦點包括欠缺人力的問題，例如缺乏訓練有素及（或）受過正統教育的職員、欠缺志工、需要懂雙語及跨文化的人才，以及職員間的衝突等等。這些庇護所亦擔心硬體設施不足、缺乏過渡性處所，或庇護所之座落地點不理想等等。他們抱怨社區參與的熱情不夠，與執法機構的關係不佳，與司法系統及醫院的關係亦有問題。許多庇護所擔心其地理位置因素，以致無法獲得政府足夠的關心、無法滿足民眾的需求，或是轄區過於遼闊而力有未逮。

大多數庇護所的經費來源，包括州政府及（或）郡政府預算之挹注、犯罪所得沒入之部分提撥，以及結（離）婚的附加費用等，其餘尚包括聯合通路、公司行號及私人的捐助。假如以中西部某一中心之年度預算1,143,842 美元為例，則我們可以了解到其各項募款的複雜程度，這個機構從聯合通路收到436,678 美元、州政府補助323,000 美元、私人捐助157,348 美元、勸募所得合計 136,310 美元、第三社團保險給付計 65,490 美元、「Title XX」基金會捐助 50,000 美元，以及 VOCA 補助 28,000 美元。此外，還有由矯正局（Department of Corrections）撥付款項給「預防孩童受虐組織」（child abuse prevention organization）成立的基金，有 20,000 美元預算分別來自兩個獨立的基金會。由於預算來源之龐大及繁雜，故帳目收支紀錄真的會令人抓狂。

一般私人捐助款項大多是社區基金會或銀行所捐助，這些基金會多以城市為名，其他亦可能以民眾所熟知的圖像，或某些致力於家庭暴力防治工作的人士為名，例如「南西雷根基金會」（Nancy Reagan Foundation）即捐助 10,000 美元予某一庇護所推動一項方案，旨在提升目睹家暴兒童的自尊心。

許多庇護所從不同管道募集到適額之捐助，但這些個別款項均非固定不變的，預算總數可能會隨著開放、嚴重緊縮或完全中斷而波動，故如何開拓經費來源是最重要的事情。

145

預算分配

預算分配的差距非常大，從最少的低於 30,000 美元，到少數幾個分配 1,250,000 至 1,500,000 美元的方案都有。1992 年所有方案（141 個）的總預算額是 39,759,424 美元，平均數是 281,981 美元；1993 年所有方案（165 個）的總預算額是 61,540,000 美元，平均數是 373,029 美元。

預算分配之改變

有 141 家庇護所回應這個問題，其中 9% 的庇護所經費縮減，65.6% 的庇護所經費增加，另有 5.6% 答稱沒有改變。不幸的是，經費增加的單位仍不足以應付成本壓力。

人員配置的型態

專職職員人數的問題非常引人關心，有 173 家庇護所回應這個問題，且各家差距很大，最少者是未有任何專職人員，某些則在 5 人左右，最多者甚至高達 40 人。52%（92 家）庇護所配有 5 名以下的專職人員，人力不足之處則以兼職人員或志工來輔助，23% 庇護所雇用 6 至 10 名專職人員，僅有 18.1% 庇護所配有 11 至 20 名專職人員。

指導委員會之成員

　　家庭暴力防治方案之指導委員會，其重要性不可言喻，它們負責指導及控制組織，使組織能正常運作發揮功能，甚至負責政策擬訂、方案發展、個別議題、財務問題、公共關係，以及為組織運作負起成敗責任（Gelman, 1995）。

　　就法律層面而言，委員會被要求以適用於「營利組織」（for-profit organizations）領導者同等級的行為標準來設立（Collin, 1987; Pasley, 1966; Street, 1985）。以下幾項規定是委員會成員應行避免之事項：疏於管理及監督機構的活動、授權他人、因契約方面的民事侵權或違法行為而傷害到組織等（Gelman, 1995）。非營利機構（non-profit agency）的指導者，最近亦在洩漏組織越權及委員會不當行為方面，面臨各界要求詳加調查的壓力，故各委員會成員應以更高的道德標準及忠誠度，來維持組織的信譽。每個人參與委員會的意願及理由不一，參與推動家庭暴力防治工作的個人動機亦大不相同（例如是家暴受害者的家屬或朋友），或者是為表達宗教或道德上的意見，要求能賦予這些權力（例如有意競選副總統的商界人士，為增進為民服務的機會，爰擔任這項工作），也有某些以前受過庇護所照護的人，後來擔任委員會成員，他們也較能設身處地去了解人們的需要（Gelman, 1995）。不管參與委員會的動機為何，委員要能維持良好的人際關係、具有責任感，以及有時間、志趣和意願來為機構付出心力；此外，委員也要能為機構開拓經費來源。

　　此處很難為委員會量身訂作最適宜的編制人數，委員會規模應隨著庇護所的大小而調整，以茲符合比率。若委員會編制太大，或許會妨礙進步，甚至造成組織承諾及責任之分散效應，不過，亦應考量有適切人數足以業務分工，確保業務得以遂行。而且委員會也需設置專責單位，針對各個業務部門實施追蹤考核，所以委員會的責任相當艱鉅且多樣化，需要各式各

樣的人才加入，使庇護所的功能得以正常運作。在這個研究裡，大多數回應此一問題的庇護所表示，其委員會成員多是保健或精神醫療方面的專家；此外，則是社區內的公司或零售商等商界人士參與。

為說明典型家庭暴力防治方案委員會之成員職業類型，總計 129 個方案委員會成員的職業分析如表 9-2 所示，表內數據包含各種職業之人數及其平均數。

庇護所委員會的成員背景，係以保健及精神醫療方面的專家合計為最大宗（252 人），其中包含 141 名精神科諮商師、社工人員及心理學家等，以及另有 111 名醫師、護士及其他保健方面的專家，均為這些委員會盡心盡力地提供最佳服務；第二大類則是來自社區裡的公司及零售商等商界人士。在這項有關委員會成員背景的調查裡，顯示參與人數最多的是退休及關心社區發展的人士（160 人），其次依序為商人（130 人），律師（112 人），教師、大學教授及教育當局的行政官員（107 人），中小企業的管理階層（77 人），社工人員（61 人），以及教會神職人員（61 人）。 147

占最少數的則依序分別是曾經被害者（30 人）、新聞工作者以及演藝事業的管理階層（18 人）、物質濫用方面的諮商人員（7 人）、銷售人員（6 人），以及藝術家（2 人）。 148

結論

許多庇護所人員對本身所作的努力深以為傲，不過從以上的介紹我們得以清楚地了解，與其他許多重要的組織相比，庇護所深受經費不足的困擾，使得人員無法進用、訓練機會減少、服務規模縮減，以及未能依行政區域遍布服務據點等問題，在預算短缺的情形下仍無法一一克服。家庭暴力事件的嚴重性，不僅僅是關心成年被害人的問題，尤其更要關注的是直接受虐或目睹家暴的孩童，就各州庇護所的現況而言，孩童保護業務仍亟待提升加強。同時，各庇護所尤應加強在各級學校推動相關預防方案（prevention/anti-victimization programs），否則等到庇護所接到長期受虐、嚴重受創而難以救治的女性個案時，政府或媒體屆時才來大聲疾呼推動預防及教育方案，已經為時已晚了。

表 9-2　受暴婦女庇護所委員會成員一覽表

專業領域	總人數	平均數
精神醫療方面的專家		
內科醫生	22	.16
執業護士	29	.22
其他科別的醫護人員	60	.45
心理學家	26	.19
社工人員	61	.46
諮商師		
物質濫用之諮商師	7	.05
其他類科的諮商師	47	.35
教育方面的專家		
大學教授	26	.19
教師	55	.41
行政官員或管理階層	26	.19
其他	36	.27
警官或執法機關人員	47	.35
法律		
律師	112	.84
其他法律相關從業人員	29	.22
公司		
管理階層	35	.26
其他商業人士	130	.97
銷售人員	6	.04
中小企業老闆	42	.31
會計人員	42	.31
教會神職人員	61	.45
媒體工作者	18	.13
退休人員／關心且有志參與的民眾	160	1.19
曾經被害者	30	.22
其他*	242	1.80
委員會的平均員額	10.45	

* 註：其他包括藝術家、藍領階層勞工、技工、銀行出納員、零售商銷售人員等等。

REFERENCES

參考資料

Astin, M.C., Lawrence, K., Pincus, G., & Foy, D. (1990, October). "Moderator Variables for PTSD Among Battered Women." Paper Presented at the Convention of the International Society for Traumatic Stress Studies, New Orleans.

Burgess, A.W., & Roberts, A.R. (1995). Levels of Stress and Crisis Precipitants: A Stress-Crisis Continuum. *Crisis Intervention and Time-Limited Treatment, 2 (1):* 31–47.

Bureau of Justice Statistics. (BJS). (1994). *Criminal Victimization in the United States, 1992.* Washington, D.C.: U.S. Department of Justice, Bureau of Justice Statistics.

Cascardi, M., & K.D. O'Leary. (1992). "Depressive Symptomatology, Self-Esteem, and Self-Blame in Battered Women." *Journal of Family Violence 7:* 249–59.

Collin, R.W. (1987). Toward a New Theory of Nonprofit Liability. *Administration in Social Work, 11(1):* 15–24.

Gelman, S.R. (1995). Boards of Directors. In R.L. Edwards (Ed.), *Encyclopedia of Social Work* (19th ed.). Washington, D.C. National Association of Social Workers, pp. 305–312.

Houskamp, B.M., & Foy, D.W. (1991). "The Assessment of Posttraumatic Stress Disorder in Battered Women." *Journal of Interpersonal Violence, 6:* 367–75.

Kemp, A., Rawlings, E.I., & Green, B.L. (1991). "Post-Traumatic Stress Disorder (PTSD) in Battered Women: A Shelter Sample." *Journal of Traumatic Stress, 4:* 137–48.

Klingbeil, K., & Boyd, V. (1984). "Detection and Assessment of Battered Women in the Emergency Room." In A.R. Roberts (Ed.), *Battered Women and Their Families: Intervention Strategies and Treatment Programs,* pp. 7–32. New York: Springer.

McLeer, S.V., & Anwar, R. (1989). "A Study of Battered Women Presenting in an Emergency Department," *American Journal of Public Health, 79:* 65–66.

Pasley, R.S. (1966). "Non-profit Corporations—Accountability of Directors and Officers." *Business Lawyers, 21(3),* 621–642.

Pence, E., & Paymar, M. (1993). *Education Groups for Men Who Batter: The Duluth Model.* New York: Springer.

Pleck, E. (1987). *Domestic Tyranny.* New York: Oxford University Press.

Reiss, A.J., Jr. & Roth, J.A. (Eds.). (1993). *Understanding and Preventing Violence.* Vol. 3, Social Influences. Washington, D.C.: National Academy Press.

Resick, P.A., & Reese, D. (1986). "Perception of Family Social Climate and Physical Aggression in the Home." *Journal of Family Violence 1:* 71–83.

Roberts, A.R. (1981). *Sheltering Battered Women.* New York: Springer.

Roberts, A.R. (1984). *Battered Women and Their Families: Intervention Strategies and Treatment Programs.* New York: Springer.

Roberts, A.R. (1995). *Crisis Intervention and Time-Limited Cognitive Treatment.* Thousand Oaks, CA: Sage.

Roberts, A.R. (1996). In *Helping Battered Women: New Perspectives and Remedies.* New York, N.Y.: Oxford University Press.

Roberts, A.R. (1996b). "A Comparative Analysis of Incarcerated Battered Women and a Community Sample of Battered Women." In A.R. Roberts (Ed.), *Helping Battered Women: New Perspectives and Remedies.* New York, NY: Oxford University Press, pp. 31–43.

Roche, S.E., & Sadoski, P.J. (1996). "Social Action for Battered Women." In A.R. Roberts (Ed.), *Helping Battered Women: New Perspectives and Remedies.* New York, NY: Oxford University Press, pp. 13–30.

Sherman, L.W. (1992). *Policing Domestic Violence: Experiments and Dilemmas.* New York: Free Press.

Stark, E., & Flitcraft, A. (1982). Medical Therapy as Repression: The Case of the Battered Woman. *Health and Medicine, 1:*29–32.

Stark, E., & Flitcraft, A. (1991). "Spouse Abuse" (pp. 123–154). In M. Rosenberg and M.A. Fenley (Eds.), *Violence in America: A Public Health Approach.* New York: Oxford University Press.

Sherman, L.W. (1992). *Policing Domestic Violence: Experiments and Dilemmas.* New York: Free Press.

Straus, M., & R. Gelles. (1990). *Physical Violence in American Families.* New Brunswick, NJ: Transaction Books.

Streett, S.C. (1985). "Board Powers, Responsibilities and Liabilities." In E. Anthes, I. Cronin, & M. Jackson (Eds.), *The Nonprofit Board Book: Strategies for Organizational Success* (pp. 9–22). West Memphis and Hampton, Arkansas: Independent Community Consultants.

Walker, L.A. (1985). Psychological Impact of the Criminalization of Domestic Violence on Victims. *Victimology: An International Journal, 10(1–4):*281–300.

Walker, L.A. (1989). *Terrifying Love.* New York, NY: Harper & Row, Inc.

第 10 章

證人協助方案中的角色
社工人員在犯罪被害人／

緒論

二十年前，美國社會鮮少倡議、關注犯罪被害人的權利，被害人服務及被害人／證人協助方案在社區中較為少見。此刻，1990 年代中期，全美有超過 6,000 個被害人／證人協助方案、受虐婦女庇護中心、強暴危機方案及全國性暴力犯罪倖存者支持性團體。被害人運動在過去兩百年明顯成長，聯邦犯罪被害人法案（VOCA）基金則促使協助方案激增；此基金由各州和國家的一般歲收，以及應用一定比例的州罰緩和／或犯罪人所繳交之罰金予以贊助。

在全美各城鄉，犯罪被害人都可接受被害人服務及被害人／證人協助方案的協助。當有人受害時，無論他是在人口僅有 17,000 人的小城鎮如威斯康辛州的黑河瀑布（Black River Falls），或是如亞特蘭大、紐約或舊金山等大都會地區，均可獲得被害人

／證人協助方案的服務（Roberts, 1995）。

問題之範疇

　　社會工作領導者、警察首長及檢察官對驚人的暴力犯罪盛行率及犯罪被害人權利的覺察與日俱增。依據全國犯罪調查（National Crime Survey, NCS）、統一犯罪報告（*Uniform Crime Reports*, UCR）及致命意外回報系統（Fatal Accident Reporting System, FARS）最近的資料顯示，造成嚴重傷害之暴力犯罪每年超過 800,000 件，且超過 20,000 人被殺害（National Institute of Justice, 1991, p. A-2）。在 1987 年，全國犯罪調查（NCS）指出，總計有 140,900 件的強暴未遂或已遂案件，其中 64,210 件的被害人有接受醫療照顧。全國犯罪調查同時估計在 1987 年，大約有 4,500,000 件的人身攻擊事件，然僅 9%（390,562）的攻擊事件受害人在遭受攻擊之後接受醫療照顧。

　　每年，數以百萬計的犯罪被害人因暴力犯罪而遭受生理、情緒及／或財產損失。在遭受暴力犯罪之後，被害人通常須因應、處理生理痛苦、心理創傷、財物損失及司法訴訟程序，凡此種種經常令人感到不近人情且困惑。許多被害人及證人第一次接觸刑事司法體系的經驗是痛苦、被傷害的。第一次會晤常覺挫折和困惑。在過去的十五年間，已經有愈來愈多的城鎮發展被害人服務及證人協助方案、被害人補償方案及特定的家庭暴力方案，以減低暴力犯罪對被害人及證人的衝擊。

歷史背景

　　被害人及證人的權益幾十年來一直被法庭所忽視。在 1970 年代中期之

前，矯正制度革新領袖及著名的創始人多被尊崇為犯罪學與刑罰學之奠基者和國際專家。在 1950 年代及 1960 年代間，以促使重罪犯人改變，進而可成為守法公民為目標的復健方案，花費數百萬美元。基於被告最佳利益的司法訴訟和保護也花費數百萬元。相較於此，犯罪被害人常是坐在法院灰暗的走廊上，承受被告威脅及恐嚇，此處境與犯罪者形成明顯對比。實務上並無法讓證人及／或他們的小孩與犯罪者在不同房間等待。當矯正處遇、教育及社會服務大量提供給被判刑之犯罪者時（Roberts, 1971, 1974），這些被害人及他們的家庭常因被害而支離破碎且無法獲得任何服務（McDonald, 1976）。

在 1970 年代中期，當第一個被害人／證人協助及強暴危機方案創立時，整體趨勢開始轉向提供無辜被害人較多必要性服務，且較少以重罪犯人為主的復健方案 （Roberts, 1992），改變的焦點為各司法系統應如何對待被害人，從初次與警察或刑警接觸或偵訊、到法院的作證等均涵蓋在內。在過去，有太多被害人會面臨兩次傷害：第一次是在實際犯罪期間，第二次則是在冷淡、不負責任的警察及檢察官忽略被害人要求協助的呼聲和請求時，且／或被詢問尖銳、重複或責難受害者的問題（McDonald, 1976）。

犯罪被害人協助運動在過去二十年已經走了很長一段路。在 1973 和 1975 年期間，司法部執法援助管理部門（LEAA）花了數百萬美元於被害人及證人援助示範方案。在 1970 年代早期，在全美人口較密集的城鄉地區增加為數可觀且電腦化的檢察官辦公室。第一次，許多系統化的被害人研究開始進行。研究指出「由於證人不願配合，在被害人決定報案後，會因延期審理及執行期間延遲的問題，導致許多的犯罪案件無法破案」（McDonald, 1976, p. 29）。

由於相關研究論證了證人合作意願低，及法院工作人員多以冷淡、漠不關心的態度對待被害人及證人，此促成 LEAA 資助 18 個被害人及被害人／證人協助方案。當中 10 個計畫為由檢察官體系負責（prosecutor-based）的證人協助方案；4 個為分別接受非營利社服機構、國家緩刑部門及警察局指導的被害人協助方案；其餘的 4 個計畫則聚焦於性侵害及兒童虐待被害人之權益倡護與危機干預。

152

在 1980 年代初期，由於 LEAA 被裁撤，聯邦政府的被害人協助方案減少。現有方案為了解決 LEAA 被裁撤的衝擊，要求各州或城市以一般歲收贊助經費。早期，一些地方政府相關單位並不願意分配足夠的基金予以協助。然而，在 1981 到 1985 年期間，有 28 個州政府不但立法設立基金，而且規劃新的被害人及證人協助方案。這些州政府立法機關傾向以運用一定比例的罰金和／或罰緩贊助這類方案。有 19 個州的方案經費是由上述款項支出，同時仍有 9 個州政府是以其一般歲收援助被害人（Roberts, 1990）。

1984 年劃時代的犯罪被害人法案（VOCA）通過後，聯邦政府、各州及地方機構在全國各地因而核發超過 6 億 5,000 萬元的經費幫助犯罪被害人。大部分的經費來自罰金和重刑犯的罰款收入。不幸地，許多州政府很快就取消以罰金及賠償金籌措被害人協助方案經費之作法。筆者預測那些擁有較支持此協助方案的立法委員及贊成被害人補償和賠償或矯正的州政府，可能雇用一定總數的會計師、金融稽查員及電腦行政人員，以促使所募集的基金可維持在 90%以上（Roberts, 1995）。

153 被害人服務與被害人／證人協助方案之比較

被害人／證人協助方案通常設置於本地檢察官辦公室、法院內，或可能在法院大樓的對街。設計這些方案是鼓勵證人可合作控訴罪犯，而且出庭作證。一般而言，這些方案包含證人通報與案例監控系統；透過此監控系統，工作人員會協助證人在因應起訴、延期審理、延期；特定審訊和審訊資料；抗辯協商及審訊結果時可慎思熟慮。另外，這些方案中有很多會提供證人在法院等待作證時安全及舒適的接待環境，交通接送服務，陪伴出庭及專人解釋和解析法院之訴訟程序等。通常，這些方案同時也會準備並發放一些有關司法程序議題的小冊子，如「犯罪受害人的權利法案」、

「法院作證證人指導方針」、「法院程序及你不可不知的犯罪法庭事項」、「犯罪被害人資訊導引」等（Roberts, 1992）。

根據筆者所進行之全國被害人服務及證人協助方案調查報告顯示，將近三分之一的方案在父母必須出庭作證時，會對被害人和證人的小孩提供某些形式的子女照顧；在父母出庭作證時，提供可靠及穩固的子女照顧是重要的服務（Roberts, 1990）。不幸地，多數的刑事司法機構與社工機構非常大的差異為，他們通常並不了解，身為父母之證人及被害人因犯罪被害而衍生之情緒反應、失落感、生理損害和崩潰等，會衝擊其子女。被害人／證人協助方案應多關心兒童本身的特別需求，提供子女服務的理由不僅僅是因為許多身為父母的證人在開庭期間，若無法獲得適當的兒童照顧，將無法出庭，也是立基於人道立場而更應該這樣做。如此一來，附加的好處為，有一些兒童本身可能也目睹犯罪，且注意到犯罪者另外可供指認的特徵（Roberts, 1995）。

被害人／證人協助方案和單位的首要目標，即在鼓勵證人合作起訴罪犯時，協助證人克服與出庭作證有關之焦慮及心理創傷。這些方案的主要目標如下所述：

1. 告知被害人及證人其合作對犯罪控制而言是不可或缺，而且能成功地起訴犯罪者。
2. 告知被害人及證人有權利被刑事司法當局尊嚴和體恤地對待。
3. 提供證人有關法院訴訟程序，訴訟、審判和處理時間表之訊息。
4. 介紹法院，且提示如何正確回溯犯罪場景及作證的最佳方法（Roberts, 1990）。

對被害人而言，被害人服務或危機干預方案似乎與被害人／證人協助方案不同。此類型的方案通常附屬在警察局、公職機構辦公室、醫院、緩刑部門或非營利社會服務機構中。通常，這些方案在犯罪受害事件發生後24小時內嘗試進行干預。提供犯罪被害人全方位的必要服務，包括犯罪現場之因應；危機諮商；協助完成被害補償申請；緊急財政援助和當地超市免費食物兌換券；法院往返交通服務、地區受虐婦女庇護中心、醫院、被

154

害人協助方案辦公室；維修或更換遭破壞的門鎖及窗戶；協助更換遺失的證件（如：出生證明、結婚證書、遺囑等）；及轉介受害者至社區心理健康中心和社服機構，實施後續的諮商及短期的心理治療。

被害人服務方案的主要目標包括透過 24 小時機動反應小組對被害人提供早期與即時的干預和協助；犯罪現場的危機干預；醫院或地區婦女受虐庇護中心；緊急修復門鎖；協助完成被害補償裁定之申請；協助被害人完成更換遺失文件所需之表格填寫；且轉介至可起訴家庭暴力及性侵害事件的對口單位，和社區精神健康中心。

被害人及證人協助方案的服務對象爲何？

本方案提供下列犯罪類型之證人服務：
- 重大謀殺
- 謀殺
- 蓄意過失殺人
- 非蓄意過失殺人
- 重大駕車肇事致死
- 重大施暴
- 家庭暴力
- 兒童性侵害
- 綁架
- 誘拐
- 勒索
- 強暴
- 重大性侵害
- 重大搶劫
- 搶劫
- 重大竊盜事件
- 竊盜

155

被害人服務及危機介入方案的服務對象爲何？

這類方案主要服務暴力犯罪和財產犯罪之被害人。不同犯罪類型的被害人有不同需求，因而以這類被害人為主之服務方案，也已經開始針對特別脆弱的犯罪受害人提供外展服務：如老人、少數族裔（西班牙裔、亞裔、非裔及印地安人）、受暴婦女及被性侵害之兒童等。

對老人、非英語系少數民族及受虐婦女而言，犯罪對他們所造成的衝擊通常較為嚴重。高齡犯罪被害者通常沒有銀行帳戶（或者存款有限），以至於在面臨緊急狀況時，缺乏可應急的存款。除非能從當地的被害人協助方案中獲得緊急資金或是免費食物券，否則他們通常必須等一個月才可拿到社會保險福利金支票。他們也更有可能需要醫療照顧，諸如骨質疏鬆及體質虛弱等與老化有關之身體狀態，意味著年長的被害人在受傷後需要較長的時間方可痊癒，且更可能需要醫療照顧（Roberts, 1990）。派駐在印第安納波利斯警局被害人協助單位擔任協調者的社工師 Judith Moore，最近告知筆者，她所工作的單位每年嘗試協助數千位年紀較大的竊盜案被害人。「在全職人員只有 5 個人的狀況下，我們沒有足夠的人力協助所有年紀較大的竊盜案被害人。」

由於文化障礙，西班牙裔及亞裔婦女較不願報警處理家庭暴力及性侵害事件，或請求被害人協助，因為告發男性犯罪者會嚴重違反傳統文化道德觀。這些女性被害人也較其他女人更強烈擔心被報復。Roberts 和 Bonilla-Santiago 在紐澤西州針對 105 位受暴婦女所進行之研究結果顯示，絕大多數的西班牙裔施暴者會使用刀子傷害被害人。很多未完全順從施暴者的被害婦女臉部被劃傷或飽受生命威脅（Roberts, 1992）。

受暴婦女對危機介入處理及緊急庇護中心的需求很常見。當因家庭暴力面臨生命威脅時，這些犯罪被害人通常會轉向地區或國家執法單位求助。德州的休斯頓、亞利桑納州的土桑（Tucson）、加州的聖地牙哥等地以警察局為基地（police-based）的危機介入單位最近報告，受虐婦女打電話尋求危機介入的數量很大。危機小組（通常兩人一組）接獲求助後會趕到犯

156

罪現場並提供危機諮商、倡護、往來醫院與庇護中心的接送,並轉介至心理健康及社工服務機構。緊急收容中心的數量由 1974 年的 7 所增加到 1995 年的 1,250 所,這可證明受虐婦女的困境趨於嚴重(Roberts, 1996)。

立法、經費及穩定性

在過去的二十年間,相關組織的穩定性和被害人／證人協助中心及方案的數量一樣變化很大。多數的被害人／證人協助方案是由郡和城市檢察官部門開發、推展;且這些方案大多接受聯邦犯罪被害人法案(VOCA)經費贊助,此經費主要是跟各州辯護律師地區辦公室或地區 VOCA 年度協調者募捐而來。這些方案雖看似建構完善且資金穩定,然事實上是相反的。某些以警察局和醫院為基地的方案實施時間為三至五年。這些暫時性的被害人協助方案最初是因聯邦或州政府突然有經費(種子款項)而成立的,且這些方案經費若不是完全沒有,就是只有 10% 是來自國家或市政當局之常態性財政預算編列款項。不幸地,市長、市議會、醫院院長、執行長或警察局長若未能承諾持續贊助經費,這些方案一定會失敗。

因為有適當資金,被害人協助方案和性侵害危機方案蓬勃發展且每年均滿足數以千計暴力犯罪被害人的需求。許多大型醫療中心和警察部門已建構完善方案──例如:波士頓的 Beth Israel 醫院、紐約的 Mt. Sinai 醫院、加州的 Santa Monica 醫院、德州達拉斯警察局、紐約羅契斯特市警察局與華盛頓州西雅圖市警察局。

1984 至 1991 年期間,這類方案數量成長至最大。譬如麻薩諸塞州年度總歲收在 1984 年由 137,058 美元上漲至 1985 年的 2,286,512 美元;在接下來七年的會計年度中,協助受害人、證人之金額由 1985 年的 220 萬,穩定增加到 1991 年的 790 萬;亦即在這七年間,經費的成長比率超過 250%。然而在會計年度 1991 至 1993 年間,被害人資金的金額減少了 25%。然屬聯邦政府層級的被害人服務、家庭暴力和證人協助方案之資金額度,也由

157

1985 年的 6,800 萬穩定增加至 1991 年的 1 億 1,500 萬（Roberts, 1995）。

工作人力編制型態

　　在全美各地均有被害人／證人協助方案辦事處，他們有許多相似的組織型態，特別是工作人員的規模和權責。根據筆者所作之國家機構調查研究結果顯示，四分之三的方案雇用 5 位或 5 位以下的專任職員；將近 10% 的機構屬中度規模，雇用 11 位或 11 位以上的專任職員。只有 3%屬大規模方案，雇有 24 位或 24 位以上的專任職員。被害人／證人方案之人力編制為督導／協調者、兩位被害人倡護者／輔導員、一位秘書和一位資料登錄員。方案協調者為直接跟國家檢察官呈報業務推行概況，其為首席檢察官或負責所有性犯罪（如性攻擊和家庭暴力）的檢察官。被害人倡護者／輔導員的主要責任是服務提供證人服務，特別是已有 1 位或 1 位以上罪犯被起訴的暴力犯罪證人。被害人倡護者負責陪伴證人接受案件之預審、初審、宣誓作證之審訊、及／或審判，以確保辯護律師、法院書記與法官會公平、體恤對待每一位證人。另外，重要的是方案協調者和被害人倡護者會陪伴被害人／證人接受與此犯罪有關之文件歸檔和傳票的所有法定會面約定。例如，若被害人／證人遭受性攻擊，則被害人倡護者若未陪伴就醫，就會在醫院或診療室迎接個案，以保障被害人權益。

　　很多方案仰賴志工協助提供必要服務。根據Roberts（1990）的全國調查報告顯示，超過半數以上（52%）的受訪者運用志工。將近三分之一的方案會運用 1 至 4 位志工，幾乎半數以上的方案有超過 11 位或 11 以上的志工。有支薪工作人員較少之方案傾向於大量依賴志工協助。志工的參與促使方案可服務居住於小型社區的受害者和證人，如美國俄亥俄州的 Xenia（人口為 130,000 人，4 位專任職員，14 位志工）、北卡羅萊納州的 Greensboro（人口為 360,000 人，2 位專任職員，12 位志工）。而在人口較多的城市實施之方案，與支薪專任職員人數相比，志工的人數比較少。例

158

如賓夕法尼亞州的匹茲堡人口超過 150 萬，其被害人／證人協助方案有 14 位支薪專任職員，15 至 18 位志工。

綜觀工作人員之教育背景顯示，被害人／證人協助方案雇用的員工中超過 90% 有學士學位，只有 28% 有碩士學位，當中通常為社會工作、社會學、心理諮商或刑事司法碩士。而被害人／證人方案的督導／協調者所取得之專業學門很多樣化。他們大部分為碩士學歷，碩士主修專業包括：心理諮商、教育、刑事司法、心理學或社會工作。其中有三分之一為社會工作碩士，且多數方案的協調者已完成社會福利政策、企劃和管理、行政管理、危機干預和短期治療的課程訓練（Roberts, 1990）。

從事被害人服務和被害人協助的最佳準備方法之一是，完成與全面性被害人／證人協助方案有關的多元課程。多數社會工作研究所均會提供研究生研修相關理論和實務操作的機會，以使其可應用、施行於檢察官部門之被害人協助方案、性侵害防治中心、受虐婦女庇護中心或危機干預單位。因為注重實地操作、新手社工之定期督導以及每週個案諮詢，所以社會工作碩士課程有其獨特性。

REFERENCES

參考資料

Bureau of Justice Statistics. (1992). *Criminal victimization in the United States, 1991.* Washington, D.C.: U.S. Government Printing Office.

Cronin, R.C., & Bourque, B. (1981). *National Evaluation Program Phase I Report: Assessment of victim witness assistance projects.* Washington, D.C.: U.S. Department of Justice.

Gandy, J.T. (1983). Social work and victim assistance programs. In A.R. Roberts (Ed.), *Social work in juvenile and criminal justice settings.* Springfield, IL: Charles C Thomas.

McDonald, W.F. (Ed.). (1976). *Criminal justice and the victim.* Beverly Hills, CA: Sage Publications.

Roberts, A.R. (1971). *Sourcebook on prison education: Past, present and future.* Springfield, IL: Charles C Thomas.

Roberts, A.R. (1974). *Correctional treatment of the offender.* Springfield, IL: Charles C Thomas.

Roberts, A.R. (1990). *Helping crime victims: Research, policy and practice.* Newbury Park, CA: Sage Publications.

Roberts, A.R. (1992). Victim/witness programs: Questions and answers. *FBI Law Enforcement Bulletin, 61(12),* 12–16.

Roberts, A.R. (1995). *Victim services and victim/witness assistance programs.* In R.L. Edwards & J. Hopps (Eds.), *Encyclopedia of Social Work.* Washington, D.C.: NASW, pp. 2440–2444.

Roberts, A.R. (1996). *Myths, realities and policy reforms for battered women.* In A.R. Roberts (Ed.), *Helping battered women: New perspectives and remedies.* New York: Oxford University Press, pp. 3–15.

Smith, M.J. (1990). *Program evaluation in human services.* New York: Springer Publishing Company.

　矯正社會工作

第 **11** 章

協助方案
社會工作與被害者

摘要

當社會工作對矯正及司法體系的涉入已然減少之際，被害者服務領域則正逐步擴張和發展，有許多重要議題受到廣泛討論，並因而明顯改變刑事司法體系。刑事司法體系現已揚棄復健（rehabilitation）模式，並轉向發展正義（justice）或修復（reparative）模式；此外，因為缺乏財源及受刑人監禁過於擁擠等問題，亦致使政府出現財政困窘危機。這些狀況均有助增進刑事司法體系關注被害者權益及其修復、補償議題。

許多不同團體均強烈支持被害者服務觀念，此被害者服務最重要的思維導向為調解、仲裁、賠償。有許多方案相繼被提出來討論，包括「被害者—證人協助」（victim-witness assistance）、「安全鄰里／犯罪預防」（safe neighborhoods/crime prevention）、「補償制度」（restitution）、「審前和解」（pre-trial settlement）及「被害者及加害者調解方案」（victim-offender reconciliation programs, VORPs）等等。被害者在刑事司法訴訟過程中的參與極其重要，且須檢驗此成效。本章主要討論社工人員在被害者服務中所扮演的角色，特別是在檢驗社會工作者在幫助被害者及加害者兩造面對面解決問題的過程中，所發揮之斡旋、仲裁及調解技巧。並將討論自 1980 年代以還，社工角色擴展、被害者服務以及未來相關發展趨勢。

緒 論

　　說來真是諷刺，過去社會工作不斷嘗試回應加害者的需求，但卻忽略了被害者的存在，社會大眾關心被害者是最近幾年才有的事。在過去，不論是刑事司法體系、社會大眾、社會福利政策規劃者或社會工作實務者眼裡，被害者都是微不足道的一群。不過，刑事及少年司法體系近年來已愈來愈關注被害者，而且是很重大的改變，包括服務犯罪被害者，司法當局也更積極主動關懷被害者。

　　本文將討論數個以被害者為主的社會工作實務方案：「受害者—證人協助」、「安全鄰里／犯罪預防」、「補償制度」、「審前和解」及「被害者及加害者調解方案」（VORP）等。當中值得一提的是，某些方案同時納入被害者及加害者，例如賠償、審前和解以及被害者及加害者調解方案（VORP）。當我們在刑事司法體系中持續揚棄傳統社會福利方案時，這些新興的替代方案，相信對於被害者及加害者而言，將會更有意義。

　　在社工人員減少涉入矯正及司法體系之際，其在被害者服務領域之角色正逐漸地擴展；在這發展趨勢中，我們必須檢視及討論社工人員在被害者服務中所扮演的角色功能。

161

受害者服務之遠景

　　社工人員在被害者服務中所扮演之角色相當具有發展性，當被害者服務方案不斷發展和擴張之際，社會工作者將占有一席之地，且被害者服務在 1990 年代之後將會有更大之擴展。

　　此一領域會持續受到關注主要因為一些重要的理由。固有賠償觀念——亦即要求加害人補償被害人，這過去在刑事司法體系裡尚屬罕見的概念，現在則幾乎廣泛受到支持（Castellano, 1992），有來自各式各樣的人和團體的支持。被害者權利，包括有權利獲得不同形式補償的理念仍將持續擴展中（Ginsberg, 1994）。

　　刑事司法體系目前面臨許多複雜的問題，諸如監獄過於擁擠、再犯率高、缺乏成效評估研究以及預算超支等，這些問題均迫使相關刑事司法體系工作人員面臨抉擇。監獄過度擁擠及相關議題，已促使當局更有興趣研議讓財產犯罪者以賠償損失來代替入監服刑（Bae, 1992）。Galaway（1988）即表示：「許多研究顯示，對被害者及社會大眾而言，以補償、社區服務及調解等方式替代監禁財產犯罪者是可行且可被接受、支持的刑罰方式。」（p. 669）刑事司法體系的真實情況以及社會大眾的態度，均迫使吾人須正視並積極運用新的處遇模式，以因應、化解刑事司法體系目前面臨的危機（Weitekamp, 1990）。

　　自 1990 年代以還，社會大眾及政治氛圍對於刑罰及應報思維之態度丕變，被害者服務廣泛受到支持，且被害者服務不再被認為與刑罰導向有所衝突。

　　被害者服務涵蓋許多修復（restorative）的元素。研究指出（Galaway, 1988），在刑事司法體系中以修復原則為基礎規劃之處遇加害者方案，相較於傳統處遇作法更為有效，且在少年司法和成年司法體系均具成效。

　　目前被害者服務方案及修復取向應用的範圍仍有所限制，主要受限於

162

處遇財產犯罪者及初犯；未來，這些相關作法將會廣泛利用於不同犯罪類型，不再僅限定在財產犯罪方面（Weitekamp, 1989）。

　　未來被害者及加害者兩造調解方案之功能將會擴張發展，社會工作者在刑事司法體系實行調解服務的過程中，將扮演吃重角色。正如 Galaway（1988）所說的：「被害者及加害者調解方案是可行的，它與社會工作的本質是一致的，並且是一項明智的公共政策。」（p. 681）此調解服務將在日後的「被害者及加害者調解方案」中付諸實現。

　　未來刑罰思維亦將有明顯轉變，將從加害者（受刑人）的矯治復健導向，轉而由公平正義及被害者導向取代之。VORPs 是這波發展中的一個典範：「VORP 不是專為受刑人設計的復健方案，也非專為被害者提供協助的方案，更確切地說，它是同時立基於被害者及加害者雙方需求，在社區中以人性化過程踐行公平正義，並增權（empowerment）雙方且有效解決爭端的一種方式。」（Umbreit, 1990, p. 339）同時，隨著 VORPs 的發展，受刑人的矯正復健及疾病治療取向將逐漸被揚棄。

1980 年代的發展趨勢及角色功能擴張

　　過去十年來，我們見證了三個衝擊刑事司法體系的重要轉折，且未來將會據以發展成不同的支派。首先是矯正體系的哲學觀，從受刑人復健導向轉而朝正義模式發展；其次是少年及成年刑事司法體系的財政現況，迫使吾人重新思考傳統取向是否仍舊適當，因為各級政府花費在刑事司法體系的經費相當龐大，監禁率不斷提升以及監禁過度擁擠是最主要的現實問題；第三，過去十年來，加害者及被害者雙方關係之修復取向以及受害者服務領域，均有長足之發展。

　　上述三個發展趨勢，均支持吾人採取新思維及不同取向來處遇被害者和加害者。已有證據顯示，讓財產犯罪者運用補償及被害者協助方案替代入監服刑，是值得肯定的作法（Bae, 1992）。此時，社會大眾開始相信，

163

若政府或社會未能做好預防工作，致使民眾陷入受害危機，那麼各級政府對於受害民眾是有所虧欠的（Sarnoff, 1993）。

在1980年代，主要有兩項立法深具影響，其中1982年立法通過的「被害者及證人保護法」（Victim and Witness Protection Act, VWPA）主要關心被害者及證人的角色（Gaboury, 1992），對於被害者保護工作而言，這是劃時代的作法；另外在1984年通過的「犯罪被害人法案」（Victims of Crime Act），則為被害者提供種種服務（Galaway, 1992），並確立了被害者服務工作的法律地位。

被害者及加害者調解方案的發展，約與上述法案在同一時期推動，這些跡象顯示刑事司法體系的傳統作法逐漸在鬆動，學者即嘗言：「在過去十年來，最為罕見及最受爭議的司法改革之一，即為推動被害者及加害者調解方案（VORP）。」（Umbreit, 1990, p. 337）VORP關注藉由面對面的調解服務，促使被害者及加害者得以充分溝通，並滿足雙方情感需求（Umbreit, 1990）。協助進行調解是社會工作實務目前的重點工作，並已取代傳統的犯罪者復健導向；經過這幾年的發展，該方案顯然已為社會大眾普遍接受，並有助改善被害者及加害者間的關係（Umbreit, 1990）。

社會工作實務界深深了解調解技巧是一項優勢，且社會工作人員在方案調解過程中亦扮演著吃重的角色；目前犯罪案件兩造雙方的衝突調解，亦引起社會大眾更多的關心（Umbreit & Coates, 1993; Umbreit, 1990）。

針對少年犯罪者之關心服務，以及對重罪、暴力犯罪之被害者展開服務工作，亦大約在十年前開始推展。Hughes和Schneider（1989）即認為，少年司法體系將補償犯罪被害人視為判決，是相當有意義的轉變與發展，少年司法的調解及和解制度亦在此一時期發展。早期研究顯示，少年司法體系所推動之補償及被害者方案，其運作情形相當成功。Roy（1993）的研究指出，有97%的少年完成法院之補償或回復原狀的要求。Castellano（1992, p. 246）亦表示：「針對少年進行的研究已顯示，視補償為判決之觀點是可被測量並運用的處遇少年目標。」

推動補償及被害者服務方案，亦受到部分質疑，特別是針對某些重罪及暴力犯罪的被害者是否適用？Weitekamp（1990）的研究發現：「根據統

164 計技術之區別及迴歸分析結果，讓重罪及暴力犯罪者以補償作為入監服刑的替代方案是可行的政策。」（p. 301）此領域之補償政策可能會在未來有更大發展。

被害者服務

在一般人的印象中，某些被害者服務方案已陸續推行一段時間。傳統上，這類方案的服務對象包括兒童虐待、性侵害以及家庭暴力等，這些方案及相關社會工作，近年來亦愈趨受到各界重視。透過檢視這些專為被害者設計的服務工作及方案，有助於以更宏觀的角度來思考這些方案之內涵以及服務功能。當然，社會工作人員在被害者服務方案中所扮演之關鍵角色，以及經由方案所發揮的服務輸送功能，亦引發許多討論及關心。

Dussich（1981）將被害者服務方案之功能區分為以下列三項功能，依序討論之：

1. 第一項（primary）功能包括：
   (1)可快速回應被害者的需求。
   (2)確保被害者可獲得緊急醫療照護及社會工作服務。
   (3)滿足服務對象家屬的需求。
   (4)進一步協助傳達社會大眾的關心及援助。
2. 第二項（secondary）功能包括：
   (1)協助被害者作證。
   (2)提供建議以減少被害者二度受害的風險。
   (3)建立志工服務，以擴大被害者服務工作的範疇。
   (4)協助被害者及其家庭處理後續事宜，例如喪葬、保險及賠償等事項。
   (5)安排被害者於適當時機到法院出庭。
   (6)安排適當處所，讓被害者得以專心在此等待出庭。

3. 第三項（tertiary）功能包括：

　(1)研究被害事件，以期能建立被害預防機制。

　(2)讓社會大眾正視被害者服務工作的重要性。

　(3)定期從事被害者調查，以建立被害預防機制。

　(4)經由社區的力量，提升社區避免成為被害者之自覺。

　(5)為刑事司法體系中高階管理人員，定期辦理覺察受害者傷害的研討　165
　　會（victim-awareness seminars）。

　(6)針對被害者之特殊需求，建立社區服務指南。

　(7)協助推動被害者賠（補）償方案。（pp. 122-123）

　　上述這些關於被害者方案的事項均已被廣泛討論，社會工作人員的角色及其所發揮的服務品質，直接關乎方案功能之良窳。每一個方案至少涵蓋前述第一項、第二項、第三項功能中的一個功能，有些則具備二或三個功能，故社會工作人員亦需視該方案之功能所在，彈性調整其角色及服務的內容。

　　被害者是否真有必要進入刑事訴訟程序，實務界在這方面亦有許多不同聲音，筆者認為被害者服務方案，事實上包含兩種型態：第一種服務性質純粹在於滿足被害者個人的需求；另一種服務則關切被害者在刑事訴訟過程中的需要，並提供協助。事實上，被害者也是刑事訴訟過程中無法缺席的一環，這種服務工作應是最重要的，對於少年和成年司法體系內的工作人員，特別是社工人員更是有較大發揮空間。

被害者之直接服務

　　被害者服務最首要的關注為其正面臨危機。犯罪被害者服務方案所面對的通常是特殊群體，例如兒童虐待、性侵害之被害者等，近年來因察覺社會其他弱勢團體的需求，相關方案不斷擴大服務範疇，像家庭暴力案件

以及老人被害案件等，均被列入服務的對象。

　　這些方案有很大一部分都是在社區中的發展延伸的，這類方案較關心的是被害者的個人需求，而非被害者在刑事訴訟過程的法律援助，此類方案主要以發揮第一項功能為優先，雖然有時亦會提供部分第二項功能。在這類方案中，提供直接服務的範圍相當廣泛，其作法包括危機介入、傳統一對一諮商和團體服務等，緊急安置兒童虐待、性侵害、家庭暴力等被害者亦是經常使用的方法。近年來逐漸受到大眾關切的老人被害事件，實務界也有專為這些老年人需求而設計的相關方案以茲應對。

　　在直接服務方案中，社會工作員扮演相當傳統的角色，他們首要關心的是被害者直接且立即的需求。譬如，危機干預通常會包括為被害者之刀傷、撕裂傷及瘀青等傷勢提供緊急醫療照護，也包括緊急精神醫療；在危機干預階段，社工人員另一個關心焦點即是提供緊急的社會工作服務，此時社工人員扮演輸送社會服務的關鍵角色。這些服務包括滿足被害者家屬之需求，如果有小孩需要照顧，也必須雇請臨時保姆，有時社工也必須處理被害者家屬的情緒和生理困擾。在這樣的緊急狀況下，社工人員經常要快速判斷情勢並有積極處置作為，以避免被害者受到二度傷害。

　　社工人員並非僅在緊急狀況下方提供直接服務，社工人員必須持續提供被害者個人及其家屬諮商服務，此心理諮商之議題包括探討此被害事件的意義、此事件對當事人及其家庭的衝擊、被害者在此事件中所扮演之角色等。被害者的後續創傷療癒是非常困難的，然藉由討論上述議題可以解決部分問題。

　　社工人員在被害者直接服務中所扮演的角色主要是危機干預，這專業角色的扮演相當困難且會面臨很大壓力。

　　社工人員可利用相關機構資源來推動直接服務方案，這些機構包括地方法院檢察署、市政首長辦公室、各級警察機關、社會福利機構以及一些非營利組織等。一般而言，全國性的直接服務方案，均與上述這些機關的業務職掌有密切關係，各機關之名稱雖然有別，且其業務職掌所涉及的層面可能不盡一致（如分屬第一項、第二項或第三項功能），但他們所提供的直接服務，本質上卻是極為類似的，均是服務導向，以契合被害者及其

家屬之需求為依歸。

雖然提供直接服務是社工人員在被害者協助方案中所扮演的重要角色之一，但另一種服務型態亦同時在發展中，社工人員在擔任此服務角色時，主要聚焦於協助受害者進行刑事訴訟，並提供相關援助。

被害者在刑事訴訟過程之援助

過去數年間，被害者的角色有很大轉變，從早期被動接受服務，到現在主動積極參與刑事訴訟過程，是以有許多相關的服務方案亦應運而生。

被害者—證人保護法案設置的宗旨，即是協助被害者及證人，以提升刑事司法體系的效率，並期能使被害者、證人與司法體系間建立更為周延的關係。以歷史角度觀之，被害者及證人早期在司法體系內經常孤立無援，由於在訴訟過程缺乏任何協助，加上對於司法體系相當陌生，所以許多被害者感到恐懼、壓力而不知所措。

設置被害者—證人保護法案的用意，即在於改善上述情況，期使被害者置身於複雜的司法體系內時，能夠有人適時在旁指引方向；若個案的工作時間與司法體系的要求無法配合時，方案亦能協助個案與相關機構協調，以期雙方公私兩便；若被害者或證人有莫名的焦慮及恐懼時，社工人員亦能適時地為被害者和證人釋疑或指點迷津。

這類型方案所提供之被害者服務內容包含下列數項（Brown, 1993）：

1. 刑事司法體系之訴訟過程

(1)指導你了解刑事司法體系（從調查至審判）運作的模式。

(2)向你介紹法庭的運作。

(3)預先通知你參加法院公聽會的日期。

(4)協助你配合地檢署運作，以促使案件得以順利進行，並確保你得以陳述個人意見。

(5)陪同你往返法院，甚至全程陪同參與審訊過程。

(6)協助你擔任證人的角色。

2.財務需求

(1)協助你申辦官方的受害賠償事項。

(2)建議你是否需要聘請私人的律師，或協助你處理財務問題，針對專業問題，提供當地的法律援助社團或私人工作室的相關資訊。

(3)提供往返法院之交通協助，或在你出庭時協助照顧小孩。

(4)告訴你的雇主，未來你即將參與法庭訴訟程序之特定工作需求。

(5)協助你支付因本案所衍生的醫療花費及相關支出。

(6)如果法院扣押你的財產，建議你應如何依據當地法令程序要求法院退還你的財物。

3.提供各種服務措施的管道

(1)提供婦女庇護中心、老年虐待防治方案、兒童虐待防治方案，以及性侵害防治中心等保護措施之相關資訊。

(2)建議你依實際需求，尋求個別諮商。

(3)提供你支持性團體的相關資訊。

4.處理控訴相關問題

(1)告知你官方保護被害者及證人使其免於遭受危害的方法。

注意：你如果感覺到身陷險境，一定要說出來，並且在執法機關或檢察機關積極回應之前，要持續要求保護。

(2)建議你在等候開庭時，到另外一個等候處所靜候，以避免在等候室與被告共處一室（類似的權利尚未遍及全美，僅在某些州實施，不過地方法院通常有足夠的空間，得讓兩造雙方在不同的處所等候開庭。類似這種要求在等候審訊前，應將原告及被告分離的措施，是由 Bill Schenk 於十年前在俄亥俄州的 Xenia 率先推動實施）。

(3)建議你除非經由法院命令或安排，你有權拒絕被告或被告律師要求對話。

(4)假如被告是家庭內的成員，可以商議免入監的替代方案，例如命其強制戒治（酒精或藥物）、婚姻或兒虐之治療方案，或逕以調解代替刑事判決。（pp. 5-6）

安全鄰里及犯罪預防方案也是被害者運動的一部分，形形色色的鄰里互助方案，認為鄰里有責任相互合作，以維護居家財產安全，這些社區居民均受過優良的訓練，其中有許多合乎科學設計的方案，甚至是為社區的特殊需求而量身打造的。此外，犯罪預防方案亦快速發展，這些方案專為保護鄰里和個人財產而設計的，例如專門防竊設計的房子（burglar-proofing houses）、防止非法入侵的門窗鎖（installing break-in-proof locks and windows）等，因為居民的被害恐懼感，使得類似的方案如雨後春筍般地快速發展。

另外一種型態的方案，其特色是將被害者及加害者雙方視為協商關係（contractual relationship）。我們通常稱這種方案為補償制度，實務上有許多大同小異的作法，例如金錢補償、社區服務補償，及個人服務補償等（Gandy, Bridges & Jorgensen, 1979）。

金錢補償是由加害者支付款項補償被害人；社區服務則是要求加害者為整體社區從事相關社區服務；而個人服務補償則係指專為被害者所受之不平待遇，提出平復的措施。金錢補償及社區服務的推動相當成功，並且已擴大其應用的範疇，相對地，個人服務的應用則較為有限。

上述三種補償方案均涉及被害者和犯罪者兩造雙方之協商契約關係，協議內容是非常重要的基本要素，透過協議可確立補償的數額及形式等，且經由協議成立，亦為雙方營造行為改變的契機。在某些無受害者犯罪案件，由於缺乏受害者參與補償協商，故可轉而為社區提供與其犯行有關的各種服務。過去在少年司法及成年司法體系均有補償方案之應用，惟大多限於財產犯罪，社工人員在執行這類方案時，早期亦被認為應與執行直接服務一般，能提供立即快速的服務，事實上不然，因為執行此類方案涉及更多專業學識，社工人員必須接受適當的訓練，才能在處理的過程中，充分兼顧加害者及受害者雙方應有的權益。

審前和解亦是一種減少訴訟案件的機制，這類方案需要被害者、加害者、法官及必要的相關人士共同努力，其想法來自「被告在審前經權衡輕重後，以認罪協商期能獲得減刑所進行的交涉（plea bargaining）」（Heing & Kerstetter, 1981）。審前和解能使各方受益，並戲劇性地改變傳統的刑事司法程序，以下描述類似的一個案例（Heing & Kerstetter, 1981）：

在 Dade 郡的審前和解協商會議裡，佛羅里達州為認罪協商機制創造了更為開放、正式的溝通平台，其審理程序增加參與者的人數，並包括非專業性的人士，因此降低了訴訟成本，其開庭時間相當簡短，平均大約 10 分鐘，而且其中大約有四分之三的案件可當庭和解，或達到和解之初步共識。

此一協商機制的程序相當具有特色，其目標能契合不同種類的案件，並且符合現有的法律規範，它適用於所有的刑事案件，且幾乎未引起任何爭論。它亦有助於發現「爭議」（difficult）案件（指最為嚴重或犯行受爭議的案件），使得此替代性司法程序得以持續密切關心，或更進一步發現新的事證，使爭端較容易順利解決，例如，被告在協商時帶來一名從不為人知的目擊證人，而使案情有了進一步的發現。（p. 127）

審前和解方案有許多明顯的益處：可縮減結案的時間，避免被害者、被告及警方等進入審理階段的衝擊，並可減少開庭的成本，且有助於公平正義之展現（Heing & Kerstetter, 1981）；特別是審前和解方案提供了兩造雙方面對面溝通的機會，相較於傳統刑事司法體系因過於冷酷而備受批評，審前和解方案反倒是一條可行之路，且尚有許多發展空間。

被害者及加害者之調解方案亦是一項重要的替代制度，不僅是方案內容獨樹一格，且方案之目的亦受到高度矚目（McKnight, 1981）：

1. 在社區為犯罪案件提供另一項替代性的處理方法。
2. 致力於促進雙方和解，並就補償條件相互達成協議。

3. 運用可促成加害者及被害者雙方和解的公正團體（a third party）。

4. 將犯罪案件當作一般衝突事件來解決。（p. 128）

被害者及加害者調解方案，是正義復歸模式（justice reparative model）裡相當重要的一環。被害者及加害者調解方案同時納入被害者和加害者服務。Galaway（1988）指出：「該方促成兩造雙方溝通，強調加害者對於本身行為造成他人及社區之傷害，應該負起責任，並且創造一個非正式的社會控制來約束加害者的行為，且使加害者免因入監服刑而與社區分離或受到孤立。」（p. 679）研究顯示，因該方案有使雙方面對面溝通的機會，比其他補償方案有較低的再犯率（Roy, 1993），故類似調解和仲裁方案是可行的，且事實上其成功的機率也很高（Hughes & Schneider, 1989）。Umbreit（1989）進一步的研究顯示，曾參與本調解方案之相關人士滿意度非常高，有97%的人感覺受到公平對待，94%的人相信這樣的處理方式是公平的。

再者，如何讓兩造雙方都願意坐下來談，策略的運用相形重要，所以擔任公正人士的社工人員，在調解和仲裁過程裡的角色非常吃重，在召開正式的協調會之前，社工人員必須運用特殊技巧分別與加害者及被害者充分溝通，並做好雙方得以進行協商的基礎工作。

171

社工人員在輸送服務時之角色

被害者協助方案設立的宗旨之一為協助被害者進行刑事訟訴程序，實有必要再檢視社工人員在此方案中所扮演的角色。從以往的歷史來看，社工人員會涉入司法體系運作，泰半是基於協助受刑人復健（Galaway & Gandy, 1980; Galaway, 1988）；由於此一作法日漸遭受批評，且刑事司法體系亦一再被要求檢討其目的及功能，為回應這些深具批判性的意見，許多改革之措施，諸如被害者協助方案即應運而生。

為了討論社工人員在被害者協助方案裡扮演的角色，以及其經由相關方案所輸送的社會服務，吾人必須先簡單討論傳統刑事司法體系之工作導向。過去刑事司法之運作主要立基於下四點（Galaway & Gandy, 1980）：

1. 採取強制處遇導向（coercive orientation）。
2. 以疾病或醫療導向（illness or medical orientation）來看待行為改變。
3. 整個體系均採取敵對（adversarial）導向。
4. 以加害者為主，完全忽略被害者（neglect of victims）。（p. 129）

　　但是，整個刑事司法體系有了初步的改變，現行方案及服務工作的基礎有如下的改變：自願（voluntary）參與處遇對照於強制診療導向、公平（fairness）對照於疾病或醫療導向、爭議（dispute）對照於敵對導向，以及發展關懷被害者的方案。

　　社工人員在被害者援助方案裡扮演的角色及其工作內容，有相當戲劇性的變化，傳統復健導向的角色已遭到批判的聲浪掩沒。正如 Empey（1978）所言：「過去一世紀以來，我們所秉持的復健哲學已然失敗，幾乎沒有證據顯示，我們可成功地幫助加害者改過遷善。」（p. 129）類似的批判聲浪不斷增強，事實上，它已顯而易見地形成一股揚棄復健哲學的運動，許多學者及專家（Morris, Wilks; Martinson, Wilson, Van den Haag）甚至建議揚棄復健導向（Empey, 1978）。

　　事實上，各界對於復健哲學觀均有批判聲浪，不僅僅是學術界的學者專家而已，特別明顯的是，社會大眾的感覺及態度已然丕變，研究顯示有極高比率之民眾不滿意現行刑事司法體系（Galaway & Gandy, 1979; Weitekamp, 1990; Galaway, 1988）。不滿意的項目包括復健哲學、刑罰制度，以及各種司法判決的意義。不僅社會大眾揚棄司法之復健哲學觀，更明顯的是，報章媒體的社論、法案條款以及官方的發言，在在顯示此趨勢之所在。

　　在推動被害者相關方案時，社工人員實兼具調解、倡護及仲裁的角色及功能，諸如在被害者及證人協助、安全鄰里及犯罪預防、補償制度、審前和解，以及被害者及加害者之調解等各類與被害者援助有關之方案，需

172

要視實際狀況調整不一樣的角色，上述這些方案主要在發揮第二項功能，有時亦包括第三項功能。此外，社工人員在解決被害者和加害者衝突，以及調和彼此爭議的過程中，也需扮演調解、倡護及仲裁角色。

被害者及證人協助方案是唯一由地檢署主導推動的方案，其目的在減緩被害者及證人的壓力；此外，社工人員的協助和這類方案均有助檢察機關起訴犯罪者。就像早先我們討論過的，以往我們對於被害者及證人的關心相當缺乏，被害者及證人協助方案是有關當局為此弱勢群體所作的第一項努力。

社工人員在是類服務方案中主要擔任倡護者和調解者，為了達成這些目標，社工人員不管是在事件發生後，或在司法訴訟過程中，均應全力提供被害者情緒支持。在倡護的部分，社工人員應盡力為被害者爭取權益，並協助減緩被害者及證人的壓力。支持性角色則可補強倡護及調解之功能，因為大多數的被害者對於法院的運作相當陌生，故容易感到困惑或焦慮，甚至相信某些司法謬論或迷思，社工人員此時恰可調和被害者及司法體系之間的緊張關係，並有助於重建被害者的身心健康。有一種觀點認為社工人員的角色純粹是教育性質的，實務上亦顯示，許多被害者需要有人從旁適時指導，以度過難關。

173

安全鄰里及犯罪預防方案是另一種型態的被害者協助方案，這類型的方案主要是在發揮第三項功能，所以社工員執行是類方案時，必須具備巨觀的專業學識及技巧。

在推動安全鄰里及犯罪預防方案時，社區首先要建立共同體的感覺，為使鄰里居民能夠共聚研商，必要時，第一次的聚會可能要採半強迫的方式；這與安全鄰里及犯罪預防方案的居民彼此能建立關係是相當重要的。社工人員必須協助社區居民建立關係並組織起來。這些方案內容並非是傳統社會工作復健模式會關注的焦點；事實上，也鮮少會提供服務輸送服務。即便藉由這類方案的運作，社區營造並不會因而獲得次級利益，但是，安全鄰里及犯罪預防方案的目的不僅僅是如此而已。這類方案大多在市政府、警察局或非營利社區組織等非社會工作服務機構的贊助或監督下運作。相較於警察具備犯罪預防技巧以配合執行方案，社工人員則可提供規劃方案

的知識和操作技巧，進而促使團體運作順暢及個人功能得以發揮。這是獨特的工作關係，且工作內容也和其他被害者服務不同。

有關對被害者和加害者均有益的補償方案，前面已稍有討論，它的概念相當廣泛，約可分為金錢補償、社區服務及個人服務等實務作法，其應用的範疇亦包含被害者服務三項基本功能在內。社工員在補償方案中所應扮演的角色，包括倡護、調解、仲裁以及調和爭議、解決紛爭。就如同之前我們所討論之方案內涵、補償方案之執行，需要雙方進行協商，建構彼此均同意並接受的補償條件、內容，且根據此商議內容擬訂契約，此契約是屬正式的文件紀錄。為使調解、協商契約的過程能夠順利進行，社工人員亦需具備特定技巧（Pincus & Minahan, 1973）：

1. 與其他系統建立初步的關係。
2. 確認協商契約的意圖及目的何在。
3. 進一步確認協商契約的細節。
4. 確認其他機關是否另有其他見解。（p. 132）

必須讓雙方都參與協商過程，社工人員的角色相當關鍵，譬如，促成被害者及加害者進行面對面溝通。是故若社工人員在事前缺乏充分準備，結果恐怕會相當難堪。

在金錢補償方案方面，為使方案得以成立，社工員可能需要居中扮演許多種角色，並加以靈活運用，不過最重要的角色仍是倡護及調解。當然，傳統社工技巧所注重的建立關係（relationship-building）亦涵蓋在內；而且社工人員會直接與加害者接觸，並維持一定關係。事實上，金錢補償方案在被害者服務工作中是相當獨特的，因為對犯罪者而言，它隱含若干固有的「治療」（therapeutic）價值在裡面。

社區服務方案則必須運用到協商的技巧，在巨觀技巧方面主要是推動社區服務方案，社工員必須能將其想法「推銷」（sell）到社區，以便整合或爭取相關資源，並成功地推展方案。

雖然個人服務方案之應用範疇仍然極其有限，但其發展仍然受到矚目，社工員在此類方案中大都扮演調解及仲裁的角色，且更為直接地參與方案

的運作，當然其先決條件是要能夠帶動，並建立加害者及被害者更為直接的關係。

在其他被害者協助方案方面，社工員主要在應付行政工作，補償方案與之不同的是，它涉及更為廣泛的社會福利工作，且服務的對象涵蓋被害者、加害者、社區及家庭等等。介入（intervention）是相關方案傳統的型態，它是更為「復健」及「治療」導向的作法。許多補償方案很自然地受到許多機關的贊助或指導，這些機關包括地檢署、市長辦公室、地區警察機關、社會工作機構、法院或非營利機構等等。

審前和解則呈現另一種型態的發展，這個方案主要是在發揮第二項功能，審前和解所關心的是預防效果，因為所有的司法爭議都在審前獲得解決，連帶亦使得兩造雙方免於司法纏訟的煎熬，加害者亦可避免入監服刑。在此類方案中，社工人員主要在於調解、仲裁、和解及衝突處理，其角色極為重要，因為他們需要在被害者、被告、法院及律師等人之間居中協調，這種運作模式也間接說明了，人們為何會捨復健及治療導向轉而就公平正義導向的原因。

其餘方案的型態與審前和解亦極為相似，其中「被害者及加害者調解方案」是另一種獨特的作法，它亦是強調發揮第二項功能，社工員在此類方案中的角色類似審前和解方案，均著重在調解、仲裁、和解及衝突處理等。本方案著重在爭端解決，故與傳統復歸概念有別，它並不注重定罪及執行徒刑的過程，以下提及審前和解及調解方案在解決爭端時的作法（Galaway & Gandy, 1980）：

定罪及徒刑執行的過程對解決爭端並無實際助益，最近一連串的新方案，提供加害者另一種解決事情的管道，它期待以調解及仲裁的方式來處理，並避免使案件進入司法程序。爭端解決是司法途徑的替代性選擇，它亦可有效抑制潛在性的犯罪危機，諸如家庭內的爭端、鄰里間的衝突及熟識者間的攻擊事件等，若能及早有效化解，必能消弭許多犯罪事件。如何化解這些衝突情境，專為解決這些衝突而設置的方案程序，與正式司法程序比較，整

175

176

體而言，應該對被害者、加害者及社會都有正面的幫助。（p. 134）

前面提及在審前和解及調解方案中，社工員著重在發揮其調解及仲裁爭端之角色，但是，社工員是否具備這些相關技巧亦備受質疑。然而，從以往傳統實務上的作法而言，社工員已能利用衝突解決策略、仲裁及調解等技巧，來解決婚姻及家庭衝突、個人衝突、團體及社區衝突等事件（Galaway & Gandy, 1980），這些相關實務經驗的技巧，當然有助於被害者協助方案之推展，並提升社工員的專業素養。

被害者及加害者調解方案與社工實務息息相關且共存共榮（Galaway, 1988, p. 676），配合上完全沒有窒礙難行之處。事實上，筆者相信，社工員（B.S.W.'s and M.S.W.'s）是最適合參與推動這些方案的專業人士，社工員的專業技能，足可順利推動兩造雙方進行面對面溝通。研究顯示，以面對面溝通方式，在解決問題上有相當高的成功率（Roy, 1993），故調解技巧在社工實務上是相當重要的必備功夫。Galaway（1988）即嘗言：「調解技巧長久以來即被認為是社工員的專業技術之一環，它是以解決各式各樣的爭議為導向的一種工作方法。」

審前和解及兩造調解方案大多在政府機構的監督之下運作，其中大部分案子是在地檢署之下，就像早先我們討論過的方案，社工員在司法領域的角色是相當獨特的。

結論

雖然被害者導向的思維相當新穎，但它未來的發展及應用卻深具潛力，其得以不斷發展的原因相當多，但最主要的原因是被害者服務受到廣泛的支持，許多研究亦顯示相同的結果（Gandy, 1978; Castellano, 1992; Galaway, 1988）。保守者及自由主義者均支持相關的概念，事實上，談論補償制度

的文章分別在《今日心理學》（*Psychology Today*）及《新聞週刊》（*Newsweek*）披露過，評論意見均採肯定態度。被害者服務方案的思維之所以受到支持，乃因為人們認為它相當獨特，換言之，人們看見他們想看見的（they see what they want to see），被害者服務之相關概念深獲人心，人們並被這些公平正義及補償模式所吸引。

社會工作已與被害者協助方案之發展息息相關，當然，參與的層次及範疇仍然有成長的空間，筆者即認為，被害者服務方案毫無疑問地深具發展潛力。有趣的是，它提供社工員得以發揮專業知識的舞台，這些專業知能包括調解及補償等。被害者服務方案迫使社工員應具備仲裁、調解、談判、和解及處理衝突的能力，並能靈活運用之，而這些專業技能與社工員的養成教育是不謀而合的。

被害者長久以來未受到應有的重視，這種受忽略的事實已然漸漸在改變，犯罪事件的被害者持續受到關注，創新的方案及服務工作不斷推陳出新，它不僅更為貼近被害人的實際需求，更重要的是，有專業人員在司法訟訴過程直接協助被害人，這不僅是社會的進步，且是刑事司法體系典範取向之轉移，故其意義自是相當重要且深遠。

REFERENCES

參考資料

Bae, I. (1992). A survey on public acceptance of restitution as an alternative to incarceration for property offenders in Hennepin County, Minnesota. (Doctoral dissertation, University of Minnesota, 1991.) *Dissertation Abstracts, 52*(9), p. 3430.

Brown, C. G. (1993). *First get mad, then get justice: The handbook for crime victims.* New York: Birch Lane Press.

Castello, T. C. (1992). Assessing restitution's impact on recidivism: A review of the evaluative research. In E. C. Viano (Ed.), *Critical issues in victimology* (pp. 233–247). New York: Springer Publishing Company.

Dussich, J. P. J. (1981). Evolving services for crime victims. In B. Galaway & J. Hudson (Eds.), *Perspectives on crime victims.* St. Louis, MO: The C. V. Mosby Company.

Empey, L. T. (1978). *American delinquency: Its meaning and construction.* Homewood, IL: The Dorsey Press.

Gaboury, M. T. (1992). Implementation of federal legislation to aid victims of crime in the United States. In E. C. Viano (Ed.), *Critical issues in victimology: International perspectives* (pp. 224–232). New York: Springer Publishing Company.

Galaway, B. (1988). Crime victim and offender mediation as a social work Strategy. *Social Service Review 62(4):* 669–683.

Galaway, B., & Gandy, J. T. (1980). *Policy and practice in the justice arena: New directions for the curriculum in the 1980s.* New York: Council on Social Work Education.

Galaway, B., & Gandy, J. T. (1980). Restitution as a sanction for offenders. In J. Hudson & B. Galaway (Eds.), *Victims, offenders and alternative sanctions* (pp. 89–100). Lexington, MA: Lexington Books.

Gandy, J. T. (1977). Attitudes toward the use of restitution. In B. Galaway & J. Hudson (Eds.), *Offender restitution in theory and action* (pp. 119–129). Lexington, MA: Lexington Books.

Ginsburg, W. L. (1994). [Review of the book *Victim's rights: A complete guide to crime victim compensation*]. *Booklist 90,* p. 1736.

Hughes, S. P., Schneider, A. L. (1989). Victim-offender mediation: A survey of program characteristics and perceptions of effectiveness. *Crime & Delinquency, 35(2):* 217–233.

Pincus, A., & Minahan, A. (1973). *A social work practice model and method.* Itasca, IL: F. E. Peacock Publishers, Inc.

Roy, S. (1991). Two types of juvenile restitution programs in two midwestern counties: A comparative study. *Federal Register, 57(4):* 48–53.

Sarnoff, S. K. (1993). A national survey of state crime victim compensation programs: Policies and administrative methods (state policies, restitution, civil litigation). (Doctoral dissertation, Adelphi University, 1993.) *Dissertation Abstracts, 55(1):* 152.

Umbreit, M. S. (1990). Victim-offender mediation with violent offenders: Implications for modifications of the VORP model. In E. Viano (Ed.), *The Victimology Handbook* (pp. 337–351). New York: Garland Publishing Inc.

Umbreit, M. S., & Coats, R. B. (1993). Cross-site analysis of victim-offender mediation in four states. *Crime & Delinquency, 39(4):* 565–585.

Weitekamp, E. G. M. (1989). Restitution: A new paradigm of criminal justice or a new way to widen the system of social control. (Doctoral dissertation, University of Pennsylvania, 1989.) *Dissertation Abstracts, 51(1):* 301.

第
12
章

性侵害與暴力

——趨勢、政策與方案

過去十年來，無論是在學術研 179
究、官方報告、立法、預防宣導，以
及被害人之創傷療癒層面上，各界對
性侵害（sexual assault）被害人的關
心程度與日俱增。女權運動、聯邦與
州政府之立法、性侵害法案之修正、
醫療上的配合，以及媒體對女性性侵
害被害人的關注，都是讓大眾高度矚
目性侵害案件的幕後推手。

性侵害（rape）這個字眼給人的
意象，就是年輕女子被瘋狂的陌生人
持刀抵住喉嚨，然後強行拖入暗巷逞
兇。但在現實生活中，大專院校女性
遭到同伴約會性侵的機率，遠遠高於
遭受到陌生人性侵害。傳統上對於性
侵害的定義是指「以強暴脅迫、非法
或未經同意的狀態下，與女性發生非
法的性行為」（*Uniform Crime Reports,*
1981），然而，上述定義卻無法適用
於男性受害人身上。因此近幾年來，
許多州已大幅修改性攻擊、性犯罪意
圖、違法性行為，以及未經同意的性
行為等等的性侵害相關法規，以適用
當前的性侵害議題。此類法案修訂之

目的，較為重視加害人所犯下的暴行，而非關注被害者的痛苦；而且，新法案適用的對象亦強調兩性平等，認為男人或女人均可能遭受性侵害，故將被害人重新詮釋為「人」（persons），而非單指「女人」（women）。在本章，我們採用的性侵害定義如下：

> 所謂性侵害即是以強制、脅迫手段，或是趁被害人處於精神疾病、智能不足或是酒醉等無自由意志的狀態下，與青少年或成年人發生的性行為。（Searles & Berger, 1987）

許多法律也放寬性侵害的定義，從狹義的男女性器官接觸，到廣義的口交及肛交等行為態樣均屬之。

性侵害在美國是犯罪黑數最高的案件，根據犯罪學者估計，僅有四分之一的被害人會到警察局報案舉發性侵害案件（Schmalleger, 1990, p. 43）。聯邦調查局出版之統一犯罪報告（*Uniform Crime Reports*）亦指出，1993 年有 104,806 件性侵害案件（U.S. Department of Justice, 1994），但因為有許多案件事後並未報案，因而實際上發生的性侵害案件數，可能高達上述統計數據的二至四倍。同時，性侵害案件之精確盛行率至今仍相當有爭議，且性侵害亦是一般公認最具傷害性的犯罪型態之一。

臨床研究指出，性侵害對受害者所造成之創傷僅次於謀殺案（Burgess & Holmstrom, 1974; Burgess & Holmstrom, 1979; Resick, 1988），被害人通常會出現恐懼、焦慮、沮喪、麻木、性功能障礙及失眠等負面情緒。某些縱貫性研究也已證實指出，這些因性侵害引發的症狀與痛苦需歷經三個月的調適，才會逐漸減輕（Calhoun, Atkeson & Resick, 1982; Kilpatrick, 1984; Resick, 1988），但當中仍有將近三分之一（31%）的被害人會罹患長期嚴重的「創傷後壓力症候群」（PTSD）（Kirkpatrick et al., 1992）。

以下章節將檢討刑事司法體系因應女性性侵被害人之相關議題，包括：問題的範疇、聯邦立法與官方行動、警察之回應、檢察體系與法院所持的觀點，以及遭受性侵後感染愛滋病的危機與陰影。

180

問題之範疇

　　一般認為，婦女及孩童之受害事件是最令人髮指的事。根據聯邦調查局之統一犯罪報告指出，1993 年有 104,806 件性侵害案件（U.S. Department of Justice, 1994），惟根據犯罪學者估計，平均每四件性侵害案件中僅有一件會報案舉發（Schmalleger, 1990, p. 43），故實際上每年受到性侵害的人數，可能是上述刑案統計數據的六倍。根據國家藥物管理局（National Institute of Drug Abuse）一項為期三年的全國女性調查研究顯示，在 4,008 個成人女性受試樣本中，過去一年內曾遭性侵害之比例達 7%，若依此比例換算，則在過去十二個月以來，全美女性有高達 683,000 人曾遭受到性侵害（Kilpatrick et al., 1992）。

　　無論是對成人或孩童而言，性侵害一向被認為會令受害者身心嚴重受創，許多研究報告指出，雖然大部分被害人在事發三個月後，可逐漸回復正常生活；但亦有研究指出，有 19.2%至 44%的性侵害被害人，在事發兩年後依然會有嚴重的精神失調（例如意圖自殺、精神崩潰）。遭受性侵害之短期生理與心理反應，包括：焦慮、恐懼、沮喪、喪失自信、失眠、經常性惡夢、頭痛、胃痛或是背痛（Atkeson et al., 1982; Calhoun et al., 1982; Ellis et al., 1980; Kilpatrick & Veronen, 1983; Kilpatrick, 1984）。上述相關研究同時顯示，大部分受害人在事發三個月之後，這類沮喪、無法入眠，以及各種心理疾病與問題均會明顯緩和。

　　晚近的研究指出，部分受害人即使在事發兩年後，仍會有莫名的焦慮、恐懼，甚至喪失性功能、失去自信心等（Kilpatrick, 1984; Murphy et al., 1988; Becker & Skinner, 1983; Becker et al., 1984; Becker et al., 1986）。此外，受害者會有明顯的自殺意圖。Kilpatrick 等人（1985）研究發現，在 2,004 個成年女性樣本中，約有近兩成（19.2%）嘗試過自殺，44%有過自殺念頭，14%出現精神崩潰狀況（post-assault nervous breakdown）。

除了上述心理與精神障礙之外，每個性侵害被害人都可能因而感染「人類後天免疫缺乏症候群」（HIV），此即為法定的傳染疾病——愛滋病（AIDS）。愛滋病已知可經由體液接觸而傳染，而且目前缺乏治癒的藥物。在 1988 年專為愛滋病召開的會議（Presidential Commission on HIV Epidemic）中，相關人士對性侵害受害者無辜地暴露在感染愛滋病之高危險下，亦同感憂心。

聯邦立法與官方行動

過去二十年來，聯邦政府推動立法的具體成效，包括設置性侵害防治中心、受虐婦女庇護中心、被害者及證人協助方案、校園性侵害防治教育及預防方案、兒童性侵害處遇方案，以及被害人賠償方案等。此外，一些國立資源中心也率先發展舉辦地區性訓練工作坊、研討會，出版相關刊物以及工作指南手冊，並對全國的研究性侵害與家庭暴力研究者與實務工作者提供技術援助。

1976　根據 1975 年通過的社區心理健康中心法案之修正案，國家性侵害防治中心（National Center for the Prevention and Control of Rape）於焉成立。這個中心是由國家心理衛生協會（National Institute of Mental Health, NIMH）贊助指導，設立的宗旨為發展性侵害受害者之研究及研究示範性方案（包括諮商與教育）、研發及推廣相關的訓練課程，以及贊助舉辦專業研討會與活動。該中心於 1985 年終止運作。

1981　國會在 1981 年秋天通過健康預防及服務之綜合補助款（Preventive Health and Health Service Block Grant）。這個補助款包括一項分三年編列，共計 300 萬美元的性侵害被害者服務預算。性侵害防治中心的補助款集中由設置於亞特蘭大的美國疾病管制局（U.S. Centers for Disease Control, CDC）統籌，並由州政府健

康部門監督指導，以建構地區性性侵害危機干預服務、24 小時專線，並提供相關資訊及轉介服務。

1981　雷根總統宣布 4 月 8 日至 4 月 14 日為被害者權益週（Victims' Rights Week）。

1982　（1982 年 4 月 23 日）雷根總統針對犯罪被害人權益成立了一個專案小組，這個由刑事司法當局人士組成的團隊，在全美主要的六個大城市舉辦多場聽證會，與會的近兩百位證人，為犯罪被害者與證人所處的困境及各種急切需求，提供了寶貴建言。專案小組根據這些建言提出法律修正案，期使刑事司法體系的運作更為順暢，他們並在聯邦、州政府及各地方政府建立緊急性的被害者與證人協助方案。除此之外，專案小組也建議，應在司法部門內增設服務犯罪被害者之專門辦公室（federal Office for Victims of Crime）。

1982　（1982 年 10 月 12 日）國會通過聯邦被害者及證人保護法（Victim and Witness Protection Act, Public Law 97-291）。這是一項多用途的法案，可提升被害者地位，適切保護被害者，並確保被害者可在聯邦法院中獲得公平的對待。

1983　聯邦犯罪被害者辦公室（federal office for Victims of Crime）成立。

1984　雷根總統簽署失蹤兒童協助法案（Missing Children's Assistance Act, Public Law 98-473），這個法案推動成立了國家失蹤與受虐兒童中心（National Center for Missing and Exploited Children）。該中心設立的宗旨，在於針對失蹤、遭受性虐待、受虐及雛妓等各種攸關孩童福祉的事項，提供相關諮詢並交換意見，該中心設有 24 小時專線，供民眾通報失蹤兒童。

1984　國會立法通過了犯罪被害人法案（VOCA, Public Law 98-473, Title II, Chapter 14），這項劃時代的法案，促使聯邦政府持續補助州政府被害人補償委員會與被害者協助方案。同時，這項立法也為犯罪被害者籌設了一項每年 1 億美元的基金，資金的來源

包含許多罰金及因違犯聯邦重罪而沒入的財產，例如，因觸犯聯邦重罪而課徵的罰款與財物，包括抵押物品、遭沒收的保釋金，以及重刑犯之犯罪所得等。（Roberts, 1990, p. 22）性侵害受害者保護方案是這些補助金優先補助的對象。

1985　暴力與公共健康之衛生局長研討會（U.S. Surgeon General's Conference on Violence and Public Health），於 1985 年 10 月 27 日至 29 日，在維吉尼亞州的李斯堡（Leesburg）舉行，與會成員皆是著名專家與權威，此次會議討論的主題，包括兒童虐待、家暴、強暴、性侵害、兒童性侵害及老人虐待等事件之預防、處遇與評估。

1986　美國地區檢察官協會（National District Attorney's Association, NDAA）針對被害人與證人協調方案發表以下兩篇論文：
1. 《檢察官處理被害人與證人協助事項之指導方針》。
2. 《檢察官導向的被害人與證人協助方案》。

1987　隸屬美國司法部的犯罪被害人辦公室（Office for Victims of Crime），建立了國家犯罪被害者資源中心（National Victims' Resource Center）。

1988　國家兒童性侵害防治中心（National Resource Center of Child Sexual Abuse）在馬里蘭州的惠頓（Wheaton）成立，該中心提供的相關資訊，包括性虐待處遇方案的成功模式、參考書籍、相關訓練工作坊資訊、技術諮詢，以及相關的研討會與座談會等等。

1989　美國司法部出版《失蹤與受虐兒童：八〇年代的發展》（*Missing and Exploited Children: Progress in the 80's*）一書。

1990　位於馬里蘭州的女性政策研究中心（Response and the Center for Women Policy Studies of Chevy Chase），出版《婦女及兒童受暴案件之處理指南》（*1990 Response Directory of International Resources on Violence Against Women and Children*）一書。

1990　通過「學生求知權利與校園安全法案」（The Student Right-to-Know and Campus Security Act of 1990）。校園犯罪歷年來大多

被隱匿不報，性侵害案是大專院校裡最嚴重的犯罪案之一，發生此類案件必須要向當地執法機關報案；同時更重要的是，此法令要求學校應該為學生提供相關安全保護措施與處理程序。

1991 第一屆國際大專校園性侵害研討會，於 1991 年 10 月 3 日至 5 日在佛羅里達州的奧蘭多舉行。

1992 通過「校園性侵害被害者權利法案」（The Campus Crime Sexual Assault Bill of Rights of 1992），這個法案規定學校安全警衛或駐衛警，必須保護性侵害被害者尊嚴並給予尊重，使被害者了解其在司法上應有的權利，並建立協助被害人之處理程序；而且，所有大專院校均須施行性侵害防治教育課程。 184

1994 通過「受暴婦女防治法案」（The Violence Against Women Act of 1994），此一聯邦法案提供各地防治中心及相關方案預算來源，以隨時為性侵害被害者及受虐婦女提供必要協助。

警方對性侵害案及家暴案被害者之回應模式

數十年來，性侵害案的女性被害人總是遭到法院與警察的嘲諷與無情對待。被害人在報案時，亦往往受到警方以批評和責難態度對待，這些負面言語諸如「穿這麼短的裙子難怪會遭到性侵害」，或是「膽敢晚上獨自外出，這是你自找的」等。同樣地，當目擊證人同意指認嫌犯時，也常遭到檢察官與承辦人員的責難。證人表示，當他們屢次受到法院傳喚出庭，得到的答案卻是延期開庭、下次繼續審理，或是重新安排開庭日期時，是多麼令人挫折的一件事；此外，也有許多證人指稱自己與家人遭受到被告的恐嚇與威脅。

1980 年代，許多警官與檢察官開始回應性侵害與家暴被害人的需求，

警察學校在招募新生時，也會為他們安排性侵害及家庭暴力防治的訓練課程（課程約 2 至 20 小時不等）。在 1980 年代早期，國際警察首長協會（International Association of Chiefs of Police, IACP）也已經發展處理性侵害及家庭暴力案件的訓練指南，並將這些指導方針分送至全美各大城市的警察機關，這些特殊訓練課程有助於提升警方處理性侵及家暴案件的專業素養。

　　高等法院審理的一件高度知名案件，大大地改變了警察在家暴案件中所扮演的角色，這個案件起於 Tracey Thurman 控告 Torrington 警察局。Tracey 小姐居住在康乃狄克州的 Torrington，因遭到丈夫持續的毆打，造成包括胸部、頸部與臉部的刀傷，脊椎骨折並傷及脊椎神經，造成頸部以下永久性的癱瘓，兩頰與口腔的撕裂傷，大量失血，休克，受到驚嚇，遭受巨大疼痛，以及心理上嚴重的創傷。Tracey 的控告案獲得勝訴，被告 24 名警官合計被裁定應給付 230 萬美元賠償金，陪審團判定 Torrington 警察局剝奪了 Tracey 在憲法上所賦予的保護權（美國憲法第 14 號修正案）；陪審團更進一步認定，警方疏於保護 Tracey 及其兒子免於遭受暴力行為的傷害。

　　因為高等法院對上述案件的判決，致使警察機關、州政府民意代表，乃至整個國家開始重視警方處理家庭暴力案的訓練，因此在 1980 年代晚期，警方處理家暴案件的訓練課程大為激增。

　　Dennis P. Rosenbaum 教授為底特律警方規劃處理家暴訓練課程，他期許受訓學員在這項為期 16 週的訓練課程裡，能夠習得以下的技能：

1. 能夠立即敏銳地察覺並疏導被害人的情緒危機。
2. 鼓勵被害人暢所欲言，完全地將情緒表達出來。
3. 適時干預及安慰，減少被害人的自責，以及防範被害人自我傷害的行為。
4. 確認被害人是否需要由精神醫療等專業人士作進一步的評估與治療。
5. 增權處於困境的被害人採取可減低無助與自卑情緒之行動。
6. 製作完整的紀錄，並視實際情況通報相關單位處理。（Rosenbaum, 1987, p. 505）

為了因應家庭暴力與性侵害受害者的需求，都會區的警察機關已經設立危機處理小組。警察單位的危機處理人員全天 24 小時待命，能夠快速處理協助暴力犯罪被害者。這些危機處理人員可即時提供立即危機諮商、倡護，並接送被害人前往醫院附屬之強暴危機中心或受虐婦女庇護中心，且會將個案轉介至當地地檢署與社工單位。負責被害人協助或危機干預的人員，通常曾在警察學校受過家暴或受害人協助課程的嚴格訓練。此外，警局局長也鼓勵巡邏員警只要發現有家暴或性侵害案件徵兆，應立即以無線電通知危機處理小組會同處理，使被害者能夠受到妥適的照顧及協助（Roberts, 1990）。

法院受理性侵案

　　在刑事司法訴訟過程中的初期審理階段，即需正式決定哪些案件是屬於違法行為，以及那些被害者可以獲得法律賠償。過去有很多警官無視於女性性侵害被害人的諸多抱怨，或者認定是被害人誘惑加害人才使自己受害，進而不予採信其說詞。此外，有些檢察官亦會駁回警察所移送的性侵害案，以致許多案件無法正式進入司法程序，僅有已婚或仍與父母同住的女性被害案件，才能獲得檢察官一致認定為嚴重的犯罪案件（Myers & LaFree, 1982; Berger, Searles & Neuman, 1988; Kerstetter, 1990）。

　　女性主義衝突理論（feminist conflict theory）促成性侵害相關法案的改革。衝突理論認為刑事司法體系僅保護「有價值的女性」（valuable women），這些女性需符合傳統兩性角色刻板印象，或為年幼處女、已婚婦女；過去刑事司法體系總是拒絕受理某些類型的性侵案，例如搭便車、酒醉者、被害者有不良的名聲，或是曾與加害人有過性行為的性侵害案件。總之，當一個不符合傳統性別刻板印象的女性遭到性侵害時，並無法獲得刑事司法體系完整的保護。

　　許多州的立法機構在過去十年已經大幅修改性侵害相關法規，例如：

- 加強性侵害被害人之協助及服務工作，特別是諮商與專線服務。
- 立法保障被害者與諮商輔導人員之間的機密與隱私。
- 性侵害保護法案保護原告免於揭露任何過去的性史。
- 修改以往丈夫強迫妻子行房得免於被起訴的法律規定。
- 對於案件起訴所需的醫學證據，得由政府支付被害人的醫療檢驗費用，或是使用救護車的費用。（Anderson & Woodard, 1985; Berger, Searles & Neuman, 1988; Field, 1983; Estrich, 1987; Finkelhor & Yllo, 1985）

1990 年 6 月，多項重要的研究已經促使刑事司法體系改革，並關照到性侵害受害人心理方面的需求，同時保護受害者的權利。

有 37 個州已制定法律，支付性侵害受害者的醫療檢查費用；此外，無論是經由被害人之協助或是賠償，這些費用有時是由犯罪被害人法案（VOCA）之基金來支付。大部分社區已不再讓被害人自掏腰包支付這些費用，有 24 個州為性侵害被害人之服務工作設立基金。全美 50 個州皆有不同型態的保護法案，以維護性侵害被害者擁有免於揭露過去性史的權利，大多數的州已透過立法來明確規劃此一問題，惟仍有少數州仰賴法官判決或法院訴訟制度。大體而言，法律已成功地維護性侵害案之隱私免於被刺探，這將有助於性侵害被害人後續的治療，以及讓被害人在事發後更勇於向警察機關報案，並提出告訴。（Burnley, 1990）

性侵害受害人理應受到警察、檢察官、醫院急診室的醫師與護士、社會工作人員、心理治療師、辯護律師、法官、陪審團、新聞媒體與社會大眾審慎及公平合理的對待。不僅是因為公平、審慎、周延與人性化對待是正確的作法，更重要的是，藉此得避免被害人受到二度傷害，並使他們更能配合法律訴訟程序的進行。儘管近十五年來，刑事司法體系在處理性侵害案件上已有長足的進步，惟性侵害案仍然是犯罪黑數最高的兩種刑案之一；許多女性認為被性侵害是非常隱私且羞於啟齒，因此不願正式報案。

187

同時她們也深深懼怕，如果嫌犯落網，案件進入司法程序，將會再次被迫回憶這個令人悲痛的事件；易言之，她們害怕會在法庭上遭到被告辯護律師無情的二度傷害。

性侵害相關法案的制定，事實上深深影響性侵害案件之訴訟程序。性侵害法案的修正，業已喚起美國大眾共同的意識，並使司法界人士對性侵害受害人抱持更為同情的態度。但值得注意的是，儘管這些法案改變了執法人員的態度與觀念，然而這些改革所帶來的整體影響，仍然未能受到各界深刻的了解。

檢察官導向之被害人與證人協助方案模式

為了協助性侵害被害人進行司法訴訟，俄亥俄州格林郡檢察官辦公室在 1982 年 1 月成立了專責協助被害人與證人的部門（victim/witness division），該部門主要的經費來源，是由該郡委員會（Board of County Commissioners）分配予檢察官之預算，因求助者眾多，該部門也迅即擴大服務其他類型犯罪之被害者。1982 年 12 月，該部門收到一筆由俄亥俄州公共福利部（Department of Public Welfare）所屬之兒童福利局（Bureau of Children Services）提供的補助金。該經費是補助「預防虐待或協助康復計畫」（Prevent Abuse/Assist Recovery, PAAR）的款項，此一計畫的宗旨在於預防兒童性侵害及協助受虐兒童康復。

時至今日，暴力犯罪被害人已然獲得各種扶持服務，該部門專門處理性侵害、兒童虐待與家庭暴力等案件，經費來源則包含檢察官辦公室預算與俄亥俄州政府一系列的補助。該部門在 1985 年的預算為 92,500 美元，其中 40%來自郡的一般稅收，其餘 60%則來自俄亥俄州社政單位（Department of Human Services）及衛生單位（Department of Health）的補助。

該部門在 1985 年總共服務 261 位新個案，其中 208 位獲得相關資訊與

188

轉介服務，53 位成為長期追蹤輔導的個案。以下是以個案的受害類型作分類：

諮詢或轉介個案

性侵害 31 人

兒童性侵害 71 人

重傷害 0 人

家庭暴力 93 人

一般攻擊事件 10 人

露下體等妨礙風化 1 人

物質依賴 1 人

搶劫 1 人

長期追蹤個案

性侵害 16 人

兒童性侵害 32 人

重傷害 4 人

嚴重家庭暴力 0 人

謀殺 1 人

服務工作

只要案件正式進入刑事司法程序，被害人與證人協助部門便會全程為各類犯罪受害者提供相關服務，該部門的承辦人員及訓練有素的志工，可全天候 24 小時提供被害人危機干預服務，相關的回應措施可在一個小時內完成。該部門主要的任務是為被害人提供相關訊息，並適時提出建議；除此之外，他們亦在被害人（及被害人家屬）、醫院、執法人員，以及檢察官之間，擔任訊息傳遞的角色。

　　證人協助服務是專為檢方證人而設的，只要被害者需要出庭，不管任何時候，受害者與證人協助部門的工作人員便會盡力協助被害人及其家屬。這些相關協助服務包括通知證人（witness notification）、刑事司法體系相關程序之諮詢服務（criminal justice system procedures transportation services）、介入調解（employer intervention）、陪同出庭（court escort），以及在任何審訊階段均全力支持。因為此部門與其他社服機構、警察機關的關係相當良好，故能整合上述相關機構以「團隊取向」（team approach）的力量，來為犯罪被害人提供服務，被害人不僅藉此得到直接而完整的服務，並且可視實際情形轉介到適當的機構。教育方案也是該部門另外一項重要的業務範疇，只要任何公家或私人等機關團體邀請，該部門將會提供針對需要提供相關主題，例如性侵害、兒童性侵害、家庭暴力等專題之介紹。

　　因為「預防虐待或協助康復計畫」（PAAR）款項補助，受害者與證人協助部門得以全天候 24 小時運作（在警方、醫院或有關單位接獲通報後一小時內，聯繫被害人並且做適當處理），兒童性侵害受害者因此得到更為完善的保護，家屬也能獲得相關協助。PAAR 計畫完美地整合了格林郡的相關機構，例如兒童福利局、兒童心理健康（Children's Mental Health）及家庭暴力防治計畫（Domestic Violence Project）、紀念醫院、警察機關，以及檢察官辦公室等等。此一計畫期能以通盤完整而有效的教育延伸，來預防兒童性侵害案之發生，並期待提高兒童性侵害案的通報比率，使每一個受害者都能認識 PAAR 計畫的相關業務及其功能。準此，該部門也為各公私立機構提供相關的性侵害防治介紹，分齡適用的各種教育方案，分別在各小學、國中以及高中等各種不同年齡層廣為推動，學生也能獲得相關的資料手冊。

人員配置

　　受害者與證人協助部門目前有 4 位全職員工，以及 15 位志工。其職務區分包括一名部門主管（project director）及 3 名被害者倡護者（victim advocate），3 名倡護者並分別兼任其他行政業務，一位兼任義工指導，一位兼任自助團體指導（self-help group facilitator），另一位則兼任文書的工作。每一位志工則選擇一項專責領域的工作，包含「線上協助」（on-call assistance）、「證人協助」（witness assistance）及「教育協助」（education assistance）等領域。

　　該部門的職員及志工對受害者以及家屬提供直接服務（direct services），在正常辦公時間（星期一至星期五，早上八點至下午五點），當他們接獲相關訊息或電話報案時，隨即依報案內容緊急處理相關事宜，這些訊息可能來自格林紀念醫院、警察機關、兒童局，或是檢察官辦公室。相關計畫可能就在醫院、警察局、檢察官辦公室，或是被害者家中就地實施，法律相關業務就由專責證人協助業務之志工負責，這些志工服務的範疇相當廣泛，諸如告知法院審訊的程序、出庭時的注意事項，以及陪同被害人出庭等等均屬之。

　　在非辦公時間，該部門的電話會轉接至警長辦公室，並由 24 小時輪班待命的志工來處理被害人的報案。當警察局或醫療單位請求支援時，輪值志工亦會受通知前往處理，如果情況緊急，正式職員也能及時支援。志工可能被派往醫院、警察局或是受害者家中（在請求支援的單位負責人陪同下）執行任務，志工同時也能擔任被害者的倡護員，他們為受害者與證人提供之協助及服務，包括危機干預、支持／諮商，以及提供刑事司法訴訟程序、該部門之服務內容等相關資料。

190

職務說明

　　擔任該部門主管者除需獲有教育（諮商）學碩士及社會學學士等學歷，並至少受過320小時的警察課程訓練，且任職於俄亥俄州的現職警官（peace officer），此一職務的工作內容包括：

1. 對暴力犯罪的受害者及其家屬提供直接的服務。
2. 發展設計服務暴力犯罪受害者及其家屬之全方位方案，訂定詳細目標，以及達成這些目標的手段及方法。
3. 在各相關合作的社福機構和證人與被害人服務部門間扮演協調、聯絡的角色。
4. 全天候24小時隨時與單位保持聯繫，以便評估狀況、充分授權及回應問題，並在事件發生時，迅速指派志工及部門同仁行動。
5. 協調推動部門同仁、志工、警察及其他專業人士之在職進修事宜。
6. 參加為受害者與證人協助部門舉辦的教育研討會。
7. 督導部門所有員工的活動與個案管理。
8. 倡護、協助並支持暴力犯罪之受害者及其家屬。

　　本方案聘有兩名專職的受害者倡護者，其中一名是心理學及社會學學士，另一名則是心理學學士，他們的工作內容如下：

1. 對性侵害受害者及其家屬提供直接的服務。
2. 全天候24小時隨時與單位保持聯繫，必要時為志工提供專業見解。
3. 維護個案管理之紀錄、資料，並追蹤被指派之個案。
4. 參與社區教育及預防方案。
5. 參與專為青少年、家長及社區所舉辦的犯罪預防宣導，防範熟識者間之性侵害，藉由宣導預防活動使民眾提高警覺心。

191

6. 參與性侵害案之相關專業教育方案。

7. 協助發展年度志工訓練方案，在志工招募、訓練、協調及督導等相關活動上，投注心力。

8. 撰寫並寄發志工月報，以記錄志工參與的大小活動，並彰顯他們的貢獻。

9. 倡護、協助並支持性侵害之受害者及其家屬。

本方案的行政協調者（clerical coordinator）擁有心理學學士學位，並已受過受害者與證人協助部門之志工訓練，且參與過相關研討會及論文發表會。此一職務之職責如下：

1. 對暴力犯罪被害人提供直接服務。

2. 擔任總機，將被害人之來電轉接給專責人員處理。

3. 整理訪談報告、個案檔案、聯絡資料與其他相關文書。

192

4. 安排校園與社區教育方案活動之行程。

5. 負責該部門與檢察官辦公室會計人員間之聯繫工作。

6. 擔任受害者與證人協助部門的接待人員。

撰寫本文時，受害者與證人協助部門共有 15 名志工，志工計畫是該部門三項主要工作重點之一，志工受過訓練之後便可正式上任，得以協助正式職員為被害者以及證人提供專業服務，或是擔任線上待命志工、協助證人志工，以及教育民眾之志工。

志工訓練包含 21 小時的課程，以 3 小時為一個單元，在四週內排定七天晚上來上課，課程訓練地點主要是在格林郡法院大樓。參加者會拿到一本訓練手冊，從中可得知受害者與證人協助部門之工作內容概略，並了解相關流程以及職責。此外，志工們也將會在特殊專題上接受密集訓練，這些相關主題列舉如下：

• 性侵害：犯罪行為之定義、性罪犯、性侵害創傷症候群（rape trauma syndrome）之危機，以及預防被害之觀念。

• 家庭暴力：被害人及證人在事件中的角色，法院相關審理程序。

- 諮商技巧：危機干預、同儕諮商價值（peer counseling values）、結案（termination）、枯竭（burnout），以及角色扮演（role-play counseling situations）等。
- 兒童性侵害：問題及定義之範疇、發覺問題之方法（methods of discovery）、加害人的問題、會談技巧〔利用人偶（anatomically correct dolls）示範〕，以及兒童性侵防治教材等。

其中一堂課是在格林郡紀念醫院授課，會讓受訓志工參觀急診室，並且熟悉警方與醫院處理家暴與性侵害受害人之流程。這些相關在職訓練將一再重複實施，直到志工本身有足夠信心與能力，得獨立作業以處理各種緊急狀況。在職訓練與志工通訊則同時可讓志工了解該部門的最新動態。

受害者與證人協助部門每年都會招募志工，志工主要的業務範疇包含線上待命支援、證人協助與教育服務。

性侵害案被害人感染愛滋病的風險

性侵害被害人無辜感染愛滋的恐懼感，是近幾年新興的議題。因為愛滋病潛伏期很長，在症狀不明的情況下，遭受性侵害的受害人像是懷著一顆長期的不定時炸彈，不曉得什麼時候可能會引爆。雖然目前沒有因遭受性侵害而感染愛滋的統計數據，籠罩在感染愛滋病的威脅之下，仍是性侵被害人最大的隱憂。

193

性侵害造成的生理與心理上的重大創傷，會因為感染愛滋的強烈恐懼感而更加嚴重。「性攻擊和兒童性侵害被害人不僅害怕可能得到淋病等傳染性性病，同時也更害怕可能感染到無法治癒的愛滋病，愛滋病會加劇被害者的創傷後壓力症候群（PTSD）與創傷」（Burnley, testimony for the U. S. Select Committee on Children, Youth, and Families, June 28, 1990）。

辯護律師與被害人權利倡護者於是高聲疾呼，應致力於保護被害人的權利，以避免他們陷入長期壓力。

Sally F. Goldfarb 是一位任職於國家婦女權利與教育基金會（National Organization for Women, NOW, Legal Defense and Education Fund）的資深律師，她說：「愛滋病已然改變了性侵害所造成的傷害層次，它使性侵害從令人恐懼、害怕的犯行，轉變為潛在且無可挽回的致命性傷害。」（*The New York Times*, July 9, 1990, p. B2）美國司法部犯罪被害人辦公室主任則倡護：「在嫌疑犯移送法辦的初始階段，就應該對嫌犯作檢驗。」（Hoffman, p. 36）

一些地方法院的法官則主張，儘管被害人的生命及權利面臨潛在威脅，但仍應保護嫌犯的隱私及人權。紐約州高等法院法官 Richard Andrias 即寫道：「任何在判決前所作的檢驗，都會影響無罪推定……這根本是本末倒置的作法。」（Hoffman, September 12, 1989, p. 36）

誰的權利應該受到保障？被害人抑或是被告？有些州的立法委員已通過法案，保障嫌犯及已經判刑之性侵害犯的隱私，然而，有些州則立法強制高危險的性侵害加害人必須接受愛滋病毒之檢驗，並當檢驗報告出爐即時通知被害人。

此章節，我們檢視了現行法律對強制檢驗性侵害加害人的相關規定。另一方面，紐約州法律亦規定，在未經當事人同意之情況下，任何人都毋須接受愛滋病的檢驗。

大多數美國人都支持性侵害法案的修正案，將性侵害定義為「以強暴脅迫手段，違反他人意願狀況下的性交行為」，一般咸認為性侵害是暴力犯罪，它是屬於重罪（felony）而不是輕罪（misdemeanor）。然而落實到立法與州的刑事法規時，仍有以下幾項爭議焦點：

1. 對於被起訴或是已判刑的性罪犯作愛滋病檢驗應採取強制作法或自願接受？
2. 蓄意傳染他人愛滋病或性病，是否應依重罪論處？
3. 愛滋病的檢驗報告，應該在什麼情況下，才需要交給性侵害被害人？

194

蓄意傳染他人愛滋病或其他性病之處罰

目前已有 15 個州通過相關立法，禁止蓄意將愛滋病或其他性病傳染給性伴侶，其中有 11 個州將上述行為列為重罪。例如，在奧克拉荷馬州，在未經告知有傳染病或做好預防措施，致使他人感染性病者，以重罪論處（Hoffman, 1989, p. 40）；另有幾個州，如馬里蘭州，法律雖禁止蓄意傳染他人性病，但是違反者卻僅以輕罪論處（Maryland Code Annotated Health—General, 1990, p. 421）。

性侵害加害人之愛滋病檢驗

美國有 26 個州在 1991 年 5 月通過立法，規定經判刑確立的性侵害犯應當接受愛滋病檢驗，但是，僅有其中少數幾個州規定因性侵害案被起訴者，也應接受愛滋病或其他性病之檢驗。對於被逮捕最終卻被確認為無罪的性侵害嫌疑犯強制實施傳染病檢驗，是違反個人隱私及人權的行為。以內華達州為例，當嫌犯以性侵害罪名被逮捕後，經由證人或被害人指證確鑿無誤後，「有關單位應當採集嫌犯樣本，以檢驗是否感染愛滋病或梅毒」（Nevada Rev. Statutes Annotated, Section 441A, 320, 1989）。

幾個較為先進的州則立法規定，若事發當時被害人確信有血液或精液進入其體內，在犯罪行為經確認且被告被起訴的情況下，被告即必須盡快接受愛滋病毒的檢驗。加州在 1988 年成為第一個制定此類法案的州，主要的目的是為被害人著想，以期能早期發現，早期治療。

上文提到的 26 個州，其中有 13 個州立法規定加害人應接受愛滋檢驗，並在判決有罪之加害人自願接受檢驗情況下，得公布檢驗結果；其中尚有多個州規定，僅有被害人得在法院的同意下，才能取得這些檢驗結果；更有幾個州規定，需有犯罪加害人的許可，並要接受檢驗前或檢驗後的諮商，這些許可規定的層次不一，包括口頭同意或書面同意。紐約州則規定，應取得被告的書面同意才能實施愛滋病檢驗，且為保障被告的隱私，除非受

195

害者有實際迫切需要，否則檢驗結果是不會公布的（NY Public Health Law, 1991, Sections 2781, 2782 & 2785）。該法案更進一步規定，如果該加害人先前已受過檢驗，被害人無法取得這些檢驗結果，除非檢察官能證明「因被害者與被告的接觸，致使被害者的健康及生命有明顯且可預見的危機」（New York Public Health Law, 1991, Section 2785.2）。

結論

　　過去幾十年來，性侵害法案的修正，解決了多項性侵害司法程序上長期延宕未決的問題，除了性侵害被害者保護法、被害者及其諮商師之談話內容保密規定，以及保存醫學證據等相關法律，許多州與郡也致力於推動受害者協助方案。值得注意的重點包括如下：

- 全國警察均已接受家庭暴力防治訓練。
- 大型醫院建置以醫院為導向的性侵害危機處理方案。
- 數百個以檢察官為導向的受害者及證人協助方案。
- 超過 1,200 個受虐婦女庇護中心陸續設立，並遍及城鎮及鄉村地區。

　　晚近立法對性侵害加害者施以愛滋病及性病等之檢驗，以保障被害者的權益，在 1989 至 1993 年期間，美國超過三分之二的州及時通過立法，俾便規範警方干預措施、檢察官、法庭專家、公共衛生官員、監所人員及地方行政官員等相關人員的行動準則。很不幸地，仍然有一些州忽視無辜的性侵害被害人，反而致力於保護加害人與性侵慣犯的人權，多數州的相關法令仍需更加改革開放，使性侵害加害人能盡早接受愛滋病的檢驗。在人道主義的社會裡，立法者以及刑事司法體系是不可或缺的，它們的存在是為了能更有效地保障受害者的人權，使他們免於受到二度傷害。沒有任何一州，能夠在性侵害加害人的權益高過無辜人民之上的情況下，仍能自稱已建立了公平正義的社會而問心無愧，特別是對那些因遭受性侵害致死，或是因受性侵害而終生活在感染愛滋病恐懼之下的人們，我們更應全力關照他（她）們的權益。

196

REFERENCES

參考資料

Anderson, J.R., & Woodard, P.L. (1985). Victim and witness assistance: New State laws and the system's response. *Judicature, 68(6)*, 221–244.

Atkeson, B.M., Calhoun, K.S., Resick, P.A., & Ellis, E. (1982). Victims of rape: Repeated assessment of depressive symptoms. *Journal of Consulting and Clinical Psychology, 50*, 96–102.

Becker, J.V., & Skinner, L.J. (1983). Assessment and treatment of rape-related sexual dysfunctions. *The Clinical Psychologist, 36(1)*, 102–105.

Becker, J.V., & Skinner, L.J. (1984). Behavioral treatment of sexual dysfunctions in sexual assault survivors. In I. Stuart & J. Greer (Eds.), *Victims of sexual aggression*. New York: Van Nostrand Reinhold Co., pp. 211–234.

Becker, J.V., Skinner, L.J., Abel, G.G., & Cichon, J. (1986). Level of post-assault sexual functioning in rape and incest victims. *Archives of Sexual Behavior, 15*, 37–49.

Berger, R.J., Searles, P., & Neuman, W.L. (1988). The dimensions of rape reform legislation. *Law and Society Review, 22(2)*, 329–357.

Bureau of Justice Statistics. (1989). *Criminal victimization in the United States*. Washington, D.C.: U.S. Department of Justice.

Bureau of Justice Statistics. (1991). *Violent crime in the United States*. Washington, D.C.: Office of Justice Programs, U.S. Department of Justice.

Burgess, A., & Holmstrom, L. (1974). Rape trauma syndrome. *American Journal of Psychiatry, 131*, 898–986.

Burgess, A., & Holmstrom, L. (1979). *Rape: Sexual disruption and Recovery. American Journal of Orthopsychiatry, 49*, 658–669.

Burnley, J. (1990). Testimony before the U.S. Select Committee on Children, Youth and Families. Washington, D.C., U.S. Senate.

Calhoun, K.S., Atkeson, B.M., & Resick, P. (1982). A longitudinal examination of fear reactions in victims of rape. *Journal of Counseling Psychology, 29*, 655–661.

Estrich, S. (1987). *Real rape*. Cambridge, MA: Harvard University Press.

Ellis, E.M., Calhoun, K.S., & Atkeson, B.M. (1980). Sexual Dysfunctions in Victims of Rape. *Women and Health, 5*, 39–47.

Field, M.A. (1983). Rape: Legal aspects. In S. Kadish (Ed.), *Encyclopedia of crime and justice* (Vol. 4). New York: The Free Press.

Finkelhor, D., & Yllo, K. (1985). *License to rape: Sexual abuse of wives*. New York: Holt, Rinehart, Winston.

Harlow, C.W. (1991). *Female victims of violent crimes*. Washington, D.C.: U.S. Department of Justice, January, 1991.

Hoffman, J. (September 12, 1989). AIDS and rape: Should New York test sex offenders? *The Village Voice, 34(37)*, 35–41.

Kerstetter, W.A. (1990). Gateway to justice: Police and prosecutorial response to sexual assaults against women. *The Journal of Criminal Law and Criminology, 81(2.1)*, 267–312.

Kilpatrick, D. (1984). Treatment of fear and anxiety in victims of rape. Final Report of NIMH Grant #MH29602.

Kilpatrick, D., & Veronen, L.J. (1983). Treatment of rape-related problems. In L.H. Cohen, W.L. Claiborn, & G.A. Spector (Eds.), *Crisis intervention.* New York: Human Sciences Press, 165–185.

Kilpatrick, D., Best, C.L., Veronen, L.J., Amick, A.E., Villeponteaus, L.A., & Ruff, G.A. (1985). Mental health correlates of criminal victimization: A random community survey. *Journal of Consulting and Clinical Psychology, 53*, 866–873.

Kilpatrick, D.K., Edmunds, C., & Seymour, A. (1992). *Rape in America: A report to the nation.* Charleston, SC: Crime Victims Research and Treatment Center, Medical University of South Carolina.

Koss, M.P., Gidycz, C.A., & Wisniewski, N. (1987). The scope of rape: Incidence and prevalence of sexual aggression and victimization in a national sample of higher education students. *Journal of Consulting and Clinical Psychology, 55*, 162–170.

Maryland Code Annotated, Health-General, SS 18-505, 18-601.1 (1990), pp. 420–21.

Murphy, S.M., Amic-McMullan, S., Kilpatrick, D., Haskett, M.E., Veronen, L.J., Best, C.L., and Saunders, B.E. (1988). Rape Victims' Self-Esteem: A Longitudinal Analysis. *Journal of Interpersonal Violence*, Vol. 3, pp. 355–370.

Myers, J., and LaFree, G.D. (1982). The Uniqueness of Sexual Assault. A Comparison With Other Crimes, Vol. 73, *Journal of Criminal Law and Criminology*, pp. 1282–1290.

Nevada Revised Statutes Annotated, Vol. 12, S 441A.220 (Michie Supp. 1989) p. 77.

New York Public Health Laws Annotated, Book 44, SS 2781. 2782, 2785 (West Supp. 1991), pp. 47–55.

Presidential Commission on the HIV Epidemic (1988). *Final Report.* Washington, D.C.: author.

Resick, P. (1988). *Reactions of Female and Male Victims of Rape and Robbery.* Final Report of N.I.J. Grant #85-IJ–CX-0042.

Roberts, A.R. (1990). *Helping Crime Victims: Research, Policy and Practice.* Newbury Park, CA., Sage Publications.

Rosenbaum, D.P. (1987). Coping With Victimization. *Crime and Delinquency*, Vol. 33(4), pp. 502–519.

Russell, D. (1982). The Prevalence and Incidence of Forcible Rape and Attempted Rape of Females. *Victimology: An International Journal*, Vol. 7.

Schmalleger, F. (1991). *Criminal Justice Today*, Englewood Cliffs, NJ: Prentice-Hall, Inc.

U.S. Department of Justice (1981). *F.B.I. Uniform Crime Reports.* Washington, D.C.: author.

U.S. Department of Justice (1989). *F.B.I. Uniform Crime Reports.* Washington, D.C.: U.S. Department of Justice.

U.S. Department of Justice (1990). *F.B.I. Uniform Crime Reports.* Washington, D.C.

U.S. Department of Justice (1994). *F.B.I. Uniform Crime Reports.* Washington, D.C.: author.

第13章
聽障者與刑事司法的特殊問題

當目睹疑似小偷的人在門外徘徊，或是一個甫遭行搶的被害人立刻打電話報警；或是因被視為犯罪嫌疑而遭逮捕時被告知自己的權利；犯罪的目擊證人被要求出庭作證；或是接到法院的通知而擔任陪審團的工作。雖然，一般公民會認為面臨上述這些情況的機率非常低；然而一旦出現這些不想面臨的情境時，大家一定都會出現相當程度的壓力，但這決非係無法克服的問題。同樣的情境，如果發生在聽障者身上時又是如何呢？聽障者如何打電話報警呢？他們如何聆聽執法人員向其宣讀有關嫌犯的權利？又是如何在法庭作證？或是如何擔任陪審團的工作呢？

這顯現出當一位聽力有障礙的人自願或是非自願進入司法系統的任一環節時，均會面臨上述問題。很幸運地，自從 1973 年復健法案第 504 號條款開始實施後，這些障礙正逐漸獲得解決。而透過法律規定的保證，審訊者與聽障者間開始出現有效的溝通。

與聽障者有關的法律歷史

　　透過歷史脈絡去了解法律如何因應與關注聽障者的問題，將有助於理解當前這些問題是如何獲得改善的。早期的羅馬法律規定，聽障者從其出生就被界定為智能不足，且無法處理法定權利與自身事物。有時候，法律對於天生聽障者與後天的聽覺障礙者的權益界定會有所差異，羅馬法律似乎比較是根據一個人出生時是否正常，來界定該個案是否具有法定能力。Gaw（1907）指出，在古希臘羅馬時期，因為聽覺障礙甚少（目前也還是）在嬰兒初期就被診斷出來，所以聽障嬰兒得以免除死亡陰影，在這個時期，只要兒童被發現是屬「有缺陷的」，即會被遺棄任其死亡。

　　早期的英國法律訂定，一個人一出生若被發現是聽覺障礙又無法學會口語表達時，會被認定為「白痴」；且在早期英美法律的歷史中，像這樣的人並不具有定約能力。很有趣的，在法國，十七世紀中葉，Code d'Instruction Criminelle 法典規定，聽障者在法庭成為被告或擔任目擊證人時，若其不具有書寫能力，則可以指定口語翻譯人員（Gaw, 1907）。1884 年在美國有一個值得一提的案例，一位聽障的年輕人目睹了一件謀殺案件，被要求出庭作證時，即由他的母親「擔任翻譯」的工作。法庭允許這位年輕人作證的決定雖被新墨西哥州的最高法院推翻，並作出另一項新的判決（一個未受教育的聽障孩子，是否可以勝任證人角色？1886）。

　　1829 年，普魯士科倫（Cologne）的一位聽障者被控謀殺他的雇主，法院的醫師出庭作證，表示因為「先天的缺陷」使得這位被告無法分辨什麼是正確或錯誤，而且也無能力為這件謀殺案件負責。辯護律師強調應將這位被告視為兒童。最後陪審團認定這位年輕人是無罪的（有罪還是無罪？1871）。

　　1883 年密蘇里法庭發現，除非有其他方面的證據可證實其能力，否則一位聽障人士會被認定無能力與人簽訂合約（Best, 1943）。

1947 年，在肯塔基州一位父親與其聽障的妻子離婚後，將其三位年幼的子女都送至機構教養。到了 1952 年，這位母親試圖去爭取監護權，但是法庭判斷經過了五年「正常」環境的照顧，孩子目前的生活環境，仍較與聽障母親共同生活為佳（Mood, Frost & Turner, 1962）。但相反地，1907 年在波士頓，當一位祖母以父親為聽障要求取得孫子的監護權時，法庭卻又認為聽障的父親可以勝任（Gaw, 1907）。

1966 年，一位洛杉磯法官拒絕讓一對聾啞夫婦收養一位剛出生的嬰兒，因為法官認為那不是一個「正常」的家庭。但是，這位法官的判決十九個月後被推翻（Lawrence, 1972）。

雖然前面所提到的某些法庭判決缺乏對於聽障者能力的了解，一直到二十世紀，聽障者才取得與一般人相同的法定權利與責任（Gaw, 1907; Palumbo, 1966）。與一般人相較而言，我們更需關切的是，在司法體系內，如何確保聽障者享有這些法定權利和責任。

溝通問題

聽障者所呈現最主要的問題，即在於溝通上的障礙，因此，提供翻譯人員即成為其最主要的需求之一。有位律師就曾經提到，若有聽障個案被逮捕時，翻譯人員的重要性，他說：「首先，必須要先為其找到一位有經驗的翻譯人員；其次，才是為他找到一位稱職的律師……」（Lawrance, 1972）。雖然，少數可以藉由讀唇語或筆談方式來取代，但是，只有將近4%的聽障者能純熟地使用讀唇語的技術（Furth, 1966）。據估計，縱然是優秀的唇語熟練者，也只能理解約 25%至 30%的口語英文。如果說話的人蓄有八字鬍或山羊鬍、用俚語表達、有濃重的口音腔調、說話時沒有直接的面對聽障者、揮舞手勢而擋到嘴唇，或是口齒不清等等情況時，說話的內容能被理解的比例將降至 10%左右。而且，溝通障礙也會因為燈光不佳、光線刺眼，或因讀唇語的視線不良而更形困難。此外，將近四到六成的英

語發音在唇語閱讀時，經常會受到同音字的干擾（Jeffers & Bailey, 1971），以致聽障者必須用猜測的方式去理解說者的內容。毫無疑問地，聽覺正常的一般人與聽障者之間不精確的溝通情形，很容易導致誤解。而這些溝通問題，在司法系統內尤其會產生不幸的結果。

　　或許有人會認為，用書寫的方式作證或陳述會有比較精準的溝通，但充其量，這樣的方式仍然是耗時且不切實際的。更重要的是，有研究指出，平均而言，聽障的成人其讀寫的能力都不足以有效的溝通。另有研究指出，聽障成人的閱讀能力平均只有 16 歲或三、四年級的程度（Wrightstone, Aronow & Muskowitz, 1963）。尤其是面對複雜的法律用語或議題時，僅有少數聽障者的閱讀能力足以勝任有效的溝通。例如，向嫌犯宣讀其權利時，就需要至少六至八年級的閱讀能力，才能了解其宣讀的內容（Dubow & Geer, May 1981）。上述文獻並非意味著聽障人士智力有限，也不表示成人聽障者中沒有人是屬讀寫能力佳者，許多重聽者、後天聽障者以及少數的先天聽障者仍然擁有不錯的英文能力。事實上，大多數的人學習語言都是源自在嬰兒時期即已經常持續聽到這些言詞，因而先天聽障者對於要精確學習自己從未聽過的語言，本來即會有很大困難。

翻譯人員的選擇

　　當需要選擇一位翻譯人員時，首先要考慮的是，這位翻譯人員是否擅長使用聽障者的語言，許多聽障者都慣於使用美式手語（Ameican Sign Language, ASL）來溝通，這是一種不同於口語英文句型語言結構。一位翻譯人員若是只會使用手語英文系統時，就無法為使用美式手語的聽障者翻譯。同樣地，聽障者若是使用「口腔發聲」，那麼就需尋找「口腔發聲」的翻譯人員而非手勢翻譯人員。此時就不需翻譯手勢，而是須用翻譯唇語，而碰到同義字時，透過唇語閱讀的方式就不容易溝通。

　　合格且專業的翻譯人員必須向聽障者翻譯組織（Registry of Interpreters

for the Deaf, RID）認證註冊，RID 是一個全國性組織，透過提供合格翻譯人員來保障翻譯的過程均符合專業倫理要求，當然也包括保密原則。有認證註冊的翻譯人員也代表其具有相當水準的專業。例如，擁有可以從事司法翻譯的特殊證照。RID 的全國性總部辦公室設在馬里蘭州的春田市（Silver Spring），而在全國各州及地區都設有分會。一般而言，為避免翻譯人員加入太多個人主觀，或為了保護聽障者而省略或改寫某些翻譯內容，最好是避免由聽障者的親戚或朋友來擔任翻譯工作；然而，儘管有上述顧慮，我們還是需要尊重聽障者對其翻譯人員的喜好與否，因為只有聽障者才知道自己能否了解此翻譯人員的意思，且也須藉由此翻譯人員的翻譯才可以被了解。

遠距通信的設備

另一個與聽障溝通有關的議題就是電話的使用。聽障者如何報警或與其律師聯絡呢？聽障者遠距通信設備（telecommunication device for deaf persons, TDD）讓聽障者可以使用電話來進行溝通。TDD 是以二套相同的設備，讓雙方透過電話以打字的方式來傳遞訊息。因此，許多警察機關也開始裝置 TDD 設備，讓聽障者和聽力正常的人一樣可以報警；某些律師也添購 TDD 設備，以滿足其聽障當事人的溝通需求。但是，因為 TDD 設備約需數百美元，基於成本的考慮，並非每一位聽障者都能夠擁有這項設備。在部分地區，電話公司免費或以租用的方式提供 TDD 設備給聽力有障礙的客戶，但是，這也只有約半數的人受益而已。需在此特別強調的是，TDD 設備也可以適用於有說話或溝通障礙的一般人。

203

聽障者在司法系統所面臨的問題

在司法系統內，為何迄今都未能針對聽障者提供妥適協助呢？因為沒有提供翻譯者的協助，或是無法順利地與他人溝通，導致聽障受刑人未能或被拒絕加入監獄復健計畫；而且，聽障受刑人在監服刑的時間，平均較一般受刑人來得長（Goldberg, Gardner & Dubow, February 1981）。

下面案例將呈現當未能關注聽障者有關溝通方面的需求時，聽障者所面臨的種種問題。在此案例中，這位青少年與他的雙親都是使用手語溝通，而社工人員也是使用手語來與他們溝通。

　　……A先生與A太太在兩個月前告訴我，他們對他們年僅15歲的小孩 Steve 已經忍無可忍，因為他拒絕到學校上課，並且不斷地蹺家，因此，他們決定訴請少年法庭處理這個問題。首先，他們面對的問題是有關簽署相關文件上的困難，但是，正因為他們對 Steve 實在是太過失望了，所以，他們還是在不甚理解的情況下簽署了相關文件。法庭的工作人員告訴他們，在少年法庭審訊前，將會有一位觀護人前來與他們會談。

　　觀護人L先生透過筆談的方式，與A夫婦約定了家訪時間，A夫婦並沒有告訴觀護人，他們並不清楚該觀護人所扮演的角色。A太太因為表達能力不佳且羞於筆談溝通，所以她很厭惡這樣的安排。「我敢打賭，那位觀護人一定認為我們很笨。」我詢問A先生是否考慮要求觀護人安排一位翻譯者來協助溝通。A先生表示他有一位朋友的手語表達非常好，但是，A先生並不想讓他知道家裡發生的事情。我向A先生解釋，我指的是應安排一位能遵守保密原則的專業翻譯者。A先生笑著回答說，我不想讓任何人知道家裡發生的事情；他進一步解釋說，其實在聽障者的團體裡，

每一個人都很快會知道別人家的事情。而且，他只是對於找翻譯者這件事覺得不舒服，而非特別針對誰。

當 A 太太陪同 Steve 出席少年法庭的審訊時，A 先生因為工作的關係而無法抽身一同前來。A 太太與 Steve 均不清楚法庭所進行的程序，只知道法官向觀護人詢問了很多的問題，法庭為他們所提供的翻譯都非常地簡要，他們也沒有被要求參與審訊的進行。只有到了最後，觀護人寫了一張字條告訴他們，Steve 被判了六個月的觀護處分，整個家庭被轉介接受專業的諮商；同時，Steve 被要求每天均要到學校上課，並且遵守夜間不得外出的規定。此外，觀護人每二週會探望 Steve 一次，以確定 Steve 有遵守上述規定。當我詢問 A 夫婦，如果 Steve 違反觀護規定時，他們該如何處理，A 夫婦表示他們也不知道；他們甚至不知道，觀護人要在什麼地方來見 Steve，是否觀護人也要約見他們，而且如果 Steve 繼續給他們帶來更多的難題，他們也不知道該怎麼辦。

隨後，Steve 很快地又再度逃家，警方最後找到他和他的女朋友，以及一群狐群狗黨在一起，而且所有的人都在吸食大麻。Steve 被收容於觀護所，等待著下一次少年法庭的開庭。我再次地與這對夫婦會談，並試著讓他們了解下次開庭將會發生的事情及其重要性。他們表示如果是由我來擔任翻譯的工作，他們就願意接受。因為他們認識我，我也了解他們的處境，我了解他們選擇我來協助他們，會讓他們覺得舒服一些。但是，很遺憾地，我並不是合格的翻譯員，而且，這與我目前擔任這個家庭的社會工作員角色是有所衝突的。透過數次的討論，他們終於決定讓我通知觀護人，為他們選擇一位合適的翻譯者。

當我打電話告訴觀護人時，觀護人亦覺得，若他們自己可以找人來幫忙翻譯是適當的。我向觀護人澄清，我指的是必須由少年法庭為這個家庭提供專業的翻譯者。但是，觀護人並不了解我所指涉「專業」的意涵。因此，我再次地向觀護人解釋，觀護人同時也想了解誰將負擔這筆費用。我告訴他，根據我對復健法案

第 504 號條款（Section 504 of the Rehabilitation Act）的理解，這應該是少年法庭的責任。即便如此，更重要的是，觀護人是否認同提供這樣的服務，有助於法庭與案家間有更清楚的溝通呢？觀護人則認為以前沒有翻譯者時，他們也可以溝通得很好。我堅持一定要有這樣的安排，觀護人說，他必須與其督導討論後再回我電話。一直到快開庭之際，觀護人始終都沒有回我電話，我試著打過幾次電話給他，但並沒有得到回覆，最後，我直接去拜訪觀護人。觀護人告訴我，督導認為如果這個家庭堅持的話，少年法庭同意提供這樣的服務，但是他們並不曉得去哪裡尋覓這樣的人才？我提供給他當地 RID 分會負責人的名字，而且這位負責人也同意協助這樣的安排……

上面的例子呈現的是，一位聽障者在進入司法系統時，經常會出現的問題。

1. **聽障者對於其自身英文能力的察覺**：一般而言，聽障者對於使用英文是很痛苦的，而且，衍生出許多令他們深感困擾的問題。因為聽障者的表達無法被外界細心地理解，所以，他們經常被迫用筆談的方式與外界溝通。

2. **在威權機構內（例如警察單位或法庭），聽障朋友會更顯被動**：基本上，被動行為會激發與溝通障礙有關之挫折與憤怒，進而容易忽略聽障者的權利與需求。

3. **對專業翻譯者的認識有限**：直到最近幾年，專業翻譯者才出現，聽障者過去的經驗多是由朋友或家人來擔任非正式的翻譯工作。為聽障翻譯者的國家認證單位（National Registry of Interpreters for the Deaf）直到 1964 年才建立（Quigley, 1965），許多聽障者並不知道這個認證機制，也不了解 RID 的倫理守則，特別是其有關保密的相關要求。此外，因為在聽障社群訊息傳遞的速度很快，因此，與某位聽障翻譯者個人狀況有關的消息，也會在聽障社群裡散播；主要是因為之前曾有

負面經驗，所以，聽障者才會對翻譯者能否保密抱持懷疑態度。

4. **強制司法系統提供翻譯者**：因為同時缺乏對聽障者因聽覺障礙所導致的溝通困擾，以及忽略有關第504號條款要求應提供翻譯人員的規定；再者，也是因為成本的考量，造成司法系統經常拒絕提供有關翻譯人員的服務。

5. **社工人員的角色**：社工人員必須扮演教育者的功能，同時，更應進一步教育司法系統人員以及聽障者，促使其必須去關切有關翻譯人員的議題，並且要倡護聽障者的權利。相較於去爭辯聯邦政府的規定是否合理，倡護且落實有關翻譯人員的設置應是更具意義的。如果在司法系統內設置純熟的翻譯人員，則任何人都可以立刻感受到益處。

在此必須要強調，我們必須教育聽障者要多加關心自身權利，並且教導他們倡護自我權益的技巧。例如，全國聽障者協會以及全國法律與聽障者中心都持續地協助建立聽障者的庇護商店並發展相關的專業服務。雖然，聽障社工人員已經參與這方面的努力，但是，聽力正常的社工人員卻很少參與其中。至少，社工人員可以採取告知案主有關其權益的方式，提醒聽障者可以有權免費使用翻譯人員。另一方面，社會工作員可以與司法系統協商，以確保確實可為聽障案主提供翻譯的服務。為求有效達成此目標，社會工作員有必要了解有關復健法案第504號條款、相關法規部門，以及對於上述條款的分析解釋。

司法規章的復健法案第 504 號條款   206

第504號條款規定：

> 在美國，每一位身心障礙者都不能因為其身心障礙的原因，而受到與常人不同的限制，例如，排除其參與活動或是拒絕其接

受福利照顧。接受美國聯邦政府財務資助的任何方案或活動均不得歧視身心障礙者。（*Federal Register*, May 4, 1977）

社工人員其實並不熟悉在文獻或是法律專業術語等相關司法規章、法院判例、各州法律，以及國家法律與聽障者中心的刊物中不斷被引用的第 504 號條款（National Center for Law and the Deaf, *Newsletter*, September 1980）。針對社工人員以及其他為司法系統中的聽障案主服務的專業人員，法規部門特別提出以下數點的提醒：

- 凡是接受聯邦政府財務資助且受雇員工在 15 人以上者，必須提供精通手語的翻譯人員。
- 執法機關有義務告知聽障當事人，其有權利免費使用執法機關所提供的合格翻譯人員（如果可能的話必須是合格者），而且必須視聽障當事人是使用 ASL 或是手語英文，而相對提供不同的翻譯人員。
- 執法機關必須設有 TDD 的設備。
- 凡是接受聯邦政府財物補助的民、刑事法庭系統，均應提供合格的翻譯人員。
- 無論是看守所或是矯治機構均應提供合格的翻譯人員，以便聽障者有可能可以接受復健處遇計畫。
- 當一位貧窮的被告使用法院所提供的公設辯護人時，法庭也必須提供翻譯人員參與所有的準備程序與訴訟過程。
- 被害人與原告都必須提供其翻譯人員。
- 由執法機關所贊助的教育方案時，也必須一併提供專業翻譯人員。

聽障者與扮演陪審團角色

Lowell Myers 是一位聽障律師，他因著為聽障被告 Donald Lang 辯護而成名。Donald Lang 被控在芝加哥殺害一位女性，Myers 面對的是位既不會

讀寫、也不會讀唇語的當事人，經過刑事司法系統的委任程序，Myers 努
力地撰寫書狀為其當事人辯護。就像他在當年（1964）向陪審團所提出的
證詞：

> 如果一位聽障者預期將被選為陪審團的一員時，卻以其因為
> 聽障緣故無法聆聽法庭進行的各項證詞，而被拒絕進入陪審團
> ……。由此可見，像我當事人的情況，當然也就不適合入監接受
> 徒刑。

　　當然，像聽障者不能成為陪審團的情形已不再常見，因為至少在麻州、
華盛頓州以及加州，聽障者藉由合格翻譯人員的協助已能稱職地扮演陪審
團的角色。

對司法系統內之實務社工人員的指引

　　因為聽障者與司法系統間的溝通障礙是一頗大的問題，本章聚焦的重
點之一即在於，透過提供翻譯者以及運用遠距通信設備等來釐清並解決前
述問題。但是，也因為這些問題尚未獲得解決，而提醒社工員必須多關注
這類問題。

　　矯治機構內的社工人員必須意識到，羈押在拘留所內的被告或是在監
服刑的受刑人，其生活是被孤立且崩解的，如果再加上被告或受刑人是聽
障者，這個現象會更加嚴重。縱然有提供翻譯人員，也不可能每日均能在
聽障者與工作人員之間協助翻譯。一般人與聽障者互動的不安經驗不僅讓
情境變得更複雜，也使得一般人會選擇逃避與聽障者互動。在聽力正常的
世界裡，聽障者只是少數族群，且終其生活都在掙扎著與一般人溝通。大
部分一般人都沒有與聽障者溝通的經驗，且初次的溝通經驗也大多是焦慮
的。社工員雖不免也會有類似的反應，但因為溝通在社會工作專業中具重

要意義，而更突顯這是個棘手的問題。另一方面，自覺也是同樣重要的，因此，社工員不僅要習慣這些不安的經驗，而且要面對這些嶄新經驗的挑戰。

　　如果一個社工員不能流暢地使用手語，而聽障的案主卻又高度仰賴手語溝通，此時若無法藉助專業的翻譯人員，那社工員與聽障者的溝通將會是膚淺的。運用翻譯人員確實會有助於溝通，但社工員也必須了解當會談時有第三人在場，對於自然關係的建立是會有所影響的（Vernon, 1965）。一般常見的情況是聽障案主與翻譯人員很難建立關係。但是，當社會工作員決定介入協助聽障案主，或是基於法律規定代表該當事人時，且會談本身的功能外，仍極有可能為聽障案主提供其他協助時，前述的溝通障礙亦非是無法克服的。雖然，工作者經常被教導需尊重個案，但仍經常疏忽與聽障個案講話時應面向著他，以方便個案能直接閱讀其唇形變化、輔以手勢與肢體語言，或是試著以用手翻動字母卡進行簡短、簡單的溝通。雖然，字母卡方式不適用在冗長、抽象或長時間的溝通，但是它相當適宜用在簡短的交換意見。字母卡的好處是它簡單易學，任何工作者都不需花費太多時間在學習使用方法方面。字母卡可以在當地或是各州有關聽障者的組織免費取得。前面案例所提到的青少年 Steve，就相當滿意這樣的工具，因為他兩度進出觀護所，均因為無法與其他人溝通，致其覺得收容的經驗是非常無聊與乏味的。

　　有意思的是，曾有少數成年受刑人在獄中主動學習手語，並試著與長期孤立、疏離的聽障受刑人溝通。這種情況讓雙方均受益，可以開啟此有意義的溝通，讓參與的受刑人很以自己為傲、也很有成就感。這項計畫有一潛在好處就是，減少許多受刑人（不論是否屬聽障的受刑人）在服刑期間經常表現出的無聊感與無意義感。

　　另一項有用的資源是，許多宗教或教派的神職人員被訓練能夠使用手語，且係安排來為這些受刑人服務。許多耳熟能詳的宗教均有類似組織或特定服務項目，是針對這些聽障的受刑人。如果一位聽障受刑人有宗教信仰，或是有意接受某個宗教信仰時，此時就相當適合安排一位神職人員或是志工人員前去拜訪這位受刑人。這樣的安排不僅為受刑人提供靈性生活，

且也是提供一種正向的社會互動。至於其他的社會工作干預，則應注意不可強迫案主接受宗教信仰，而是要試著評估案主在其他方面的潛在需求或支持。

　　成人犯或少年犯需要社工人員、精神科醫師、心理學家、心理衛生或是其他人群服務專業人員的協助嗎？不論是一般人或是聽障者，現在都已經有更多機會可以找到有合格專業人員參與的方案計畫，且這些專業人員都具有處遇聽障案主的專業知能與經驗。提供這些計畫的包括心理衛生組織、家庭服務機構、精神科醫院以及職業復健機構等。 209

　　前面所提到的 A 家庭，即同時被納入司法系統與社區心理健康計畫，雖然這個體系的關係有時候是相當緊張的；這個案例呈現出在一個心理健康計畫裡，少年法庭工作者與一位嫻熟聽障知能與手語的社工人員攜手合作的情形。儘管在少年法庭的訊問中，仍會面對是否提供翻譯人員的問題，但不可諱言地，觀護人與心理健康計畫的社會工作員必須攜手合作。因此，觀護人與心理健康計畫的社會工作員在 Steve 接受觀護期間，為了檢視案主的目標與改變情形，觀護人與社會工作員必須有數次的會談。經過六個月後，Steve 已經重返學校且規律地上課，他的學業成績也有些微的進步；此外，大部分時間也能夠遵守少年法庭的宵禁規定。雖然，他的雙親一直擔心少年法庭所提供的外在控制會有結束的一天，但 Steve 的觀護處分終究必須結束。現在，Steve 與其父母持續地與心理健康計畫的社會工作員晤談，以求穩固原先所設定的目標。

結論

　　在美國，聽覺障礙是一種單一且常見的身心障礙類別，其發生頻率甚至還較視障和心臟疾病來得普遍。一項針對聽障的人口普查數據顯示，全美約有 1,340 萬人聽力有問題，其中有 1,767,000 人是屬於全聾的（Schein & Delk, 1974）。此外，在整個主流社會裡，例如教育系統、社會福利系

統、健康照顧服務輸送系統，當然也包括司法系統，都很少去理解和回應聽障者的需求。回顧歷史，社會工作專業，無論是就政策或是實務層面，均相當廣泛地關心不計其數的各種議題。因此，社會工作專業必須透過教育的方式更廣泛地認識聽障的議題、學習與聽障者溝通；同時，也要與司法系統或是其他領域的專業工作者一起工作，更接近聽障的案主、回應他們的聲音，就如同服務一般的案主一樣。

REFERENCES

參考資料

Best, Harry. *Deafness and the deaf in the United States.* New York: Macmillan, 1943.

Dubow, Sy and Geer, Sarah. Eliminating communications barriers for hearing-impaired clients. *Clearinghouse Review,* May 1981, *15(1),* 36–44.

Federal Register. Wednesday, May 4, 1977, *42*(86), 22676.

Furth, Hans G. *Thinking without language: Psychological implications of deafness.* Toronto: Collier-Macmillan, 1966.

Gaw, Albert C. *The legal status of the deaf.* Washington, D.C.: Press of Gibson Brothers, 1907.

Goldberg, Larry J., Gardner, E. Elaine and Dubow, Sy. Rights of the deaf. *Trial.* February 1981, *17(2),* 39–41.

Guilty or not guilty? *American Annals of the Deaf,* January 1871, *16(1),* 33–42.

Jeffers, Janet and Bailey, Margaret. *Speechreading (lipreading).* Springfield, IL: Charles C Thomas, 1971.

Lawrence, Ivan E. *Is justice deaf?* Florida Registry of Interpreters for the Deaf, 1972.

May an uneducated deaf child be a competent witness? *American Annals of the Deaf,* October 1886, *31(4),* 272–281.

Mood, Francis P., Jr., Frost, Mandeville A., and Turner, Lawrence, Jr. *The law relating to deaf mutes.* Virginia University Department of Law, 1962.

Myers, Lowell J. *The law and the deaf.* Washington, D.C.: U.S. Department of Health, Education, and Welfare, 1964.

National Center for Law and the Deaf. *Newsletter.* Washington, D.C.: Gallaudet College, September 1980.

Palumbo, Dolores V. *An investigation into the educational, social and legal status of the deaf in the 19th and 20th centuries.* Unpublished masters thesis, Southern Connecticut State College, 1966.

Part
. . . .
4

少年刑事司法方案與服務

引言

213　　　此部分章節主要探討社工人員進入少年刑事司法體系的脈絡，少年刑事司法方案關注非行少年，而且，這些少年多被標籤為無可救藥、怠惰和／或逃家、逃學者。社工人員主要的服務對象，則是那些被逮捕、等候少年法庭聽證會、轉向至特定方案、被拘留、處於少年法庭訴訟中、裁定緩刑，以及／和被裁定安置於少年服務中心或團體之家的青少年。

　　　這些章節強調，社工人員最有可能在少年法庭、保護管束和社區團體之家等環境中，干預這些惹出麻煩的兒童和青少年型。

　　　Carolyn Needleman 在第十四章指出，要了解社工人員在少年刑事司法體系所面臨的實務問題，則必須理解這體系本身的基本意識型態衝突。本章回顧少年法庭的更生復健理念，以及對法院制度不滿意的三種主要意識型態：憲法學者認為欠缺適當控告程序，應報式正義認為未能對觸法者施以必要懲罰，人道主義則關注少年法庭之判決目的和現實狀況間資源缺乏之落差。這三個批判性觀點在這幾年均影響著少年法庭的發展。然而，每一意識型態所提出的改革各不相同，因此，目前少年刑事司法體系已存有不相一致甚至矛盾之工作模式。

　　　第十五章描述 Carolyn Needleman 在紐約家事法庭（New York Family Court）之研究結果，她運用參與觀察法研究社工人員應付少年法庭的問題和行動。社工人員涉入少年法庭之型態，會隨其法律權限而有很大變化。有時候，社工人員是直接被法庭雇用，通常是擔任觀護人；有時候，他們是服務於和法庭關係密切之社會服務機構，其工作性質則較為獨立自主。他們以各式各樣的方式和法庭配合，包括：受案審查與審前服務、犯罪少年心理評估、犯罪少年社會環境調查、法庭作證、保護管束，以及從事法院指定的特定社會服務。本章也討論三個常會造成沉重壓力的原因：角色不一致、訓練不符合，以及各種專業角色之間的緊張關係。作者最後提供一些實務上建議，以利社工人員在少年司法體系中可更為自在、有效地工作。

　　第十六章是由 Tom Roy 所撰寫，他探討社會工作在少年刑事司法體系中之團體照顧之家的實務工作狀況。有兩個已被確立之實務工作形式：(1)直接服務：提供照顧；以及(2)間接服務：提供社會支持。在直接服務角色上，Roy 討論社工人員不僅提供團體之家中的青少年特定服務，也要服務其他工作人員和青少年的父母。在討論社工人員間接服務的角色時，他聚焦於社工人員應扮演協調者、方案發展者、倡護解說者與訓練者。他認為，傳統社會工作教育較為偏重提供直接服務角色訓練，然而在團體之家中，屬間接服務之社會支持工作消耗社工人員大部分的時間。本章提出一些職責導向的活動設計，可讓社工人員在提供間接服務時作為參考之用。

第14章 少年司法哲學的爭辯

在與少年司法有關的實務上，社會工作者都面臨著一個問題，那就是少年司法體系自身基本意識型態的矛盾。在一開始，美國的少年法庭與其他司法體系分屬不同部門，而少年刑事司法的目標是要結合社會福利，但是我們發現，要結合刑事司法的目標與社會福利的關注，基本上是難如登天。

社會福利與復建是少年法庭一直強調的，實際上，這相當程度受到十九世紀末期社會改革運動的影響，其中頗多的女性主義者甚至被稱為「兒童拯救者」（Platt, 1969），例如像 Jane Addams，就是一位將社會工作發展成一項專業的傑出人物。

這些兒童拯救者一開始試圖要改變少年司法的傳統時，確實是遇到相當的困難（"An Historical Overview", 1975），而都市化的快速變遷與城市貧富差距懸殊所造成的副作用之一，就是出現一大群缺少家庭和社區支持的兒童；他們經常乏人照料而且常常無家可歸，他們的生活方式全靠他們

的機智：乞討或偷竊。當他們被逮捕時，這些小孩便和成年罪犯關在一起。為了這些尚不稱為嚴重的犯罪行為，他們卻受到和成年罪犯一樣的懲罰，甚至是極嚴重的死刑。最後，他們常常會來到「庇護所」，這是一個他們可以提供廉價勞力給附近工廠經營者的地方；有些孩子則是成了捕鯨船船長或農夫的得力助手；或是被送去西部的牧場工作。他們的親生父母通常是從外國移民而來且是貧困的，他們通常很難從政府體制中重新獲得監護權。這些兒童拯救者試圖創造一個獨立的少年法庭來達到改善這個可憐處境，也就是以更人道的手段來對待那些做錯事而且仍需照顧的孩子們。

216　　　除了同情，這些兒童拯救者也發展出干預犯罪行為的新哲學（Platt, 1969）。有一種普遍又宿命的看法，認為犯罪者都是天生且墮落的，為了挑戰這個觀點，兒童拯救者推動一個頗具啟發性的犯罪原因理論：犯罪行為不僅僅可能來自於生物遺傳，也有可能是來自罪犯的家庭生活跟社會環境中的負面因素。因此，為了強調這些年輕罪犯是足以被改變的，建立一個獨立的法院體系來改善這些罪犯而非懲罰他們是有道理的。

　　　兒童拯救者成功地將他們的想法轉化為政治行動，他們受到更廣泛的支持，例如，芝加哥的教育委員會（Educational Commission of Chicago）提出將這些想法融入義務教育。芝加哥教育委員會指出：

　　　　　我們應該合法地擁有權力來阻止所有的小乞丐們、遊手好閒者和流浪者出沒在我們的城市中，我們應該將他們帶離街道，而把他們安置在學校裡。在學校，他們可以被強迫接受教育和學習道德原則。（Harpur, 1899）

　　　他們努力的成果就是 1899 年在伊利諾州成立了全美第一個官方的少年法庭，這個少年法庭的條例很快就成為其他州的參考典範。接下來的二十年，大部分的州都成立了各州為兒童而設的獨立法庭，到了 1932 年，全美有超過 600 間的獨立少年法庭（Platt, 1969）。

　　　為了維持少年法庭非懲罰性目的，新的少年法遵循較多非正式的程序而非複製成人法庭的程序。審問並不是製造對立，而是以組織地考慮孩子

最佳利益為主軸。就像 Jane Addams 熱情的論點：「在孩子被帶到法官面前時，並沒有人要起訴他，而且也沒有人要為他辯護——法官擔心的是要試著找出對於孩子所表現出來的行為，有什麼是可以為他做的。」（An Historical Overview, 1975）這個新法庭的理論基礎是嚴厲但仁慈的，國家就彷彿是一對嚴厲但慈善的父母，他們會同情且顧慮到孩子的所有情境，而且會以獨特的、個別化的處置計畫來達成協助孩子復原的目的。

不幸地，新的社會福利觀點與源自刑事司法系統的少年法庭彼此間的維繫與配合是很糟糕的，這些前後矛盾的結果可從下述三種不同論點中呈現。

憲法學者的評論

新的法庭原則雖然是緩和地出現，但卻在處理犯罪少年的合法訴訟程序上出現一些令人不安的徵兆（Platt, 1969; Fox, 1970; Schur, 1973; Ryerson, 1978; Sosin & Sarri, 1976; Lemert, 1967, 1970）。少年法庭被冀望擁有和成人刑事法庭相當不同的風格，但結果可能卻是更嚴重的。事實上，因為不能確定對少年的判決，一個做錯事的孩子可能會比觸犯同樣罪行的成人被監禁更久（Lerman, 1970）。在少年法庭的設計裡，孩子被賦予像成人那樣的權利，結果未能受到法律保護。

將近半個世紀，「傳言證據」（evidence）在其他法庭是不被接受的，但在少年法庭卻是被允許的；同時，審訊筆錄的副本並未作定期的保存以作為上訴之用；犯罪少年亦沒有被合法告知權益；法院完全未考慮上述這些可能引起激烈反應的不當措施。基本公民的自由權，像是無罪推定、運用特別權利讓當事人接受認罪，以及保持沉默等權利，當少年法庭訴求非正式的訴訟程序時，這些權利往往都是含糊不清的。

這類持續增加的情形愈來愈令人擔心，在 1960 年代，由政府負責監護的概念明顯出現曖昧的情形。例如，界定犯罪少年與國家的關係就彷彿如

同「父母與小孩」的關係，因此，國家就剝奪這些犯罪少年的公民權利，也允許國家如同是父母般霸道地對待這些少年。對憲法學者來說，合法訴訟程序的缺點遠超過任何社會福利的利益，這可能是源於少年法庭鬆散的訴訟程序與不明確的規定所導致的結果。就像美國最高法院評論：「在我們的憲法中，以私設公堂的方式來對待一位男孩並不合理。」（*In re Gault, 1967*）

應報式正義的批判

　　某些批判者曾提出一項相當不一樣的主題，他們擔心社會福利取向的少年法庭會傷害以道德為基礎的社會（Hirsch, 1976; van den Haag, 1975; Morris, 1974; Wilson, 1975）。根據這個論點，一個合法系統原始的存在是因為要展現並達成社區的社會規範。一旦規範被破壞時，法院就有義務要對此有所回應，法院要能確保整個社區的正義意識，同時還要對社區民眾提供道德方面的教育。因此，當少年法庭只專注於犯罪少年的最佳利益時，反而忽略懲罰其違反規則的行為，刑法的合法性會因此而受到傷害。潛在的犯罪者無法受到威嚇，司法體系也喪失扮演適當的應報功能，社區自然會開始對司法體系喪失信心。

人道主義的批判

　　第三個批判的觀點是來自人道主義，在人道主義者的眼中，他們發現，社會工作員經常被少年法庭特殊的社會福利意識型態，與其日常社會工作實務間的差異而深深困擾。舉例來說，對兒童提供庇護服務以避免他們和成人罪犯來往，因此，法庭會審酌審判前究應將犯罪少年責付給他們的父

母監護較適當呢？還是繼續收容這些兒童？但是，超過半數以上的兒童優先被法庭交付審理，而非立即責付給父母或監護人（Empey, 1978），但此時，法庭卻又經常遇到無地方收容他們的窘境（National Council on Crime and Delinquency, 1967; Children's Defense Fund, 1976），因此曾有研究者估計，每年約有 50 萬名兒童暫時被收容於成人監獄（Sarri, 1974）。

這種情景的下場經常是殘忍的，因為這些場所的環境往往相當簡陋。有份報告指出，80%的兒童不適合被安置在監獄裡，甚至連成人也不適合（National Council on Crime and Delinquency, 1967）。除此之外，這裡有很好的案例顯示，被收容的少年同時被管理人員和同囚房的同伴施以暴行。舉例來說，維吉尼亞州最大的分區監獄，有一位 15 歲的少年，因為替一位聾啞與重病的囚犯請求就醫，旋即遭到催淚瓦斯的襲擊；在密蘇里州，一位 17 歲的少年被同囚房的同伴踢死；一位 17 歲的少年在邁阿密監獄中被謀殺；愛荷華州，有位 16 歲的少年因為涉嫌脫逃，而被吊死在他自己的單人囚室內（Goldfarb, 1976）。這些殘忍的事實彷彿是對著少年法庭的失敗而在深沉吶喊。

人道主義的批判也發現，少年法庭審問的過程有些瑕疵，基本上，法庭對於有關兒童的最大利益應該經過深思熟慮，並做出具備專業素養的判決書，而有豐富經驗的法官應該依據審判結果，來幫助這些陷於困境的兒童與適度予以指導，但實際的情況卻經常並非如此。1967 年的總統委員會（Presidential Commission）中曾列出一系列令人沮喪的缺點。首先，多數少年法庭的法官並非遴選自具有相關專業背景或訓練的人，反而是由缺乏此特殊專長的人出任，其中只有半數具大學學歷程度。其次，少年法庭庭訊時間平均都少於 15 分鐘。第三，觀護人雖可協助蒐集有關兒童的社會環境資訊，但是觀護人所承辦的案件量極高，以致少年法庭法官可得到之觀護人協助十分有限；另有 83%的法官表示，法庭並沒有提供精神病學與心理學的協助（President's Commission, 1967）。也有其他報告指出，法官將少年法庭視為低聲望的工作，故會盡可能避免擔任此工作（Rubin, 1976a）；在司法體系中，大多允許法官將少年業務和其他法庭服務混在一起處理。1973 年的調查發現，在 1,314 位少年法庭的法官中，平均 10 位裡

219

面，就有 9 位法官表示他們約只花一半或更少的時間在審理少年事件上（Smith, 1974）。

由於觀察到這些缺點，人道主義批判者認為，少年司法對於承諾的實現仍顯不足，儘管最初法庭的社會福利哲學是正確的，但並無法期待現有體系可落實這個觀點。

爭辯與改革後的成果

對於少年法庭的批判其實是來自不同的專業，也各自有其對少年法庭不同的期待，毫不意外地，這些不同專業對於少年司法改革自有不同的方向（Empey, 1979）。

憲法學者透過最高法院對重大事件的一系列判決，引起一股改革的風潮。在 *Kent v. United States* 的案件中，最高法院關注此判決未能對少年提供憲法保證，進而宣告以刑事訴訟程序作為提供少年仁慈處遇的交換是粗劣的交易，因為這將使犯罪少年暴露於兩害的環境中（383 U.S. 541, 1966: 555-56）。接下來幾年（387 U.S. 1, 1967），*Gault* 更進一步指出，某個特定案例中，一位亞歷桑那州的 15 歲男孩，因為打騷擾電話給鄰居，所以，他被含糊地裁定需最多被安置在機構中五年；但是當他滿 18 歲時，如果他再打騷擾電話，最高的判決僅是處以 50 美元罰款，或是兩個月有期徒刑而已。除了上述所提到這個嚴肅的判決之外，Gerald Gault 的少年司法經驗，有一案例在裁決中是明顯地違背第 14 號權利修正案，因此，最高法院明白指出，犯罪少年的權利得由律師全權代表陳述、告知其特定責任、面對和盤問證人，以及要求運用特權使別人自行認罪等。為增加對少年權利之保護，1970 年 *Winship* 的案例（397 U.S. 358）指出，少年法庭的判決中應說明事實調查過程，也就是當判決少年案件時，必須和判決成人案件一樣，對於所有可能影響判決有罪的證據都必須保有合理懷疑（*In re Winship*, 1970: 365）。

這些著名的判例顯現最高法院的努力，試圖將許多模稜兩可、難以推行的少年法庭制度廢除，並且允許可換另一位仁慈的法官來做審判（*In re Gault*, 1967: 21）。相較於其他司法制度，憲法對於賦予少年法庭有關權利的腳步明顯地晚了許多（Sosin & Sarri, 1976; Sosin, 1978）。

220

同時，正義與保護是兩個完全不同的目標，對正義的要求使得少年法庭有權放棄他們的司法權，而將重罪案件轉移到刑事法庭，讓少年犯如同成人一般接受審訊，而這將迫使少年更加容易脫離少年法庭的庇護，而這規定通常適用於 16 歲以上的犯罪者（National Advisory Commission, 1973a）。但從近期，特別是在都市地區，少年犯罪日趨暴力化的趨勢來看，某些法院降低將少年轉移至成人法院的年齡限制，有些甚至降至 13 歲。在此法實施後，呈現的是對犯罪者的苛刻要求與受到更多的懲罰。刑事法庭的價值被定位在正義與應報，甚至不會因為他們是少年而縱容諸如謀殺、強暴、職業竊賊等重大犯罪。雖然相關證據顯示，甚少有法律會放棄少年司法審判權 （Sarri & Hasenfeld, 1976），但降低最小年齡標準代表著減損少年司法改革的成果。

什麼是社會工作人道主義者？他們的影響激發了兩項重要的改革。首先，是整編少年法庭成為一個新機構，亦即「家事法庭」，這個由全國法庭設立標準顧問委員建議的組織變動（1973a），允許法院成立獨立部門，此獨立部門需同時考慮處理犯罪少年、虞犯少年，甚至還含括處理家事案件，包括虐待兒童、兒童監護權、扶養費、收養、家庭暴力與家事協商等。這樣的努力一方面強調少年司法對犯罪重要性的關切，同時也將少年犯的行為視為家庭問題的類型之一，但是，卻僅有少數州採取上述這種步驟（Levin & Sarri, 1974; Ketcham, 1978）。

第二個關於人道主義改革方向，是致力於改變早期法院刑事訴訟過程（Lemert, 1971; Cressey & McDermott, 1973; Nejelski, 1976）。一般而言，虞犯少年所造成的傷害僅及於少數被害人，甚至尚不構成犯罪行為，這樣的情形特別適用於轉向處遇的對象。超過半數的案件，經由個別化處理，使得虞犯少年更容易進入轉向處遇 （Empey, 1978; Levin & Sarri, 1974）。

221

在有關少年司法判例的報告中經常有如下的建議：虞犯少年應該完全自少

年司法系統裡撤離,而轉入非司法的青年服務處（Youth Service Bureaus）或社會福利機構（President's Commission, 1967; National Task Force, 1977; Institute of Judicial Administration & the American Bar Association, 1977 ）。

　　社會工作者在處遇犯罪少年時,當少年法庭的意識型態與目標卻又是如此被強烈割裂時,無可避免地,社會工作者必會遭遇少年司法政策上所呈現的矛盾與混淆。現在,讓我們開始關注社會工作者在少年法庭中可以勝任的角色。

REFERENCES

參考資料

An historical overview of the establishment of the juvenile court system in the United States. *Landmarks in Criminal Justice, No. 6.* Haddam, Conn.: Connecticut Criminal Justice Training Academy, 1975.

Children's Defense Fund. *Children in Adult Jails.* New York: Washington Research Project, Inc., 1976.

Cressey, D. R., & McDermott, R. A. *Diversion from the Juvenile Justice System.* National Assessment of Juvenile Corrections. Ann Arbor: University of Michigan, 1973.

Empey, L. T. *American Delinquency: Its Meaning and Construction.* Homewood, Ill.: Dorsey Press, 1978.

Empey, L. T. (Ed.). *The Future of Childhood and Juvenile Justice.* Charlottesville: University Press of Virginia, 1979.

Fox, S. Juvenile justice reform: An historical perspective. *Stanford Law Review,* 1970, 22, 1187–1239.

Goldfarb, R. *Jails: The Ultimate Ghetto.* New York: Anchor Books, 1976.

Harpur, W. R. *The Report of the Educational Commission of the City of Chicago.* Chicago: Lakeside Press, 1899.

Hirsch, A. von. *Doing Justice: The Choice of Punishments.* Report of the Commission for the Study of Incarceration. New York: Hill and Wang, 1976.

Horowitz, D. L. *The Courts and Social Policy.* Washington, D.C.: The Brookings Institution, 1977.

In re Gault. 387 U.S. 1, 18L. Ed. 2d 527, 87 S. Ct. 1428. 1967.

In re Winship. 397 U.S. 358, 25L. Ed. 2d 368, 90 S. Ct. 1068. 1968.

Institute of Judicial Administration and the American Bar Association (IJA/ABA). *Standards for Juvenile Justice: A Summary and Analysis.* Chicago: American Bar Association, 1977.

Kent v. United States. 383 U.S. 541, 16L. Ed. 2d i4, 86 S. Ct. 1045. 1966.

Ketcham, O. W. The development of juvenile justice in the United States. Pp. 9–42 In Stewart, V. L. (Ed.), *The Changing Faces of Juvenile Justice.* New York: New York University Press, 1978.

Klein, M. W. (Ed.). *The Juvenile Justice System.* Beverly Hills: Sage Publications, 1976.

Lemert, E. M. The juvenile court—quest and realities. Pp. 91–106 in President's Commission on Law Enforcement and Administration of Justice, *Juvenile Delinquency and Youth Crime.* Washington, D.C.: Government Printing Office, 1967.

Lemert, E. M. *Social Action and Legal Change: Revolution within the Juvenile Court.* Chicago: Aldine, 1970.

Lemert, E. M. *Instead of Court: Diversion in Juvenile Justice.* Chevy Chase, Md.: National Institute of Mental Health, Center for Studies of Crime and Delinquency.

1971.

Lerman, P. Beyond *Gault:* Injustice and the child. Pp. 236–250 in Lerman, P. (Ed.), *Delinquency and Social Policy.* New York: Praeger, 1970.

Levin, M. M., & Sarri, R. C. *Juvenile Delinquency: A Comparative Analysis of Legal Codes in the United States.* National Assessment of Juvenile Corrections. Ann Arbor: University of Michigan, 1974.

Morris, N. The future of imprisonment: Toward a punitive philosophy. *Michigan Law Review,* 1974, *72,* 1161–1180.

National Advisory Commission on Criminal Justice Standards and Goals. *Courts.* Washington, D.C.: Government Printing Office, 1973. (a)

National Council on Crime and Delinquency. Correction in the United States. Pp. 115–212 in President's Commission on Law Enforcement and Administration of Justice, *Task Force Report: Corrections,* Washington, D.C.: Government Printing Office, 1967.

National Task Force to Develop Standards and Goals for Juvenile Justice and Delinquency Prevention. *Jurisdiction – Status Offenses.* Washington, D.C.: National Institute for Juvenile Justice and Delinquency Prevention, 1977.

Nejelski, P. Diversion in the juvenile justice system: The promise and the danger. *Crime and Delinquency,* 1976, *22(4),* 393–480.

Platt, A. *The Child Savers: The Invention of Delinquency.* Chicago: University of Chicago Press, 1969.

President's Commission on Law Enforcement and Administration of Justice. *Task Force Report: Juvenile Delinquency and Youth Crime.* Washington, D.C.: Government Printing Office, 1967.

Rubin, H. T. The eye of the juvenile court judge: A one-step-up view of the juvenile justice system. Pp. 133–159 in Klein, M. W. (ed.), *The Juvenile Justice System,* Beverly Hills: Sage Publications, 1976.

Ryerson, E. *The Best-Laid Plans: America's Juvenile Court Experiment.* New York: Hill and Wang, 1978.

Sarri, R. C. *Under Lock and Key: Juveniles in Jails and Detention.* National Assessment of Juvenile Corrections. Ann Arbor: University of Michigan, 1974.

Sarri, R. C., & Hasenfeld, Y. (Eds.), *Brought to Justice? Juveniles, the Courts and the Law.* National Assessment of Juvenile Corrections. Ann Arbor: University of Michigan, 1976.

Schultz, J. L. The cycle of juvenile court history. Pp. 239–258 in Messinger, S., et al. (Eds.), *The Aldine Crime and Justice Annual, 1973.* Chicago: Aldine, 1974.

Schur, E. M. *Radical Non-Intervention: Rethinking the Delinquency Problem.* Englewood Cliffs, N.J.: Prentice-Hall, 1973.

Smith, D. C. A profile of juvenile court judges in the United States. *Juvenile Justice,* 1974, *25,* 27–38.

Sosin, M. Due process mandates and the operation of juvenile courts. *Journal of Social Service Research,* 1978, *1,* 321–343.

Sosin, M., & Sarri, R. C. Due process – reality or myth? Pp. 176–206 in Sarri, R. C., & Hasenfeld, Y. (Eds.), *Brought to Justice? Juveniles, the Courts, and the Law,* National Assessment of Juvenile Corrections. Ann Arbor: University of Michigan, 1976.

van den Haag, E. *Punishing Criminals.* New York: Basic Books, 1975.
Wilson, J. Q. *Thinking about Crime.* New York: Basic Books, 1975.

第 **15** 章

社會工作與犯罪少年

本章將要檢視社會工作與少年法　224
庭的關係、任務與功能，包括二者如
何致力於調和專業訓練，以及少年刑
事司法體系的需求與限制等，這是一
個錯綜複雜又常被討論的議題。本章
希望藉此讓讀者了解，社工人員在司
法系統中如何提供犯罪少年及其家人
社區服務。

少年事件審判的兩難

1990 年代中期，美國瀰漫著一股
迷茫且矛盾的政治氣氛，民選的國會
議員改變了國家機關的基本結構，但
是，民眾似乎對於現狀及政策的搖擺
不定感到憂慮。犯罪少年的犯罪行為
所突顯的種種不同意義則困擾著大
家，而在扭曲政策的決議下，少年司
法制度似乎受到更大的影響，這些都
是我們目前正面臨的情況。

在制度不穩定的環境中，將更難

以預測未來社工人員在少年刑事司法體系中的角色。一方面,社會大眾較希望以更嚴苛的處罰來嚇阻持續上升的少年犯罪,較少有人支持社會工作介入少年刑事司法體系。強勢的倡護者認為,少年犯罪既然是社會工作應處遇的問題之一,就不應該忽略受害者的權利;同時,社會工作的介入也破壞公平正義以及應報原則。此外,社會工作對於犯罪少年的處遇效果如何呢?這一直是個難以明確回答的問題。即使少年刑事司法體系贊成社會工作介入協助,然而,嚴肅的預算壓力讓他們必須面對現實,因此,必須控制、縮減社會工作評估與處遇的介入。

225 同時,另一方面,也有愈來愈多人支持,認為社會工作對少年刑事司法的介入,是最實用、最能達到犯罪控制之有意義作法。最近,聯邦政府率先投入龐大的預算,以提供犯罪少年或虞犯少年福利服務。諸多事例,例如 1994 年的犯罪法案,以及 1994 年針對特定區域提供的增權(empowerment)補助金。支持這些方案的人指出,透過社會工作之有效干預可預防非行行為,並降低再犯率,進而減少監禁處遇所需的高額經費。他們也指出,縱然把犯罪少年監禁起來,最終還是要讓他們回歸社會,成功的處遇能保護社區的最大利益,也有益於個別犯罪者。根據他們的觀點,唯一能控制經費與確保社會安全的實際方法,就是針對犯罪少年提供預防性和復健性的社會服務方案。

上述這兩個極端分歧的觀點,以不同方向而各自影響著少年刑事司法體系。這種緊張關係多少也突顯出雙方對於如何適當且有效處遇犯罪者之文化價值觀衝突(Binder et al., 1985),這亦反映出國家對持續攀升的少年犯罪率感到憂慮(Treaster, 1994a)。而搖擺不定的議論更加深政策對於是否應該縮減一些看似非必要之社會福利服務經費,以及應該削減多少經費、又應該削減哪些社福經費的爭議。

對於上述之對立觀點,本章的立場非常謹慎。首先,本章將描述社會工作在少年法庭運作中較常發揮之功能,在可見的未來,社工人員的角色在少年法庭中是不可或缺的,但是卻非輕鬆的工作。再者,本章將簡述社工人員在社區中如何運用少年服務方案間接與少年法庭合作。最後,本章還會論及服務方案的成本與成效,對未來社工人員在此領域之角色的重要

影響。本章亦涵蓋討論未來社工人員服務犯罪少年的機會，以及應具備之專業訓練內涵。

傳統社會工作在少年法庭的功能

　　要檢驗社工人員如何介入少年法庭，必須先從認清兩個相關的事實著手。第一，因為少年法庭素來缺乏一貫性的組織，當社工人員在某法院的轄區執行業務時，其工作內容並不一定會出現在其他地方，而且所有的工作也不一定會有相同的安排。第二，社會工作在少年審判過程中的功能，並不局限於專業社工人員才能發揮。實際上，任何人都有可能不同程度地運用個案工作、兒童倡護與社會服務方案，例如警察、觀護人、法院的心理學家、法官。因此，它是需要強制區分有專業訓練與證照的「官方」社工人員，以及那些實際上運用社會工作技巧但並無專業證照的工作者。

226

　　以下會描述一份紐約州家事法庭關於社會工作方案的研究，該研究完成於 1970 年代後期，研究焦點包括法院工作人員與相關工作者的觀點（Needleman, 1978）。在當時，紐約是一個運用家事法庭來審判、管轄犯罪少年的特例，與其他多數州的少年法庭相較之下，紐約州的作法與社會工作觀點較為一致。然而，在介入處遇的那幾年，其他州也相繼開始將社會工作專業引入少年法庭的實務工作中，社會工作功能因此更趨專業化。

　　社會工作在少年刑事司法體系的功能，包括受案審查及審前服務，這其中包括心理評估、法院調查、法庭作證、觀護處遇、保護管束與社區服務等，這些工作都成為少年刑事司法體系中常見之例行工作，而且有時候，是由那些自認是社工人員的人來提供上述服務。雖然並非絕對，但他們通常都已完成社會工作專業訓練或者相關領域（例如諮商）的訓練。

■ 受案審查與審前服務

在 1970 年代，社會工作方案係以提供「審前服務」（pre-adjudication services）開始介入少年法庭，審前受案審查主要接受警察、學校、父母與社會機構轉介被告。偶爾較小型的法庭可能不會採用這樣的機制，而是僅依靠上述轉介單位所提供之「基本審查資料」。更顯著的例子則是針對虞犯少年，法庭會將少年由法庭轉換至社區社會機構來完成受案審查（Cressey & McDermott, 1973）。但是，大多數的大型地區已迅速發展出具完善基礎的審前系統機制，而且通常是由觀護人（又稱PO）組成（National Advisory Commission, 1973b），其工作人數可能從 1 位到 12 位以上。

227

社工人員與這類受案審查單位關係密切。研究報告發現，一個大型、傳統且公正的司法單位，有40%的受案審查工作人員具備社會工作學士學位，或是曾接受 30 學分以上社會工作專業訓練；另外，20%的受案審查工作人員畢業自律師或心理學領域，或是曾接受類似訓練，且自認具備社會工作同理心（Needleman, 1978）。這超過半數以上的社工人員比例，比當時典型的國立機構還高（Eskridge, 1979）。到了 1990 年代，法院的受案審查單位中，雇用受過專業訓練的社工人員擔任觀護人的情況已經很普遍了。

受案的觀護人主要實行兩種服務：第一是審查，決定案件是否進入正式的聽證審理或是不付審查（這個選擇需經過受害者的贊同）；第二種受案服務是不付審理的案件，在限定的時間內（在紐約以兩個月為限），案件中的犯罪少年和其他相關人士進行非正式的協商和調解。在紐約法院的報告中，每個月受案審查工作人員在各種不同場合進行審查、調解的個案負荷量從 20 到 84 件不等。其中，約有半數是屬輕微犯罪行為，主要是商店行竊或搶劫；另外，有些犯罪少年的案件則涉及較大的損失或傷害；而大約有三分之一是虞犯行為，例如逃家、逃學以及家庭教養問題等。對多數的犯罪少年而言，在進行非正式調解時，觀護人僅給予嚴厲訓誡，提供資訊和介紹其他服務即可結案，他們會和孩子、家長及其他相關人士進行數次會談。有 10%的案件會進行較深入的干預，譬如每週一次諮商會談，

有時候則進行家訪。

這根據受案審查結果所採取的處遇模式頗令人關注，如同少年法庭的指導原則所出現的矛盾一樣，它清楚地呈現出「家長監護」和「公平懲罰」之間的緊張狀況。紐約研究報告發表的同時，全國的少年案件中，約有一半已在法院結案，而另一半則不付審理，被安排到非正式的調解（National Center for Juvenile Justice, 1977）。但這些審查判決並非全然立基於犯罪行為的嚴重性或行為之犯罪本質；事實上，研究報告指出，犯罪少年很可能僅因虞犯行為即被送入法院（Creekmore, 1976）。不論他們是否有受到特殊指控的情形，這些被送入法院途徑的孩子都有許多的前科（Cohen, 1975）；受案審查工作人員會將孩子標籤為無復健希望（Emerson, 1969; Cicourel, 1968）；且經過非正式調解的孩子，因種種原因而被標籤為「失敗者」，但這些原因有時與孩子自身的行為根本就完全無關（Needleman, 1978）。由於這樣的標籤效應，受案的工作人員有時會選擇在法院外處理較嚴重的案件，且不信任法院有能力可以適當地處理犯罪少年的社會福利需求（Needleman, 1981）。

228

因此，受案審查工作人員的決定並未完全遵循法律規定。一個孩子也許在犯罪後可有來自法院外的支持性諮商；而另一個觸犯同樣罪行的孩子則可能被送入法院並被拘留，只因為他的家庭環境被認定不具備管教與照顧功能。這樣的不平等一方面反映出審判對孩子有較高的關注；另一方面，也突顯訴訟過程中潛藏著社會成見的差別待遇，且公平性容易被質疑。

社會工作的額外任務是與法院受案審查工作人員的一起商議。在審查、調解過程中，受案的觀護人常會依賴來自法院外的社工人員提供資訊，他們也許會傳喚孩子學校裡的社工人員或諮商師；任何孩子曾參與之青少年方案與精神病學服務，以及曾為少年的父母或其他家人提供社會服務，例如心理健康會診、酗酒方案，或是社會福利等等的相關工作人員。

紐約的研究報告和之後的研究調查顯示，受案官員和其他社工人員之間的共同性在於他們通常具有熱忱與學院訓練。但須較嚴謹地審視這些法院外社會服務機構所提供的資訊（Lindner, 1977），特別在受案初期，有些調查發現，法院的受案審查工作人員不願把調解案件交付給法院外的社會

服務機構進行積極處遇。部分原因是因為有些觀護人並不了解社區資源，另外則是因為他們不相信法院以外的機構能像受案單位一樣有效地處理案件（Cressey & McDermott, 1973）。

心理評估

就理想層面而言，少年法庭所提供的資源，應該包括對情緒障礙或心理失常的犯罪少年提供心理評估服務，尤其當少年對自己或他人造成危險時，可根據心理評估決定是否要提供立即住院治療，這樣的處理也有助於法院後續的審理。早期，大多數法院都未提供類似的服務，或是未與其他機構簽訂類似的服務契約（President's Commission, 1967a）。但是，當少年法庭的定位變得更明確後，較大規模的司法單位都會配置，例如精神科醫師、心理學家與社工人員等人員，並提供完整的心理健康會診（Lindner, 1977）。此處的心理評估單位的功能只是提供快速的診斷，如果個案需要的是長期治療或觀察，則通常法院就會將此類個案轉介至相關機構進行個別處遇。

法庭調查

一旦少年被認定違法或是家長訴請處理其偏差行為，法院就會在審判之前安排聽證或調查，以了解與這事件有關的各層面原因，其目的為幫助法院在做出判決或處置時，可以吻合少年的個別需求。

傳統上，均由觀護部門提供上述調查結果，這和受案審查單位類似。紐約的研究報告發現，一般而言，調查觀護人曾接受過社工訓練的人數少於受案審查觀護人。不過，為了取得相關訊息，他們的調查工作必須常常要與法院外的社工人員密切聯繫，之後他們會提供法院一份完整的社會診斷報告，內容包含少年的家庭情況、同儕關係、鄰里環境、在校行為表現以及品行。

理論上，為了避免在第一次法院聽證會時若採用這些調查資料，會對

少年產生先入為主的印象，因此，社會調查的內容只會用在少年第二次的法院聽證。

法庭作證

社工人員並非隸屬於法院的正式工作人員，然有時會被傳喚出庭擔任少年法庭聽證會的證人。犯罪少年或其家人是社工人員的個案，因此對他們也會有獨到的見解，所以法官會想聽聽看社工人員的看法。有時候，少年或原告的律師也會詢問社工人員一些問題，以提出有利證據來減輕或加重刑罰；有時候，他們也會提供專業意見，建議某些有效、適當的個別化社會服務給犯罪少年。擔任法院證人時，社工人員必須明瞭其角色分際（Lindner, 1977; Bernstein, 1975），就社工人員的身分、義務、自我形象而言，我們可以清楚看見，這些法庭活動對社工人員而言著實是極大壓力。

保護管束監督

許多犯罪少年在法庭審理結束後，會被裁定接受保護管束監督，通常法官會設定特定的保護管束規定，例如學校的出席狀況、兼職工作、社區服務、參與戒酒方案、接受家庭治療師或心理衛生中心的諮商，或參與休閒方案。如何落實這些規定，關鍵即在於監督的情況，當然，控制其外出行動的自由，在法律執行面有其一定的困難。而在觀護期間，監督少年日常行為表現的工作則是由觀護部門來負責。少年均會被指定有一位特定的觀護人，並被要求定期報到藉以約束少年，而觀護人也會利用家訪或參與個案研討會的機會，來充實對少年的了解和監督。

觀護監督的目的，基本上仍具有社會控制的意義，不過，它也將觀護人帶入社會福利的色彩，並發展成為倡護兒童權益的角色。觀護部門的某些觀護人也會接受社會工作訓練（Dietrick, 1979），因為他們的工作已明顯地含括社會工作的技巧與內涵。

但是，不論接受何種程度社會工作訓練，觀護人在執行觀護監督工作

230

時，可能會因為個案量太大，以致妨礙其提供個案有意義的社會服務。尤其是當法院預算逐漸縮減，而待處理的個案量又如同成人刑事案件般逐漸增加時，觀護人僅能機械式地扮演監督角色而已。報告顯示，某些成人觀護人須監督、諮商將近 2,000 名成人罪犯（Lindner, 1994）。Irish（1989）指出，1988 年以來，在紐約每位觀護人在七年期間增加 25.3%的收案量。在這種情況下，少年觀護人似乎無法維持合理的個案工作量。

社工人員也被法院指定在少年結案後，擔任福利服務的外部提供者，此時，社福機構經常必須處理這些在法院要求下非自願進入社福體系之少年的敵對與抗拒反應。有時，法院的指定任務是不切實際或不適當，故而社工人員必須扮演轉介或媒合的角色，協助少年與其家庭和相關資源間取得連結以滿足個案需求，以提供他們更適合的社會服務。無論是接受法院的委託或被期望成為法院的代理人角色，社區的社工人員又同時必須為協助少年復健，並倡護案主的權益，基本上，這樣的角色定位確實有其兩難之處。

社工人員的角色定位

大多數的社工人員都會察覺自己在少年刑事司法體系的工作有其困難之處。當一位社工人員被雇用擔任受案審查的觀護人時，就會出現下列的情形：

我真的認為，少年刑事司法體系是一個腐爛的系統，這與我的理想有關：我不希望這些邊緣少年在這麼劣質的工作場域裡被處置……我不會去為觸犯嚴重犯行的孩子做些事情，但我會設法去了解為什麼，和如何幫助他們等真的能解決問題的事情，而不是僅僅只是懲罰他們而已。（訪問錄音；Needleman, 1978）

231

這些源自對傳統角色的歧異與對角色的倦怠感,很容易會讓社工人員產生心神不安的感覺;另一方面,可能也是因為「角色矛盾」、「訓練不符」,以及「不同專業間的緊張關係」,都有可能會出現這樣的感覺。

角色不一致

少年刑事司法體系裡的社工人員經常發現自己的角色矛盾,同時,將常被迫在兩難議題間做出痛苦的抉擇。社工人員被要求扮演觀護人時,他同時是孩子的倡護者但也是執法人員,而這兩個角色彼此間可能是尖銳而互相衝突的。舉例來說,當一個特殊的孩子進入少年司法流程時,可能觀護人會判斷這個少年需要的是諮商而非正式的法庭審訊,但是,如果受害人堅持應進行法庭審訊時,社工人員應該繼續堅持嗎?社工人員到底應該為哪一方負責呢?是否應優先考慮觸法孩子的需要,或同理被害人的需要與支持呢?社工人員是否仍應試著替被害人說話?如果社工人員為逃避這些矛盾的要求而避免與被害人接觸,在程序上是否有違法之嫌呢?

觀護人在執行監督時同樣也會面對關係建立與社會控制的矛盾情結,例如,觀護人在與執行少年緩刑的社會福利機構面談,以了解少年在緩刑期間是否有無違規情形時,有可能少年會透露緩刑期間的違規情形,這時,觀護人必須就該觸法行為有舉報的法律義務,但是這義務應該被忽略嗎?觀護人是否該藉由出賣孩子對他的的信賴,而放棄幾個月來所努力營造的關係嗎?如果觀護人一開始即讓少年知道所有的違規都必須報告,但是這又有可能放棄對少年的輔導服務……這些問題可能都是社工人員所苦惱的倫理困境(Dietrick, 1979)。

甚至隸屬於少年刑事司法體系之外的社福機構社工,在提出少年接受服務概況之法庭報告或出庭作證時,他們同樣必須面對是否該為其「客戶」保守祕密的抉擇,社福機構的社工人員一樣會面臨扮演治療與控制角色的衝突。

訓練不一致

　　社工人員在少年法庭被要求要完成許多工作，但是他們所接受的相關訓練卻是相對的貧乏。舉例來說，縱然面對機構的大量業務或是需解決的問題時，大多數的社工人員仍能游刃有餘地就其專業所學而讓案主得到最佳利益。但是，法院的工作場域因為都有明確的工作分配與開庭日期等限制，卻讓社工人員在此場域受到很大的限制，無法讓社工人員與他們的個案間可以不拘形式聯絡與見面。在紐約的研究中，除對時間限制的抱怨外，社工人員也被迫必須因為被害人的堅持，而須在規定時間內強制結案。

　　在法院，分別擔任調查與監督職責的觀護人，同樣也遭受類似的挫折。調查的觀護人只被要求負責提供社會診斷報告，即使他們遇到非常急迫問題待解決的案主，也不應該提供服務。負責監督的觀護人雖被指定從事類似傳統社會個案工作或團體工作，但是，他們也必須面對強制性的關係建立與強制結案等問題。

　　其次，社工人員的訓練一直是面對所謂的自願性的案主，且與案主是伙伴關係，或至少實務工作者是扮演助人工作者。然而，實際上，在少年刑事司法體系的工作卻是相反的。像觀護人這種社工人員，可能必須設法說服案主及其家屬，他們的處遇介入對案主是有益的，但是，案主並不見得都會同意這種說法。這個問題格外困擾在法院外提供法院判決服務的社工人員（Abadinsky, 1979），他們很少能輕鬆地強制案主接受非自願性的處遇，特別是當法院判決所提供的服務並不符合案主的期望時。

　　最令人挫折的訓練、角色定位困擾，即是法院體制多聚焦於強調犯罪者個人問題。事實上，許多法院的社工人員會認為，案主的個別問題往往是源自其人際網絡系統出現問題，因此，應該與案主的整體社會網絡一起努力來協助案主，至少是要與他的家人一起努力（Russel & Sedlak, 1993; Kagan et al., 1987）。這在多由法官主導，且以復健個案本人為主的少年司法體系中，雖然有其可行性，但卻很不容易。龐大的工作量讓觀護人僅有少數時間能藉由追蹤訪談與面談來蒐集觸法少年的相關訊息。而在面對冷

漠或不合作的父母時，他們的訓練僅能提供少數的技巧來協助其進行家庭干預。

在紐約的這份研究中，觀護部門的社工人員以一致的訓練來區別優先次序，藉以解決龐大的少年案件，其他非緊急問題得到關注的機率就降得很低，例如，讓父母參與青少年家庭治療的服務議題就不是那麼令社工人員感到興趣。

在少年法庭，最後一個困擾社工人員的訓練問題，就是缺乏擔任證人角色的準備工作。他們對倡護兒童權益的處理方式，僅是依照專家評估決定是否該安置個案，並以兒童最佳利益原則來執行方案，試圖與法院取得一致的看法（Davidson & Rappy, 1976; Gilbert & Specht, 1976）。當法院已經對合乎正當性的法律程序有明確決定時，甚難再出現為孩子爭取最佳利益的不同聲音（Schultz, 1968）。這種完全強調對當事人主觀看法的態度，似乎意味著社工人員的角色不必存在。由於整個法庭運作需仰賴既定司法步驟來行事，這會讓人覺得社工人員反而是頑固不知變通的（Scherrer, 1976; Brennan & Khinduka, 1971）；而且，他們通常未接受如何在法庭提出證據的相關訓練，一旦社工人員被律師或法官詢問時，往往會顯現其在與案件有關的法律細節方面是準備不足的。另外，他們通常都太多話，不然就是用間接的方式回答問題，所以提出的意見顯得不夠真實；並因不熟悉審判過程，以致可能會出現誇張言行。而且在面對交互詰問時，很容易慌亂（Lindner, 1977）。儘管社工人員與律師都是少年權益的倡護者，但是社工人員終究會發現，自己與律師其實是有著完全相反的目的。

不同專業的緊張狀態

社工人員在少年法庭中所從事的工作，看起來就像是身處對立場域中。在觀護部門中，通常社工人員的人數都是少數，而且，他們常被集中在少年法庭內的觀護部門，經常易被法庭行政管理者視為較屬軟弱、女性化的另類，在整個司法審判與執行的系統裡，成人刑事法庭好像才是真正的工作。儘管少年法庭的社會福利服務被宣傳得很有吸引力，但是，社工人員

在執行社會工作相關方案時所得到的行政支持是很缺乏的。作者在紐約的報告中提到一件很特殊的例子，一位社會工作以超過一年的時間設計了一個適合犯罪少年及其家人的夜間諮商團體，最後她爭取到可以在晚上使用諮商室等相關設施，並且也支付她超時工作的加班費，但是行政部門仍對活動方案有所刁難，希望她在白天時仍必須另外承接超過負荷的工作量。因此，她沒有多餘的時間去參加社會工作專業研習，甚至也會影響到她的收入，因為其他觀護人被鼓勵出席關於槍枝濫用的培訓研習會，並從中獲得薪資補償。所以，她表示：「他們就是這麼討厭社工人員。」

就其他層面而言，曾接受過社會工作專業訓練的觀護人和沒有社工背景的觀護人之間也會出現摩擦，這正反映出兩種不同專業為競逐少年刑事司法體系的主導權所產生的現象。在觀護領域中，社會工作已發展屬於自己的專業協會與期刊，實務工作者努力地讓大眾更了解社工專業並提升服務品質。因為，社會工作專業發展的歷史較久，社會工作相關制度也趨於成熟，觀護與社會工作這兩種領域間部分一致的工作內涵，已威脅到觀護工作是否可發展成為一獨特、合法專業，尤其當社會工作將觀護視為社會工作的次領域時，這種威脅就更明顯。雖然，觀護工作明顯地借用不少有關社會工作的技巧，以及雇用不少具備社會工作訓練背景的觀護人，但是，觀護部門主管當局並不認為觀護人一定必須具備社會工作訓練（Eskridge, 1979）。早期，在討論有關這兩種領域部分一致的工作內涵相關議題時，甚至有人會建議未接受社會工作訓練的觀護人表現會更好，因為他們比較不會因為嘗試調和個案工原則與例行觀護工作而蒙受心理創傷（Miles, 1965）。

當社工人員在少年司法的工作中需與律師接觸時，社工人員也會體驗到地位間的緊張態勢。律師擁有較高的收入與專業的職業聲望，社工人員通常會尊重律師的專業意見，而且通常是社工單向尊重律師（Scherrer, 1976）。社工人員不僅在機構中會因為職業聲望的差異，而增強其在面對律師時的不安感，在法庭中也會出現類似的感覺。特別是法官與律師會有針對共同的開庭日期與對訴訟程序進行討論，社工人員並不能參與意見，這些情形讓社工人員認為自己在法庭裡居於劣勢。

235

社工人員也感受到與精神科醫生在法院心理評估報告上的衝突之處。紐約的研究發現，在法院精神科或諮商部門的社工人員會頻頻反駁這些犯罪少年的「乏味」心理評估報告。即使當評估報告已確認嚴重心理症狀，整體的評估診斷幾乎仍是一個含糊的結論，譬如「青少年適應不良」。無論如何，社工人員在撰寫報告時，雖會記錄精神科醫師的特殊評估結果，但會認為不需採用可能會衍生污名化問題的措詞，社工人員尤其不喜歡精神科醫師或相關評估人員動輒將其案主標籤為「精神分裂症患者」或是「偏執狂患者」。

擴大社工人員在少年司法的角色

在 1990 年代，社會工作即已在少年司法體系之外的機構處遇犯罪少年，近年來更擴及處遇過失犯罪、「犯罪預防」、「社區處遇」，以及出獄青少年的「更生保護」。這些計畫傳統上都是小規模、社區處遇與服務取向的，而且除了關心觸法行為外，也包括對協助解決青少年家庭、教育與就業方面的問題。

對犯罪少年而言，社區處遇計畫其實就是在法院外所實施的直接控制，這和追求正義的概念相較之下是屬不同干預取向。另一方面，也表示少年法庭或家事法庭以一種符合慈善動機的邏輯去改變刑事司法對少年的嚴苛懲罰。與少年法庭比較之下，社區處遇讓專業社工人員在提供專業干預時，可更貼近社工專業訓練、技術及專業觀點。

236

另一方面，這些以社區為基礎的方案是否真的具成效或價值，仍是一個待回答的問題。此外，這些方案多被批評對案主過度介入，例如，強迫非自願的青少年及家庭在未考慮法律正當性和個案憲法權利的前提下接受個別輔導。

以社區為基礎的犯罪少年方案

　　以社區為基礎的方案是少年刑事司法體系在處理犯罪少年時的另一替代選擇，這可追溯到 1960 年代，當時對犯罪行為的社會學解釋，開始受到廣泛的注意；而這個想法是在 1967 年被激發的，當時是由詹森就任總統，而犯罪矯治委員會針對犯罪少年所做的報告，授權總統可執行法律與管理刑事司法行政。這份具重要影響力的報告，主張在可行的範圍內可以採用非司法的方式來處理犯罪行為，尤其應對輕微犯罪者予以除罪化。在 1968 年，通過了兩個回應前述報告的聯邦法案，包括少年犯罪預防與控制法案（Juvenile Delinquency Prevention and Control Act），以及犯罪控制與安全法案（Omnibus Crime Control and Safe Streets Act）。根據這兩項法案，聯邦政府授權並提供資金給州政府及地方政府發展偏差少年社區處遇服務。在當時，社區處遇比起司法處遇，被視為是較便宜且更有效的方法，因此，社區處遇被普遍運用於處遇犯罪少年。

　　實務上，這些方案通常與既有之青少年服務中心或心理衛生方案結合，其中包括家庭干預、教育支持或就業訓練等。這些方案強調透過諮商和倡護來協助子女和他們的父母相互協商行為契約、加強家庭溝通技巧，以及藉由干預學校與其他社區服務來改善青少年的環境。所以，執行方案的工作者至少必須具有社會工作或心理諮商的專業。

　　社區處遇一般又稱為「少年轉向處遇」（juvenile diversion），因為它的目的是將犯罪少年自司法體系內予以排除。Binder 和 Binder（1983）認為「轉向」的定義應該更為廣泛，「涵蓋任何針對青少年在被警察逮捕後所提供之服務方案，而且是由非刑事司法體系的工作人員所提供之干預，或者即使是由刑事司法體系之工作人員來提供服務，其所採用的工作方法、角色亦與傳統司法處遇作法有所差異」（p. 69）。

　　另外，轉向也包括針對虞犯少年之犯罪預防方案，以及刑滿出獄後的

更生保護，會針對執行完畢的少年提供後續照顧方案，包括支持性的個別輔導與監督。總而言之，社區處遇在處遇犯罪少年時，所強調的是個案的服務需求而不是著眼在其犯罪行為，這是與一般司法處遇在基本上最大的不同。

將司法體系改革為少年轉向是個好的想法嗎？這個問題涉及不同觀點的爭辯，主要爭論在於讓那些犯行輕微少年僅接受訓誡即可回家接受社區處遇，這社區處遇的可行性是如何呢？又如何評估其成效呢？

支持轉向處遇的看法認為，這是對危機少年可早期干預且提供支持的積極方法。對他們而言，轉向是一種仁慈運作的社會控制，而其動機只是想要幫助有困難的小孩及其家庭；它也意味著，透過有益的個別輔導及倡護性服務，來取代以往對少年會產生標籤效果的司法處遇。這表現於外的非行行為並非是故意要觸犯法律，而是小孩向外求助的訊號。雖然社區轉向處遇被視為是在回應兒童或少年的需求，但是 Binder 和 Geis（1984）也提到，社區處遇的實施是否確實可達到此理想目標則仍有爭議。

另外，亦有人對社區處遇模式持反對意見，因為當轉向處遇形成趨勢之後，轉向處遇的目標在實務操作上被批評已然變質。而轉變之一就是造成法官以強制手段，命令犯罪少年必須接受類似的個別輔導，進而對少年家庭生活強行介入，但是卻未適當地尊重他們的權利（Nejelski, 1976; Polk & Schuchter, 1975; Binder & Binder, 1982）。另一方面，替代司法處遇的轉向計畫也造成另一種新的青少年次團體，因為它使得原本沒有犯罪行為的少年反而提早進入少年司法體系。Lemert 認為：

> 在司法執法層次所施行的轉向處置，不僅曲解原本轉向的意義，而且更將警察的力量擴張至原本不須由司法來處理的青少年行為問題。（Lemert, 1981, p. 43）

238

一份針對在 8 個城市施行的大型少年轉向處遇所進行的實證報告指出（Frazier & Cochran, 1986），「參與轉向計畫的青少年比起未參與的青少年，轉向計畫對其生活的干預成效並無顯著差異」（p. 169）。換句話說，

轉向計畫似乎只是司法體系的象徵意義：

> 轉向計畫的失敗，部分原因是因為少年刑事司法體系對此轉
> 變的抗拒；其次，該份實證觀察研究亦顯現，人群服務工作者之
> 實務與專業意識型態也是導致轉向失敗的原因之一。（Frazier &
> Cochran, 1986, p. 157）

社區處遇擴張了司法干預，也引起有關公平性的爭議，例如，有相當
多觸犯輕微犯罪行為的少女，反而必須接受如同犯罪少年般的個別輔導，
而非如平常地僅是接受訓誡後即可飭回（Alder & Polk, 1982; Alder, 1984）。
這個例子暗喻轉向處遇有性別差別對待，因為它認為危機邊緣的少女似乎
比少年更需要接受強制性的保護監督。

最重要的是，學者認為社區處遇並不必然完全無傷害，有時候「不介
入」甚至比社區處遇來得好；因為它也許反而會讓觸犯輕微罪行的少年被
正式標籤為需要處遇的犯罪者，進因而蒙上污點。類似這樣的少年，他們
的自我概念跟社會地位也許會因此而改變，這反而促使他們在未來成為真
正犯罪者（Schur, 1974）。綜合前述，轉向不宜變成擴張少年司法網絡，
同時並未有具體證據可證明轉向處遇可減少少年犯罪，因此，轉向處遇似
乎並未達到其預期目標。

就某些方面而言，少年轉向處遇也反映出政治層面的影響，因為倡護
社區處遇方案，其實就代表著希望社會可維持一有紀律的生活方式。批評
反對者則強調，廣泛地採用社區處遇蘊含權力濫用與壓制的意涵。總之，
不同立場者觀點不同，反對者認為轉向擴張社會控制，所以是不好的；贊
成者則主張轉向提供青少年及其家庭社會服務，這是以前無法享有的服務，
所以是好的。

社工人員的專業訓練致使其在為案主提供協助與司法審判觀間不易取
得平衡，而社工人員也經常必須碰觸一個既熟悉又具爭議的議題，那就是：
在一個自由的社會裡，由國家賦予權力去介入人們生活的適當界線為何呢？
如果一個人既未違法也未求助，他是否有權要求人們別理他呢？

239

未來之犯罪少年的社會工作

　　本章前已述及，少年刑事司法體系對於犯罪少年的處理已呈現兩極化趨勢，一派認為，應該擴大社會工作的早期介入以符合社會福利的承諾，另一派則傾向主張應該對犯罪少年加重其刑罰。此兩種政策的選擇係依據當前國家刑事政策走向、政府對於維持社會秩序的責任，與社會福利資金的充裕與否而來決定。

　　顯而易見的是，對於犯罪少年的社會工作介入如果未見明確成效的話，就基本社會福利觀點來看，恐將難獲得政策與財政的支持，因為大家會質疑，這樣的支持是值得投資的嗎？有成效嗎？符合成本效益嗎？就像 1990年代各種的社會服務方案一樣，它們都無法避免受到責信與成效的檢驗。

　　不幸地，轉向計畫的實證成效非常混亂。許多研究顯示，以團體為基礎的個別轉向計畫確實獲得相關團體的支持，且對案主產生正向行為改變，或降低計畫參加者的再犯率（Binder & Geis, 1984; Binder, 1989; Ladd & Lynch, 1979）。然而，也有其他的研究顯示，轉向計畫與就業輔導方案其實不具任何成效（Greenwood et al., 1993; Frazier & Cochran, 1986; Polk, 1984; Rausch, 1983）。有一個有趣的實證研究發現，轉向計畫只對官方統計中有關習慣犯的犯罪統計具有降低犯罪率的效果而已（Davidson et al., 1987）。

　　再者，社區轉向計畫所提供的服務內容非常多樣化，以至於我們甚難證明社會服務方案的價值，因此，轉向服務所促成的成果其實也就不具有什麼特別意義（Whitaker & Severy, 1984）。

　　例如，當普遍實施轉向計畫時，聯邦政府必須承擔所有計畫能否有效降低再犯率的責任（Dunford et al., 1982）。曾有計畫投入 1 千萬美元的經費，分別在國內的四個地區實施，經過對犯罪率與人口變數的統計控制之後，將犯罪少年採隨機方式分配參加轉向計畫服務的團體和方案，並與接受傳統法院審理的控制性團體相比較。結果發現，轉向計畫之較屬「低壓

制」與「低控制」，且和接受正式司法審判的案主相較之下，轉向計畫確實更能貼近案主需求（p. 16）。但不幸地，這個研究也發現：

> 對於轉向計畫效果的檢驗結果其實並不是那麼令人滿意的，轉向並不能成功地避免羞恥烙印，也不能改善案主的社會適應，與正統的審判程序或完全的福利制度比較之下，也未能具體地降低犯罪行為。（p. 16）

研究者總結指出，「轉向計畫終究僅是為少年司法體系在處理犯罪少年時，提供一個不同以往的處遇方法，但它不見得是一個更有效的方法」（p. 16）。

然而，儘管有這些負面結果存在，但是，由於研究者通常無法直接掌握他們所研究的社區轉向計畫的所有資訊，其中研究者會經常接觸到不同形式的資料（例如各種紀錄），且可能有某些資訊會被遺漏（Dunford et al., 1982, p. 11）。因此，研究者被迫必須將他們所研究的各類型轉向服務予以簡單地分類，如個別輔導、職業輔導、就學輔導以及休閒輔導等，這樣的分類不僅喪失其原本方案的意義，而且，也無法根據研究資料來解讀一些意外的研究發現。故而一些反常或者全然負面的研究報告，可能是因為研究者無法蒐集、應用較詳細之社區處遇資料，才會有所偏頗。

先前已提到，某些聚焦於在矯正機構之內或在矯正機構之外實施的處遇計畫所作的評估性研究，已成功證明可對犯罪少年產生正面影響（Ferdinand, 1991; Lipsey, 1991; Andrews et al., 1990; Goldstein et al., 1989）。顯而易見地，一些與社會工作方法有關的計畫是有效的，然而，這些計畫的執行通常又被批評太過特殊而不具說服力，且有時就研究方法論而言證據亦不夠充分。因此，在缺乏有力證據的情況下，須對社區處遇或是轉向處遇可有效降低犯罪率的論點持保留態度（Ferdinand, 1991）。

另一個關於結果評估的意見，即不論是在矯正機構之內或在矯正機構之外提供處遇計畫，都會讓當事人逐漸陷入增加處罰、被犧牲的危機中。因為新的服務計畫出現時，它們傾向於接納「那些看起來似乎較具改善可

241

能性的少年」（Ferdinand, 1991, p. 218），一些較傳統的計畫與技巧則提供給那些較難改善或是較無回應的少年身上。進而在評估研究時，傳統的社會工作處遇計畫評估因為原本即是處遇問題較嚴重的個案，是故犯罪少年的情況可能較未能有正面改善。

　　有關成本的爭議也是另一常見的議題，許多新穎的少年犯罪社會工作介入計畫往往必須投入較多人力，相形之下，計畫成本自然是很昂貴的。這在假釋後之更生輔導（aftercare）中尤其顯見，近來新的觀念認為應在犯罪少年被釋放後，有人可以扮演類似大哥哥、大姊姊的角色。也有倡護者認為負責個案管理的工作者，其手上負責的個案數不宜超過 12 人；紐約州最高法院最近的見解就認為，在這種模式下，「工作者似乎必須以一對一方式，才可能與少年建立親密的關係」（Treaster, 1994b）。假釋後之更生輔導計畫每年需在一位青少年身上花費約 8,000 美元，批評者即認為，在累犯青少年身上投注如此高的經費實在是種不合理的慷慨行為。

　　然而相反地，青少年在監服刑的政府支出其實是更可觀的，青少年拘留或服刑的成本一般來說是成人的兩倍，因為需要投入更多的工作人員，以及必須對青少年提供受教育費用。新罕布夏州的費用是一天 225 美元，而在南卡羅萊納州一天也需要 17 美元，在紐約每年的花費更高達 10 萬美元（Treaster, 1994a）。而諷刺地，這些機構化處遇的復健成效非常有限。全國少年司法研究中心指出，有高達 75% 的少年在離開機構後不久即會再犯，因此從邏輯上判斷，相較於社區處遇的再犯率為 50%（Treaster, 1994a），監禁似乎是一個比社區處遇更糟糕的投資。

　　為減少繼續投入大量經費在處遇犯罪少年方面，公共政策近來似乎也贊成採用懲罰方式。為打破這種迷思，Ferdinand（1991）認為，社會大眾對少年司法的期待是所謂的「適法程序」（due process/just desserts）。他建議少年法庭不需要直接介入服務的提供，犯罪少年的復健應由州政府成立處遇服務部門，直接由此部門提供服務。

　　　因為少年法庭不適宜同時扮演監督與保護的雙重角色，少年
　　法庭的功能主要為分類與指派機構；此外，藉由州層級的處遇服

務部門來管制考核服務品質，則更可確保不同機構所提供的服務確實符合少年需求。事實上，少年法庭仍是扮演著其潛在的國家親權的角色。（p. 220）

Ferdinand 希望立基於這個模式而建構的機構規模，人數不要超過 15 至 20 位少年，且機構是安全而無監禁的，這種模式曾在麻州與猶他州實驗試行，且均有很好的成果，可顯著減少再犯率、降低偏差行為嚴重性，以及降低成人監獄的服刑人數。無疑地，如果這樣的模式可被州政府廣泛運用，那意味著專業的社工人員和犯罪少年一起工作的可能性將大為增加（Coates et al., 1976; Krisberg et al., 1989; Loughran, 1987; Simon & Fagan, 1987; Utah Division of Youth Corrections, 1986）。

243　　當然，這個模式若欲成功地執行，尚必須包下述的九個基本要素（Greene, 1993），分別是：

1. 街頭的外展工作與轉介。
2. 需求與興趣的評估。
3. 與成人建立支持性關係。
4. 有效的角色模範。
5. 同儕團體討論。
6. 家庭介入。
7. 鄰里計畫。
8. 教育與職業訓練。
9. 導向至其他計畫的準備。

專業的社工人員可以提供、採取上述服務類型，雖然工作的複雜性會因而增加，但是相較於傳統與法院有關的社會工作，上述的模式已將犯罪少年處遇工作延伸至現有私部門或是營利的兒童福利或心理衛生體系（Lerman, 1984; Curran, 1988）。

實用之建議

到底應如何讓社工人員可更容易有效貢獻少年刑事司法體系呢？讓我們以非常實務的觀點，簡單地羅列一些立即可行、強調實益的建議，以增進社工人員在少年法庭工作的實務工作品質：

1. 適當的訓練

社會工作強調特定專業訓練，此部分在少年法庭尤其重要，傳統的個案工作技巧是不足的（Brennan et al., 1987; Assur, 1983）。舉例來說，社工人員在法庭調查或是出庭作證方面需有更充分的準備，也需要針對危機介入、短期個別諮商，甚至密集家庭治療等，學習更多的實務技巧。其次，方案評估、社區分析與組織改變技術的再精進，也會對其工作有很大的幫助。

2. 更好的網絡

社工人員，無論是在法院內或是面對法院外部的福利機構，都可以藉著發展與各單位或個人更佳的溝通來改善彼此的關係，少年刑事司法體系最大的遺憾就是欠缺了解相關有用之社區青少年服務資源；而許多社區少年服務系統也不了解少年司法體系是如何運作，以及如何影響少年及其同儕的生活。更佳的聯繫網絡將同時解決這兩個問題。當工作者花時間在發展與維繫與社區系統的關係時，法院管理階層終究會發現其實這是一項好的投資。

3. 社區分析

在少年法庭工作的社工人員有一特別的需要，就是要去了解：少年對法庭的感覺如何？學校對於這些孩子的感覺又是如何？警察與少年之間的

互動如何？這些少年有著什麼樣的機會與問題？關於毒品以及少年同儕間性的問題等，社區的遊戲規則是什麼呢？父母與鄰里對於犯罪少年的觀感如何？這些問題的解答，可能會因為鄰里、社會階層與種族的差異而有所不同，社工人員需要努力學習依據社區之個別差異來回答上述問題。因為社工人員所要處理的案例，往往都與案主所在的社區息息相關，而獲取這些資訊將有助於社工人員去處理這些複雜的、與鄰里社區有關的案件。

4.「教育」少年法庭其他專業人員

這不是要挑起不同專業間的摩擦與敵意。事實上，社工人員應該展現其在少年法庭專業貢獻的價值，透過評估研究與選擇性測量，將有助其他法庭專業人員關注社工之表現：例如，社工可降低再犯率或是更有效處遇受觀護少年。另一個方法則是發展計畫性策略，社工人員應該更積極提供個案服務或倡護個案權益；為了達成此目標，需要更了解此少年刑事司法體系官僚體制的運作，特別是此官僚體制對創新服務方案的看法為何。社工人員應該為倡護方案、計畫與個案權益做出準備。

5. 充實更多的社會工作人力

雖然問題重重，但是，提供犯罪少年服務仍然帶給社工人員相當大的滿足感（Roberts, 1989），因此，社工學系和協會應該更廣為宣傳少年法庭的工作機會，以吸引具備社會工作專業訓練的人員投入此領域，進而可相互支持。

REFERENCES

參考資料

Abadinsky, H. The status offense dilemma: Coercion and treatment. *Crime and Delinquency*, 1976, *22*, 456–460.

Abadinsky, H. *Social Service in Criminal Justice.* Englewood Cliffs, NJ: Prentice-Hall, 1979.

Alder, C., & Polk, K. Diversion and hidden sexism. *Australian and New Zealand Journal of Criminology*, 1982, *15*, 100–108.

Alder, C. Gender bias in juvenile diversion. *Crime & Delinquency*, 1984, *30(3)*, 400–414.

Andrews, D. A., Zinger, I., Hodge, R. D., Bonta, J., Gendreau, P., & Cullen, F. T. Does correctional treatment work? A clinically relevant and psychologically informed meta-analysis. *Criminology*, 1990, *28*, 369–404.

Assur, E. T. Problem solving and the court counselor. *Federal Probation*, 1983, *47*, 50–54.

Bernstein, B. The social worker as a courtroom witness. *Social Casework*, 1975, *56*, 521–525.

Bernstein, G. The attorney ad litem: Guardian of the rights of children and incompetents. *Social Casework*, 1979, *60*, 463–470.

Binder, A., & Geis, G. Ad Populum argumentation in criminology: Juvenile diversion as rhetoric. *Crime & Delinquency*, 1984, *30(2)*, 309–333.

Binder, A., Schumacher, M., Kurz, G., & Moulson, L. A diversionary approach for the 1980s. *Federal Probation*, 1985, *49*, 4–12.

Binder, A., & Binder, V. L. Juvenile diversion. *The Counseling Psychologist*, 1983, *11*, 69–77.

Binder, V. L., & Binder, A. Juvenile diversion and the constitution. *Journal of Criminal Justice*, 1982, *10*, 1–24.

Brennan, W. C., & Khinduka, S. K. Role expectations of social workers and lawyers in the juvenile court. *Crime and Delinquency*, 1971, *17*, 191–192.

Brennan, T. P., Gedrich, A. E., Jacoby, S. E., Tardy, M. J., & Tyson, K. B. A vision for probation and court services: Forensic social work—practice and vision. *Federal Probation*, 1987, *51*, 63–87.

Bruce, N. Children's hearings: A retrospect. *British Journal of Criminology*, 1975, *15*, 333–344.

Cicourel, A. V. *The Social Organization of Juvenile Justice.* New York: Wiley, 1968.

Cohen, L. E. *Delinquency Dispositions: Analytic Report 9.* U.S. Department of Justice, Law Enforcement Assistance Administration, National Criminal Justice Information and Statistics Service. Washington, D.C.: U.S. Government Printing Office, 1975.

Creekmore, M. Case processing: Intake, adjudication and disposition. Pp. 119–151 in Sarri, R., & Hasenfeld, Y. (Eds.), *Brought to Justice? Juveniles, the Courts and the Law*, National Assessment of Juvenile Corrections, Ann Arbor: University of

Michigan, 1976.

Cressey, D. R., & McDermott, R. A. *Diversion from the Juvenile Justice System.* National Assessment of Juvenile Corrections. Ann Arbor: University of Michigan, 1973.

Curran, D. J. Destructuring, privatization and the promise of juvenile diversion, compromising community-based corrections. *Crime & Delinquency,* 1988, *34(4),* 363–378.

Davidson, W. S., & Rapp, C. A. Child advocacy in the justice system. *Social Work,* 1976, *21,* 225–232.

Davidson, W. S., Redner, R., Blakely, C., Mitchell, C. M., & Emshoff, J. G. Diversion of juvenile offenders: An experimental comparison. *Journal of Consulting and Clinical Psychology,* 1987, *55,* 68–75.

Dietrich, S. G. The probation officer as therapist. *Federal Probation,* 1979, *43(2),* 14–19.

Emerson, R. M. *Judging Delinquents: Context and Process in the Juvenile Courts.* Chicago: Aldine, 1969.

Empey, L. T. *American Delinquency: Its Meaning and Construction.* Homewood, IL: Dorsey Press, 1978.

Eskridge, C. W. Education and training of probation officers: A critical assessment. *Federal Probation,* 1979, *43(3),* 41–48.

Ferdinand, T. N. History overtakes the juvenile justice system. *Crime & Delinquency,* 1991, *37(2),* 204–224.

Frazier, C. E., & Cochran, J. K. Official intervention, diversion from the juvenile justice system, and dynamics of human services work. *Crime & Delinquency,* 1986, *32(2),* 157–176.

Gilbert, N., & Specht, H. Advocacy and professional ethics. *Social Work,* 1976, *21,* 288–293.

Goldstein, A. P., Glick; B., Irwin, M. J., Pask-McCartney, C., & Rubama, I. *Treating Delinquency: Intervention in the Community.* New York: Pergamon, 1989.

Greene, M. B. Chronic exposure to violence and poverty: Interventions that work for youth. *Crime & Delinquency,* 1993, *39(1),* 106–124.

Greenwood, P. W., Deschenes, E. P., & Adams, J. *Chronic Juvenile Offenders: Final Results from the Skillman Aftercare Experiment.* Santa Monica, CA: Rand, 1993.

Hasenfeld, Y. Youth in the juvenile court: Input and output patterns. Pp. 60–72 in Sarri, R., & Hasenfeld, Y. (Eds.), *Brought to Justice? Juveniles, the Courts, and the Law.* National Assessment of Juvenile Corrections, Ann Arbor: University of Michigan, 1976.

Howlett, F. W. Is the YSB all it's cracked up to be? *Crime and Delinquency,* 1973, *19,* 491.

Irish, J. F. *Crime, Criminal Justice and Probation in 1988.* Mineola, NY: Nassau County Probation Department, 1989.

Kagan, R., Reid, W. J., Roberts, S. E., & Silverman-Pollow, J. Engaging families of court-mandated youths in an alternative to institutional placement. *Child Welfare,* 1987, *66,* 365–376.

Keve, P. W. Administration of juvenile court services. Pp. 172–199 in Rosenheim,

M. K. (Ed.), *Justice for the Child: The Juvenile Court in Transition.* New York: Free Press, 1962.

Ladd, L., & Lynch, M. *Building Support for Juvenile Diversion: A Case Study of the Memphis-Metro Youth Diversion Program.* U.S. Department of Justice, Office of Juvenile Justice and Delinquency Prevention, Law Enforcement Assistance Administration. Washington, D.C.: U.S. Government Printing Office, 1979.

Lerman, P. *Community Treatment and Control.* Chicago: University of Chicago Press, 1975.

Lerman, P. Child welfare, the private sector, and community-based corrections. *Crime & Delinquency,* 1984, *30(1),* 5–84.

Lindner, C. The refocused probation home visit: A subtle but revolutionary change. *Federal Probation,* 1992, *56,* 16–21.

Lindner, C. *In the Best Interest of the Child: Social Work in the Family Court.* New York: Federation of Protestant Welfare Agencies, 1978.

Lipsey, M. W. Juvenile delinquency treatment: A meta-analytic inquiry into the variability of effects, in *Meta-Analysis for Explanation: A Casebook.* New York: Russell Sage Foundation, 1991.

Martin, L. H., & Snyder, P. R. Jurisdiction over status offenses should not be removed from the juvenile court. *Crime and Delinquency,* 1976, *22,* 44–47.

Miles, A. P. The reality of the probation officer's dilemma. *Federal Probation,* 1965, *29(1),* 18–23.

National Advisory Commission on Criminal Justice Standards and Goals. Juvenile intake and detention. Pp. 247–272 in National Advisory Commission, *Corrections.* Washington, D.C.: U.S. Government Printing Office, 1973.

National Center for Juvenile Justice. *Juvenile Court Statistics,* 1974. Pittsburgh: National Council of Juvenile Court Judges, 1977.

Needleman, C. E. *Screening Juvenile Offenders for Court Appearance: An Empirical Test of Positivism and Labelling Theory Interpretations.* Unpublished dissertation, Washington University in St. Louis, 1978.

Needleman, C. E. Discrepant assumptions in empirical research: The case of juvenile court screening. *Social Problems,* 1981, *28,* 247–261.

Pabon, E. A re-examination of family court intake. *Federal Probation,* 1978, *42(4),* 25–32. (a)

Pabon, E. Changes in juvenile justice: Evolution or reform. *Social Work,* 1978, *23,* 492–497. (b)

Parsloe, P. *Juvenile Justice in Britain and the United States: The Balance of Needs and Rights.* London: Routledge & Kegan Paul, 1978.

Platt, A., & Freidman, R. The limits of advocacy: Occupational hazards in juvenile court. *University of Pennsylvania Law Review,* 1968, *116,* 1156–1184.

Polk, K. Juvenile diversion: A look at the record. *Crime and Delinquency,* 1984, *30,* 648–659.

President's Commission on Law Enforcement and Administration of Justice. *Task Force Report: Juvenile Delinquency and Youth Crime.* Washington, D.C.: U.S. Government Printing Office, 1967.

Rausch, S. Court processing versus diversion of status offenders: A test of deterrence and labeling theories. *Journal of Research in Crime and Delinquency,* 1983, *20,* 39-54.

Roberts, A. *Juvenile Justice: Policies, Programs, and Services.* Chicago: Dorsey Press, 1989.

Rosenheim, M. K. *Justice for the Child: The Juvenile Court in Transition.* New York: Free Press, 1962.

Rosenheim, M. K. Notes on helping: Normalizing juvenile nuisances. *Social Service Review,* 1976, *50(2),* 177-193.

Russel, R., & Sedlak, U. Status offenders: Attitudes of child welfare practitioners toward practice and policy issues. *Child Welfare,* 1993, *72,* 13-24.

Sarri, R., & Hasenfeld, Y. *Brought to Justice? Juveniles, the Courts, and the Law.* National Assessment of Juvenile Corrections. Ann Arbor: University of Michigan, 1976.

Scherrer, J. L. How social workers help lawyers. *Social Work,* 1976, *21,* 279-283.

Schultz, L. G. The adversary process, the juvenile court and the social worker. *University of Missouri at Kansas City Law Review,* 1968, *36,* 288-302.

Schur, E. M. *Radical Non-Intervention: Rethinking the Delinquency Problem.* Englewood Cliffs, NJ: Prentice-Hall, 1973.

Treaster, J. B. When trouble starts young—Hard time for hard youths: A battle producing few winners. *The New York Times,* 1994, December 28, A12. (a)

Treaster, J. B. When trouble starts young—Beyond probation: Trying to break cycle of arrest and rearrest. *The New York Times,* 1994, December 29, B7. (b)

Treger, H. Reluctance of the social agency to work with the offender. *Federal Probation,* 1965, *29(1),* 23-28.

Whitaker, J. M., & Severy, L. J. Service Accountability and Recidivism for Diverted Youth: A Client and Service Comparison Analysis. *Criminal Justice and Behavior,* 1984, *11,* 47-74.

第 16 章

實施社會工作在社區團體之家

　　從歷史觀點來看，少年一直被視為父母的個人財產，之後對下一代的看法也是立基於經濟觀點，只有能務農從事勞務的子女才是有用和必要的，且可得到家庭照顧；一旦子女在家中不再具有經濟功能時，就會被要求離開。犯罪少年則會被以成人的方式來對待。而那些未達法定年齡的犯罪少年，由於社會大眾相信他們太年輕了，所以不會蓄意犯罪，故而會讓他們接受社區照顧，而且通常會被帶離原生家庭。

　　十九世紀末期，因為對成人法庭的厭惡與恐懼，以及將少年視為國家未來公民，因而將少年視為國家最有價值的資產。然而，國家必須訓練年輕人有能力為其公民權負責，這也意味著政府管控少年的權力必須擴展。需特別針對少年建立單獨的法律制度與結構，當然也包含少年法庭。新的

少年法典不只適用於以前隸屬於成人法庭下的少年，也開始關注那些以往未被注意但需要正式社會干預的少年行為，例如行為偏差、逃家、逃學等（Platt, 1977）。

對於少年行為的有效干預係屬「國家親權」概念下的法律見解，國家有責任保護少年免於被傷害。在美國，一般藉由安置少年於少年矯正機構來實踐國家親權主義的責任感。被安置在不同於一般社會的環境中，機構中的少年並無能力改善別人對待他的方式，因為扮演少年父母的國家並沒有發展出少年法制之適法程序，而且，也未建構可對抗成人矯治體系之保護少年程序。

1960 年代，透過一連串最高法院的判例，開始認知到在少年司法體系中，也應該賦予少年某些基本法定權利；同時，開始有批評矯正機構功能的聲浪，矯正機構被質疑未能達成照顧和復健少年的目標。而取代矯正機構的方法之一，就是由少年團體之家（group home）提供照顧（Bakal, 1973）。

針對問題兒童與少年的社區團體照顧運動在 1970 年代迅速發展，這個運動始於成人心理健康與智能不足領域，強調建構常態化、去機構化以及人權之處遇方法（Dore & Guberman, 1981）。聚焦於在社區中提供照顧與服務，並已經由聯邦政府制定法令保障兒童和青少年，例如少年司法法案及社會安全法案第 20 條等。

以社區為基礎來照顧問題兒童及少年的服務有許多類型，就以離開家庭的生活方式來說，Anthony Maluccio 即定義出十種可行的社區兒童安置方式（Maluccio, 1977）。在各種社區兒童安置方式裡，最普遍的就是少年團體之家。Gula（1973）即指出，在這個國家的每一角落，每天都有可能會成立新的少年團體之家。

少年團體之家會依所隸屬之機構本質、安置少年的年齡與狀態、機構規模、工作人員的訓練與規模而有不同類型。但基本上，少年團體之家的服務就是「提供給無法在家庭中生活，但又不需要進入機構體制的少年，一個以社區為基礎的處遇方案」（Maluccio, 1977）。

最近有份刊物曾提到，當為不同屬性的兒童及少年提供最佳服務時，

其實我們對於團體之家的經驗是相當不足的。透過少年法庭被轉介至少年團體之家安置的個案，包括犯罪少年、虞犯少年、偏差少年，以及需要照顧的少年（被遺棄、須受撫養、疏忽等）。事實上，少年司法體系認為，不應該將需要照顧的少年和偏差少年安置在同一個少年團體之家。而虞犯少年的安置更是有問題。雖然這些少年是經過法官與機構聯繫會議討論後方決定安置的，但通常這些少年都是司法體系中最麻煩及最難處理的個案。

當從事兒童及少年社區照顧工作時，我們仍是應用最基本之專業知識與實務技巧。再者，社區照顧的目的是為了盡可能在一正常環境中提供照顧，然而少年團體之家會衍生標籤化（labeling）問題。而此標籤化會導致污名化與代罪羔羊，這兩者均會對安置少年有不利影響，也是社區收容照顧有待改進之處（Harrington, 1980）。此外，少年團體之家也無法保證自己確實能提供少年正常生活經驗（Dore & Guberman, 1981）。

更能確實改進少年團體之家照顧品質的方法之一，為必須聚焦於少年團體之家工作人員的功能及任務，且勿過於關切導致兒童或少年發生問題的原因。一般而言，工作人員的功能可從兩個層面來觀察：一個是直接服務工作者，應該扮演兒童照顧工作者、團體照顧者、團體之家內的照顧者，或是家庭教師。這些人在提供兒童及少年全天候生活照顧、管理監督以及資源提供等（Maier, 1977）；另一個層面則是間接服務工作者，提供少年及工作人員社會支持，此時工作人員扮演的角色是協調者、方案發展者、說明者以及訓練者。

明確而言，上述這兩個少年團體之家工作人員的責任劃分在概念上其實很清楚；但是事實上卻是模糊不清的，尤其社工人員的角色更是模糊。大多數的少年團體之家都是由小型、地區性非營利機構所經營，在這些少年團體之家工作的社工人員所扮演的角色，即是持續提供直接服務與間接服務。若期待國家財政可優先考慮支持團體照顧的支出，那麼，少年團體之家的社工人員就必須加強與同業之間的交流。

251

直接服務的功能：提供照顧

最近在 Pecora 和 Gingerich 有關社工人員執行團體照顧功能的研究指出，當社工人員扮演方案發展者及社區方案的代表者時，其所發揮的功能大於擔任兒童照顧者，然而，他們仍然花費相當多時間來提供直接照顧。當然，少年團體之家的社工人員會將提供治療視為他們的首要工作（Pecora & Gingerich, 1981）。

社工人員在對少年提供治療或直接照顧時，必須針對每一個案的特殊狀況發展個別化處遇計畫。某些機構在法律上也有義務監督少年，例如警察機關、觀護部門、福利事業機構、更生保護單位，或是兒童及家庭的服務機構。無論少年在哪一個機構，機構均有義務針對每個個案發展適宜計畫，而照顧少年或兒童的工作人員亦有責任對少年的教養及服務做出適當處遇，並和機構共同協助每位個案。安置機構對於安置少年有最終責任，理論上，他們會管理個別化處遇計畫，並且在少年團體之家內提供直接服務。

總之，社工人員會扮演直接照顧工作者，並依據照顧少年或兒童的工作人員之服務內涵來決定此照顧服務的界限。而且，個別化處遇計畫也會反映出安置機構對此個案的思考方向。亦即縱然有些限制，然團體之家的社工人員也會有機會照顧服務少年、其他工作人員以及少年的父母。

■ 為少年提供照顧

少年團體之家主要服務那些來自複雜家庭背景，且無法在家庭環境下受到應有生活照顧的兒童或少年，這些多是 6 至 14 歲的兒童與少年。透過合法的機制，社工人員會對這些少年提供直接照顧，直接照顧之內容大概可分成下述幾點：

1. **提供短期處遇**：這些機構有時會短期將少年安置在團體之家中（約2至7日）。在這種情況下，社工人員仍必須給予少年生活照顧，且在這期間內有一些特定工作內容必須完成。只是機構的照顧者通常沒有受過短期危機干預技巧訓練，即便曾受過相關訓練，要求工作人員承擔主要照顧責任，也會妨礙其例行性工作的進行，而且會影響機構之人際互動動力。下述的例子將可以說明短期處遇之基本責任與工作守則。

珍妮是個11歲的少女，有一日珍妮的家中冒出陣陣濃煙，當消防員到達並撲滅火勢以後，他們著手調查縱火的原因，並懷疑珍妮的母親涉嫌縱火，可是她母親卻在此時消失無蹤。所以，他們把珍妮送到社會福利機構由社工人員照顧，社工人員也試圖尋找珍妮的家屬，可惜都失敗了。另一方面，社工人員更要在珍妮不停的哭泣中，向她解釋她母親的事情。在社工人員為珍妮找到更適當的安置處所之前，社工人員必須協助疏通珍妮對母親的矛盾情感，以及因為失落和被遺棄而衍生之憤怒和仇恨情緒。珍妮需要少年團體之家社工人員的持續協助與關懷，並提供短期緊急安置和必要的危機處理，同時為珍妮另尋其他適當的少年團體之家安置處所。

2. **提供資源**：很不幸，大部分被安置的青少年都面臨比珍妮更嚴重的問題，這亦讓少年團體之家的工作人員有機會可針對個案需求發展個別化處遇計畫。當正式運作個別化處遇計畫時，社工人員就必須根據個案需求協助連結適當社會資源；譬如，社工人員必須考慮個案是否需要有人扮演大哥哥、大姊姊角色，或者是否需要工作、教育訓練等等。假若社工人員可妥善連結社會資源，則將讓個案感受到被真誠關心。

3. **提供團體諮商**：青少年很明顯的易受同儕影響，所以，少年團體之家也會採用團體工作方法來協助解決個案的個人問題。例如，泰迪是曾遭受身體和口語虐待的17歲少年，在他進入少年團體之家前，工作人員就已經在每週一次的會議中大略了解他的情況了。泰迪被安排參與團體討論，而工作人員也在經過幾個星期的討論後，決定為較具攻擊性的成員設計一套獎懲辦法。

泰迪在進入團體後的前三個星期都沒有說話。而在第四週時，泰迪被工作人員引導開始開口討論少年團體之家要養小狗的事；再經過一個星期，

253

泰迪已能放開心胸，成為小組討論的領導者了！而泰迪的這些進步，對於社工人員更有著重要意義，因為這代表團體試著接納泰迪，而且泰迪也變得較不具攻擊性。透過團體運作，成員會學習到人們可真摯地談論自己的想法，而這正是社工人員一直試圖引導成員學習的生存技巧。

　　社工人員在團體中所扮演的角色，取決於此團體所採取的理論模式，譬如：行為教導、生態學、指導性干預以及現實治療法。而社工人員最常採用結合不同理論優點之折衷學派來操作團體，這是最能成功處理團體特定問題的工作方法。

　　4. 提供友誼：少年團體之家的青少年常會覺得「被勸告」是很討厭的。少年需要的是一個成年的朋友，或是一個值得信賴、可以談心的人，而且這個人並非是直接負責監督輔導青少年言行舉止者，因此可以影響他們。儘管社工人員並非必定要對少年團體之家內所有的少年展現友誼；然而，少年也會向社工人員尋求友誼關心。特別當此社工人員並未每天照顧個案，只是接受轉介服務該青少年時；青少年會覺得這個提供具體服務的社工人員正在向他展現友誼，且會很有興趣和社工人員交朋友。

　　約翰是位有攻擊傾向的 16 歲少年，他一直在接受社工人員、觀護人、心理衛生中心與學校的輔導。約翰想要參加戶外體能運動，但是，沒有人認為他適合。約翰偶然間對社工人員提到他對戶外體能有興趣，社工人員覺得也許約翰是想藉著戶外運動使自己振作起來。幾天後，兩個社工人員和氣喘吁吁的約翰見面時，聽見他脫口說到，其實自己從未對任何人提起戶外運動的事；因為他認為，大家一定都認為他做不到（因為他不僅體重過重而且還是個老菸槍）。無論如何，他認為大家一定不會喜歡他這個主意，以致不願幫助他。而在他和社工人員一起慢跑四個月後，約翰減重成功、停止抽菸了，並且身體愈加健康，大家也公認戶外運動對他是好的！

　　也許約翰真的需要那些輔導他的工作人員的忠告。但是，他也需要可以真正接納他的人，他是一個雖然生活混亂但仍然有自己的夢想和希望，且需要成人關心的人。而社工人員就是約翰所需要的特別的成年朋友。

　　5. 倡護少年權益：有時少年需要某人作為他的倡護者。例如，生活輔導員可能會在無心的情況下挑剔特定少年，有時安置機構會過長安置個案，

或者學校會漫無目標地訂出會影響少年的規定。由於社工人員並非少年團體之家的主要照顧者，所以通常可較客觀看待這些情境。當出現這種情況時，社工人員有責任基於保障個案利益進而提出具體行動。因為在少年團體之家裡的少年均屬未成年和非志願性案主，所以，社工人員有義務維護他們的權利，並且確保他們的權利受到尊重。下面的例子可說明以上的敘述。

　　某所中學規定假如學生在未得到許可的情形下缺課三堂時，該學生將會被勒令休學。哈爾是一位 15 歲的身心障礙少年，他在兩個禮拜內缺了三堂課，因此被勒令休學。他並不清楚自己被勒令休學的原因，但是他害怕當少年團體之家的生活輔導員知道後，他會受到處罰，所以他決定逃跑，因此違反了他的保護管束規定。11 天後，他被逮捕了。

255

　　社工人員到監獄訪談哈爾後，強烈請求生活輔導員讓哈爾重新回到少年團體之家。在社工人員的強烈建議之下，他們同意了。幾天後，他告訴生活輔導員有關他缺課的原委，因為他課後必須到商店打工，而由於害怕到店裡會遲到，所以哈爾才會選擇蹺課。

　　在從生活輔導員轉述這件事後，社工人員與校長見面，並且取得哈爾的復學同意書。此外，更重要的是，社工人員之後花費一個月的時間，讓學校教育委員會更改校方有關勒令休學的規定，以讓少年及其父母在被學校勒令休學之前，能有接受警告與通知的權利。

◼ 為同事提供關懷

　　社工人員在團體之家的角色中，最常被忽略的是提供生活輔導員服務。生活輔導員須 24 小時全天候照顧 8 至 12 歲遭受困擾的少年。在這種情境下，「誰來關心生活輔導員呢？」而答案就是「社工人員」。因為社工人員已被訓練為照顧提供者，且也在團體之家工作，可清楚知道生活輔導員遇到的困難，並且因為身為第三者而可有較客觀的看法。

　　一些少年團體之家已透過每週固定時間讓社工人員與生活輔導員能聚在一起，以制度化的方式（一週兩次）讓社工人員成為員工的照顧提供者。

當中的一次會議，生活輔導員會跟社工人員討論特定問題，或者自己與少年的互動；另一次會議則主要在關注生活輔導員的個人需求，同時也包括他們自己的人際關係。

安是生活輔導員最喜歡的一位學生，她是少年團體之家中第一位高中畢業並進入大學就讀的少年。過去，她利用自己的魅力取得一些商家的信賴，而可以支票支付開銷，最後被強制要求需支付借款。到現在她仍繼續向生活輔導員借錢，但只會還少少的錢來安撫生活輔導員，同時用這些錢來維持嗑藥習慣。

社工人員在每週的會議中，試著幫助生活輔導員了解安是如何利用他們。社工人員讓生活輔導員體認到他們會以安為傲，是因為他們需要從安的身上感受到自己「成功」協助了這些孩子；只是，這卻反倒會增強安的操弄和偏差行為。

除此之外，主要照顧人員有很高的比例會面臨專業枯竭（burnout），在少年團體之家也是一個嚴重的問題。例如，蒙大拿團體之家（Montana group homes）的生活輔導員平均任職僅維持一年左右，類似的問題非常值得加以關注與探究。

■ 對少年的父母提供關懷

這些少年會被安置於少年團體之家，往往是因為受到父母的虐待、忽視、棄養，或是管教不力。所以，對於這些少年的父母提供關懷，雖是社工人員理所當然應該做的事，但在實務上卻很少積極這樣做。其實這是不對的，因為少年團體之家並非要作永久安置，這只是提供少年作返家準備的途徑之一；但是由於疏於介入與關懷父母，卻會增添少年重返家庭的困難。在這種情況下，一旦少年於年滿 18 歲必須離開少年團體之家時，對於少年是否可成功適應原生家庭，我們也只能單方面協助少年因應，並祈禱以對。

一般來說，這類少年的父母經常是充滿敵意、欠缺自我改善的動能，有關其身為父母的責任，亦多半是敷衍了事的態度。事實上，除非少年團

體之家能主動對這些父母親伸出援手，否則這些父母不大可能從其他管道獲得協助。少數的少年團體之家例如 Achievement Place Homes，他們會結合「對少年父母的介入」與「家庭訪視」這兩個服務模式，然這是少數會對少年父母親提供服務的案例。

Achievement Place Homes 的計畫係在一週內，少年努力爭取積分，若他們獲得一定的分數以上，週末他們將可回家與家人團聚。這個方式不僅維持父母與少年的親子接觸，同時也強化父母親的介入。

總之，社工人員必須協助少年的父母，且社工人員在少年團體之家並非扮演父母或諮商師；更重要地，社工人員需協助連結少年所需的資源、擔任他們的朋友，並且代表少年為他們的權益進行倡護。且社工人員應該更直接關懷生活輔導員，以協助完成少年個別化處遇計畫，並在生活輔導員的工作與個人需求方面，提供諮詢。最後，在關懷父母方面，是目前較零散且需進一步加強服務的層面。

257

間接服務的功能：提供社會支持

在少年團體之家內提供關懷，社工人員勢必要與生活輔導員合作，而社工人員在少年團體之家裡負責提供社會支持是無庸置疑的，因為並沒有其他工作者可以提供這類服務。在提供社會支持方面，社工人員可擔任的角色包括協調者、方案發展者、倡導者與訓練者等。以下將分別介紹這些角色。

協調者

有許多工作者會共同關注少年在少年團體之家的生活，這些人包括：生活輔導員、機構的個案管理者、觀護人、學校諮商師、心理衛生機構諮商師，以及少年的雇主。這些人分別會立基於自己所隸屬的機構屬性和個

人專業背景來看待少年，沒有人會以全面性的觀點來看待少年。但是，社工人員透過專業訓練與職業敏感，能夠體認人是由先天與後天環境所塑造出來的。因此，在全貌的觀點下，社工人員會視個別少年的情況連結、協調各類型處遇計畫，並且負責推動讓這些計畫能如預期般執行。

■ 方案發展者

對於危機少年處遇的去機構化運動，假設社區已能提供充足的服務給少年，或者至少社區已準備要發展少年服務方案。然而，或許有少數社區正在思索一個問題，那就是，誰能夠發展這些社區內的方案呢？有哪些地方可以支持、贊助他們呢？社區通常會缺乏協助少年適應社區生活所需的特殊學校、諮商、職業訓練，以及其他少年團體之家服務。這促使少年團體之家的社工人員必須同時肩負在少年團體之家以及社區發展方案的責任。

發展方案需要運用多種的社會工作技巧，例如，若要組織一個問題解決團體，便須運作包括行前會議、協助規劃、發展對團體有幫助的支持系統、編列預算並增加經費，以及注意團體開始前的種種執行細節等。下述的三個例子，即提到執行方案的社工人員可能經常需要發展的技巧。

1. 我們先前曾討論到社工人員可能透過與少年發展出友誼的方式提供照顧，問題在於，少年團體之家內所有的青少年都需要成年人作其朋友，而社工人員勢必不可能與所有少年均成為朋友。

   試想，一旦少年惹出麻煩，並且涉及少年團體之家內的所有少年，這時若需要成年朋友，社工人員即可發展方案，運用成年志工來成為少年的朋友。這項方案尚有非預期的成果，亦即少年被安置在少年團體之家的平均時間縮短了，這有部分原因是因為這些成人朋友所提供的社會支持，使少年更有可能在離開機構獨立生活，養成喜好獨立的生活方式。

2. 讓少年離家是少年團體之家所面對的另一個雙重問題，是故必須發展新的方案來因應。首先，有許多少年準備搬出少年團體之家，但是他們卻無處可去；其次，可讓少年合法離開機構的法定年齡是18歲，但

是他們尚未準備好要回到原生家庭。社工人員必須注意到這些問題，並且要發展出新的團體方案，以因應少年離開機構所衍生的問題。

有些少年團體之家會針對近來要離開機構以及 17 歲以上的少年發展方案。會讓這些少年清理自己的房間、自己購物且自己準備飲食，以讓他們負起獨立生活的責任。因為這個方案的設計是由生活輔導員來監控方案的實施，所以，社工人員會負責設計發展方案，以及督導生活輔導員能確實執行此方案（*Practice Digest*, 1979）。

3. 社工人員擔任方案發展者的其他方式之一就是扮演催化、促進的角色，嘗試增加社會大眾的參與及關心。此外，透過對相關人員的晤談，以及為少年尋找資源，社工人員會了解更多社區資源以及少年所面臨的問題，單一機構是絕無能力獨力協助解決少年所有問題的。

259

舉例來說，某社區共有 28 個不同機構針對少年提供服務，數年來，他們每月都固定聚會一次，分享彼此的方案資源、計畫，甚至交流失敗的經驗。少年團體之家的社工人員了解到，這些機構長久以來都很感歎社區缺乏可讓青少年在冬天活動的室內場所。而這也是少年團體之家工作人員所關注的問題。社工人員將這問題告訴其他同事，並澄清確實有此需求。之後，他告訴機構內的同事，他已和其他機構約定好時間要討論有關青少年室內活動場所的事。結果大家在參加後均深感頗有收穫，其中有 21 個機構在開始參加這樣的會議後均異口同聲地表示：「為何我們不早點開始這樣的討論呢？」或「真希望我可以早點知道你也很關心這個問題。」結果這一年內，這個特別的委員會（成員包括來自少年團體之家的社工人員），成功地說服當地的 YMCA 建造新的、多用途的休閒中心，並且推出高達數百萬美元的活動。在為少年團體之家的少年尋求贊助時，社工人員必須試著引導社區中參與發展新方案以服務所有青少年。

■ 倡導者

面對不同情況的出現，社工人員必須負責向社區說明少年團體之家以

及其安置少年的需求。社工人員可成功地發展新方案，主要係奠基在社工人員有能力向社區說明與解釋方案。新的方案若需要募集新的資金贊助，那社工人員就有必要向社區潛在的捐款大眾解釋與介紹。大部分少年團體之家取得資金的途徑之一，就是尋求政府部門或其他第三部門的支持以提供服務。社工人員因而也必須去協商以爭取贊助，須勸說政府部門正視少年團體之家負擔照顧功能的重要性，進而請求增加或是固定地對少年團體之家投入基金。

社工人員必須藉著談話或演講來介紹少年團體之家。一些聯誼會和服務性社團也會因為想要知道少年團體之家內的專業運作，是否就如同他們所知道的一樣，而邀請社工人員前往。當少年團體之家的社工人員受邀去教會、吉瓦尼斯俱樂部（Kiwanis），或是美國退伍軍人協會演講時，社工
260 人員必須視這是個讓其他社區組織認識安置少年和機構方案的好機會。這些努力將會讓社工人員往後在社區內更容易推動新的方案，並且獲得來自社區的支持。

■ 訓練者

社工人員有其專業的判斷，可決定工作人員是否需要接受額外訓練或在職訓練。有時社工人員並不需要親自負責訓練，而只需負責設計、規劃訓練方案。

所有工作人員都需要接受與服務非志願案主有關的訓練，因為大多數的諮商或干預模式都是針對志願性案主，甚至少年團體之家的居家學習計畫，也都是以志願性案主為前提所作的假設。但實際少年團體之家的少年並非所謂的志願性案主，事實上他可能正在生氣、氣憤，或是憎恨發生在他們身上的種種處遇計畫，而且他們寧願去其他地方也不願待在少年團體之家內。面對這樣的案主，傳統的諮商處理就是採行所謂的「五十分鐘會談」，但是對於這些少年並不見得有效。因此，社工人員必須設計、規劃訓練課程，並發展可和這些屬非志願且有敵意的少年一起工作和生活的技巧（Murdach, 1980）。

少年團體之家社工人員的角色定位

傳統上，社工人員已經被訓練要提供直接服務，因此，他們對要提供診斷與諮商服務並不足奇。在少年團體之家中，其他主要照顧者也會從事部分或全部的直接服務，而社工人員另有項重要責任就是提供間接的服務或是社會支持。然因為社工人員的訓練並非特別針對要提供間接服務，因此，他們必須為此工作發展或學習一些不可或缺的技巧。以下是藉由實務工作與專業知能所具體描述的五個主要工作範圍，此可引導社工人員在少年團體之家的間接服務內涵：

1. 實務的組織脈絡

－閱讀少年團體之家每一個方案的年度方案計畫。

－檢視少年團體之家的預算。

－閱讀少年團體之家過去三年的季報。

－閱讀每位安置少年的檔案與處遇計畫。

－與機構管理階層的秘書會談，並共同回顧機構的處理程序。

－出席共同合作單位的理監事會議。

－出席全體工作人員會議。

－參與受案、個案計畫以及結案會議。

－不定期參加家庭會議（係指生活輔導員與少年的會議）。

－與行政主管會談，完成上述動作，提問並討論上述資訊。

2. 實務的社區脈絡

－每日閱讀報紙，尤其關心與少年權益有關的報導。

－至少列席一項市政會議、縣會議或是校務會議。

－閱讀過去五年針對該地區的少年所進行的調查與研究。

－參加有關少年福利機構的會議。

－訪談少年團體之家的少年，訊問他們對於社區的關心、印象與需求。

－訪談國中與高中的學生代表（一樣問他們上述問題）。

－參加母姊會（PTA）或學校家長會議。

3. 目前的社會政策

－認識學校有關出勤、休學以及退學的規定。

－參加其他學校的校務委員會議。

－訪談學校教師並了解其對學校政策的看法。

－撰寫一份篇幅三頁關於休學或其他議題的學校政策摘要，並說明此會對少年造成的影響。

－參加其他城市的委員會會議，並摘要他們對贊助青少年服務的興趣。

－檢視少年團體之家的預算，且須了解基金贊助者以及與法令有關的部分。

－針對上述有關法律，任擇其一並撰寫兩頁的心得，說明其對社區少年的影響。

－閱讀少年法規或是少年法庭處理程序，以了解其對少年行為的分類與機構對少年的責任，以及少年需遵循的訴訟程序。

4. 掌握與了解社區資源

－依據問題，例如就業服務、休閒服務等發展出資源指南。

－可針對每一個問題確認三個或更多可用之社會資源，且去拜訪這些資源，並更了解此資源之內涵。

－參加所有針對少年提供服務的社區會議。

5. 評估少年團體之家計畫

－回顧少年團體之家的目的與計畫。

－運用統計方法比較少年團體之家季報、年報的數據，並將這些統計數據來對照比較實際在少年團體之家發生的事與自己的印象。

－舉出所有合作單位提供的服務；並指出是否有針對每一項服務進行評估，假若有進行評估的話，評估的結果是否適當。

－對於評估為不適當的服務，必須說明原因及如何改善的建議。

為了提供社會支持服務，社工人員必須具備一定的知能與技巧來發展這些活動。另一方面，這些活動不僅會提升工作者對少年、工作人員和社

262

區需求的敏感度；也同時會促使社工人員認識到機構外部環境有哪些資源，可以協助少年、工作人員和社區。

結論

從本文的說明，我們可以看見社工人員在與少年司法系統有關的社區團體之家中的角色和任務。每位工作者所承擔的角色與任務會隨工作者的態度、訓練，以及少年團體之家的規模、個案類型、主要照顧者的職務，和可運用之社區資源的不同而有差異。社工人員雖係提供直接服務來關心案主或其家庭等，但是，主要功能仍是以間接角色提供社會支持。而當傳統的社會工作訓練甚少著墨於間接服務角色訓練時，本文前述已指出社工人員如何透過發展支持技巧與敏感度，來補充此不足之處。

社工人員對於經濟、政治以及社會影響力的敏感度覺察更是重要。每天，在充滿衝突的少年團體之家裡，需滿足安置少年的需求，也必須提醒工作人員要扮演社會與少年的橋樑。少年團體之家的社工人員是一可實踐的角色，少年團體之家有助降低少年偏差行為。連接在少年和社會之間，少年團體之家的社工人員以其純熟的專業技巧引導大家重新思考少年團體之家的遠景，藉以達成社會期待與我們所期待見到的少年樣貌。所以，毫無疑問的是，少年團體之家將會持續擴展以照顧全美境內這些許許多多被遺棄的兒童或少年。

263

REFERENCES

參考資料

"Alternatives to Foster Care for Older Adolescents." *Practice Digest*, September 1979, *2*, 13–15.

Bakal, Yitzhak. *Closing Correctional Institutions.* Lexington Books, D.C. Heath and Company, Lexington, Massachusetts, 1973.

Dore, M. M. and Guberman, K. "Two Decades of Turmoil: Child Welfare Services." *Child Welfare*, June 1981, *LX*, 371–382.

Gula, Martin. "Community Services and Residential Institutions for Children" in *Closing Correctional Institutions*, edited by Y. Bakal. Lexington Books. Lexington, Massachusetts, 1973, pp. 13–18.

Harrington, W. A. "Labeling Theory in the Juvenile Justice System." *Child and Youth Services*, 1980, *III* 1, 15–23.

Maier, H. W. "Child Welfare: Child Care Workers." *Encyclopedia of Social Work, 17th Edition.* NASW, Washington, D.C., 1977.

Maluccio, A. A. "Community-Based Child Placement Services: Current Issues and Trends." *Child and Youth Services*, 1977, *I*, 1–12.

Maluccio, A. A., Sinanoglu, P. A. "Social Work with Parents of Children in Foster Care: A Bibliography." *Child Welfare*, May 1981, *LX*, 275–304.

Mayer, M. F., Richman, L. H., Balcerzak, E. A. *Group Care of Children: Crossroads and Transitions.* Child Welfare League of America, New York, 1977.

Murdach, A. D. "Bargaining and Persuasion with Non-Voluntary Clients." *Social Work*, November 1980, *25*, 458–461.

Norman, J. S. "Short Term Treatment with the Adolescent Client." *Social Casework*, February 1980, *61*, 74–82.

Pecora, P., Gingerich, W. J. "Worker Tasks and Knowledge Utilization in Group Care: First Findings." *Child Welfare*, April 1981, *LX*, 221–232.

Platt, Anthony M. *The Child Savers: The Invention of Delinquency.* 2nd edition. Chicago: University of Chicago Press, 1977.

Stein, T. Book review of Frank Ferro's "Child Welfare Strategy in the Coming Years." *Children and Youth Services*, 1980, *4*, 438–442.

Part
....
5

緩刑、假釋與法院機構

267 　　某些犯罪者的反社會態度和行為模式，並不會因為社會工作干預而改變，是一項悲哀的事實。不論觀護人多麼有能力，實施多麼密集的團體治療、藥物治療以及職業訓練，某些犯罪者卻從未有任何改變。即使是運用最有效的評估工具，也很難鑑別出這類的犯罪者。然而，仍然有很多犯罪者具有改變的潛力，社會工作干預可以為他們帶來轉機。

　　社工人員受雇於緩刑和假釋機關，扮演協助緩刑者改變的重要角色。「觀護人在緩刑者生命中的重大時刻，和他們一起成長：他們可以抓住此更生重建和改變的機會……在觀護人的幫忙之下，犯罪者常常會說我的生命故事改變了。」（Havenstrite, 1980）

　　緩刑和假釋部門的最終價值，主要有以下三要素：(1)觀護人有能力促使緩刑者在其監督下可有正向改變；(2)觀護人的督導有能力提升社工人員促成緩刑者改變的能力；(3)緩刑和假釋部門的管理者有能力推動管理方面之計畫、組織、人員、指導、領導及控制功能，管理者能夠在他日常工作中實現這些功能。

　　Frank B. Raymond 在第十七章聚焦於討論管理功能，並解釋管理者如何在日常工作中理想地實現這些功能。他討論社會工作教育在儲備研究所學生擔任緩刑和假釋機構管理者上的成效。Raymond 也附帶告訴讀者相關管理學理論，並藉由社會工作管理者實際應用這些管理功能的案例，詳細說明這五個有用的管理功能。

　　Gloria Cunningham 在第十八章指出，根據相關成效研究結果顯示，對犯罪者實施心理治療和其他個別諮商治療的成效已經降低了。她也告誡讀

268 者，以修正犯罪者人格作為處遇目標是不恰當的，作者質疑這些成效是否精確，以及限定處遇定義的必要性；建議可考慮應用社會工作干預發展再檢驗觀護人角色的方法。相較於傳統心理動力趨向之心理治療，Cunningham 認為須確認犯罪者的改變目標，犯罪者的配偶、家庭系統和社區的改變目標也都要確認。她展望觀護人應扮演倡護者和服務經紀人角色，此外，也

同時發揮治療師、諮商師和教師的功能。

REFERENCE
參考資料

Havenstrite, Al. "Case Planning in the Probation Supervision Process." *Federal Probation, 44:*2 (June, 1980), 57–66.

第 17 章

緩刑與假釋機關之行政管理

近幾年來，美國已感受到進入刑事司法體系的違法者人數大量增加（DiIulio, 1991），緩刑體系也意識到，自 1984 至 1990 年期間，個案負荷量增加了 53.4%（Sluder, Sapp & Langston, 1994）。目前受到矯正體系監督的違法者中，有三分之二被判處緩刑（Bureau of Justice Statistics, 1991）。一些專家（Austin & McVey, 1988; DiIulio, 1991）預測刑事司法體系未來要處遇的人數將持續增加，故對監獄、緩刑和假釋機關的需求將會大增。Byrne（1988, p. 1）已經建言「緩刑人口群」（probation crowding）對刑事司法體系所造成的問題，會比監獄人口群帶來的問題嚴重許多。

緩刑和假釋體系所面對的困難挑戰，在於如何為急速增加的訴訟委託人提供有效率的服務。這些體系必須

有良好的規劃，吸取最新且被確認為有效的計畫方案和服務等知識，且必須有訓練精良的工作人員來執行緩刑和假釋工作；透過教育和經驗的累積，這些工作人員已具備提供有效服務所需的知識和技巧。管理者則是這些緩刑和假釋機構中的核心人物，他們負責發展與管理有效方案，並督導這些執行方案的工作人員。為了促使這些機構可成功地因應未來的挑戰，機構必須由具備特定資格，且已完成相關訓練，並有此類服務經驗的管理者來經營。

　　各緩刑和假釋機構管理者的個人學經歷背景非常多樣化，這些管理者的教育訓練和實務工作經驗涵蓋的範疇很廣。不過，近年來則較注重招募完成社會科學教育訓練的人擔任管理者，特別是有接受管理學訓練者。社會工作被認為是最有資格提供此類教育訓練的學科之一，因此，一些緩刑和假釋部門現在會優先雇用畢業於社會工作研究所的人來擔任管理者。

270

　　受過社會工作教育者，之所以特別適於擔任緩刑和假釋機構的管理者，主要基於下列理由。第一，社會工作研究所讓學生可廣泛、概括理解各社會服務領域，而非僅局限於特定狹隘層面。具備這樣的鉅視觀，對緩刑和假釋機構管理者而言是重要的，他們必須適切關注其他領域，並和其他相關的服務體系保持聯繫，諸如就業機構、諮商服務、福利部門、教育機關、志願服務組織等等。其次，社會工作碩士學位的課程設計，與大多數的人群服務研究所相較之下，其學習時間較長，且通常會要求在大學畢業後，須有兩年以上實務工作經驗才可以就讀。再者，這些廣泛的學習經驗，一般而言會包括四個學期的實習；反之，其他的碩士學位課程設計，可能僅要求少量的實習或不須實習。此等實地實習經驗是社會工作教育的品質證明，它可促使學生習得專業知識和技巧，並將這些專業知識應用於真實生活情境之中。社會工作研究所的人道主義取向，是其學生適合擔任緩刑和假釋機構管理者的第三個優勢。觀諸其他學科，例如，企業管理系可能也會教導許多和社會工作相同的管理學理論，但兩者立基於不同的哲學觀，社會工作關注個人價值，並強調應提供個案有計畫、有組織，且實踐人道主義的服務。例如，社會工作背景和企業管理領域的管理者，可能同樣均曾接受過如何進行成本效益分析的訓練，然而，因為所持有的哲學觀不同，

便會進而影響他們對利益的定義和看法；如此一來，他們所採取之方案決策必然也會有所差異。

　　已經有愈來愈多的社會工作研究課程提供專門化和精緻化的訓練，此一趨勢促使社會工作學士的人數有極大成長，並增加畢業生尋求更進階研究所訓練的需求。目前社會工作研究所課程已經提供專攻管理學和／或專精於犯罪矯正的發展方向，且社會工作研究所課程也特別針對學生的能力培訓，規劃了許多相關訓練以使學生更具備擔任緩刑和假釋機構管理者的能力。

　　然而，在此應該特別強調的是，社會工作和其他學術學科均不單單是在訓練緩刑和假釋的管理者，如何運用正確無誤的知識去執行緩刑和假釋機構的管理，這樣一個正確無誤的知識並不存在。事實上，從歷史角度觀之，相較於其他議題，有關緩刑和假釋實務管理議題之討論，在犯罪矯正和社會工作文獻中是較少見的。當特定領域之管理者角色已被提出討論時，有關緩刑和假釋實務管理議題，諸如個案負荷量管理和個別督導等，均尚未充分發展出全面性的知識。針對此議題之文獻如此少量是很令人關注的，此亦突顯出管理者工作的重要性。

　　何以關於緩刑和假釋管理技巧的文獻會如此少，有可能是以下幾個原因。第一，緩刑和假釋機關的組織架構變異頗大，使之難以發展普遍可適用於各類機構的管理規則。再者，因為機構組織架構之法定權責，會隨機構管轄權的不同而有所差異，這也限制機構運用組織理論原則來發展組織架構的機會，以致管理原則必須遷就現有組織架構。第二，與司法體系有關之傳統緩刑和假釋機關組織架構，促使管理者自認並無太大機會，可發展推動與此機構運作有關之政策。進一步觀之，他們常將自己的角色定位為執行法律或司法判決所裁決之政策和法定程序。第三，缺乏相關緩刑和假釋機構管理技巧之文獻，也可能導致許多緩刑機構相對之下較屬小型化，或被分置在不同部門，使得管理者必須仰賴藉由社會工作、其他學科，或以個人自我經驗為基礎，據以發展管理策略和技巧。

　　不幸的是，目前尚未系統化建構相關緩刑和假釋管理實務文獻，就如同其他矯正機構一般，多年來，緩刑和假釋機關常被批評無能力協助犯罪

者有效更生復健（Amos & Newman, 1975; Lipton, Martinson & Wilkes, 1975; Smith & Berlik, 1976; Finckenauer, 1982; Byrne, Lurigio & Petersilio, 1992）。假若緩刑和假釋機關管理者有意修正機構計畫，以使機構運作更具效率，他們就必須通盤了解管理原則。當然，機構管理者可能並無絕對權限，可以決定有助機構成功運作的所有相關影響因素，諸如緩刑判決之許可、拒絕或撤銷，或緩刑時間之長短等。然而，管理者在許多機構運作層面上，仍具有相當大的權責和權威性，而且，他們需要為機構在這些部分的表現承擔責任。為了針對這些可行使自由裁量權的管理權限做出最適當的決定，以及強化機構效率，管理者必須具備組織和管理理論相關知識。

272
　　緩刑和假釋管理者已經由社會工作、企業管理、公共事務管理、社會心理學，以及政治學中學習到管理學理論，當管理者嘗試達成其所屬機構之個別、特定需求時，他們也已經採取了不同方式運用這些學科的管理學觀點。因為並無可適用於所有緩刑和假釋機關管理之單一管理學理論，那些期待可有標準答案和單一管理學理論模式的人可能會對此有所質疑。的確，在許多年前，組織理論致力於發展一套可引導最佳機構管理模式的管理學理論（Taylor, 1947）；但近年來，組織理論之發展較傾向於管理偶發或危機事件，而並非倡護最佳機構管理模式。這些作者主張，管理學理論應該發展相關基礎和基本技巧知識；並可經由應用這些知識，進而可最佳解決那些因情境因素而引發的實務問題（Koontz, O'Donnell & Weirich, 1986）。

　　接下來，本章將回顧管理學理論之相關觀點，也將以促進機構功能運作的角度，來探討當擔任緩刑或假釋機構管理者時，社會工作者所扮演之角色為何。亦即，本章將以管理者的五項基本角色功能呈現管理學理論：計畫、組織、人員配置、指導與領導、控制；此功能運作觀點假設這些管理基礎原則，可普遍應用於包括緩刑或假釋機構在內的各類型機構中。

　　用舉例方式來說明，將有助讀者更清楚了解這五項管理功能，因此，以下會以某一緩刑或假釋機構為例，進行說明解釋。而且，本章將運用此五項基本管理功能來處理該機構問題。

■ 案例：機構概況

Lowman郡的緩刑和假釋機構（Lowman County Probation and Parole Agency）去年招致社會大眾很多的批評，主要是因為許多惡名昭彰的犯罪都和假釋犯有關，致使大眾聚焦於以再犯率來評量此一機構成效欠佳。在社會大眾抗議的壓力之下，管理者辭職了；並由Mark Donaldson繼任此職位。

Mark在當地的大學取得社會工作碩士學位，且過去五年在某一社區社會服務方案中擔任助理主管職位。在就任Lowman郡的緩刑和假釋機構後，他發現此方案處於混亂狀態。他第一次和此機構 21 位專業工作人員開會時，他發現，大家對於應定位此一機構為社會控制機構或是治療處遇方案，抱持不同看法。在此機構成立時即在此服務的工作人員，大多傾向於以社會控制的執法官員自居；而較新近的工作人員（年資為兩年或少於兩年），通常會傾向於採取治療處遇取向。前任管理者所採取的管理哲學，是讓每一位員工依據自己自認最好的工作理念來發揮角色功能，他們可以使用任何方式來監督個案。那些扮演控制者角色的工作人員向 Mark 抱怨，強調處遇治療的工作人員花太多時間在個案身上，但成效卻很有限；而以治療處遇取向為主的工作人員，則控訴扮演控制者角色的工作人員無法有效改變個案行為，以至於高居不下的再犯率下降幅度相當有限。

在查看工作人員的個人紀錄後，Mark認為會有這樣的差異，主要是因為新近工作人員都是六年制社會工作大學教育方案的畢業生，而較資深工作人員的學歷和工作經歷則較多樣化。再者，所有工作人員在接受最初職前訓練後，即未再接受過任何專業訓練，同時，每一位工作人員都可完成年度工作報告；且所有觀護人的績效評估都顯示，他們每一年都可達成良好至極佳的工作效率。

其次，此機構中並無調解監督者的職務角色，前任管理者和工作人員鮮少開會，且前任管理者主要都是依循中央政府的要求來傳達新政策，而中央政府的相關政策引導指南，則混雜並塞滿了管理者辦公室裡的檔案櫃。

再者，前任管理者的秘書以隨機分配方式分派待處理案件，其將觀護

人的姓名依字母順序排列，並據以輪流安排需監督的個案。當法院或假釋部門有新個案時，就會將他安排給名單上的下一位觀護人，即使可能已有其他觀護人作過此個案的審前調查或假釋調查，仍是如此。

計畫

　　若要促使緩刑和假釋部門所有工作人員都可發揮工作成效，管理者的首要基本任務為探查工作人員是否清楚了解機構目的、目標，以及達成這些目標的方法。若要促使此緩刑和假釋機關發揮成效，那麼，觀護人和其他工作人員就必須知道自己被期待完成的工作目標內涵為何，此即為計畫功能，也是所有管理功能中最根本的部分。簡單的說，計畫就是決定進一步要做什麼、如何做、什麼時候做、由誰來做。

　　由於緩刑和假釋管理者的其他功能：組織、人員、指導及領導，和控制功能的設計，均是以協助完成機構目標為主，故在所有管理功能中，必須優先進行計畫功能。換句話說，管理者必須藉由計畫過程適當建立機構目標、建構最能達成這些目標的機構性質、決定員工需要具備之學經歷背景、決定應如何指導和領導這些員工，並且明確定義可用來確保目標達成的控制方法。

　　就如同其他社會機構的管理者一樣，緩刑和假釋機關管理者常會認為自己計畫機構的潛力嚴格受限，他們必須完成的工作內容已被限制規定了。這些限制包括法定組織架構、工作人員數量，以及無法預先決定或控制待處理案件數量；並且，緩刑體系對個案須履行的法律判決要求也增加了，諸如密集緩刑監督、居家監禁、震撼監禁、社區服務與罰金（Sluder, Sapp & Langston, 1994）。然而，即便這些限制的本質不同，但任何機構的管理者都會面臨限制，這些限制並不會妨礙機構建構成功計畫。即便這些限制會影響機構的計畫，然管理者仍有許多發展計畫的選擇。譬如，雖然機構之區域界限已經被設限了，但管理者仍可彈性決定設置地區辦公室的最合

宜地點；或者，即便無法控制待處理案件數量或工作人員數量，但管理者可計畫提升觀護人管理待處理案件技巧的工作成效。最後，儘管法院和假釋委員會可能會指定緩刑和假釋情況，然機構仍可自行計畫監督個案，與確認此一個案可順從緩刑和假釋要求的替代方法。

若期待計畫能夠發揮成效，管理者就必須體認有很多不同計畫模式可適用於緩刑或假釋機關。因為計畫包含任何未來的行動方針，計畫是變化多端的。相關文獻會將計畫區分為目的、任務、目標、策略、政策、實施程序、方案和預算（Koontz et al., 1986; Weinbach, 1994）。這些各式各樣的計畫都互有關聯。緩刑和假釋機關管理者運用這些計畫範圍的程度會隨機構組織架構，以及其在組織內權力階層的地位而有所不同。

為了建構成功計畫，管理者應該讓其他觀護人以及其他工作人員參與計畫過程，透過此參與過程，工作人員可清楚了解機構對他們的期待，且 275 會對實現計畫與達成目標有更高承諾。藉由親身參與發展機構任務，此會強迫觀護人澄清自我長久以來的工作哲學觀：處遇治療與控制（Raymond, 1974; Allen, Eskridge, Latessa & Vito, 1985; Harris, Clean & Baird, 1989; Clean & Latessa, 1993）。譬如，當協助機構決定須採取何種處遇方案類型時，緩刑和假釋觀護人可能需要去測試另一嶄新、不同的替代方法，且評估傳統作法的成效。再者，假若觀護人可參與界定處遇目標，和參與建構測量這些目標達成與否的指標，那麼，他們必然會發現自己在界定「成功」的管理學定義和操作定義時，兩者之間是有差異的。毫無疑問地，這將有益於他們評估自己在監督者角色上所付出之努力，因此，當緩刑和假釋機關管理者必須承擔計畫最終的執行責任時，他即會體認到讓工作人員參與決策過程的眾多益處。

所有計畫的最終目標即是要達成機構的任務和目標。誠然，除非在計畫過程中可清楚建立機構任務和目標，否則管理者將無任何方法可進行隨後之方案成果評估，並確認此計畫方案是否成功（管理的控制功能）。早在二十年前，國家矯正諮詢委員會（National Advisory Commission on Corrections）即強調為了促使緩刑機構可發揮工作成效，必須發展以目標導向為主之服務傳遞體系，且明確說明立基於優先順序評估及需求評估的可測

量目標（National Advisory Commission on Criminal Justice Standards and Goals, 1973）。不過，傳統上，此服務傳遞體系缺乏一致性使命以茲指導機構之目標（Breed, 1984; Conrad, 1985; McAnany, 1984; Petersilia, 1985）。機構期待完成的工作會因其使命和目標的差異而各有不同；緩刑和假釋機關由於未能清楚界定機構使命，已使得觀護人之角色在控制者（Barkdull, 1976）、個案管理者（Whitehead, 1984）和犯罪者更生復健（Shicor, 1992; Gendreau & Paparozzi, 1993）三種角色中變動。

由於在計畫過程中，界定機構使命和建立清楚可測量目標有其重要性，一般社會機構的管理者，特別是矯正機關管理者，已經逐漸關注以目標或成果導向為主的方案管理（McConkie, 1975; Weinbach, 1994）。目標管理是這些管理取向之一，其為注重問題解決與決策之系統化管理取向，在此過程中，管理者和部屬會共同合作定義組織目標和目的，並建構可實現目標和目的之機構運作原則。此過程聚焦於問題解決和獲得成果，而非可促使獲得這些成果的活動。目標管理最基本之關切點為建立可測量的目標，並提供可達成目標的方法。因此，目標管理需要非常正式的系統化計畫，並將管理者和其他工作人員都納入計畫當中。正因為目標管理有許多優點，包括緩刑和假釋部門在內，有許多矯正機關已經採用此管理系統（McConkie, 1975）。

■ 案例：計畫的功能

前文已經提到 Lowman 郡緩刑和假釋機構所出現的問題了。針對此，Mark 決定若要解決此機構的問題，則首要需求是發展管理計畫。他深信為了促進個案和社區利益，此機構必須兼顧控制和治療處遇，並擴大法定命令委託機構執行之業務。Mark 寫下包含此兩項功能的目的（或任務），然後，要求工作人員發展立基於機構目的／任務的具體目標和目的。在選擇他所主導之「任務執行委員會」的成員時，Mark 謹慎地將此二哲學觀和信念的代表性意義均涵蓋在內。

任務執行委員被區分為三個小組委員會，且教導工作人員發展符合機

構目的之適當目標，每一個目標均可測量，並設定可評量達成目標成效的合理時間。第一個委員會負責發展審前調查和假釋調查等相關計畫，第二個委員會發展緩刑和假釋監督計畫，第三個委員會則負責規劃機構政策、工作人員管理與經營社區關係。每一委員會有兩星期準備期可草擬初步計畫。

第二次會議時，各委員會提出計畫草案。在歷經眾多討論之後，此任務委員會完成一宗所有成員均認同之整體計畫，隨後將計畫草案發給每一位工作人員，藉以徵求大家其他看法和建議。在進一步修正後，最後的計畫定案了。此計畫所列出之目的包括「建立社區諮詢委員會」和「在未來十二個月將再犯率降低 5%」，目標則包括「需在兩個星期內，完成所有被分派個案的審前報告」。Mark 和任務執行委員並在員工會議中完整解說計畫內容，並回答工作人員的疑問。

其次，跟觀護人說明機構期待他們可發展與工作有關之個人化目標。這些目標須支持和立基於機構目的和目標，例如，觀護人可發展類似「針對無法於白天報到的個案，提供每星期一次的團體諮商」的自我工作目標，並跟觀護人說明他們的年度績效評估，將會依據他們達成自我工作目標的程度予以考核。

同時決定在實施此新計畫六個月後將進行評量，屆時將會裁定完成個人和機構目標的成功率。然後，此任務執行委員將匯集成果報告，若有需要則再進行修訂，並根據此半年計畫實施狀況發展年度工作計畫。

組織

緩刑和假釋機關管理者的第二個主要功能為組織。簡單的說，組織就是建構員工、工作內容和物理資源三者關係之組織架構，組織的目的在於提供可促使工作人員以最佳狀態一起有效工作、運用資源達成共同目標之架構（Eckles, Carmichael & Sarchet, 1989）。

緩刑和假釋機關管理在組織上的重要問題，為緩刑服務應集中或分散於相關或特定社會機構。法令通常會列出該組織架構可實施緩刑服務的管轄權限，惟機構管理規則可以決定詳細實施程序和架構，且此個案的管理者有相當大的權限可以在其管轄權限之緩刑服務範圍內，裁決是要趨於集中或分散。

對於緩刑服務應集中或分散的議題，各有相關矯正文獻分別支持。支持集中緩刑服務最常見的論述為，集中服務可促使當地行政管理體系更為流暢；可發展一貫政策和實施程序；可有更大可能性提供所有個案相同層次之服務；有助增進資源分配之效率，以及有較高潛力可發展創新方案、示範計畫和矯正研究。另一方面，支持分散緩刑服務的論述則包括：可獲得地區居民和機構支持發展地區緩刑和假釋方案，地區單位可更具彈性，並較少受限於僵化官僚體制，且和地區單位一起工作，有助於讓觀護人更加熟悉當地社區概況（Killinger, Kerper & Cromwell, 1976）。

緩刑和假釋機關管理當局決定緩刑服務予以集中或分散的程度，可能會受限於法令規章，但仍可運用其他許多組織方法，例如，管理者可依功能來建置不同的部門。依功能來區分部門，意味著團隊編組主要立基於類似工作技巧或共同目的（Koontz et al., 1986; Weinbach, 1994），這或許是最常被應用來區分組織架構的模式，包括社會工作機構。當緩刑和假釋機關根據機構任務、活動進行編組，將其分類為相關個別化職務時，通常若非安排觀護人擔任調查職務，就是需承擔監督職責。此種將緩刑和假釋職務模式專門化之優點在於，可增進專業知識、促進工作表現之監督控制，以及減少忽略或特別重視某職務。但另一方面，亦會衍生工作量不均等的道德問題，且觀護人同時擔任調查者和監督者，將比僅擔任特定職務而可具備更統整的專業知識和技巧。

緩刑或假釋機關管理者也可立基於分配待處理之緩刑者和假釋者來形成組織。傳統上，主要會有以下五種待處理案件分配模式（Carter & Wilkins, 1976）。第一，慣例模式（the conventional model）：將緩刑者隨機安排給有空的觀護人。第二，編號策略模式（the numbers game model）：以平均分配機構內所有待處理案件數量為目標。第三，分區模式（the area-based model）：以個案所居住之特定地理區域限定待處理案件。第四，單一特定因素模式（the single factor specialized model）：在分配緩刑者時立基於個案共同問題，譬如藥物濫用、智能不足或犯罪類型。第五，垂直模式（the vertical model）：結合個案特性來分類待處理案件。上述模式均各有優缺點，然鮮少有研究探討哪一種待處理案件管理策略較具成效或效率高。管理者在決定最適當之待處理案件管理策略時，須考量其所屬之緩刑和假釋機關的獨特性和個別狀況。

　　除非此一機構特別小型，通常緩刑和假釋機關之主要管理者都會有所屬部門主管，譬如負責的督導或觀護人，在組織架構中設置不同管理者職缺時，緩刑或假釋機關的主要管理者應該謹記一些重要組織原則。首先，在進行有效溝通和負責決策時，應清楚界定主要管理者和部門主管之間的權責界限。第二，應該賦予部門主管適當權限，使其得以發揮工作效能。第三，應該清楚界定部屬對他的主管所須承擔的責任，以及主管對他的部屬所從事工作內容不可迴避之責任。第四，盡可能讓每一個工作人員都須向其所屬主管呈報工作業務，以避免工作指示有所衝突，並強化個人對自我工作成果之責任感。第五，部門主管應有權限可進行特定決策，這些決策並不需要提請更上層的主管進行裁示（Clegg, 1970; Koontz et al., 1986）。當依循上述原則時，每一位緩刑和矯正機關管理者的工作將可更簡化，且機構運作也會更具成效。

案例：組織的功能

　　Mark Donaldson 認為此機構有兩個組織上的主要問題。第一，缺乏調解督導負責協助監督、指揮員工職務運作與反應問題。他特別注意員工對於本身介入他們每日工作計畫表可能衍生的憤恨情緒，因為他是新主管，而且已經開始著手改變此一讓員工即使不滿意但也已經習慣了的機構體制。他也相信，本身的時間能更妥善運用於直接指導以外的其他事務，因為他之前已經和機構計畫任務執行委員會成員建立緊密工作關係，並且非常讚賞他們有助增進機構利益的溝通、調停能力。Mark 要求這些成員組成員工

委員會，以推薦適當人選擔任調解督導。在參考他們推薦的人選之後，Mark 擢升四個調解督導職缺，每一個調解督導需指導五到七位員工。

　　Mark所面臨的第二個組織問題，為待處理案件如何安排之議題。恣意之隨機安排，已導致觀護人把寶貴時間浪費在不同行政區之間的交通往返上，如此一來，觀護人無法發展有關社區及與特定鄰近區域建立關係的全面性知識；再者，此種分派個案方式，忽略特定觀護人對特定個案問題之工作技巧優於其他觀護人的事實。Mark 和調解督導一起開會討論這個問題，並且規劃新組織計畫，他們將機構管轄之行政區域劃分為四區，且只會分派給每一位觀護人單一行政區域的個案；其次，每一位調解督導負責督導一個行政區域的觀護人。另外，對於一些專精於處理青年犯罪者的觀護人，則分派給他們的個案會以這類型個案居多數；同時，即使要讓每一位觀護人所處理的案件量相等並不容易，但仍盡力平均分派。

工作人員配置

　　緩刑和假釋機關管理者的第三個功能是工作人員的配置，這包含員工篩選、評價工作表現，以及安排員工在機構組織架構中所扮演之角色。機構要能克竟其功，須仰賴管理者落實執行上述三個層面關於工作人員配置的作法。

　　相較於大多數的社會機構，緩刑和假釋觀護人的學歷資格要求存有很大矛盾，法令或相關管理規範所設定之學歷資格要求差異很大，某些要求高中學歷，也有少數會要求碩士畢業並要有工作經驗。美國律師協會（American Bar Association, 1970）和國家諮詢委員會（National Advisory Commission, 1973）要求緩刑觀護人最低限度須具備大學學士學歷，美國律師協會也建議觀護人須從事學士畢業後研究，且建議應對所有觀護人採取相同標準之要求。美國犯罪矯正協會（American Correctional Association, 1977）也強調應要求觀護人具備大學和研究所學歷。再者，刑事司法體系

的計畫者、管理者和教育者通常會認同大學畢業生較有能力勝任緩刑和假釋觀護人角色（Carter & Wilkins, 1976; Newman, 1971）。某些作者（Smith & Berlin, 1988, p. 35）主張，社會工作碩士教育可提供從事緩刑和假釋工作之最佳訓練，針對此一說法，筆者須澄清的是：目前僅有少數實證研究論證什麼形式的教育訓練，對提升緩刑和假釋觀護人之整體表現最具成效，針對此議題尚需更多研究予以討論。

在篩選緩刑和假釋觀護人時，某些司法體系和機構會採用筆試，某些體系則會運用集體考試的方式。為因應以考試方式篩選工作人員所衍生的問題，管理者應該盡力評估這些可能會被雇用者的個人能力。通常緩刑和假釋管理者會實際參與此篩選工作人員過程的部分階段，假若部門主管同時也會擔任將被選定之工作人員的調解督導時，那麼，該部門主管也應該參與此工作人員的篩選過程。

人員配置功能同時也包括提供員工在職訓練，這有兩種形式。第一種屬職前訓練，此應該在雇用員工後即盡快實施。緩刑和假釋機構的職前訓練，通常包括教室授課和工作訓練，現在有很多緩刑和假釋機關在訓練新進員工時，會大量使用輔助器材，譬如幻燈片、錄音機、錄影機和專業影片，無論這些職前訓練的形式為何，最基本需涵蓋五個層面之介紹說明：機構目標、機構政策、組織架構、接受訓練之觀護人被期待須達成之工作目標，以及觀護人之角色任務。

第二種在職訓練形式為發展專業之訓練，此訓練主要聚焦於發展特定處遇模式或個案督導技巧。在緩刑和假釋機構中，通常會由調解督導來進行此部分之訓練，可以採用很多種運作方式。第一，假若同時需要訓練數位新進人員，且在第一次訓練時必須傳達與逐一說明相關基本概念，那麼演講可能是最有效的方法。第二，假若訓練主題是屬於觀護人常會遇到的工作問題，譬如如何處理特定類型個案，那麼採用團體研討會的方式或許最為適合。第三，角色模擬和扮演對於幫助觀護人發展處遇技巧是很有效的。第四，以個案研討會來進行個別教導與指導，則有助於藉由解決實際問題來提升觀護人的知識和技巧。第五，這些緩刑和假釋機構有特定工作任務，諸如調查和監督，讓觀護人工作輪替也能促使他們對於機構整體架

構和功能有更佳學習（Eckles et al., 1989）。

　　人員配置的第三個功能是評價，此為定期正式評量工作人員在其職務上的工作表現。工作表現評量有以下三個目的：評定觀護人的工作能力、評估他／她日後所需強化之訓練與發展，以及協助決定該工作人員之薪水與升遷，為達成上述三個目的，必須持續進行工作表現評量。亦即，雖然須在指定期間內完成正式評估報告，但管理者應該經由督導討論讓觀護人了解，機構在評量他每日工作表現時所採取之標準為何，如此一來，正式評量結果才不會讓觀護人感到震驚。

　　就如同大多數社會機構一樣，緩刑和假釋機關常使用的評估方式為「特質評量」（trait appraisal）。特質計分評量系統通常涵蓋一些個人特質項目，譬如：領導才能、勤勉或判斷力；以及工作特質，譬如：工作知識、個案工作技巧、能否準時完成工作。以這些項目作為評量指標的評估模式，最大問題在於太過於主觀且含糊，觀護人在實際工作時，鮮少可針對這些項目指標特別自我加強。而且因為是屬主觀判斷，管理者通常會傾向於正向評量工作人員（Koontz et al., 1986）。

　　緩刑和假釋機關管理者在評量觀護人和其他工作人員時，比較理想的方式為以可驗證之個人成就目標作為評估工作表現之指標。誠如前文所述，機構應該建構清楚目標，且每一位工作人員應該立基於機構目標來界定特定目標。在實施職前訓練時，應該向觀護人清楚說明這些目標，觀護人的工作內容應該立基於這些目標來建構，且工作表現評價也應該以觀護人達成這些目標的程度為指標（Cohn, 1987）。緩刑機構管理者應該讓觀護人參與，雙方共同建立特定工作目標，此參與不僅有助觀護人理解自己被期待之工作表現，也可激勵工作動機。此個人目標之建構，已在前文說明目標管理時詳細舉例了，然而，亦可運用其他管理系統來發展這些目標（McConkie, 1975; Weinbach, 1994）。

■ 案例：人員配置的功能

　　當瀏覽此機構的人員配置政策和評定需求時，Mark發現，聯邦政府六

年來已要求相關工作人員須具備「刑事司法或人群服務學系」之大學學歷。所有新進工作人員都符合此資格，然而他們的教育背景很多樣化，涵蓋刑事司法、社會工作、社會學、心理學、教育和宗教。他們之前的工作經驗則包括執法人員、教師、社福機構社工人員，以及神職人員。另外，有些觀護人是在大學畢業後隨即被雇用，之前並無任何工作經驗。

　　Mark思考工作人員多樣化的教育背景，之後他認為，應該讓工作人員共同思考這似乎是他們之間最有爭議的哲學議題：控制和處遇治療之兩難，他決定必須進行在職訓練以達成此目的。他設定四天的講習，並邀請學者擔任諮詢顧問來指導會議之進行。為了領導討論這些議題，諮詢顧問以角色扮演、小團體模擬，並重視價值澄清活動，以協助觀護人檢測自我信念、價值和實務工作取向。

283

　　在結束初期四天講習之後，Mark仍持續舉行每個月一次的講習，這些後續講習較不正式，並主要聚焦於機構在服務個案過程中曾出現的特定問題。Mark或調解督導會輪流主持這些講習。最後，根據初期講習與後續講習所蒐集討論之資訊，Mark發展了一項可在未來運用於訓練新進觀護人之職前導引和訓練方案。

　　而在任命調解督導後，Mark讓調解督導去參加由州政府主辦的三天專業講習，講習主題為督導工作人員基礎訓練。隨後調解督導也發展了督導導引手冊，以供未來實務工作使用。

　　Mark 接下來所關注之焦點為工作人員評價，因為考量州政府政策，Mark 持續使用現有評估表格，然而他改變了實施程序。Mark 制定了額外的評估系統，因此在評量每一位觀護人時，主要依據他達成自己所協助設定之特定目標的程度。這些立基於機構目的與目標衍生之個人目標是可加以回顧的，Mark 並且賦予調解督導評價員工的任務，亦即評價其所督導之觀護人；之後，調解督導會定期與他所督導的觀護人開會，並簡明地定時完成正式評估報告，評估報告會記錄每一位督導和個別觀護人均已了解之工作表現概況。

指導與領導

　　緩刑和矯正機關管理者的第四個功能為指導和領導機構部屬。指導和領導是管理的人際互動層面，可藉此協助部屬了解如何有效投入工作以達成機構目標。若要達成此功能，則管理者必須適切與部屬建立關係、有效溝通、適當督導、激勵工作動機，並協助他們實現機構目標。取得社會工作碩士學歷的管理者通常會對管理的指導和領導功能非常了解。

　　緩刑和矯正機關管理者可能會以自己對人類行為和特質之假設來和機構部屬互動。Douglas McGregor（1960）界定管理者對人類行為本質的假設有兩種相反論點。X 理論的管理者認為，人類天性並不喜歡工作，必須強制、控制、指導和威脅他們達成機構目標，一般人也多喜歡被指導，期待迴避責任、缺乏企圖心，並且最需要安全保證。Sigurdson 等人（1973）主張，多數緩刑機關的運作主要依據上述對人類行為之假設。例如，強調維持嚴格時間表、重視個人工作之文件憑證，並堅決要求需順從機構規則，此即為機構遵奉 X 理論之證據。

　　Sigurdson 和他的同事（1973）強調，緩刑或假釋機關的管理者應該在管理上力求遵奉 Y 理論。根據 McGregor 的看法，遵奉 Y 理論的管理者認為，人們在從事勞力和應用腦力的工作時，就和他們在玩樂或休息時一樣，本質是相同的，均是自我指導，且會努力達成自己承諾實現之目標，人們不只會接受且亦會自我要求承擔責任。同時，大多數的人都具備一定程度的想像力、聰明才智和創造力，只要給他們機會，他們將會運用這些能力來解決組織問題。此取向的管理者會致力於尋求最大程度的個人成長及發展機會，並創造組織環境氛圍，以讓身處此情境中的工作人員了解，他們可指導自己完成自我目標，進而有助於實現組織目標。一些作者建議，緩刑部門應運用 Y 理論來實施管理會較具成效。譬如，應促使所有階級的工作人員均可開放溝通；管理者應盡可能讓工作人員參與決策過程；工作人

284

員應可參與自我工作目標設定，並參與評估自我工作成效。而且應鼓勵管理者採取個案中心取向，而非中央集權取向的管理措施（Sigurdson, 1973; Janes, 1993; Chavaria, 1994）。

已有許多社會工作和其他學科的研究結果顯示，管理者的督導風格與被督導者之反應兩者間有相關。專制領導風格會導致缺乏道德，並通常會使部屬缺乏工作效率的論述也已經被證實了。此外，放任領導風格會讓部屬感覺挫折、欠缺對組織目標之承諾、工作品質欠佳；另一方面，民主領導風格則可讓部屬發揮更大工作成效和效率，以及可有更佳工作滿意度（Austin, 1981; Odiorne, 1970）。大多數組織在進行機構管理時均會應用、採納這些研究發現，緩刑或假釋機關管理者也應該了解到，不同工作情境需要運用不同領導風格。譬如，在督導某些觀護人時，管理者可能必須採取較權威的方式；而其他觀護人則是在放任領導時，可以有更好的表現。另外，當有大量審前報告必須在短時間內完成時，此時管理者可能需要展現相當程度的權威方可奏效。

為發揮指導和領導功能，緩刑和假釋機關管理者必須注意一些可激勵部屬最大工作動機的相關因素。有關此議題之討論，以 Herzberg（1968）的研究最為著名。Herzberg（1968）認為有兩種不同激勵模式。第一種團體因素是所謂「維持」（maintenance）或「保健」（hygiene）因素，這包括機構政策、行政、薪水、地位和工作保障。Herzberg 發現，組織中若具備這些因素，並無法激勵員工；然而機構必須具備上述因素，否則員工將會衍生不滿情緒。第二個團體因素則與工作內容有關，此即所謂「激勵因素」，包括成就感、認同感、工作挑戰性、晉升和工作發展性。這些因素會增進工作滿意度，因此是屬於真正的激勵因素。

因為緩刑或假釋機關是屬於政府機關，管理者對於某些「維持」因素可控制之權限很小。然而，藉由合適之領導風格，她／他會發現在機構中存有許多「激勵因素」。譬如，管理者可以表揚觀護人或其他工作人員的功績，或者運用工作輪替亦可促使觀護人的工作較具挑戰性，或讓觀護人學習新工作（Mills, 1990）。最後，增進觀護人的責任，使其有機會可展現自我能力，也是可成功激勵員工的技巧（Smith & Berlin, 1976）。

285

■ 案例：指導與領導的功能

　　Mark界定自己領導者的角色為盡最大權限讓工作人員參與機構決策。在一開始發展機構目的與目標、機構政策指南，以及組織架構時，他已經讓工作人員參與了；因為他相信，工作人員對任何自己所協助建立的計畫，都會較為支持。他持續採取此作法，對他所任命的督導提出機構內部政策草案，並引導他們和所有觀護人一起瀏覽草案內容，評論先前完成之工作事務。

　　Mark和他所任命的調解督導每週都會開會，以討論工作進度和相關問題，這些督導隨後會和他的部屬開會，並報告主管會議之內容，且Mark每個月都會和所有工作人員進行會議。

　　Mark也思考讓他的員工有機會和其他機構同仁進行交流。他相信，這可刺激員工思考同樣在緩刑和假釋機構工作的其他人員，會如何處理並改善機構問題。再者，打破每天的例行性事務則有助於減少工作緊張。在預算限制範圍之內，他試著盡可能讓調解督導和觀護人去參加研討會或工作坊。他也試著確保讓所有觀護人都可以有機會參與相關在職教育訓練。

286

　　Mark所採用的另一技巧，在幾個月之內即證明此對於激勵工作人員特別有用。他引進每兩個月一次由觀護人主持之研討會，讓觀護人主導此研討會，選擇示範自己表現最傑出的特定領域來做報告，譬如文章報告或處遇藥物濫用者。此研討會不僅激勵其他觀護人修訂自我工作方法與發展新技巧，同時，也獎勵表揚那些在特定領域表現傑出之工作人員。

▌ 控制

　　緩刑和假釋機關管理者的最後一個功能為控制。此即為測量和導正部屬之工作表現，藉以確認他們已經達成所策劃之機構目標和計畫。為了發

揮控制功能，緩刑或假釋機關必須清楚建構目標和資訊管理系統，以測量各式各樣緩刑和假釋機關服務要素之成效（Cohn, 1987）。不幸地，當大多數社會服務組織均已確實建構此目標和資訊管理系統時，傳統緩刑和假釋部門並未具備此兩項先決條件。

　　然而，近幾年來所發生的許多事情，進而促使緩刑和假釋機關管理者更為嚴肅看待控制功能。首先，大體上進入刑事司法體系之犯罪者人數成長了（DiIulio, 1991），隨後的運作問題，也導致社會大眾聚焦於關注刑事司法體系各相關機構的組織架構與功能，其中當然包括緩刑和假釋的服務系統。第二，過去十年來，社會大眾已愈來愈關注所有政府機關的責任義務，致使社會大眾會去關心並監督緩刑和假釋機關的成效（Cohn, 1991）。第三，各刑事司法體系相關機構均缺乏可證實其已成功發揮功能的證據，此促使管理者致力於尋求更具成效和效率的處遇方案，以及可測量成效和效率的方法（DiIulio, 1991）。最後，擴大使用電腦則有助促進所有人群服務領域建構資訊管理系統，包括緩刑和假釋機關；而且，此系統也促使機構更可實行控制功能。亦即，這些資訊管理系統讓管理者可以蒐集個案資料，以進行監督、評估，最終則可改善對個案之服務（Fein, 1974; Hoshino & McDonald, 1975; Raymond, 1981; Young, 1974; Soma, 1994）。

　　緩刑和假釋機關管理者為了達成控制功能，則必須清楚界定機構目標，這些目標必須盡可能明確且可以量化（使之可測量和驗證）。因此，機構並不適合以下列措詞來說明目標，如「協助假釋者更生復健」；反之，目標應以下列措詞說明，如「在未來十二個月內，讓假釋者再回到監獄的比率降低 10%」（McConkie, 1975）。誠如前文所言，管理者在發揮計畫功能時，應同時發展這類明確可測量之機構目標。 287

　　在展現控制功能時，緩刑和假釋機關管理者必須非常彈性地發展組織架構，以使其有最大潛力可達成機構目標。亦即，管理者應設置必要之工作團隊、發展適當政策和步驟，並設計和施行可達成機構目標之方案。誠如前文所言，此等努力包括管理者之組織功能，不過也有一些組織因素，諸如工作人員規模、待處理案件數量、法律規定等等，均不利於組織發揮創造力，並運用最佳方式達成機構目標。然而，在這些限制下經營機構時，

管理者必須以方案達成機構目標之程度為標準，來設計方案和持續修正方案內容，藉此促進機構發揮最大成效與效率。

最後，為了達成控制功能，緩刑和假釋機關管理者必須設計一些可盡速提供確實無誤、詳細資料，特別是有關機構決策、計畫過程所需，且可用以測量機構目標的資訊管理系統。社會機構有兩種基本資訊管理系統：行政管理資訊系統和個案管理資訊系統。行政管理資訊系統有三個功能：控制和協調員工行為、提供長程計畫所需之資訊，和提供資訊給其他外部團體組織。此系統可根據機構先前設定之標準，而自動形成各式各樣的即時項目報告、定期報告和進行通報（Coffey, 1974）。個案管理資訊系統則利用相關資訊以進行服務輸送之決策，此資訊管理系統的功能為控制個案問題、提供個別觀護人實施計畫和管理所需之資料。

288　　　緩刑和假釋機關管理者可全面使用資訊管理系統，探究並決定機構目前所提供的服務中，何者可有效處遇被選定之犯罪者，而何者無法有效處遇被選定之犯罪者，並界定就機構整體工作成果而言，可能需要加強改變之範疇為何。此外，亦可透過電腦技術建構緩刑機關統計模式，此模式可用以分析方案潛在價值之廣泛變化，並進行在真實生活中無法實施之「實驗」（Austin, 1981; Sigurdson et al., 1973; Raymond, 1978）。電腦技術也促使機構可立基於效率觀點來分析現有方案之成本效益，或評估以另一替代方案達成機構目標的相關成本（Nelson, 1975; Raymond, 1981）。近幾年來，社會機構已大量使用電腦來達成上述這些目的。

除了方案監督和方案要素以確保機構效能之外，管理者之控制功能尚包括持續評估個別工作人員之工作成果。此亦包括以達成機構正式目標的程度來評估工作人員效能（Jaques, 1989）。假若緩刑和假釋機關管理者已經和每位觀護人共同建立清楚可測量的個人化目標，且這些個人目標是依循機構和方案目標發展而來，則對於每位觀護人之工作效能評估，就是屬於整體系統評估的一部分（Cohn, 1987）。所以，在評價觀護人工作表現的過程中，即可清楚發現他們的角色和整體機構組織是多麼的相稱，以及他們的工作成果是如何促成機構全面成功。

■ 案例：控制的功能

在 Mark 和調解督導每週一次的會議中，他們會花部分時間來報告和評估每一工作團隊在達成機構目標上的進度，並討論與此議題有關之問題。另外，當必須說明問題和探討替代方案時，Mark會與個別團隊進行會議。

督導報告通常包括個案聯繫量之統計分析、所提供之服務種類、本週花費在每位個案身上的時間。Mark每季均會蒐集這些資料，並提報給中央政府，而且，Mark和調解督導會評估其中某些與機構所設定之目的和目標有關的資料。譬如，Mark在任職滿六個月時，檢閱工作人員之工作時數報告，發現大多數的觀護人均須超時工作，方可完成他們手上所有的審前報告，這特別是因為他們試著要達成機構所要求的目標，即須在接受轉介後兩個星期內準備個案完整審前報告。事實上，每位觀護人每週平均須準備四份審前報告，這樣的目標很明顯地並不切實際。於是，Mark裁決並非所有個案都須準備完整審前報告，應以某些標準篩選出適當個案，這類個案只要撰寫部分的報告即可。此修正後的計畫被證實更具效率。

經過六個月之後，Mark裁決調解督導和他們所督導的觀護人相對地花了太多時間在討論個別個案問題。Mark決定創設個案指導時間，以此為媒介處理個案問題，並教育所有觀護人。在個案指導時間內，其他觀護人可以評論該觀護人針對其所選擇討論的個案所建構之計畫，以及此個案工作之目標和遭逢的問題。此方式除了可以有效解決問題和發展工作人員專業知能之外，亦可幫助 Mark 和調解督導評估觀護人的才能。

■ 案例：結論

在 Mark 任職滿十二個月時，Mark 和他的工作人員已蒐集充分資料，並據以發展五年計畫，且以此為論證向中央政府說明，機構必須再增聘新進人員以執行機構工作的必要性。此時再犯率也已降低了 3%，社會大眾對此機構的批評則差不多已經停息了，社區諮詢委員會特別有助於建構外界

對機構之「良好形象」（good press）、發展個案工作安置資源，以及在必要時可獲得市民和宗教團體的幫助。Mark 在過去一年內已經失去了五位工作人員，當中有兩位獲得其他工作機會，一位回到學校讀書，兩位因為不滿機構的改變而離職了。此機構管理目前運作順利，且已營造正向工作氣氛。儘管 Mark 尚未實現他所有的期待，且機構仍然存一些問題，但是，他明智的管理作為已明顯地促成許多正面結果。

結論

　　本章從管理學的觀點來思考緩刑及假釋機關管理者的角色，亦即，我們將重點聚焦於討論緩刑及假釋機關管理者的主要管理功能：計畫、組織、人員配置、指導與領導，以及控制。

　　以上五項管理功能主要由各層級之緩刑及假釋機構管理者所執行，此亦是許多層級的各類社會機構，或其他機構的管理者所實行之功能。而各不同層級之緩刑及假釋管理者對於每一管理功能之執行程度會有所差異，當然，機關與機關之間所能執行每一管理功能的程度也會有所差異。儘管法令、司法判決或其他情形會影響緩刑及假釋機關的運作，然而，機構管理者不可避免地必須執行所有上述五項管理功能。

　　本章所探討的這五項管理功能，很明顯是相互關聯的。明智合理的計畫，包含建立明確目標，緩刑及假釋機構管理者必須了解為了達成此既定目標，則必須建構什麼樣的組織性質，建立目標與發展組織架構可以協助管理者確切理解到應雇用哪類工作人員、他們需要什麼訓練，以及如何評估他們。緩刑及假釋機構的目標、組織架構，以及所雇用之工作人員，也將影響管理者所運用之領導及指導模式。標準化控制只有管理者在已計畫建構出可測量的機構目標之後，方可實施。管理者可以藉由改變組織架構、改變人員配置、領導和指導模式來履行機構目標。

　　緩刑及假釋機構管理者所執行之管理功能會相互重疊，這是可理解的，

社工機構管理者的職務並非是獨立存在的，某一工作領域所採取的行動必然會影響到其他領域。因此，管理者並非在連續狀態下象徵性地執行計畫、組織、人事、領導及控制等功能，明確地說，這些功能執行是與管理者每天的工作同時並存的。因此具備完整管理功能知識，以及覺察各種功能彼此之間的關聯性，將增進管理者在經營此一深具挑戰性之緩刑和假釋機構時的成果。

　　雖然有關穩固緩刑及假釋服務成效的哲學觀隨著時間已有所改變，進而引導出不同實務工作取向，但是仍然強調矯正與控制須同時並重（Clear & Latessa, 1993），而且此一理念極可能到二十一世紀時，仍會被持續奉行。Sluder、Sapp 和 Langston（1994）在回顧歸納傳統引導緩刑實務工作取向之哲學觀與現今之工作理念後，認為今後緩刑體系將主要以協助更生復健為目標，其次則以控制為目標。假若矯正犯罪者的策略在二十一世紀仍引導緩刑及假釋實務工作的話，那麼有關控制的議題，也將持續在緩刑及假釋工作中扮演重要角色。緩刑及假釋機構管理者必須發展可適當回應此雙重意識型態的任務使命、機構目的、目標與相關計畫方案。

　　今後的緩刑及假釋機關管理者必須發展和管理可替代監禁的計畫方案，此為廣大替代監禁系統的一部分。近幾來年，緩刑體系已引進一些調解法律制裁的方式，包括密集觀護監督、居家監禁、震撼監禁、軍事訓練營、社區服務、賠償及每日罰金（DeJong & Franzeen, 1993）。這些替代監禁方式可以說是分級刑罰的一部分，就如同 Morris 和 Tonry（1990）所描述未來緩刑和假釋機關的工作內容。某些作者（Byrne & Brewster, 1993; Byrne, Lurigio & Petersilia, 1992; Palmer, 1992）一致認為，這些針對犯罪者的更生復健方案是有成效的，那些較注重監督取向的措施通常較不具成效，今後的管理者必須了解這些方案的內容及成效；同時，必須規劃與這些替代方案有關之合適緩刑及假釋服務。因此，今後管理者在計畫、組織和控制上所扮演的角色將更愈趨複雜。

291

　　由於緩刑和假釋者人口數仍持續增加，管理者在徵募新員工、訓練、監督和領導員工上所扮演的角色將更為複雜，也更具挑戰性。緩刑及假釋機構管理者將負責管理更多員工的工作境況。同時，管理者在徵募新進人

員時，很重要的是，必須雇用多樣化背景的緩刑及假釋觀護人，諸如女性、少數民族及有色人種，這樣做不僅是為了達成機構目標，同時亦是在確保當面對背景更加多樣化的緩刑及假釋人口群時，工作人員可發揮最適宜之成效。緩刑及假釋觀護人需要接受適切教育與累積經驗，以具備一定水準的專業知識及技能，進而促使他們可符合職場要求與面對挑戰。管理者必須領導具備專業能力的員工，必須鼓舞他們、激勵他們，並且引導他們秉持對工作的承諾和熱忱來完成自我分內工作。

　　緩刑及假釋機構管理者的角色扮演一直都是困難且高要求的，並在未來可能會更形艱難，即便這樣的情況會持續，然而，此一管理者角色是可充分讓人發揮能力且有正向回饋的，特別是對那些能善加利用明智管理原則來管理緩刑及假釋機構的管理者而言，更是如此。

REFERENCES

參考資料

Allen, H., Eskridge, C., Latessa, E., & Vito, G. (1985). *Probation and parole in America.* New York: Free Press.

American Bar Association (1970). *Standards relating to probation.* American Bar Association, Project on Standards for Criminal Justice.

American Correction Association. (1977). *Manual of standards for adult probation and parole field services.* College Park, MD: American Correctional Association.

Amos, W. E., & Newman, C. L. (Eds.). (1975). *Parole.* New York: Federal Legal Publications, Inc.

Austin, J., & McVey, A. D. (1988). *The NCDD prison population forecast: The growing imprisonment of America.* San Francisco, CA: National Council on Crime and Delinquency.

Austin, M. J. (1981). *Supervisory management for the human services.* Englewood Cliffs, NJ: Prentice-Hall, Inc.

Barkdull, W. (1976). Probation: Call it control and mean it. *Federal Probation, 53*(2), 49–60.

Breed, A. (1984). Foreword. In P. McAnany, D. Thomson, & D. Fogel (Eds.), *Probation and justice: Reconsideration of mission.* Cambridge, MA: Oelgeschlager, Gunn & Hain.

Bureau of Justice Statistics. (1991). *Probation and parole, 1990.* (NCJ-133285). Washington, DC: U. S. Department of Justice.

Byrne, J., Lurigio, A., & Petersilia, J. (Eds.). (1992). *Smart sentencing: The emergence of intermediate sanctions.* Newbury Park, CA: Sage Publications.

Byrne, J. M. (1988). *Probation.* (NCJ-104558). Washington, DC: U. S. Department of Justice.

Byrne, J., & Brewster, M. (1993). Choosing the future of American corrections: Punishment or reform? *Federal Probation, 57*(4), 3–9.

Carter, R. M., & Wilkins, L. T. (Eds.). (1976). Caseloads: Some conceptual models. *Probation and parole* (2nd ed.). New York: John Wiley and Sons, Inc.

Chavaria, F. R. (1994). Building synergy in probation. *Federal Probation, 58*(3), 18–22.

Clear, T. R., & Latessa, E. J. (1993). Probation officers' roles in intensive supervision: Surveillance versus treatment. *Justice Quarterly, 10*(1), 67–88.

Clegg, R. K. (1990). *Probation and parole.* Springfield, IL: Charles C Thomas.

Coffey, A. R. (1974). *Administration of criminal justice.* Englewood Cliffs, NJ: Prentice-Hall, Inc.

Cohn, A. W. (1987). The failure of correctional management—the potential for reversal. *Federal Probation, 51*(4), 3–7.

Cohn, A. W. (1991). The failure of correctional management—reviewed: Present and future dimensions. *Federal Probation, 55*(2), 12–16.

Conrad, J. P. (1985). The penal dilemma and its emerging solution. *Crime and Delinquency, 31,* 411–422.

DeJong, W., & Franzeen, S. (1993). On the role of intermediate sanctions in correctional reform: The views of criminal justice professionals. *Journal of Crime and Justice, 16*(1), 47–73.

DiIulio, J. I. (1991). *No escape: The future of American corrections.* New York: Basic Books.

Eckles, R. W., Carmichael, R. L., & Sarchet, B. R. (1989). *Essentials of management for first-line supervision* (2nd ed.). New York: John Wiley & Sons, Inc.

Fein, E. (1974). A data system for an agency. *Social Casework, 20*(1).

Finckenauer, J. (1982). *Scared straight! And the panacea phenomenon.* Englewood Cliffs, NJ: Prentice-Hall.

Gendreau, P., & Paparozzi, M. (1993). Does "punishing smarter" work? An assessment of the new generation of alternative sanctions in probation. *Forum on Correction Research, 5*(3), 33–38.

Harris, P. M., Clean, T. R., & Baird, S. C. (1989). Have community services officers changed their attitudes toward their work? *Justice Quarterly, 6*(2), 233–246.

Herzberg, F. (1968). One more time: How do you motivate employees. *Harvard Business Review, 46*(1).

Hoshino, G., & McDonald, T. P. (1975). Agencies in the computer age. *Social Work, 20*(1).

Janes, R. W. (1993). Total quality management: Can it work in federal probation? *Federal Probation, 57*(4), 28–33.

Jaques, R. (1989). *Requisite organization.* Arlington, VA: Carson Hall.

Killinger, G. C., Kerper, H. B., & Cromwell, P. F., Jr. (1976). *Probation and parole in the criminal justice system.* St. Paul: West Publishing Co.

Koontz, H. (1971). *Appraising managers as managers.* New York: McGraw-Hill.

Koontz, H., O'Donnell, & Weirich, H. (1986). *Essentials of management* (4th ed.). New York: McGraw-Hill.

Lipton, D., Martinson, R., & Wilks, J. (1975). *The effectiveness of correctional treatment: A survey of treatment evaluation studies.* New York: Praeger.

McAnany, P. (1984). Mission and justice: Clarifying probation's legal context. In P. McAnany, D. Thomson, & D. Fogel (Eds.), *Probation and justice: Reconsideration of mission.* Cambridge, MA: Oelgeschlager, Gunn and Hain.

McConkie, M. L. (1975). *Management by objectives: A corrections perspective.* Washington, DC: U.S. Government Printing Office.

McGregor, D. (1960). *The human side of enterprise.* New York: McGraw-Hill.

Mills, D. K. (1990). Career issues for probation officers. *Federal Probation, 57*(4), 28–33.

Morris, N., & Tonry, M. (1990). *Between prison and probation: Intermediate punishments in a rational sentencing system.* Oxford University Press.

National Advisory Commission on Criminal Justice Standards and Goals. (1973). *Corrections.* Washington, DC: U.S. Government Printing Office.

Nelson, C. W. (1975). Cost-benefit analysis and alternatives to incarceration. *Federal Probation, 39,* 43.

Newman, C. L. (1971). *Personnel practices in adult parole systems.* Springfield: Charles C Thomas.

Odiorne, G. S. (1970). *Training by objectives.* London: Macmillan Publishing Co., Inc.

Palmer, T. (1992). *The re-emergence of correctional intervention.* Newbury Park, CA: Sage Publication.

Petersilia, J. (1985). Community supervision: Trends and critical issues. *Crime and Delinquency, 31,* 411–422.

Raymond, F. B. (1978). Program evaluation. In R. M. Grennel, Jr., *Social Work Research and Evaluation.* Itasca: F. E. Peacock Publishers, Inc.

Raymond, F. B. (1978). The cybernetic model as a means to accountability: An agency example. *Arete, 5*(1), 23–35.

Raymond, F. B. (1978). To punish or to treat. *Social Work, 19*(3), 305–311.

Shicor, D. (1992). Following the penological pendulum: The survival of rehabilitation. *Federal Probation, 56,* 19–23.

Sigurdson, H. R., McEachern, A. W., & Carter, R. M. (1973). Administrative innovation in probation service: A design for increasing effectiveness. *Crime and Delinquency, 19*(3), 305–311.

Sluder, R. D., Sapp, A. D., & Langston, D. C. (1994). Guiding philosophies for probation in the 21st century. *Federal Probation, 58*(3), 3–10.

Smith, A. B., & Berlin, L. (1976). *Introduction to probation and parole.* St. Paul: West Publishing Co.

Smith, A. B., & Berlin, L. (1988). *Treating the criminal offender* (3rd ed.). New York: Plenum Press.

Soma, J. (1994). Group reporting—a sensible way to manage high caseloads. *Federal Probation, 58*(3), 26–28.

Taylor, F. (1947). *Scientific management.* New York: Harper & Brothers.

Weinbach, R. W. (1994). *The social worker as manager* (2nd ed.). Needham Heights, MA: Allyn & Bacon.

社會工作與刑事司法——新的實務領域

一位投身少年司法實務領域超過四十年的工作者，幾年前在某個工作坊中，因緣際會地接觸新的工作模式而興奮不已；傳統的觀點，刑事司法習慣認定唯有透過控制與復健的方式方能夠改變犯罪者，似乎新世代的新想法已改變這樣的觀點。的確，在刑事司法的領域，懲罰或是復健的處遇模式，因著其成功或失敗而交互地被倡護著，但是一個既存的缺點就是，它們都欠缺對人類行為的理解與認識。在助人領域裡，工作者常常必須面對的是數以千計獨特的案主，及他們背後錯綜複雜的環境脈絡，一旦工作者遭遇挫折，則慣常傾向將責任歸諸於某人或是某件事情上。有時候，工作者會責備案主實在是無可救藥的，要不就是歸責如 Freud、Skinner、Mary Richmond 等大師所提出的理論是無效的，甚至對於研究方法論的質疑。多數的實務工作者會責怪上述任何一部分都無法提供他們正確的解答，而導致其專業經常受到別人的質疑或攻擊，尤其是與其他專業領域在

295

競逐日漸稀少的資金或資源方面。如果持續地關心案主及其社區，但是卻落入這種頗具爭議的論戰裡，最後恐怕會步上案主、社區與工作者三方皆輸的局面。如果刑事司法的實務工作者能夠體認真實的情況是什麼，也許成熟的專業反而是真實的表徵，其意義就是工作者可以透過不同方式協助案主，任何單一處遇模式並不見得適用於每位案主，而相同的處遇模式也不見得適用於某一案主的所有時刻。

過去二、三十年來，就刑事司法努力試圖改變案主犯罪生涯所遭受到的失敗而言，直接的個別諮商模式似乎成為在方法論方面的代罪羔羊。無庸置疑地，社會工作者及心理衛生的實務工作者往往天真地做出過頭的承諾，但是另一方面，卻又抱怨刑事司法所關注的個案工作已走到「死胡同」，或是一般所謂的心理治療是沒有效果的。本文前面所述及，大致上觸及以下的三個重點：首先，這些關於服務是否有效的評論，有時候是充滿政治的考量或是引用不正確的結論；其次，運用諮商技巧在刑事司法罪犯的案主會產生問題，有時候是因為工作者使用狹隘、未經篩選的處遇模式，事實上，對於那些與案主進行的例行性會談，觀護人實無必要選擇一種需深入觀點的處遇模式；最後，其實任何對案主及其家庭所進行的干預都無法確保會是平靜的，因為終究會對「顧客」產生廣泛的影響。而當前這些社會層面的處遇，都勢必會與對犯罪者的社區處遇模式產生關聯。

如何讓研究更為有效

Esynick 在其 1959 年與 1965 年的研究中兩度指出，許多心理處遇與個別諮商是無效的，Esynick 對於傳統心理處遇無效論的看法，主要係認為心理處遇往往是墨守成規而忽略事實的存在。因此，Esynick 的研究設計、學術成就及研究結論均受到不少的挑戰。例如，Esynick 的第一份研究結論只採用 4 個心理處遇的樣本，卻捨棄其他 30 個心理處遇呈現有效的樣本（Meltzoff & Kornreich, 1970, p. 973）。到 1964 年，至少有 70 個經過控制

的研究顯示心理處遇是有效的，但是，Esynick 在 1965 年的結論卻只是立基在一個小規模且不具代表性的研究結果上。Meltzoff 與 Kornreich 即評論指出：「有些廣為流傳的神話經常對我們的研究扮演著操控與評價的角色，這些大作往往未經過嚴謹的審查，而且我們對它的信賴有時候甚至高於 Esynick 的研究結論之上。而這些謬誤經常被研究者於文獻回顧時所引用，但是，那些少數但有效的心理處遇的研究結論，則幾乎甚少會被提及。」（Meltzoff & Kornreich, 1970, p. 74）

Meltzoff 與 Kornreich 共引用約 101 個有關心理處遇成效的研究來進行他們的評論，他們以這些重要的實驗結論作為基礎來進行推論，而這些研究是足夠分量去否定那些認定「心理處遇是無效」的說法。針對多種的心理疾病，經過嚴謹控制下的多樣化心理處遇，確實對案主產生明顯且正向的改變，而這些結論都不是過去的研究所曾提到的。此外，他們也發現，如果更加嚴謹地控制這些研究，研究方法設計更精密，則我們將可以更放心地說明心理處遇是確實有效用的（Meltzoff & Kornreich, 1970, p. 100）。

297

在這裡，我們不是要爭辯刑事司法的案主是否要接受心理處遇或密集的干預，也不是要辯論這些處遇是不切實際的或是無效的、沒有幫助的。此處要討論的應該是，助人專業到底應該提供協助的取向是什麼，而不是在未經系列討論之前，就斷言對案主所提供的這些方法是否是有效的。理論的建立經常是立基在類似公開討論的基礎上，但是學術單位或其他服務機構在進行研究時，經常必須仰賴其他部門提供研究經費的支持，到了最後，我們會發現研究結果似乎不是那麼重要的。對於一個研究而言，獲得來自贊助者有關資金資源的支持，有時候更甚於是否有專業研究人員的援助。所以，針對特定議題，若是需要呈現它是無效的，其實這樣的結論是可以操作的，並且藉著這項研究結論來重新分配資金。Wilks 和 Martinson 有關監禁效用的研究發現，對於有著相似的生活背景與犯罪前科的犯罪者而言，將他們交付觀護處分的再犯率遠低於在監服刑者，但是司法工作者卻經常不顧他們的研究發現，卻仍然持續支持判決這些人入監服刑（Wilks & Martinson, 1976, p. 3）。

經過對於大量研究結果的認識，我們也逐漸熟知這些研究所反映出許

多確實有效的事實；而個案工作或心理處遇也並不全然都是無效的，這樣的結果也許是研究方法所造成的，也可能是因為要測量的變項是如此多變的。各種特定範疇的研究，以及訓練有素的研究者所進行的調查、評估與進行研究有關的資料蒐集，並非只是針對特殊問題去累積知識，而是要將這些研究發現引導至臨床處遇的模式。

了解「真正的處遇」

　　傳統對於犯罪者的「處遇」，基本上是不願承認一項事實，那就是其實沒有任何單一模式是可以處理所有型態的司法矯治案主。此外，就本質而言，刑事司法實務強調的是必須與案主建立長期的關係，而且任何現有模式的獨特改變必須能與矯治實務的其他領域相融合。舉例來說，對少部分犯罪者而言，長期性、密集性的臨床處遇是重要的，一開始我們在與案主接觸時，可能也認為這種處遇是非常重要的，但經驗告訴我們，這種長期處遇並非對每位案主而言是重要的，也不必然用於大多數的案主身上。同理，儘管我們不能確定短期處遇模式是否確有好處，但是針對假釋或緩刑的案主，我們又必須透過短期處遇模式迅速與其建立關係。

　　觀護人對於處遇若存有太過狹隘的看法，往往會導致其看不到本身工作價值的副作用，事實上，觀護人的工作已非傳統觀念所界定的停留在諮商或治療而已。而這種狹隘的想法認為，任何非長期性、密集性的處遇都不是最佳的，或只是具有表面效果而已。也因為認定這類型的處遇是無效的，也不符合專業的要求，所以我們會認為它是不重要的。事實上，我們都低估此類型的處遇，其實，它是可以藉由改善案主周遭環境來改變案主原有的不適應行為。有時候，我們會被誤導認為短期性質、現實取向、關心具體表象與環境改變的處遇模式並不是「真正的處遇」。重要的是，要了解所謂真正的處遇，其實是模擬現實的狀況，以專業角度去扮演各自的角色。但是，確實甚少有人能夠真正地做到，能真正提供案主所需要的協

助。真正的處遇是一種有目的的介入，透過專業關係直接幫助案主與減緩案主本身基本的問題。一個真正的處遇不應該是建立在特定的理論架構，或是強調其所運用專業技術是多麼的獨特，一個更理想的界定方式是，其方案是否能夠適切地運用在案主身上？它是否真正地契合案主的需要？它是否能將案主情況轉變得更好？案主透過工作者的協助，對其與他人互動是否真的有所幫助？

　　某些狹隘的處遇方法論係假設，每個案主都有其無可避免需要改變的目標，不論短期或長期、密集性或非密集性的方案，他們都會假定案主是需要改變的，但是實務累積的經驗告訴我們未必如此。有時候案主最需要改變的是他的環境，例如，家庭或社區對於案主所要達成的角色期待，卻拒絕予以資源或機會。有時候，經驗告訴我們案主確實需要能有所改變，²⁹⁹如果此時未對案主提供可改變的契機，案主恐怕會失去轉變的機會。介入的重點在視案主情況而運用不同的介入方式，來提升其正向的社會功能，而非一成不變地使用固定的工作模式，例如，案主配偶若能固定地探視案主，其效果要比對案主實施長期處遇來得更有效果；而運用工作者的影響力來協助案主，更優於僅是讓案主抒發情緒或一味地責備案主來得有效。此處我們所要強調的，並非是某種處遇方式的優劣與否，或它是否是一種所謂真正的處遇，關鍵在於實務工作者透過其專業判斷，從他對案主環境深入的了解、認知，最後並做出最適當的選擇。多年來，許多觀護人都是以這種方式來處遇案主，對他們而言，這並非是一種新的觀點；真正新的觀點是來自於他們的智慧，並結合各種技巧、知能與專業後，所呈現出來最佳的專業服務。

從社會工作的角度來看刑事司法

　　雖然對於社會工作的角色有所誤解，但是近年對於刑事司法實務工作者或是當事人而言，社會工作已有較寬廣的觀點，而非僅仍停留在對案主

的直接處遇。但事實上，這些觀點所描述只是過去的事實而已，並非是新的知識。從系統理論的概念，能重新協助社會工作者更清楚地認識處遇的意義，重新檢視「人在情境中」這種長期性、傳統觀點的新涵義，以及與傳統觀點互動的本質與焦點，尤其是有關犯罪處遇方面。著重在案主目前的功能與當下的社會互動關係，而不再是僅關心性心理或是對兒童早期發展的觀點，社會工作專業也發展出評估與干預的技術。社會工作者的專業能力受到肯定，面對更多樣的案主類型，在不同形式的行動裡，都提供各種不同的服務或行動，而不再是僅限縮於以直接諮商方式關心有關心理層面或是個人的問題而已。除了扮演如同處遇者、諮商者與老師一般的傳統角色外，社會工作者的行動與功能還包含著倡護與服務的專業任務。

300   社會工作者的倡護角色就很像觀護人，觀護人被設定在法庭外為案主的代表，而非僅只是在法庭內。觀護人必須常常對案主及其家庭、鄰居，或是大眾福利機構、調查機構，或是為缺乏能力的案主、欠缺機會的案主、無法自理生活的案主等的權益而倡護，呼籲採用更廣泛及純熟的態度，從初步的認知去評估與診斷，來判別外在環境系統是如何影響著案主，以及這些改變又是如何發生在案主身上。在處理許多不同的個人、團體或組織方面，社會工作是企圖增強與觀護人之間的互動，而不是要讓這二者間的互動與專業形成更多的疏離。

　　社會工作者的調解功能也類似於觀護人，來自某個學校的構想，即是建議觀護人要發揮其最實際的功能，就是應該提供案主與社區裡的機構例如諮商、職業媒合等資源的連結，以確實符合接受觀護處分者的真正需求。有經驗的社工員都知道，這是一個非常重要卻又耗時的功能，因此，社工員通常會列出一系列的機構名稱與電話號碼等，轉交給案主，讓案主很容易地可以自行聯繫。事實上，上述這些工作只需由兼職的工作者便可完成。有效率的轉介服務是指要同時非常了解案主以及社區資源，它意味著必須不斷地關注這些資源，以維持政策、人員、服務哲學以及特定計畫的更新，同時，也是工作者為接受司法處遇的案主提供服務的重要條件之一；倡護在此另有一重大意義，也就是要去說服社區居民不要拒絕這些身為犯罪者的案主，這對教育者而言，是一項艱苦、沉重的教育任務。有效的中介幹

旋也需要特別敏銳地注意到案主及其家庭的壓力、負擔，以及有關資源取得的相關經驗，還有了解有關轉介的能力與技巧。的確，這是一個相當有價值的服務，但是，最後是否會淪入如同觀護人般僅提供些不切實際的服務呢？

藉由運用上述所提到的這些技巧，觀護人能大幅提升讓案主接受來自社區服務或資源的可能性，而且，這也是個人運用時間與金錢最有效率的方法。然而，這樣的方法運用仍有其困難存在：許多社區本身就缺乏該有的資源，因為如果這些資源存在，就能降低貧窮及過度的福利依賴；此外，即使社區的資源是充足的，社區居民也可能不願意將資源開放給司法案主所使用；第三，即使有適當的資源存在，案主也可能不願意或沒能力去對這些資源做最佳的運用。在這些情形下，我們實在是無法放棄一個需要救援或是待幫助的人，觀護人也有責任運用他們的專業技巧，在案主願意接受幫助的情形下，盡可能地提供協助。舉例來說，有位案主正面臨著有關夫妻關係壓力的問題，但是，其向當地家庭服務機構申請服務，且列入三個月後的候補名單中，如果觀護人能在這種情況下適時地運用技巧居中調停，應可增強或迅速協助案主目前的情況。而且，我們發現觀護人與受觀護處遇者間關係建立的重要性，若觀護人與其案主已發展出互信的關係，那麼觀護人能適時、短期的介入調停，其影響力將遠高於一個即使專業技巧很純熟幹練，但是卻尚未與案主建立關係的觀護人。

除此之外，我們應該將觀護人視為教師或教育家的角色，其實，大多數的案主沒有多少機會去了解社會大眾對他們應扮演角色行為的期待，對於一個年輕人而言，如果家庭中的其他成員都是長期處於無所事事的狀態下，那麼，要這位年輕人從工作中去履行適當的社會角色，其實是很困難的。對於一個未曾經歷過穩定家庭生活的年輕人而言，要去了解如何維繫一個健全婚姻關係，及認識到養育孩子的必備條件等，其實也是很困難的。對任何人而言，在其生活脈絡裡，若僅透過其角色行為以及人際間行為的互相學習，就要去改變他，並促使其建立有制度的生活，也是十分困難的。因此，觀護人在此部分對案主的引導或是教育，其實是有其十分重要的角色。

刑事司法最近的發展已經開始對某些情況感到疑惑，當實務工作者親自擔任個別輔導的角色，但當受觀護處遇者又開始重視本身的權利時，這時，工作者是否有權去做任何逾越控制與監督功能之外的事？事實上，政治力也介入了這些問題的討論中，但是，專業工作者應該遵守的倫理道德及價值立場，則是需要詳加說明的。因為幫助受觀護處遇者的幾乎都是專業人士，且案主多半被評估有精神困擾問題，因此，極易出現許多假「處遇」之名卻是侵害案主權益的情形。更進一步來說，專業的判斷基於這些人的犯罪行為及其對社會的潛在威脅，不論他們是否自願接受處遇，專業人士均認會認為，所提供的處置對他們個人或是整體社會安全絕對都是有益處的。這樣的事實要說明的是，「犯罪者」是基於法律所下的定義而非精神或心理層面的判斷。無論是透過犯罪者的自陳報告或是官方統計，一般社會大眾對犯罪者這群人的印象有其固著的刻板印象。實際的實務經驗告訴我們，在刑事司法體系的案主被標籤為不正常者，其原因甚少是來自其先天或是個人身心狀況的。

　　但是，這些受觀護處遇者就如同一般人一樣，他們生活在這真實且充滿疑惑的世界，但卻持續在社會中發生問題，他們與我們經歷類似的生活中可預測的創傷，例如喪親、婚姻、疾病、老化，以及其他種種生活中會出現的危機。另外，因為他們正在接受緩刑或假釋中，他們也必須在他們的環境中處理其他種種的互動問題。針對這些問題，工作者的專業背景與訓練可以發揮協助案主的功能。首先，需要增強他們的能力，以更有效率的方式應付上述這些問題，並藉由家庭、工作、復健、處遇、矯治等方面的努力，來介入他們的生活，幫助他們減輕種種壓力。其次，工作者以其本身的專業訓練、經驗與技巧，來幫助這些案主培養更佳的問題解決能力，指導他們如何經營更有效的生活型態，並提供對其有幫助的資源來協助他們。第三，工作者有責任盡告知義務，向這些案主解釋其應該知道的權益或措施，因為這是案主的公民權。

　　工作者必須清楚地認識到什麼是對案主權益的侵害，當然，也不需要對於那些明顯不需要、不相信或拒絕合作的受觀護處遇者耗費精力。只要工作者表現出誠信、負責的工作態度時，工作者無形中已經藉由這種工作

態度影響案主的生活，並且帶給他們有意義與正面的改變。簡而言之，我們有權「推銷」我們的技巧給我們的案主，重點是透過工作者的職位角色來說服案主進行改變。如此一來，在工作者提供服務的過程中，案主的權益獲得確實的保護，而工作者所提供的服務也會變得更有專業、效益及真實的價值。

　　這些訊息告訴工作者，對於緩刑或假釋的案主及其周邊環境提供服務時，必須要具備敏銳的洞察力，並且，要將案主、行政管理者與贊助者間的相關訊息傳達讓彼此都知道。工作者必須時時更新他的服務方法，並且有責任告訴大家，這樣的服務是值得尊重的，提供服務的過程應適當地承認案主的權利，同時承擔在服務過程中的專業責任，這樣的服務是沒有偏見與任何政治立場的。曾有建議指出，專業的工作者不必太在意去評估其工作是否真的有效益；事實上，理性與經過深思熟慮的設計，有時候反而是工作者提供服務的「最後一張王牌」。

REFERENCES

參考資料

Meltzoff, J. and Kornreich, M. *Research in Psychotherapy.* New York: Atherton Press, 1970, p. 973.

Wilks, J. and Martinson, R. "Is the Treatment of Criminal Offenders Really Necessary?," *Federal Probation, 40:*1, p. 3.

Part

6

矯正社會工作

引言

過去這十年間，監獄的環境已更形惡化，很多高度安全監獄因為過度擁擠和嚴苛的處罰政策，而導致專制、刑罰、荒廢（delapidate），且經常不符人道。州立和聯邦監獄收容之受刑人數量由 1974 年將近 40 萬人，成長到 1994 年底已超過 100 萬人（Roberts, 1994）。社會大眾多期待政治人物應「嚴厲打擊犯罪」，雇用更多的警察和建造大型監獄。1994 年的聯邦執法與控制犯罪條例，已使聯邦政府在監獄鉅額支出超過 90 億美元。令人感到悲嘆的監獄環境，在一些南部的州立監獄中特別明顯。這些監獄裡一個大寢室住了 250 位犯罪人，且兩個受刑人被監禁在小於 50 平方英尺的囚室中。美國阿拉巴馬州矯正部門最近亦再次提出群體拘禁受刑人的作法。

雜誌和報紙充斥著暴力犯罪上升、審判期程延宕、單獨監禁青少年竊盜犯，和監獄過度擁擠等相關報導。然而，媒體通常並未報導矯正體制小規模、逐漸改革的作為，已經有效改變受刑人的反社會行為，並已減少再犯率。美國和加拿大的刑事司法體系正在探求舒緩監獄過度擁擠的方法，且發展可改變違法者犯罪行為的人道作法。這個部分有五章，主要描述一些創新且切實可行，並可作為替代選擇的方案，以舒緩現行矯正體系愈來愈多的潛藏危機。

在第十九章中，Andre Ivanoff 和 Nancy J. Smyth 教授聚焦於矯正機關之制度環境，以及社工人員在此環境所扮演之角色。作者繼而討論欲進入矯正體系擔任專業人員，必須具備之特定、合宜訓練。並由各層面討論與種族、性別有關之衝擊及倫理衝突議題。

在第二十章中，Pat Brownell 教授審視與女性犯罪者有關之特殊問題，且發展政策和新方案。本章在一開始時，以兩個案例反映出矯正機關中的性別議題，如：監禁娼妓、海洛因上癮、在監獄生產，以及被診斷出愛滋病等。作者繼而審視媒體對女性犯罪者心理衛生之所有重要關注議題。Brownell 教授全面討論一些州立監獄為女性犯罪者實施之方案。而探視子女的能力和改善親職技巧，是對女性犯罪者最嚴肅的關注焦點之一。

在第二十一章中，David Showalter 和 Marian Hunsinger 描述社工人員在高度安全監獄中的專業角色和功能。這兩位法庭社工人員已經和許多有特別需求的犯罪者一起工作，包括：身體殘障、精神疾病、老年犯罪者。在監獄情境工作必須具備特定理論知識和技巧之專業養成訓練，諸如倡護、運用社會資源，以及熟知少數族裔需求等社會工作技巧，在監獄環境中特別有用。

在下一章中，Jack G. Parker 和 John A. LaCour 探討如何在矯正機關發展志工方案。為了促使志工方案可在矯正體系發揮成效，作者建議，志工必須了解矯正機關環境中的獨特壓力，並促使志工覺察典獄長與管理者的責任。他們認為，矯正機關持續招募新志工時，應重視志工的工作目標及態度能夠與機構契合一致。

在第二十三章中，管理者 Susan H. Fishman 和 Albert S. Alissi 教授發表一項創新的志工服務機構案例，即危機婦女方案。作者示範此方案當受刑人家屬陷於危機時，如何滿足家屬需求，並協助他們鞏固家庭關係，以持續協助受刑者之成效。這實際可行的方案以下列二前提為基礎：運用訓練完善之志工為服務提供者，並且倡護和個案增權是志工須扮演的角色之一。

REFERENCES
參考資料

Hindelang, M., Gottfredson, M., and Flanagan, T. *Sourcebook of Criminal Justice Statistics.* Washington, D.C.: U.S. Government Printing Office, 1981.

Bureau of Justice Statistics Bulletin. Prisoners at Midyear, 1981. Washington, D.C.: U.S. Department of Justice, September, 1981.

Roberts, A. R. (1994). "Crime in America." In A. R. Roberts (Ed.), *Critical Issues in Crime and Justice.* Thousand Oaks, CA: Sage Publications, Inc.

第19章 機關從事實務工作　培訓社工人員在矯正

美國的監禁服刑人數遠多於世上 309 其他國家（*New York Times*, 1991），犯罪矯正工作正是美國發展中的產業。1988 年，有超過 100 萬名成人和 50 萬名青少年被監禁在聯邦政府以及地區矯正機關（DCJS, 1988; Pollock-Byrne, 1990）。在過去二十年間，監禁率升高，特別是女性被監禁的比例顯著增加；它連帶產生了另一群受害者，亦即母親被監禁的孩子（Pollock-Byrne, 1990）。同時，由於有精神疾病的人鮮少接受精神醫療機構的治療，所以，患有精神疾病的受刑人比例也增加了（Johnson, 1990）。

犯罪矯正工作其實涵蓋由各種不同形式的機構所提供之服務。本章節主要限定於討論監禁型矯正機關（residential correctional settings）。不過，假釋、緩刑，以及迅速增加之社區處遇模式，例如居家監禁和電子監控，也是很重要的矯正方法（McNeece, 1995）。監禁型矯正機關包括看守所、少年和成人拘留中心與監獄。我們會選擇聚焦於討論監禁型

機構，主因在矯正體系中，這類型機構之監禁人數持續增加，這是很值得注意的問題。被安置在這些機構的人，不論是被稱為「拘留者」、「受刑人」、「居住者」或是「犯罪者」（假若已被判處徒刑），由於被孤立於一般社會之外，所以，特別容易陷入持續性社會失功能的危機中。

近年來，社會工作在回應、滿足受刑人需求的挑戰上，已然失敗（Nevers, Piliavin, Schneck & Henderson, 1990）。社會工作和刑事司法體系或犯罪矯正工作之間會有如此不安的關係，且逐漸減少對此領域之專業關注，主要原因如下：

1. 司法處遇和社工處遇在哲學觀上的根本衝突（Brennan, Gedrich, Jacoby, Tardy & Tyson, 1986）。

2. 不了解可運用於矯正或刑事司法體系的有效復健治療方法（Cunning-ham,1980; Nevers et al., 1990）。

3. 社會工作教育對於刑事司法和犯罪矯正相關訓練和經驗不足（Nevers et al., 1990）。

應謹慎審察上述議題，且應針對每一議題發展補充方案和課程。然而，除了上述議題之外，由於不熟悉矯正機關每天的運作模式，也促使社工人員不能接受，也未準備好要在這樣的環境中工作。本章我們主要更聚焦、限定於討論以下議題：社工人員如何為在矯正機關工作作準備？首先，我們將探討此機構環境和實務工作者在此環境中所扮演的角色。其次，我們會確認準備進入矯正機關工作時應具備的特定訓練。在結論時，我們將推薦特定準備計畫以及須閱讀的書單。

矯正機關之生態環境

Charles 在 18 歲時進入看守所服刑，因他曾被少年刑事司法體系逮捕過兩次，且因非法持有管制藥物而被定罪，他被判刑十個月，並在國家矯

正機關服刑。當與社工人員面談時，Charles表示自己有意脫離「這樣的生活」，特別是他最近已經當爸爸了，且非常希望可在自己兒子面前扮演正面、積極的角色模範。透過社會工作干預的協助，Charles完成了普通教育，且經由競爭，被指派從事一項有極高評價的工作，亦即在看守所的醫務室擔任勤務員；且服刑期間也和兒子的母親保持聯絡。在被釋放後，Charles立刻參與藥物復健方案，且隨後獲得認可，獲准參與以有前科者為服務對象的職業訓練方案。

　　Ronald，56歲，白人，為已婚工程師。其因為性侵害數名青少年而被逮捕，並被判決需在州立監獄服刑五到八年。當被監禁在州立收容中心後，他遭到排擠且覺得非常害怕，有時候會出現明顯的焦慮情緒。經由社工人員會談評估以後，他立刻被安排自殺防治警戒，並被遷移到大寢室。另外，由於考慮他所觸犯之違法行為的特殊性，社工人員也建議應將Ronald安置在一個保護性的拘留室服刑，此建議隨後亦被矯正管理部門採納。

　　矯正機關有四種不同哲學觀：應報、嚇阻、剝奪資格，以及復健或治療。就實際狀況而言，多數刑事司法體系均折衷運用這些哲學觀。基本上，這些哲學觀多較著重處罰而非復健，這與現今一般社會大眾的觀點一致。然卻與社會工作重視治療處遇，且認為可藉由諮商、教育和增進適應行為，進而改變個人行為形成明顯對比。過去社會工作對刑事司法體系之貢獻，主要在實地示範復健模式。而這哲學觀上的差異造成了潛在衝突，為了得以選擇符合雙方哲學觀的工作目標，且彼此合作以發揮工作成效，社工人員必須清楚了解矯正機關如何操作這些哲學觀。

　　當代矯正機關的代表性功能有二：懲罰犯罪者和保護社區成員免於進一步受害。第二個功能為透過參與修正犯罪者行為之方案活動進行復健，以促使犯罪者得以順利復歸社區。這兩個功能均強調由機構提供服務的重要性。

　　然而，當回歸於討論矯正機關的日常生活運作時，矯正工作人員主要關心的焦點既非處罰，也不是復健。最重要的是為工作人員和受刑人的安全和戒護。因此，某一活動可對受刑人達成復健或懲罰效果，並非最重要，且甚至可能被認定是無關緊要的。其實，不論是屬懲罰或復健方案活動，

311

都會受到矯正工作人員的贊同、喜愛，因為這類方案活動可提供最大的安全和戒護功能，因忙碌的受刑人相較於無所事事的受刑人更少製造問題。

　　社會工作在矯正機關從事實務工作時，有兩種普遍工作方式：支持和聯結資源。支持功能主要協助提供心理衛生、物質濫用、職業復健和教育服務，且通常被限定於修復特定功能。通常，在監獄心理衛生中心的社工人員會專責處理心理衛生議題，而被分派在物質濫用治療中心的社工人員，則較會關注上癮治療議題。然而，州與州之間所提供之支持性服務不盡相同，不同機構的設施也不同；而且，一些不熟悉此支持性服務的機構，可能會要求在某些特殊場所應維持某種形式的安全戒護（Weinberger & Sreenivasan, 1994）。

　　社會工作在矯正機關從事實務工作的第二個功能，是倡護、尋求合適資源（brokerage），以及協助受刑人和社區保持聯繫。實務工作者在這個角色上常可兼顧機構內受刑人本身，及其住在社區的家人同時獲得服務。此外，社工人員對於受刑人在機構內的生活經常扮演關鍵決策角色，社工人員的介入可能會促成同一場所或不同場所間受刑人的移監決定，這就如同在假釋委員會和資格審定聽證會時所作之決定一樣。

　　以 Moritza 為例，她 32 歲，是 3 歲小孩 Latina 的母親，也患有愛滋病。她的丈夫以前曾以靜脈注射藥物，而她因為持有純古柯鹼被判處六個月徒刑，在被監禁之前，Moritza 並未積極想要談論、解決她的疾病問題。社工人員在看守所內替 Moritza 安排適當的健康照顧和支持性服務，包括以有年幼子女之感染愛滋病母親為成員的支持性團體。在社工人員的協助下，Moritza 在看守所期間，即與專門提供感染愛滋病婦女住屋津貼的社區機構，訂立服務契約，也加入女監預後照顧方案。她獲得這類服務相關訊息，而且隨後被安排面談、獲准參與藥物處遇方案。在被釋放時，Moritza 的計畫包括住在母親那裡接受立即性且密集的門診藥物治療；以及每週在被監督的情況下探視孩子。

　　矯正社會工作提供一系列行政、機構和臨床實務挑戰機會。雖然每一矯正體系和設施均有其獨特性，但若暫且不管一些典型的實務機關，則矯正機關彼此之間亦有共通性。

在矯正機關從事服務須具備之知識與技巧

矯正政策

　　前文已經提到，當前的矯正哲學觀多著重處罰而非復健，這是優先次序的區別，如果不了解此部分則可能會造成衝突。雖然所有的實務工作者都應該了解自己所服務機構的哲學觀和文化，然而在矯正機關工作，這方面的認知會與實務工作者、其他職員，以及受刑人的安全與戒護有直接相關。當擔任矯正機關工作人員時，社工人員可能會被認定是在執行社會控制。即便某些人會認為這是令人不安的形象，惟真實的情況是：矯正社工人員藉由扮演權威和具爭議的強制角色發揮其功能。然而，這並非在區分矯正社工人員和那些服務於兒童福利、醫療和心理衛生機構的社工之差異。

　　當多數受刑人均生活於嚴重弱勢環境時，社工人員了解到，在不將其弱勢情境視為虐待或犯罪行為藉口的前提下，去分析他們的行為發展動力，將有助與這類案主群一起工作時可發揮最大成效。這是什麼意思呢？亦即若可促使人們為自己行為負責，則可激發他們改變自己未來行為的最大動機。運用權威可以有效預防進一步犯罪。而假若某一犯罪者可能陷入個人潛在危機時，極可能需要強制其再接受態度與行為評估（Nevers et al., 1990）。

　　同時，實務工作者也應該注意到，須適切回應因被監禁而引發之實際環境和情緒層面危機。例如，入監服刑的第一個 72 個小時，被公認是高自殺風險期，特別是第一次入監服刑之犯罪者更是危險（Hayes, 1989）。在非正式矯正部門，例如與矯正機關簽有合約之醫療、心理衛生機構工作的社工人員，也要更樂意和犯罪者建立工作聯盟，甚至可能須在刑事司法體

313

系倡護他們的權益。針對某些個案而言，譬如物質濫用和單一精神疾病共病者，社工人員可能是界定和診斷他們重要問題的最佳人選，並且藉由調整矯正方案、住處或者兩者，均可施以有效處理以治療此等雙重障礙。

為發揮最大服務成效，實務工作者必須同時以巨觀和微觀角度分析矯正機關政策。在執行法律與醫療照顧、復健方案時間，因哲學觀本質上的不一致，相關工作人員在彼此互動和實行日常職務的過程中，可能無可避免地會衍生緊張及誤解。即使必須額外仔細研究複雜的機構內部政策，但本文將提供一些基本資訊，以協助實務工作者構思初期的工作經驗。

首先，對基本組織編制層級的詳盡說明是重要的，亦應注意復健、方案，以及矯正工作人員之間的區別，了解特殊職位所擁有之權力，且再細分機構內部的編制也有幫助。許多機構的高階主管職務傾向由矯正工作人員擔任，而方案、復健工作人員的職位，除非是在他們所屬的專業領域之內會較有權力之外，否則在其他層面通常較無權力。矯正機關主要由典獄長（主管）或副典獄長負責經營、運作，而他們若是由復健工作人員升遷為主管者，可能比那些由矯正工作人員升職的主管，更會去提名且促成復健、方案工作人員之升遷。矯正工作人員和管理部門總是具有基本權威。無論如何，物理環境或在任一危機情境的安全是最重要的。無論實務工作者在機構被正式授權、認可的職務為何，以及社工人員被指派的工作角色和職位是什麼，最後仍是由矯正工作人員和管理者支配、管理此物理環境。許多年以前，我們曾有過一辛苦學習的教訓，那時候，我們嘗試獲得批准以接近受刑人進行一項評估性研究，當時矯正管理者所說的那句話仍讓我們記憶深刻：「記住！我們才有鑰匙。」

應詳細審視社工人員被機構編制的職位。被非以社工為主的機構雇用的社工人員，和那些以社工為主的機構相較之下，社工人員可發揮之直接影響力較小。Nelson 和 Berger（1988）提出四種針對犯罪者實施之心理衛生治療、處遇模式。這些模式可能有助澄清因為實施情境的不同，社工人員之角色責任的區別（心理衛生機構或矯正機關）；並探討不同機構如何提供心理衛生服務和安全戒護服務（由以社工人員為主的機構提供，或其他次級機構提供）。例如，在矯正機關傳遞心理衛生服務有以下兩種方式：

314

(1)由矯正部門同時提供心理衛生服務和安全戒護服務或;(2)由個別管理心理衛生的部門提供心理衛生服務,而安全戒護的需求則由矯正工作人員執行。這樣的心理衛生服務之運作型態類似以下模式:(1)由心理衛生部門同時提供心理衛生服務和安全戒護服務(例如,在心理衛生機構中附設法院分部);或(2)由心理衛生部門提供心理衛生服務,而安全戒護的需求則另由矯正部門執行(Nelson & Berger, 1988)。在矯正部門監督下提供心理衛生服務的爭議為,可否提供更多資源和減少問題(Weinberger & Sreenivasan, 1994)。而社工人員均會在這些不同模式中從事實務工作,然在不同模式中,社工人員所擁有之管理和專業地位卻有差別。

最後,觀察該矯正機關機構在社區中的相對地位也很重要。在某些地區,周遭社區會對矯正機關持正面看法,認為矯正機關是提供當地工作機會的重要來源,有助經濟發展。然在其他區域,矯正機關的存在則令人覺恐懼或厭惡,且受刑人勞工或工作釋放方案,也被認為會威脅當地工會或勞工的工作機會。凡此種種,均會影響矯正機關工作人員對自身工作、其他同僚、機構方案,以及受刑人的觀感。

◼ 矯正機關之安全戒護

矯正機關最關注安全戒護問題,因為這類個案和大多數社工實務機構所治療處遇的個案不同,社工人員必須了解刑事司法機構所制定之安全戒護規定是極度專制的。這些規定的設計是立基於維護秩序、降低危險性,且避免工作人員和受刑人被暴力威脅。在執行安全戒護的過程中,特別是當矯正工作人員自認被威脅或缺乏安全感時,可能會較挑剔和存有偏見,且對受刑人作出嘲笑和身體暴力等行為。然在正常狀況下,除非是受刑人觸犯特定應受懲處的情況,否則這些戒護規定通常不會意圖去詆毀或嘲笑特定受刑人。

安全戒護是傳統監獄最明顯的標誌,而且在一開始踏進監獄時即可清楚覺察。安全戒護的標誌及實際例子,包括:全天候以顯而易見的特定衣著驗明身分、搜索個人物品、蓋手印、隱形墨水、鑰匙、很重的門,以及

315

受刑人排隊在走廊步行時，會有矯正負責人員隨行且嚴密監視、計算人數、夜間管理、鎮暴設備、懲處區域、上鎖，和無門的浴室等等。

　　凡此種種均象徵被削減自由，這種環境也可能會觸發某些內心感受。假若社工人員在進入矯正機關工作時，並不熟悉安全戒護目的，以及對工作人員、受刑人安全的高度要求；那麼，可能會誤解安全戒護的規則是太殘酷，與對合理自由的荒謬侵犯。例如，拘留室主要在安置尚未被判決有罪的人，其安全戒護等級亦常常呈現高標準，因為具有潛在暴力傾向的拘留者情緒起伏變化很大。

　　在開始進入矯正機關工作之前，應該告知社工人員，在他們工作的特定場所中，有哪些物品屬違禁品，因為違禁品之規定會隨機構設施之設計和安全戒護層級的差異而有所不同。假若可以跟新進工作人員解釋何以某物品會被列入違禁品，也會很有幫助。例如，口香糖是因為它可能會被黏在鑰匙孔上，以防止被戒護人員近距離嚴密監管；須使用大型的戒護人員專用鑰匙環，以避免與其他矯正官員的鑰匙混雜在一起。違禁品的範圍很廣泛，從武器、指甲銼、電器用品，到報紙、口服避孕藥和卡式磁帶的「金屬」（Metallica）均涵蓋在內。工作人員通常也會被禁止去回應受刑人的要求，幫他們攜帶物品進入機構；也禁止給受刑人任何物品，甚至是一些看起來好像無害的物品，例如鉛筆和鋼筆。再者，替受刑人從機構內帶出任何事物，例如信件、給家庭成員或朋友的訊息等，也可能是安全戒護的漏洞。概括來說，只給予必需品，避免窘態和可能違反安全戒護規定是一很好的觀念。

　　安全是矯正機關執行安全戒護的首要目標。當矯正官員需承擔責任以保護機構內所有公民時，他們的能力展現取決於所有工作人員和受刑人的覺察，以及落實個人安全防衛與安全戒護程序。更微妙的是，這也意味著，需透過個人的行為表現來展現這些規則和程序。

316

　　在矯正機關須優先重視保密，這不僅是基於臨床和倫理理論，也因為這和安全戒護有密切相關。在監獄文化中，訊息的交換和使用是很普遍的。一些錯誤的議論可能無意中被聽到，且在矯正官員之間流通；之後也因矯正官員無意間提起，而又被受刑人偶然聽到。假如此等資訊有可能造成傷

害、使某些人輕率地去強求,或獲取某些有價值的事物,則此時應運用監獄的規範加以禁止。輕率的流通訊息已被證實是有害的,甚至會造成死亡。另外,對安全戒護的關注也引發有關保密例外原則的討論,「保護責任」倫理(VandeCreek & Knapp, 1993)成為一倫理義務,亦即應在機構內去保護更大的社群;故應界定適當的保密例外原則,且相較於在機構外從事服務,應更廣泛地加以界定(Severson, 1994)。例如,Severson(1994)提出一個倫理義務問題,即當某一受刑人公開其持有的違禁品,而此違禁品會讓其他受刑人群體陷入嚴重危機時,則應通報安全戒護人員此一訊息。

■ 與其他矯正工作人員之人際關係

除了安全戒護和保密之外,和矯正官員的人際關係,會直接影響社工人員能否在矯正機關內發揮功能。專業人員應該熱忱對待矯正官員、戒護人員和受刑人。不過,社工人員在剛剛開始工作初期,即會因為被部分矯正工作人員認為工作內容比較簡單,例如:被視為額外人力、不須肩負安全戒護工作;而對矯正工作人員感覺憤慨或缺乏信任的情況則並不常見。

和矯正工作人員相處、合作的能力,意味著臨床實務成功與失敗的差異。這是因為在許多矯正機關中,臨床工作人員須倚賴矯正官員在適當時間,協助戒護受刑人到其辦公室,或將他們送回他們的單人牢房或寢室。如果實務工作者要會談某一收容區的受刑人(如隔離監禁室),或想在某一收容中心帶領團體(如心智觀察中心),則上述戒護、陪同的功能是有必要的。並非所有的矯正機關都會要求矯正官員須戒護、陪同專業人員,但假若有此要求,而他們不關心或厭惡走到較遠的收容中心帶受刑人來時,則將會妨礙臨床工作的開展。尊重矯正工作人員的工作是困難、辛苦的,會有助於與之建立關係。持平而論,矯正官員並不完全須負責使此臨床工作之運作更為順暢;且一些安全戒護或管理程序也常會降低活動和工作效率。但無論如何,矯正官員都是最佳資訊提供者,並可協助了解工作效率緩慢的原因與解決辦法。

矯正工作人員與社工人員在角色功能、關注焦點、政策和工作規劃上,

317

均有顯著不同。雖然這並非社會工作專業特質的一部分，但在矯正機關中，社工人員應該學會了解和容忍被忽略；甚至當對方在談話時很粗魯、刺耳，仍然可保持冷靜、維持友善的態度不予回應，並且不認為這些行為是主要針對他而來。

在機構工作的第一個星期，社工人員必須特別注意矯正工作人員和受刑人彼此之互動。應該鼓勵社工人員在跟同儕、其他工作人員或和受刑人、矯正工作人員討論這些事之前，盡快與督導探討所有觀察到的可疑或麻煩互動情況，如此一來，一些不正確的觀念可被導正，且也可審視這些關係的脈絡和複雜性。同樣地，如果發現受刑人有被剝削或虐待的情況，社工人員也會需要督導的支持，以便進行干預。

矯正機關之種族和性別議題

在都會區拘留中心、矯正機關和州立監獄服刑之受刑人多屬男性、女性有色人種，主要是非裔美國人和西班牙裔。在某些機構中，例如設置在農村的高度安全監獄，大多數的矯正官員和專業人員均為白人男性。儘管此一人口比例有時候會有些微變化，然受刑人當中之種族、民族和性別若過度不成比例，會對所有團體成員，包括矯正工作人員、專業人員和受刑人等，均容易引發某些爭論和緊張。在更大型的機構中，性別傾向和對同性戀的恐懼會更提高此種緊張狀態。矯正機關在實施性別隔離時，經常需要特別處理同性關係，例如同性戀、受刑人間的性行為等。然而，許多涉及這類性行為的受刑人，可能無法辨認其主要性取向是男同性戀（gay）或女同性戀（lesbian），甚至有些受刑人會發現其本身的性行為引發其性取向的問題。

應該鼓勵社工人員探索和討論他們對上述種族、性別不平衡狀態的反應。初期先討論他們對安全和戒護工作的影響，繼之是討論政策和哲學上的議題。臨床實務工作者也應深入探索與此環境有關之權威、性別、種族和性傾向之間如何相互影響，以及衝擊為何，並聚焦於討論特殊個案。在與種族和性別有關的議題上，實務工作者可能需扮演其他工作人員的督導

角色。在矯正機關工作的男性工作人員通常較會抗拒在機構從事與女性有關的工作，特別是在執行安全戒護時（Fry & Glaser, 1987），而且對同性戀（者）的恐懼，也可能會影響已公開為同性戀的男性工作人員與其同儕之互動。

在一較典型的機構情境中，理想上，應訓練社工人員去確認工作準則，並且區別在此文化脈絡中進行評估時，工作目標的差異，這是在矯正機關從事實務工作時極重要之事。在不了解他們所屬民族和種族文化的情況下，希冀去了解受刑人的行為和他們所關注之事，是一雙重難題。此外，也須了解他們的次文化和服刑經驗，特別是對認同和自我概念的衝擊（Sykes 於1965 年曾對此議題有完善討論）。對大多數進入矯正機關工作的實務工作者而言，可能均無有關監獄次文化和服刑衝擊的實務經驗，矯正機關的環境和文化也強烈影響助人關係的建構。在矯正機關中，所有會與犯罪者接觸的相關工作人員，均具有專業權威和潛在法律強制力，這會讓那些缺乏刑事司法或法庭社會工作經驗的人，更難以理解其特殊性，而種族和性別差異所衍生的問題也可能強烈影響助人關係。

當社工人員以民族、種族或其他弱勢團體為基礎來認同犯罪者時，衝突可能會更加突顯。過度認同可能會讓實務工作者對自己所扮演的權威角色更覺不安；此時，社工人員會認為自己是唯一真正關心、嘗試幫助弱勢受刑人的人，實務工作者也可能很難認同自己是機構的成員，或者有其限制和不當專業界限。這在安全和戒護上有極嚴肅的涵義，過度認同也可能導致實務工作者無法採取有效改變措施，以促成改變及實現工作目標。

在矯正機關從事服務之倫理和專業責任

倫理衝突

　　已有許多文章論述在刑事司法體系與矯正機關從事心理諮商服務時的相關倫理衝突，但較少討論到社會工作相關議題。此外，有關社會工作與矯正機關在哲學觀衝突矛盾的討論也很有限，這些差異也是某些專業工作人員在被要求發揮其角色功能時，會衍生角色衝突的根本原因。例如，臨床實務者可能會發現自己在參與懲戒公聽會時，被期待要去倡護矯正社區的整體利益，然而，強調整體利益可能會對某些特定受刑人造成阻礙，使其無法獲得實務工作者的服務。Weinberger 和 Sreenivasan（1994）指出，在某些情況下，矯正管理官員可能會要求實務工作者在未事先告知該受刑人，並取得其同意的狀況下，去會談評估該名受刑人；或在特殊的情況下，例如緊急事件、工作人員不夠等，實務工作者被要求須承擔安全戒護職責，此等職務指派會使受刑人不再認為實務工作者是可靠和可信任的治療者（Weinberger & Sreenivasan, 1994）。類似這樣的衝突已經致使某些人倡導，應該發展詳細的專業實務規範，以茲引導矯正機關的實務工作者解決這些倫理衝突。在缺少這些規範的情況下，Severson（1994）建議社工人員應告知受刑人，他們對個人和機構的專業責任，並且謹慎使用文件，以證明已遵從告知後同意的規範。另外，她建議，實務工作者可向機構管理者澄清他們的專業角色，同時教育政策制定者，使其了解這些社工角色衝突長期下來對工作成效的影響。

319

■ 個人實務工作模式和以研究為基礎之實務模式

一旦社工人員開始在矯正機關從事實務工作，則應盡可能地蒐集相關實務訊息，並將之系統化建構組織為實務工作模式。在從事社會工作實務的過程中，發展和使用個人實務工作模式是 Mullen（1985）所提出之立論。個人實務工作模式是指詳述自我概念化基模，以呈現個別實務工作者之實務觀點，並提供與特殊案主一起工作時更系統化的指引。由於關注實用性，這樣的工作模式提供概括性論述之摘要和實務工作指南，以提供從事服務時之指引。概括性論述主要在說明、闡釋實務工作者對實務範疇之了解；而實務工作指南則提供相關實務工作原則，其主要是綜合概括性論述而建構（Mullen, 1985）。

倫理守則之實踐也是以研究為基礎的實務模式，這意味著，實務工作者不論何時均應盡可能選擇有實際證據可證明其成效的干預方法，而非那些缺乏研究論證的干預方法（Ivanoff, Blythe & Tripodi, 1994）。當很多社會工作干預模式均缺乏可證實其成效的資料時，其實許多實務機構，包括矯正機關均可迅速累積研究這樣的實證證據，由Cox、McCarty、Landsberg和Paravati（1987）發展的自殺篩檢和危險評估工具，即是這類例證。此工具之設計主要在回應整個紐約州地區看守所和拘留中心的高自殺率，自殺篩檢工具是一簡單、並透過臨床實務和研究推測而列出的 17 個題目，施測大約需時 10 分鐘。這套篩檢工具已經被使用六年了，而紐約州地區看守所和拘留中心的高自殺率亦已顯著減少（Cox & Morchauser, 1993）。

320

■ 實務評估

倫理和專業責任之要旨最終關注的是實務工作之責任。在矯正機關服務的實務工作者有相同義務來服務其個案，不論這些個案是受監禁或是在無限制的環境中，其受到的服務都是一樣的：亦即確定所提供的服務可否促使個案邁向自己所設定之目標！

進入矯正機關從事實務工作之前

1. **獲得在刑事司法體系或矯正機關從事實務工作的概要介紹**：就我們的經驗而言，在開始工作之前，和在矯正機關工作的其他人談一談，是值得花時間去做的事。去詢問某些與前文所述議題有關的基本問題，並保留一些時間發問，可減輕憂慮、不安，且有助建構更合於現實的期待（Sheafor & Jenkins, 1982）。聯邦獄政局（Federal Bureau of Prisons）要求其近期雇用的心理師，須參加且完成三個星期的訓練方案，此方案之名稱為「矯正技術入門」（Federal Bureau of Prisons, 1986）。此方案主要在教導基本矯正概念和任務，包括受刑人懲戒、自我防禦，使用槍砲、輕武器以及搜索違禁品。當此方案同時期待心理師可從事監督、管理受刑人之業務時，常會衍生明顯的倫理衝突；而新進人員也會被培訓，使之足以擔任矯正工作人員重責，並處理監獄管理問題（Clingempeel, Mulvey & Reppucci, 1980）。

2. **聚焦於了解概括性資訊以及事前準備工作**：進入矯正機關工作的焦慮可能會表現在許多小地方，但卻都是令人煩惱的問題，這均可在第一次與督導接觸或工作情況介紹時加以詢問，這些問題的範疇由合適的穿著打扮到關注安全戒護漏洞，均涵蓋在內。列出這些訊息摘要的工作介紹手冊（可先行郵寄給新進人員），有助於減輕在此一性質特殊的環境中展開新工作的雙重焦慮。簡而言之，在被雇用之後，一名新工作者會學習當在會談室跟受刑人在一起時，須如何坐下來以及坐在哪裡；當覺得不舒服時，如何結束會談；以及如何辨認個案已發怒和有潛在暴力傾向之行為徵兆。沒有人會真的期待新進人員在一開始進入機構工作時，即已了解在特定場所處理相關事務的工作程序。

承認且允許自己在工作初期會感到焦慮與不安。到一個新的環境工作會感覺焦慮是正常的；且當那環境是屬於矯正機關時，則當事人可能會因朋友和家人出自好意關心其安全問題，而更加升高不安情緒。「如何拉近

與矯正官員之距離？」「在您的腳下是否有恐慌按鈕？」事實上，這些不安可發揮其功能，亦即可促使提高警戒和監控，這對學習與此環境有關之事務非常重要，過了一段時間後，實務工作者即會逐漸變得麻木不仁、沒有感覺，工作初期對於所聽到、看到之事的驚慌以及相關經驗，均會成為每天工作畫面的一部分。

3. **以閱讀作為準備工作**：閱讀有關受刑人文化和監禁影響的相關文獻，可幫助實務工作者了解矯正機關之文化脈絡。應該閱讀這些資料以了解每個機構均有其獨特性，可藉由閱讀這類相關文獻了解入監服刑的周圍環境和經驗，但切勿將之視為了解個人特定心理動力的指導方針。本章在結尾時會列出建議須閱讀之書單。

4. **明智思考且有計畫的運用督導**：實務工作者在最初進入矯正機關工作時，可能會畏懼此環境，且初期在履行工作職務時，會相當依賴他們的督導（Norton, 1990）。新進實務工作者可能需要以下的個別協助：(1)確認工作技巧，若未稍稍調整這些技巧，則將難以在此工作環境加以應用；諸如同理心、無條件的尊重，以及探索潛意識衝動；(2)保持自己和個案之間的界限，特別如何避免操弄；(3)確認可以更有效干預這類個案的工作方法（Norton, 1990）。若有機會可參與互助團體和接受個別督導，會特別有助實務工作者融入此工作環境。

一旦社工人員逐漸適應在矯正機關工作，督導的第二個重要任務為，促使實務工作者對個案改變的能力存有合理實際看法。此時會陷入一危險狀態，亦即實務工作者很快就會感到很灰心，會認為這些充滿挑戰性的個群改變的可能性太低了（Norton, 1990）。而當進一步督導時，必然會提供更多與矯正社會工作有關的細部具體內容和關注議題，例如，社工人員在假釋聽證會所扮演的角色、重新探討處置不當之案例，以及在監獄特定區域之實務工作和干預方法（例如保護性監護、心智觀察中心、隔離監禁室）（Norton, 1990）。督導亦可協助實務工作者紓解因為在充斥著「圍牆和鐵絲網」的環境中工作而衍生之壓力（Norton, 1990, p. 18）。

322

結論

　　當入監服刑的犯罪者人數過度成長時，矯正機關對社工人員的需求亦隨之增加。由於受刑人當中罹患嚴重生理疾病和重病末期、智能障礙、發展遲緩，以及有嚴重物質濫用問題者所占比率的增加，促使對社工人員之需求更為迫切。在矯正機關從事實務工作，可讓預備進入這類機構工作的社工人員，獲得豐富且充滿挑戰性的臨床經驗和專業工作機會。然而，目前僅有少數社工系提供學術課程或安排矯正機構實習課程，因此，導致社工人員和學術界教師對此領域均不熟悉，且可能也會對選擇或鼓勵社工人員至矯正機關工作覺得不安。我們建議，應針對這些矯正機關之真實狀況和迫切需要，提供有計畫與周詳的訓練，此可正面增進社工人員對相關概況的了解、存有合理期待，且具備可在矯正機關發揮有效角色功能的專門技能。

REFERENCES

參考資料

Bloom, M., Fischer, J., & Orme, J. (1995). *Evaluating practice: Guidelines for the accountable professional* (2nd ed.). Needham Heights, MA: Allyn & Bacon.

Brennan, T. P., Gedrich, A. E., Jacoby, S. E., Tardy, M. J., & Tyson, K. B. (1986). Forensic social work: Practice and vision. *Social Work, 67*(6), 340–350.

Clingempeel, W. G., Mulvey, E., & Peppucci, N. D. (1980). A national study of ethical dilemmas of psychologists in the criminal justice system. In J. Monahan (Ed.), *Who is the client?* (pp. 126–153). Washington, DC: American Psychological Association Press.

Cox, J. F., Landsberg, G., & Paravati, P. (1989). The essential components of a crisis intervention program for local jails: The New York local forensic suicide prevention crisis service model. *Psychiatric Quarterly, 60,* 103–117.

Cox, J. F., & Morchauser, P. (1993). Community forensic initiatives in New York State. *Innovations in Research in Clinical Service, Community Support, and Rehabilitation, 2,* 29–38.

Cunningham, G. (1980). Social work and criminal justice: New Dimensions in practice. *Federal Probation, 44*(1), 64–69.

Federal Bureau of Prisons. (1986). *Introduction to correctional techniques.* Washington, DC: U.S. Department of Justice.

Fry, L. J. (1990). Counselors reactions to work in prison settings. *Journal of Offender Counseling Services & Rehabilitation, 14*(1), 121–132.

Fry, L. J. & Glaser, D. (1987). Gender differences in work adjustment of prison employees. *Journal of Offender Counseling, Services & Rehabilitation, 12,* 39–52.

Hayes, L. M. (1989). National studies of jail suicides: Seven years later. *Psychiatric Quarterly, 60,* 118–129.

Irwin, J. (1985). *Managing the underclass in American society.* Berkeley: University of California Press.

Irwin, J., & Austin, J. (1993). *It's about time: America's imprisonment binge.* Belmont, CA: Wadsworth.

Johnson, A. B. (1990). *Out of bedlam: The truth about deinstitutionalization.* New York: Basic Books.

Mangrum, C. T. (1971). The function of coercive casework in corrections. *Federal Probation, 35*(1), 26–29.

McNeece, A. (1995, in press). Adult corrections. In R. L. Edwards, (Ed.), *Encyclopedia of social work* (19th ed.). Washington, DC: NASW.

Mullen, E. J. (1983). Personal practice models. In A. Rosenblatt & D. Waldfogel (Eds.), *Handbook of clinical social work.* San Francisco: Jossey-Bass.

Nelson, S. H., & Berger, V. F. (1988). Current issues in state mental health forensic programs. *Bulletin of the American Academy of Psychiatry and Law, 16,* 67–75.

Nevers, D., Piliavin, I., Schneck, D., & Henderson, M. (March 1990). Criminal justice and social work education: Lost opportunity for the profession and the client. Paper presented at the Council on Social Work Education's Annual Program Meeting, Reno, Nevada.

New York Times. (January 7, 1991). U.S. has highest rate of imprisonment in world. *New York Times.*

Norton, S. C. (1990). Supervision needs of correctional mental health counselors. *Journal of Addictions and Offender Counseling, 11,* 13–19.

Pollock-Byrne, J. M. (1990). *Women, prison and crime.* Pacific Grove, CA: Brooks/Cole.

Severson, M. M. (1994). Adapting social work values to the corrections environment. *Social Work, 39,* 451–456.

Sheafor, B. W., & Jenkins, L. E. (1982). *Quality field instruction in social work: Program development and maintenance.* New York: Longman.

Sykes, G. M. (1965). *The society of captives: A study of a maximum security prison.* Princeton, NJ: Princeton University Press.

Umbreit, M. S. (1993). Crime victims and offenders in mediation: An emerging area of social work practice. *Social Work, 38,* 69–73.

VandeCreek, L., & Knapp, S. (1993). *Tarasoff and beyond: Legal and clinical considerations in the treatment of life-endangering patients* (2nd ed.). Sarasota, FL: Professional Resource Press.

Whitmer, G. E. (1983). The development of forensic social work. *Social Work, 28*(3), 217–223.

Weinberger, L. E., & Sreenivasan, S. (1994). Ethical and professional conflicts in correctional psychology. *Professional psychology: Research and practice, 25,* 161–167.

Suggested Readings

建議閱讀書單

Giallombardo, R. (1966). *Society of women: A study of a womens' prison.* NY: John Wiley & Sons. Qualitative research on a women's prison and the inmate culture of "family" and "kinship" relationships. Although this is out of print, you can often track down used copies.

Harris, J. (1988). *They always call us ladies: Stories from prison.* NY: Charles Scribner's Sons. Jean Harris's account of her experience in a women's prison. She includes a history of Bedford Hills prison, the stories of some other inmates, and her experiences caring for the children of inmates.

Ivanoff, A., Blythe, B. J., & Tripodi, T. (1994). *Involuntary clients in social work practice: A research-based approach.* Hawthorne, NY: Aldine de Gruyter.

Irwin, J. (1970). *The felon.* Los Angeles, CA: University of California Press. Qualitative research on a large sample of male inmates that covers the experience of imprisonment, doing time, re-entry to society and the parole experience. Also see Irwin, J. (1985), *The jail: Managing the underclass in American society* (Berkeley:

University of California Press) and Irwin, J., & Austin, J. (1993), *It's about time: America's imprisonment binge* (Belmont, CA: Wadsworth).

Manocchio, A. J., & Dunn, J. (1970). *The time game: Two views of prison.* Beverly Hills, CA: Sage Publications. Two contrasting accounts, that of a male and of his counselor, of an inmate's incarceration and of life and work in prison.

Pollock-Byrne, J. M. (1990). *Women, prison, and crime.* Pacific Grove, CA: Brooks/Cole. Excellent overview of female criminality, prisonization and contrast between female and male facilities. Well documented and an interesting, easy read.

Rooney, R. H. (1992). *Strategies for work with involuntary clients.* New York: Columbia University Press.

Sykes, G. M. (1985). *The society of captives: A study of a maximum security prison.* Princeton, NJ: Princeton University Press. A classic study of the pains of imprisonment and roles in the male inmate culture.

Toch, H. (1993). *Mosaic of despair: Human breakdowns in prison.* Washington, DC: American Psychological Association Press. Examines the factors leading to personal breakdown in the prison setting while also discussing those that buffer or help mitigate the stress of prison life and experiences.

第20章

犯罪者——政策與方案發展

刑事司法體系中之女性

▌緒 論

　　許多學者（Bloom, Lind & Owen, 1994; Fletcher, Shaver & Moon, 1993; Singer, Bussey, Song & Lunghofer, 1995）的研究發現，在幾乎由男性管理支配的矯正體系中，女性常被忽視。受刑人和矯正工作人員，如警衛與行政人員，的確均是以男性為主。就傳統而言，看守所（短期拘禁）和監獄（監禁刑期至少一年以上之犯罪者）原本即是男性機構。在這裡，男性犯罪者主要由男性工作人員負責戒護和提供相關服務（Adler, Mueller & Laufer, 1991）。

　　由美國對女性犯罪者需求的回應，可反映出社會福利政策之歷史發展。在殖民地時期以及從美國獨立戰爭（1775-1983）之後的十九世紀，對女性犯罪者特殊需求的考慮只局限於提供特定監禁場所，並且是和其他貧

困窮人一起被監禁在「濟貧院」（workhouse）。十九世紀最偉大的社會工作改革者 Dorothea Dix，首先記錄女性受刑人和精神病患者的不人道境遇（Trattner, 1994），並倡導改革，看守所和監獄的情況終於得以改善，且復健理論亦逐漸運用於矯正機關。但大體而言，對於女性受刑人迥異於男性受刑人之獨特需求，相關機構對女性的關注仍微不足道。相反地，因為女性在看守所和監獄人口群中僅占有少數比例，資源分配不公平的現象亦有完整的紀錄可稽（Muraskin, 1993）。

美國第一座女子監獄於 1873 年設立於印第安那州，且接下來的一百年間，被判決有罪的女性會被監禁在女性專門監獄。儘管近年來，為了要控制經費已建構一些男女聯合監獄，然女性拘留者和受刑人也會另有一單獨生活區域，及為因應她們獨特需求而建構的方案。

犯罪矯正哲學觀中最主要的爭議，乃是刑事司法體系究竟應該規範懲罰或是復健（NASW, 1987）。無論如何，由於有特殊需求之受刑人數量增加（包括女性、老人、患病者、殘障者），矯正機關與刑事司法體系也被迫愈來愈關注保護管束政策和方案，以提供處遇並為累犯受刑人回歸社區進行規劃。這引起對協助受刑人回歸社區方案的關心。

一般而言，出獄計畫行動（discharge planning activities）多被聯想到是為因應慢性病人、失能者或老人出院而設計，通常不會被聯想到是為累犯回歸社區而進行的規劃，但由於有特殊需求之受刑人數量逐漸增加（如藥物濫用者、結核病患、愛滋病患，與育有小孩或生產之女性），針對矯正機關中有特殊需求的受刑人開展出獄計畫已漸受關注，州政府、地方官員和倡護受刑人權益者特別關注此議題。

傳統上，女性在全體受刑人口群中僅占少數比例。然而，這樣的情況已經開始改變了。1980 至 1992 年期間，女性受刑人數量有將近 275% 的成長率，相較之下，男性受刑人的成長率為 160%。1983 至 1991 年間，在看守所監禁的女性人數成長率超過 150%，這是男性看守所人口數成長率的兩倍（National Women's Law Center, 1993）。1993 年底，美國聯邦監獄及州立監獄共監禁 56,365 位女性受刑人（Correctional Association of New York, 1994）。這令人擔憂的趨勢已促使刑事司法體系加強關注、回應女性犯罪

者之獨特需求。

女性受刑人案例

以下兩個案例可闡明女性犯罪者在監獄所引發之特殊問題類型，且若未能因應受刑人之性別差異而建構政策與方案，則將對廣大社會產生衝擊。

蘿莎

蘿莎是一位 32 歲拉丁裔女性，有賣淫（此為她唯一收入來源）及海洛因上癮前科。她因輕罪被拘留在市立看守所，且因蘿莎有多次被捕紀錄，她最高可被判處六個月徒刑。

她在高一時因為懷有第一胎小孩而中輟（陸續育有四個孩子，均寄養），在她被控疏忽兒童，孩子受到相關單位安置之前，她一直以社會補助維持自己和孩子的生計。她宣稱自己是和後三個孩子的父親在一起時，才開始吸食海洛因，而她最小的孩子在出生時，即出現海洛因中毒陽性反應。

在孩子全被帶離之後，蘿莎的社會補助終止了，且她開始在街上賣淫以支付藥物濫用開銷。過去五年中，她曾因被嫖客和男友／拉皮條者毆打而三次住院。現在她少了幾顆牙，打斷的鼻樑尚未完全復原，頸部與胸部有許多疤痕。她的父母都已經過世了，但在美國，她還有一位兄弟和一位姊妹：她的兄弟因觸犯重罪而在加州監獄服刑，而有時會與她暫住的姊妹則是濫用古柯鹼。

蘿莎並無職業技能，也無固定住所，更完全不知道她四個孩子目前接受寄養照顧的狀況，或是被安置在哪個機構。她相當擔憂一旦被釋放後，將如何重新開展生活，她想參與戒癮復健方案，蘿莎也提及曾試圖想和孩子們聯絡，但不知應該從何著手。總而言之，蘿莎因為不知如何做出適當選擇，以利改變自己生活，而對未來感到悲觀。

327

安妮

　　安妮是一位 25 歲的古柯鹼濫用者，且當因為觸犯重罪而被判決一至三年的徒刑時，已懷孕八個月。在一次身體檢查之後，她了解自己的愛滋病毒檢驗呈現陽性反應。由於她會在監獄生產，她被告知嬰兒將會被帶走，並暫時由她的母親照顧，她母親已向家庭法庭申請成為具親屬關係的領養父母，這可使她的母親申請到更高的生活津貼。

　　安妮因為嬰兒將會被帶離，且同時也可能會喪失監護權而感到心情低落。她認為帶走嬰兒對她並不公平，當時其他女受刑人均能夠在獄中照顧初生嬰兒一年。她也不希望母親取得嬰兒的監護權，因為她宣稱自己在成長過程中，曾遭受母親和繼父的身體虐待，即便這些情況並從未被通報至權責機關。不過，當她在懷孕前與懷孕過程中，被嬰兒的父親毆打和威脅時，她亦未尋求任何相關資源協助。

　　其他的受刑人和矯正工作人員已無意中聽到安妮談及自殺想法，並討論各種可能的自殺方法。在典獄長要求下，一位醫生為安妮診療，且診斷她罹患產後憂鬱症，並因藥物戒斷反應和得知自己感染愛滋病毒而更趨於惡化。

328

監獄女受刑人之人口統計概況

　　目前，女監概況與男監類似：多數的女受刑人和被拘留者均未受過良好教育，且屬於居住在市區的窮困者。根據國家婦女法律中心（National Women's Law Center, 1993）的資料顯示，就膚色而言，女性受刑人的分布也是不成比例：相較於白人女性在監獄中占有 40%，看守所則占 38%；監獄有 46%非裔美籍女性，看守所中則有 43%；拉丁裔女性則在監獄占有 12%，看守所占 16%。由於非裔美籍人口只占全美國總人口比例之 13%，所以，她們在監獄及看守所女性受刑人中所占之過高比例，著實令人吃驚。

社經地位

女性受刑人幾乎全是貧困的，多數女性受刑人（53%）與被拘留在看守所中的女性（74%），被監禁前多處於失業狀態。此外，女性比男性觸犯較多關於錢財動機之藥物相關犯罪，及其他非暴力犯罪。根據國家婦女法律中心（1993）的統計資料顯示，1991年有將近64%的女性因藥物相關犯罪而被判刑，排名第二的罪名則是財產犯罪，如竊盜或偷竊（6.3%）、勒索、賄賂或詐騙（6.2%）等。

根據1991年監獄受刑人概況調查結果顯示，女性受刑人大多數屬低教育程度，但其教育程度並不明顯低於男性受刑人（U.S. Department of Justice, 1991）。1991年，有23%的女性受刑人完成高中教育，三分之一中途輟學的女性則取得高中同等學歷（占所有女性受刑人五分之一）。整體而言，43%的女性受刑人有高中文憑或具高中同等學歷，此為她們最高教育程度。將近16%的女性受刑人自陳曾接受過部分大專教育。

然此一調查結果顯示，有顯著比例（54%）的女性受刑人在被逮捕時並無工作。根據1992至1993年間全美藥物濫用女性受刑人之調查結果發現，多數女性受刑人在被逮捕時，是處於失業狀態或從事低薪資工作。此外，接受調查之女性受刑人中大多數均尚未完成高中教育，也欠缺適當職業技能（Wellisch, Prendergast & Anglin, 1994）。

329

一般醫療議題

由於女性受刑人數所占比例逐漸攀升，她們在監獄與看守所的一般性醫療照顧需求已被認為應加以重視（American Correctional Association, February 1994）。而刑事司法體系中女性受刑人的健康狀況遭到忽略，主因為缺乏定期婦科檢查、牙科與一般健康照顧，藥物和酒精濫用，飲食粗劣，缺乏產前照顧，甚至完全沒有產前照顧。且由於藥物濫用女性受刑人罹患愛滋病和人類後天免疫缺乏症候群（HIV）的人數增加，亦使此問題備受

關切。

藥物濫用

女性受刑人藥物濫用問題逐漸在惡化。女性受刑人因為藥物相關犯罪而被監禁的比例由 1983 年的八分之一，成長至 1989 年時已超過三分之一。1993 年，有 34%的女性因為藥物相關犯罪而被拘留（National Women's Law Center, 1993）。正如一般所預期，因為監獄的人口群多有高風險行為，如藥物注射、多位性伴侶、未有保護措施之性行為和濫用藥物，所以，監獄受刑人感染愛滋病病毒的比例明顯高於一般大眾。且許多女性受刑人自陳曾以性行為交換藥物（National Women's Law Center, 1993）。

人類後天免疫缺乏症候群和愛滋病

女性受刑人感染 HIV 的比例似乎高於男性受刑人（Vlahov & Fordham, 1991）。在《新英格蘭醫學期刊》發表的一項研究發現，男性受刑人粗略感染率為 2.1%至 7.6%，女性受刑人感染率則為 2.5%至 14.7%。紐約州立監獄的研究亦發現，有 19%的女性受刑人感染愛滋病病毒，男性受刑人的感染率則為 17%（Smith & Jaromir,1991）。

肺結核

高比例的 HIV 與不良健康狀況，增加進入監獄或看守所之受刑人罹患肺結核的風險。根據 1993 年國家婦女法律中心的資料顯示，紐約有 28%的新收男性受刑人被檢驗出肺結核陽性反應，女性受刑人的肺結核感染率估計會更高。

330

家庭暴力與兒童虐待經歷

女性受刑人除了面臨貧窮、藥物濫用和傳染病問題之外，她們通常在幼年或成年時期，也曾有被家人或重要他人虐待、施暴的經驗。根據國家婦女法律中心（1993）的研究發現，41%的監獄女性受刑人和44%看所守拘留之女性，在她們被監禁前都曾遭受身體或性攻擊。估計有800到2,000個女性家庭暴力受害者是因為殺害施暴者而入獄（National Clearinghouse for the Defense of Battered Women, 1992）。這意味著，在美國有將近2,000個受暴女性因為反抗施暴者以求自我保護而入監服刑。

心理衛生

Singer、Bussey、Song和Lunghofer（1995）表示，女性受刑人運用心理衛生體系的經驗豐富，新進矯正機關的女性受刑人中約有三分之一至三分之二，會因心理困擾而要求心理衛生服務。就如同一般人口群，女性受刑人亦較男性受刑人更常使用調整情緒的藥物。罹患精神疾病同時併有物質濫用的女性（也稱作精神病和化學藥品上癮或MICA族群），比一般罪犯更常被逮捕且判處刑期較長。

罹患嚴重精神疾病的女性犯罪者，在矯正機關以外的機構可以得到比較有效且經濟的照顧，譬如聯邦法規和條例規定之醫療輔助計畫，並不補助矯正機關相關健康與心理衛生服務基金。這些罹患精神疾病且被監禁的女性需要特別之評估、診斷與處遇，以及具成效的出獄計畫和追蹤服務（Singer et al., 1995）。

懷孕、產後照顧與親職

有8%至10%的女性受刑人在入獄時已經懷孕，另外，有15%的女性受刑人剛剛生產（National Women's Law Center, 1993）。對於在矯正機構

服刑的女性而言，這是額外的負擔（Adler, Mueller & Laufer, 1991）。而超過四分之三的女性受刑人皆已是母親，平均每個人有兩個孩子。

上述女性受刑人中，子女小於 18 歲者占三分之二，且有 70%在入監服刑前與子女同住（Correctional Association of New York, 1994）。不論孩子是接受非正式照顧或安置在寄養家庭，那些有子女居住在社區的女性受刑人，並不容易與孩子保持聯絡。再者，兒童社會福利體系對女性受刑人子女的永久處遇計畫，通常與女性受刑人期待可重新取得孩子監護權的希望相反（Beckerman, 1994）。

■ 逮捕與入監服刑是接受處遇服務的契機

對任何被告而言，被逮捕與入監服刑均是重大生活危機。對女性而言更是如此，她們必須面對，或許是第一次，知道自己罹患肺結核、愛滋病，或感染愛滋病病毒。繼而她將無法持續濫用藥物習慣，且必須面對懷孕的糾結，或與孩子分離。根據國家婦女法律中心於 1993 年所作的研究顯示，80%的女性受刑人皆已為人母，其中 70%是單親母親。

生活危機通常也是提供干預的機會。刑事司法體系可運用出獄計畫進行干預，此為以矯正為基礎的干預策略。而因子女生育和教養的關係，矯正機關的女性具有特別需求。眾所皆知，她們也最容易感染愛滋病病毒或其他傳染疾病，這些女性受刑人是社會中最弱勢的族群，依據 Jesse Jackson 說法，刑事司法體系是社會福利體系的最後手段。

對女性受刑人所進行之干預，包括正值生育年齡之藥物濫用者、HIV 陽性反應，有肺結核或其他疾病，也包括精神疾病問題、家暴倖存者、技職訓練需求，以及需要協助養育子女，或永久性之正式或非正式兒童寄養計畫。而目前已針對女性發展出許多方案模式，且當中有許多已呈現良好成效。

經費不足與缺乏資源仍是尚待解決的阻礙。然諷刺的是，看守所及監獄在安全戒護方面所挹注的資源遠遠多於提供服務。而後者才可真正有效預防再犯，且也可使她們的子女長期受惠。

州政府推動之刑事司法體系女性受刑人方案

　　Hairston、Bloom 和 Fletcher，以及 Fletcher、Shaver 和 Moon 已詳細記錄在印第安那州、田納西州、加州、奧克拉荷馬州所實施的女性受刑人方案 模 式（Hairston, 1991; Bloom, 1993, 1994; Fletcher, Shaver & Moon, 1993）。家庭訪視方案（Hairston, 1991）和家庭服務團體及方案 （Lillis, 1994）協助女性受刑人及其家人（特別是她們的孩子），在服刑期間維持家庭聯結。當多數女性方案多聚焦於關注健康、心理衛生和親職問題等傳統領域時，亦有一些與這些傳統模式不同的激進、實驗性方案。

　　震憾監禁或軍事化訓練的營隊計畫已在南卡羅萊納州（Brown, 1994）與麻州的佛拉明罕（Framingham）女子監獄挑選女受刑人嘗試性地實行。正如 Brown（1994）所言，參與上述方案的女性需仔細篩選，且因女性比男性更有可能屬低自尊，並有家庭暴力受虐經驗，故方案內容的設計應將其可能對女性產生的衝擊納入考慮。上述女性受刑人不應參與此類處遇方案，且應以教育和工作技能訓練取而代之。情緒較脆弱，或有健康、心理衛生、藥物濫用問題的女性，亦均需排除參與（Brown, 1994）。

　　儘管一些引人注目的方案已在全美許多監獄和看守所實施，以下概述將聚焦於紐約女子監獄，特別是紐約市瑞克島（Rikers Island）看守所的方案。這些監獄和看守所的女性受刑人概況說明，也會與先前已提及之國家調查資料相比較。

紐約刑事司法體系女性受刑人概況

　　紐約的女性受刑人數在全美國排名第三（Correctional Association of New York, 1994）。1994 年 1 月，紐約州立監獄監禁 3,529 位女性受刑人，自 1982 年起增加了 3,328.3%（在 1993 年由 824 人成長至 3,529 人）。

　　1993 年，在紐約州立監獄的女性受刑人中，82%是因非暴力犯罪而被判刑，1,315 位女性因藥物相關犯罪被監禁至紐約州立監獄；相較於 1982 年，僅有 67 位觸犯藥物相關犯罪，增加了 1,862%。依據 1994 年紐約矯正協會的調查顯示，1991 年 12 月被羈押的女性中，有 76%的二級重刑犯與 52%的一級重刑犯同時亦觸犯藥物相關犯罪（Correctional Association of New York, 1994）。

　　1991 年 12 月，拉丁裔的女性受刑人中，有 82%因藥物相關犯罪被判刑；相較之下，非裔女性受刑人中有 59%，白人女性受刑人中有 36%。紐約州立監獄監禁的女性受刑人中，超過 50.8%為非裔，34.1%為拉丁裔，12.8%為白人（Correctional Association of New York, 1994）。

　　相較於紐約州立監獄女性受刑人數持續增加，法院新判決須拘留於矯正服務部門的女性也增加了 123%，整體成長率是 39%。入監服刑之女性屬非裔者增加 166%，屬拉丁裔者增加 124%，屬白人者增加 25%。全年女性受刑人因藥物相關犯罪入監服刑的比例增加 147%，其中女性一級重刑藥物相關犯罪人數增加 147%，二級重刑藥物相關犯罪也增加 147%。然而，女性觸犯暴力犯罪或脅迫犯罪的比例由 30%下降至 18%（Correctional Association of New York, 1994）。

紐約州：Bedford Hills 女子監獄

　　Bedford Hills 女子監獄被 Bloom（1993）視為模範監獄，其體恤處遇

有子女之女性受刑人。它是第一座設有育嬰室的女子監獄，其在監獄特定樓層中，允許母親和嬰兒可同住一房。此育嬰方案之主要內涵為親職技巧訓練和設置孩子專屬活動空間，並由接受過幼兒教育訓練的受刑人擔任工作人員，且可於週末和週間探望。Bedford Hills 女子監獄亦為女性受刑人提供其他方案：包括藥物濫用、健康和心理衛生處遇，愛滋病衛教，教育方案及職業技能訓練（Murphy, Johnson & Edwards, 1992）。

■ 紐約市：瑞克島看守所

瑞克島方案即指紐約市立看守所，其規模是世界上最大的，有超過35,000 位受刑人，是因應女性受刑人進入刑事司法體系後衍生之相關問題而設計之處遇模式（Cecire, 1994）。所有紐約矯正部門中被還押或判決的女性，均會被安置在瑞克島上的 Rose M. Singer 中心（RMSC）。健康局／矯正健康服務部門（CHD）和 Montefiore 醫療中心／瑞克島健康服務並建立契約，合作提供健康與心理衛生服務。此外，愈來愈多的社區資源為現有看守所方案提供最強力的後盾，並協助聯結出獄後之必要社區服務。

1993 年 3 月的統計數據顯示，在 Rose M. Singer 中心的女性受刑人數約 1,500 人左右，每個月將近有 940 位女性進入 Rose M. Singer 中心。女性受刑人的族裔分析如下：半數以上為非裔，35%拉丁裔，10%白人，1%亞裔。1994 年 3 月，受刑人中被控告重罪者中有 70%屬藥物相關犯罪，10%為搶劫；被判輕罪者中 30%為竊盜罪，20%為藥物相關輕罪。瑞克島同時提供女性受刑人許多機構處遇方案。

334

機構處遇方案

一般醫療服務

平均每天有 30 位女性被送進 Rose M. Singer 中心。每位新進的女性受刑人在 24 小時內會接受全面性的健康檢查。除了例行的檢驗與評估,還有完整的婦科檢查,包含具傳染性之性病 STD's 檢查。並對介於急性和慢性之間的醫療需求提供 24 小時的醫療床位。若有更嚴重的疾病以及瑞克島無法提供之特定醫療,則由擔任後援的醫院給予服務。

藥物濫用方案

瑞克島在全美各州是一具代表性之矯正機關,由於非法藥物使用與販賣情況氾濫,入監服刑的女性受刑人不斷增加。疾管局(DOC)估計有超過 75%的受刑人有物質濫用史,當中女性受刑人藥物濫用的比例更高。這問題在紐約這類的大都市中更是嚴重,超過七分之一的居民日常生活費低於貧困線,且接受政府救助。紐約女性每年則有將近 80%因藥物相關犯罪而被送入紐約州立監獄。

335　　儘管面臨此危機問題,在 Rose M. Singer 中心,矯正局之藥物濫用干預部門(Substance Abuse Intervention Divison, SAID)只提供治療性社區 200 位女性免費使用藥物名額。甚至這些名額正面臨預算被刪減的威脅,就如同多數的國家看守所一般,瑞克島只由州政府基金提供少數經費,而且未提供醫療基金,以資助窮困受刑人接受健康、心理衛生和物質濫用服務。

藥物濫用服務

解毒服務

Montefiore 醫院之工作人員估計所有入院的女性中，有 25%需要解毒服務。解毒及主要延伸方案（Key Extended Entry Program, KEEP）中心平均每天協助 40 至 100 位受刑人。KEEP 中心服務需要鴉片類藥物解毒或參與美沙酮社區維持療法方案的受刑人。1993 年，瑞克島看守所有 2,885 位女受刑人需要解毒服務。

聯合醫療服務

聯合醫療服務（Health Link）是由 Robert Wood Johnson 基金會結合 Hunter/Montefiore 醫療中心，和紐約 Bronx 地區的 Mott Haven 區內 St. Benedict the Moor Neighborhood 中心所提供，此為一協助藥物濫用者邁向康復之社區處遇方案。此計畫期望為罹患人類後天免疫缺乏症候群／愛滋病之藥物濫用者的健康問題提供不同解決辦法。

此方案在 Rose M. Singer 中心針對所有女性提供人類後天免疫缺乏症候群／增權團體（Empowerment groups），同時，也在 South Bronx/ North Harlem 社區提供在監及出獄女性密集個案管理。這個 St. Benedict's 聯合醫療單位在中途之家設置十個床位給單身女性，並協助聯結社區出獄服務。Argus 社區中心也協助出獄青少女就學、接受工作訓練和提供諮商服務。

人類後天免疫缺乏症候群與愛滋病

紐約矯正機關內之女受刑人比男受刑人有更高比例罹患愛滋病，且近年來的資料顯示當中差距正逐漸擴大。一項於 1989 至 1990 年所作的研究發現，紐約市立看守所內有 25%的女受刑人及 16%的男受刑人呈現HIV陽性反應，初步的追蹤研究指出，雖然男性的感染率已下降了將近 13%，但　　336

女性感染率在統計上僅少量減少。

Rose M. Singer中心提供保密性之愛滋病病毒諮商與檢驗。此外，Ryan White 基金最近才贊助 Montefiore 中心實施另一照顧計畫，即在心理衛生工作人員的指導下，此方案針對HIV 呈陽性反應的女受刑人，提供個別與團體諮商服務，其服務範圍擴大協助女同性戀者。

■ 肺結核病

所有女受刑人均會接受 PPD 皮膚移植檢驗，隨後驗孕、照射胸部 X 光。Rose M. Singer中心於 1992 年 7 月至 12 月間所做的胸部X 光篩檢中發現，有 13%的人出現異常結果，且當中有 7%罹患肺結核（TB）。自述曾患有肺結核或新近被診斷出肺結核者，若符合唾液檢驗（sputum induction），則會被轉介至傳染病中心（CDU）進一步診斷與治療肺結核病或其他傳染病。目前傳染病中心有28 個女性床位。被診斷可能患有肺結核病者，也會被轉介進行愛滋病病毒檢驗與諮商。

■ 心理衛生服務

Montefiore 醫療中心／瑞克島提供多重模式及各種不同階段的服務，包含針對機構外一般女性提供危機介入，也提供個別和團體諮商。針對需要密切監督和更密集處遇的女性，則在心理觀察中心設置 48 個床位。此外，針對需要緊急醫療照顧的女性，地區市立醫院亦設置18個精神科床位。

入獄健康檢查中的一部分，是要求精神科醫師審慎評估女性過去精神疾病史、自殺衝動或自殺史。是否需轉介作進一步心理健康評估，主要立基於個案對上述問題的回應，以及綜合評估其他行為指標。之後的轉介會來自許多不同管道，包括矯正局和 Montefiore 其他工作人員。

申請參加訓練並通過資格審核的受刑人，可在心理觀察中心及其他特定單位擔任輔助觀察者。輔助觀察者協助矯正工作人員作定時巡視，且通報所負責之受刑人是否出現疑似憂鬱行為。隨後，擔任督導之工作人員會

著手轉介該個案接受心理衛生服務。Rose M. Singer中心的心理衛生工作人員，最近與 John Jay 刑事司法研究所的研究生，共同發展一項持續訓練輔助觀察者之同儕諮商輔導模式。

照顧方案（針對HIV呈現陽性反應之女性受刑人）以及 恢復女性健康方案（WORTH），主要著重增強生活技能，均是由基金補助且由心理衛生計畫管理。近來，WORTH方案和Montefiore醫療中心／瑞克島、Columbia大學以及NIDA已第二年合作，提供以機構為基礎之個別和團體諮商服務，以期減少高危險行為、強化生活技能和預防復發。兩年的追蹤則包括持續諮商團體和個案管理。

地區心理衛生部門則贊助經費，推動將不適合監禁之精神疾病女性予以轉向的新方案，該方案並由諮詢和諮商聯盟（Federation of Guidance and Counseling, FEGS）督導。瑞克島之個案管理人員確認，並將有精神疾病受刑人轉至另一替代監禁方案與社區心理衛生服務。

預防暴力

疾病管制中心（CDC）最近將暴力視為主要公共衛生議題，特別是暴力對少數族裔社區的衝擊。美國矯正協會於 1990 年針對監禁於監獄及看守所之成人及青少年女性受刑人所進行的全國性調查發現，53%的成年女性及 62%的青少女自述曾被性侵害。此外，紐約市替代判決中心（Center of Alternative Sentencing）與就業服務中心發現，參與藥物濫用戒治方案的女性受刑人中，有64%自述曾被性侵害。

這些發現使得 Rose M. Singer 中心更加關注女受刑人在生活中所受之暴力，包括家庭暴力問題。Rose M. Singer 中心提供許多社區處遇方案，例如「終止家庭暴力」（Steps to End Family Violence）。當地健康局／矯正健康服務局和矯正局則致力於發展更全面性的方案，強調協助 Rose M. Singer中心內所有女性受刑人處理此問題，而被害者服務（VS），主要由非營利機構提供犯罪被害者服務，包括家暴被害者與施暴者，並已協議將在男性監禁機構提供預防暴力／施暴者方案。

■ 懷孕、產後及親職方案

1992 年，將近 10%的女性在進入紐約矯正機構時已經懷孕，132 位在服刑期間於市立醫院生產，依照醫療及心理衛生工作人員回顧他們所照顧過的女性，發現沒有傳染病、無精神疾病史，或未有暴力行為前科之女性，較可能選擇將新生嬰兒留在 Rose M. Singer 中心的育嬰中心一年，此中心設置 16 個床位。市立醫療機構亦接受女性要求協助墮胎，1993 年，有 53 位女受刑人要求墮胎。

Rose M. Singer 中心初期為懷孕受刑人提供之服務分述如下。

女性育嬰服務（Women Infant Nurturing Services, WINGS）

這是由聯邦政府經費補助之三年方案，在監禁期間干預、處遇懷孕和藥物濫用女性。它強化看守所之處遇和服務，也包含出獄後之資源聯結與後續追蹤。

懷孕與藥物成癮母親之干預和復健
（Pregnant and Addicted Mothers Intervention and Rehabilitation, PAIR）

這個多元化方案主要由曼哈頓區負責毒品案件之檢察官辦公室（Manhattan District Attorney's Office of Special Narcotics）所管理。在逮捕和拘留初期，會先確認承諾復健、戒毒之女性，並判決替代監禁（Alternative to Incarceration, ATI），要求她們參與居住型或社區戒癮處遇方案。

促進親子關係方案（Parent and Child Enrichment Program, PACE）

此方案在社區內提供全面性支持性服務，包括：藥物處遇、產前護理、產後照顧、小兒科醫療和親職教育。參與 WINGS 方案的女性可能會被轉介至PACE，或其他關注藥物濫用女性特殊需求之特定社區處遇服務方案。

許多都會地區都有設置看守所，紐約市是其中之一，這些看守所均有感於女性受刑人獨特需求而提供相關方案和服務。其他例子包括印第安那

州的家庭訪視方案（Hairston, 1991）和奧克拉荷馬州的累犯研究與女性受刑人訓練計畫（Fletcher, Shaver & Moon, 1993）。然而，由於美國這些類似方案的主要經費來源均為地方政府和州政府的稅收，它們仍然會因政治和預算的轉向而變動。

社區處遇方案

替代監禁和轉向方案使紐約的女性被告除了入監服刑以外，尚有其他的重要選擇，分述如下。

撒瑪利亞女監計畫（Samaritan Women's Prison Project, SWPP）

339

SWPP 針對來自哈林區市中心、東區與曼哈頓西區北部，感染愛滋病病毒的女性提供出獄服務。此計畫將看守所的服務持續延伸至社區，並提供諮商，以協助女性足以因應感染愛滋病病毒與犯罪前科的雙重烙印。

女性健康計畫

女性健康計畫是由曼哈頓自治區市長辦公室及 Adelphi 社工學院共同贊助。這項方案藉由社工碩士實習生為懷孕中和產後之女性實施團體諮商，它也為保護管束及隔離監禁之女性提供服務。

十字路口

十字路口（Crossroads）是 Rose M. Singer 中心針對有藥物濫用史的女性提供之替代監禁方案。特別著重家庭議題，以社區中懷孕和有孩子的女性為服務對象。

協助申請津貼和連結其他政府社會服務

　　社區處遇方案主要提供貧困女受刑人離開矯正機關後之過渡時期服務或司法轉向服務。且他們在接受轉介之前，必須先取得相關補助資格，如醫療補助、現金之社會補助，以及社會安全補助金（Supplemental Security Income, SSI）。在類似紐約瑞克島這類的國立看守所中，協助取得社會補助資格特別重要，這裡非常強調預防再犯，以及利用看守所作為干預、處遇拘留犯和受刑人的中繼站。

　　監獄主要監禁判處一年以上徒刑者，並且有明確的出獄日期。協助貧困或患病的受刑人實施出獄計畫，且申請政府福利津貼和服務更加困難，而看守所的受刑人可能只是被拘留，且若未遭判刑，隨即會被釋放，或是被判決短期監禁。要協商補助資格和加入其他方案，以確定能在離開看守所後可持續其所需的服務亦是一項複雜任務，難上加難。

　　瑞克島看守所內附設有紐約社會服務中心，主要協助申請急難救助金，但通常只有單身男性可獲得此補助。受刑人和被拘留者出獄後則可能會發給一份文件，讓其帶至他們轄區的福利中心，以證明他們被監禁的地方，並讓他們請領額外的急難津貼；且若有必要，也會發給請領緊急醫療補助的文件。然而，一旦受刑人遺失了州政府核發的必要文件，則很難經由一般申請程序以延續原有的補助。

　　女性在這申請過程中特別不利，若她們的子女領有政府補助，她們便會被撤銷家長資格，如此一來，另一非正式的照顧者方可為孩子申請補助。類似這樣的個案便無法透過瑞克島看守所附設的社會服務中心，申請核發單一現金給付及暫時醫療卡，而必須在出獄後，到她們原先的社會福利核發單位請領津貼。

　　若女性犯罪者屬第一次申請津貼，且擁有孩子的監護權，或在監獄中生產，且被允許保有新生兒的監護權，則她們必須經歷一連串複雜的申請

程序，包括拜訪數個不同的辦公室：取得孩子的出生證明、申請父子關係證明、申請政府補助和醫療輔助計畫。若是無家可歸者，還須請求國家提供緊急庇護中心，且因為聯邦和州政府法令規定，看守所或監獄的受刑人無法享有醫療輔助計畫，對剛出獄的受刑人而言，在使用醫療照顧時可能會出現問題。

由社會安全補助金（SSI）提供基金，以滿足罹患愛滋病或失能女性之特殊住宅需求是另一議題：即使被告女性在被監禁前或監禁期間已取得補助資格，但社會安全管理局需花上數週時間核發最初申請之津貼，這造成對很多前科犯的服務中斷。不像醫院及其他機構，直到正式執行合適出獄計畫之前，看守所和監獄無法基於社會或醫療理由而留置犯罪者。

1990 至 1994 年期間，紐約市推行一跨機構計畫，主要針對包括女性在內的特殊族群開展出獄計畫。然此計畫卻因無法改變重大行政法令與出獄計畫執行過程之行政程序障礙而失敗，特別對不確知釋放或判決日期的拘留者更是難以實施。另一以紐約州立監獄受刑人為協助對象的類似方案，也面臨同樣難以克服的挑戰。受刑人的釋放日期——即使是符合州政府法規釋放條例的末期病患，如大家所知，這些行政程序運籌的障礙，常常延宕資格申請處理時間，以及可出獄、轉入適切方案和機構的生效日期。

兒童福利體系

341

對女性受刑人最重要的關注之一，是她們維持親職功能的能力。通常入獄初期的女性大多很混亂：這意味著她們必須適應新環境，且接受健康檢查也可能會發現嚴重的健康和藥物濫用問題，以及意料之外的懷孕問題等。

若女性已擁有孩子的監護權，這同時意味著，需在社區為孩子安排非正式照顧。若這女性的孩子接受寄養照顧，則與孩子的社工人員聯繫以告知自己被監禁的地方極為重要：由於考慮到自己入監服刑可能成為恢復孩

子監護權的障礙，她們可能不情願這樣做。

永久性處遇計畫

近來紐約州立監獄以有子女接受寄養照顧之女受刑人為對象的研究發現，為了符合實施孩子永久性處遇計畫所需之先決條件，研究對象和社工人員均面臨相當程度的困難，包括：持續書信往來、電話聯繫和法院聽證會通知。

雖然此研究中多數的母親表示，已與社工人員電話聯繫或書信往來，但有相當多的人完全未聯繫，且通曉申請出席法院聽證會程序的人未達一半（Beckerman, 1994）。研究者認為，無法參與討論孩子永久性處遇計畫，會危及這些被監禁母親的親職地位。

若無法遵從 1980 年所訂立之聯邦領養協助與兒童福利法令的要求，這種情況很可能會發生；且美國許多州傾向於強制要求母親與其子女間可有定期的會面，並在處理這類兒童的安置問題時，會考慮母親各方面的情況。當母親無法配合探視要求時——這種要求對受到監禁的母親而言，是難以完成的任務——會被解釋為無意持續保有父母監護權，這會導致孩子被安排領養（Beckerman, 1994）。

有些方案是在非營利機構或教會組織資助下運作，以倡護和提供資訊給被監禁母親。這些方案包括被監禁母親方案，此為 Mary Nerney 修女所主持之紐約非營利方案，其提供被監禁女性支持性服務（Kirschenbaum, 1993）。州立監獄也已成立自助方案，如俄亥俄州 Bedford Hills 的受刑人寄養照顧委員會 （Inmate Foster Care Committee）即設置於州立女子監獄，並由受刑人來擔任委員會主席。

強化親職技巧

監獄亦提供強化親職技巧之學習機會。一項研究評估某監獄女性受刑人對兒童發展與兒童行為管理知識理解的程度，同時也檢驗親職教育課程

342

的成效，此課程主要教育受刑人兒童發展與兒童行為管理相關知識（Showers, 1993）。

該研究發現，參與研究的女性普遍缺乏足夠的兒童發展與兒童行為管理知識。另外，參與過此項親職教育研究方案的非裔與白人女受刑人，事後均明顯增加兒童發展與非暴力行為管理的知識（Showers, 1993）。研究建議則為在其他監獄複製此研究，並進行追蹤，以確定此研究結果所促成之認知層面知識增長可否維持。

■ 社區照顧者

當有子女的女性入監服刑時，照顧她們的子女便成為社區的責任：家人、朋友、父親或寄養照顧體系。全美犯罪與偏差防治會議（National Council on Crime and Delinquency, NCCD）的調查研究發現，在研究樣本中，外祖父母最常擔任被監禁母親之子女的照顧者（Bloom, 1993）。相較於有 37% 的子女由外祖父母照顧，僅 17% 的子女由父親照顧；接下來則依序為由其他親戚、寄養照顧體系來分擔，由朋友提供照顧最為少見。

在美國如紐約州推展之親屬關係領養父母方案，包括親屬關係領養照顧與非正式照顧安排，均愈來愈關注託付祖父母照顧孫子女。然而，對於照顧被監禁母親之子女的祖父母和其他親戚，他們的特定需求與壓力則較少人關心。

前述案例之追蹤

343

蘿莎

蘿莎是 32 歲拉丁裔女性，因被控告輕罪而拘留在市立看守所，她有多重問題：藥物濫用、因被嫖客及男友毆打而蒙受身體傷害、孩子均安置於

寄養家庭（她表達對孩子的關心和掛念，但不知如何得知孩子的下落），欠缺適當教育和職業技能，以維持自己出獄後的生計，而家庭系統亦無法提供社會支持。

另一方面，她被逮捕及入監服刑，使她有機會脫離過去被虐與受處罰的環境，同時，開始反省她在孩子與健康方面所蒙受的損失。由於教育及職業技能之不足，迫使她為了維持生計，除了賣淫之外少有選擇。一些像紐約這樣的大都市所設置之看守所，均有計畫地協助類似蘿莎這樣的女性犯罪者，幫助她們連結必要之醫療照顧、諮商、高中同等學歷教育和就業準備方案，並且告知她們如何與地區兒童社福機構取得聯繫，以著手協尋孩子的下落。

解毒服務和藥物濫用處遇也可提供給有此需求及參與意願的女性。如果刑期和在監時間夠長（六個月以上至一年），則蘿莎就能受到相關援助以改變她的生活、恢復健康、與寄養的孩子取得聯繫，且在出獄後被轉介至社區處遇方案。然而，因被控輕罪而遭拘留，並不代表一定須入監服刑。

蘿莎也可能因未被判刑而當庭釋放。若是如此，她很可能就無法接受任何形式的出獄計畫服務，以被協助連結社區個案管理和藥物濫用方案。就此案例而言，蘿莎可能除了恢復過去她在街上的生活之外，沒有其他選擇，並且很可能會再犯。

安妮

安妮 25 歲，懷孕中且是古柯鹼濫用者，她因為被控重罪而遭逮捕，並可能被判決到州立監獄服刑至少一年。她比蘿莎有更好的機會可在監獄持續處遇、治療其健康和藥物濫用問題。然而，她受產後憂鬱症有關的情緒困擾，失去孩子的悲傷過程，以及身為兒童虐待與家庭暴力倖存者的問題，則較無機會被協助處理。

被矯正機關雇用的社工人員、諮商師、心理師和精神科醫師，在處遇有情緒困擾和精神疾病受刑人時，其治療目標常常與監獄管理及法庭的哲學觀不一致，而面臨預算緊縮時，亦常是首先削減心理衛生服務。然由於刑期較長，可協助弱勢犯罪者連結合適社區方案的前置作業時間較充裕，

344

故監獄比看守所更容易實施出獄計畫。

　　符合申請資格的受刑人在服刑期間，仍可請領諸如社會安全補助金（SSI）之類的聯邦補助，雖然領到津貼的確切時間會延遲，然一旦被釋放，則可藉此補助維持一定程度的經濟穩定，且運用醫療服務。家庭訪視方案即使未全然受到支持，但仍在女子監獄內持續實施（Hairston, 1991），故透過此方案的協助，安妮雖被監禁，但在服刑期間仍可持續接觸自己的新生兒。

　　只是，若她母親決定不帶孩子入監探視，則可能是一阻礙，其已取得安妮的孩子之暫時監護權。如果安妮得以治療憂鬱症，以及有社服機構工作人員、志工或其他受刑人的指引，則安妮可在家事法庭內，針對其母親申請成為新生兒具親屬關係之領養父母的請求提出異議。

二十一世紀之刑事司法體系：新領域

　　近年來，女性人口在司法刑事體系快速成長（Wellisch, Predergast & Anglin, 1994）。許多原因造成此一趨勢，包括女性增權——此已宣稱鼓動從事得與男性相抗衡之攻擊性犯罪，執法機構和法院不須再柔性對待女性犯罪者，以及在父權主義和種族主義之影響下，促使執法機關以「不夠女性化」之女性、貧困女性和貧窮少數族裔社區作為打擊目標（Fletcher, Shaver & Moon, 1993）。

　　與刑事司法體系女性受刑人有關的研究指出，近來的發展趨勢是執行藥物法令「轉趨強硬」的結果，此藥物法強制規範觸犯藥物相關犯罪者需入監服刑，即使是非暴力犯罪與無被害人犯罪均是如此（Bloom, 1994）。美國刑事司法局之「藥物使用預測方案」（National Institute of Justice's Drug Use Forecasting Program）顯示，接受此方案訪談之大多數女性，無論被指控之罪名為何，至少均被檢驗出對一種非法藥物呈現陽性反應（Wellisch, Anglin & Prendergast, 1993）。這樣的研究結果並不令人驚訝，因為導致女

性被逮捕的大多數犯罪行為，包括詐欺、竊盜、搶劫和賣淫等，均屬於可增加金錢所得的犯罪，而她們之所以觸犯這類財產犯罪行為，常常是為了維持用藥習慣。

執行「轉趨強硬」之藥物法是期待可嚇阻或告誡所謂的藥物濫用者，但這已造成非預期的結果，亦即戲劇性地增加刑事司法體系中女性受刑人所占之比例。女性受刑人的增加已擴大了下列需求：寄養照顧，為受刑中之懷孕者、育有子女者及產後婦女提供服務、針對婦科問題及愛滋病病毒感染之特定醫療處遇，以及貼近女性需求之嶄新藥物濫用治療模式（Bloom, 1994）。

由於愈來愈關注女性受刑人，已發展替代監禁擴展方案（ATI），包括育嬰室和兒童照顧。曼哈頓社區實驗法庭（Midtown of Manhattan Community Court Experiment）是另一個有成功展望之刑事司法社區處遇模式。1991年10月，紐約州法院體系開始與紐約市合作，建構商店型與居住型矯正處遇社區，計有29個社團和基金會以及24個社會服務和市政機構參與。

將法庭設置在社區的目的，為讓觸犯微罪者（輕罪）接受具成效和可近性之社區司法處遇。此法庭會在當事人被逮捕當天即裁定判決，其判決可能包括社區服務、強制性和自願性之藥物濫用處遇，以及個案管理服務（Fund for the City of New York, 1995）。

社區法庭亦提供個案管理服務，此主要由臨床社工師督導社工研究生提供協助。被告者會被轉介至法院附設之社會服務中心，由公共衛生與藥物濫用諮商師進行篩選晤談。他們也可要求參與教育部代理分部所提供之高中同等學歷教育（GED）和以英語為次要語言方案（ESL）；同時，也可請求法庭轉介就業專家和拓展就業工作人員的提供協助。

被告可能會被指定分派給某一社工研究生，負責協調他們的服務計畫，且密集追蹤其法庭強制或自願同意參與的計畫履行概況。此項方案仍屬新發展處遇模式，初步發現，在此法庭的被告中，有很高比例有藥物濫用問題，並且合併感染愛滋病。

社區法庭所判決的女性被告，則更是具有上述問題。以下案例可同時說明女性被告進入法庭後衍生之諸多複雜問題，以及如何透過密集個案管

理，運用社區處遇有效處理因應。

芬妮

芬妮是位 34 歲女性，在懷孕八個月時因為順手牽羊而遭逮捕。她被發現濫用古柯鹼，且被指派給法庭內的社工研究生。隨後被法官判決須強制參與六個月的社區藥物處遇方案。

芬妮患有愛滋病，但除了 t 細胞數量較少（低於 200）外，並無其他症狀。此社工研究生協助她申請必要之政府援助津貼、安置住所、加入 WIC方案，且開始接受當地醫院的產前護理照顧。她也被指定參與有提供育嬰服務的藥物濫用方案。在某一次與芬妮諮商的過程中，社工研究生發現芬妮有四個孩子被寄養，但由於苛刻的探視協議，她無法定期探視孩子。

此社工研究生與寄養照顧機構督導取得聯繫，並安排芬妮開始定期探視孩子。在這期間，芬妮生下的嬰兒出現陽性中毒反應，但透過法庭指派的社工研究生與醫院社服部及當地政府援助部門的密切合作，芬妮的初生嬰兒終於可回到她身邊，同時得以被分派一位女管家提供協助。

在與該社工研究生討論之後，芬妮在住院期間要求進行輸卵管結紮手術，她將不會再有孩子。該社工研究生每天監控芬妮參與處遇方案，並且每週進行一次諮商。至今，芬妮已在藥物使用檢測上呈現陰性反應，且對未來充滿希望，同時恢復與初生嬰兒與四個孩子的聯結。

芬妮和此社工研究生仍持續進行很多工作，包括持續援助和資助芬妮及其嬰兒的計畫。無論如何，芬妮被捲入刑事司法體系，且隨後的判決允許她可繼續留在社區中，不須監禁於看守所或監獄機構。這判決確保芬妮可順利改變以古柯鹼為重心的生活，並可獲得維持自己和嬰兒生活所需的持續性支持、援助。

替代監禁及社區法庭模式

替代監禁及社區法庭模式，並不一定是刑事司法體系針對面臨多重問題且有特定需求的女性所能提供之最適切解決方法。不過，它們是在除了矯正機關的監禁之外，一些可行的另類選擇。基本上，監禁會中斷、削弱家庭聯結，且讓女受刑人有強烈社會孤立感。

它們同時也提供資源、選擇和希望，以最有效方式協助女性被告及她的家人，弭平監獄和社區間的隔閡。當監獄和看守所可提供「一應俱全」的必要服務時；社區處遇方案則亦可提供類似的一系列服務，且女性犯罪者不需要被強制離開社區及家人。

政策與方案發展意涵

美國女性受刑人與男性受刑人有許多共同的特性：多為貧窮、弱勢、不成比例的有色人種族裔、藥物濫用者，並且承受嚴重傳染疾病之苦，如感染愛滋病、肺結核、性病。而由於他們多正值生育年齡，且通常育有子女；且她們的孩子若非由自己照顧，就是接受非正式或正式寄養照顧。這些女性受刑人所帶來的社會問題特別令人費神。

這些挑戰包括，女性受刑人人數相較於男性其比例持續成長；她們有很多是家庭暴力以及／或幼年受虐的受害者，包括性侵害。這意味著，入監服刑可成為提供干預服務的起點，而長遠解決之道，則必須設計有效的出獄計畫，此計畫需能夠預防再犯，且避免女性受刑人的下一代再陷入類似困境。

國家婦女法律中心表示（1993）：

監獄工作人員必須開始以更廣泛的角度，正視女性受刑人在監獄內及出獄後的需求，並且，必須與其他服務低收入者的組織（和機構）合作。在監禁期間，女性必須接受必要之教育和技職訓練，以期在出獄後得以求職謀生。最後，政策制訂者必須與社區（及政府）組織合作創設釋放後復健方案，以協助提供有犯罪前科之女性可持續接受酒精與藥物濫用治療、教育和技職訓練，以及獲得情緒支持。（p. 5）

針對有子女接受寄養照顧的女性而進行之研究提到，監獄和看守所必須與州政府和當地兒童福利體系合作。這包括保證女性受刑人可了解自己在規劃孩子永久性處遇計畫過程中的責任義務，並告知她們自己所擁有之選擇權，以思考自己未來和孩子的親屬關係。

348

美國女性受刑人數增加的趨勢令人擔憂，且對他們的家人，特別是孩子而言，也是一種災難，因而預防及再犯議題均須受到重視。這對刑事司法和社會工作體系都是挑戰，應彼此合作建構嶄新且更具成效的干預模式，最後整體社會將探索、追求可增權和提供支持的處遇模式，並以此取代懲罰性地對待某些最脆弱的人民。

更重要的是，美國矯正體系必須重視進入刑事司法體系的女性人數持續增加的事實，以及伴隨而來的特定問題。為了這些女性和他們家人的利益，並非只有監獄和看守須提供以機構為基礎的特定方案，替代監禁及社區處遇方案也必須擴大適用範圍至因觸犯非暴力犯罪而被逮捕的女性（Bloom, 1993）。社會工作體系有其歷史性的使命，應協助國內最弱勢之族群，也必須倡護矯正機關內女性受刑人、他們的孩子，以及孩子的照顧者之權益。

REFERENCES

參考資料

Adler, F., Mueller, G., & Laufer, W. (1991). *Criminology.* New York: McGraw-Hill.

American Correctional Association. (February 1994). "Survey summary: programs and services for female inmates," pp. 6, in *Corrections Compendium.* Laurel, MD: American Correctional Association.

Beckerman, A. (January 1994). "Mothers in prison: Meeting the prerequisite conditions for permanency planning," in *Social Work, 39*(1), 9–14.

Bloom, B., & Steinhardt, D. (1993). *Why Punish the Children? A Reappraisal of Children of Incarcerated Women.* Indianapolis, Indiana: National Council on Crime and Delinquency.

Bloom, B., Lind, M.C., & Owen, B. (1994). *Women in California Prisons: Hidden Victims of the War on Drugs.* San Francisco, CA: Center on Juvenile and Criminal Justice.

Brown, S. (February 1994). "South Carolina's shock incarceration for women" (pp. 1–5), in *Corrections Compendium.* Laurel, MD: American Correctional Association.

Cecire, V. R. (1994). *Overview of Women's Health Services in the NYC Correctional System.* New York: New York City Department of Health.

Correctional Association of New York. (September 1994). *Women in Prison Fact Sheet.* New York, New York.

Fletcher, B.R., Shaver, L.D., & Moon, B.G. (1993). *Women Prisoners: A Forgotten Population.* Westport, CT: Praeger.

Fund for the City of New York. (1994). *Midtown Manhattan Community Court: An Experiment in Criminal Justice.* New York: Fund for the City of New York.

Hairston, C.F. (1991). "Mothers in jail: Parent-child separation and jail visitation," in *Affilia, 6*(2), 9–27.

Kirschenbaum, J. (November 1993). "The long road home," in *City Limits, XVIII*(9). New York, New York, pp. 12–16.

Lillis, J. (January 1994). "Family service groups and programs," in *Corrections Compendium*, pp. 1–18. Laurel, MD: American Correctional Association.

Muraskin, R. (1990). *Inequities in Male and Female Prisons.* Dissertation: City University of New York.

Murphy, J., Johnson, N., & Edwards, W. (1992). *Addicted Mothers, Imprisonment and Alternatives.* Albany, New York: New York State Coalition for Criminal Justice/ Center for Justice Education.

National Association of Social Work. (1987). "Female offenders," in *Encyclopedia of Social Work: Volume II,* pp. 600–610. Silver Spring, MD: National Association of Social Work.

National Clearinghouse for the Defense of Battered Women. (1992). *Information Regarding: How Many Battered Women are in Prison for Killing Partners?* Washington,

DC: National Clearinghouse for the Defense of Battered Women.

National Women's Law Center. (June 1993). *Women in Prison*. Washington, DC.

Showers, J. (1993). "Assessing and remedying parenting knowledge among women inmates," in *Journal of Offender Rehabilitation, 20*(1/2). Binghamton, New York: Haworth Press, pp. 36–46.

Singer, M. I., Bussey, J., Song, Y., & Lunghofer, L. (1995). "The psychosocial issues of women serving time in jail," in *Social Work, 40*(1), 103–113.

Trattner, W. (1994). *From Poor Law to Welfare State: A History of Social Welfare in America*. New York: Free Press.

U. S. Department of Justice. (1991). *Special Report: Women in Prison*. Washington, DC: Office of Justice Programs, Bureau of Justice Statistics.

Vlahov, D., & Fordham, B. (March 6, 1991). "Prevalence of antibody to HIV-1 among entrants to U. S. correctional facilities," in *Journal of the American Medical Association, 265*(9), 1129–1132.

Wellisch, J., Anglin, M.D., & Prendergest, M.L. (1993). "Numbers and characteristics of drug-abusing women in the criminal justice system: implications for treatment," in *Journal of Drug Issues, 23*(1), 7–30. Washington, DC: U.S. Department of Justice Statistics, National Institute of Justice.

Wellisch, J., Prendergest, M., & Anglin, M.D. (1994). *Drug Abusing Women Offenders: Results of a National Survey*. Washington, DC: National Institute of Justice.

第 **21** 章

在高度注重安全戒護的情境中實施社會工作

監獄、感化院中的受刑人多半來自低社經階層。他們通常未接受良好教育、許多人中輟學校課業,並有很高比例屬黑人、墨西哥裔和印第安人等少數族群,也較缺乏一技之長以及適當工作機會。當中很多人來自破碎家庭,並有一定比例為受虐兒童;再者,多數受刑人均為低自我概念、較多情緒困擾、持續濫用藥物或酒精,亦較不受同伴、朋友尊敬、信任。同時,欠缺合宜社交溝通技巧。事實上,監獄裡充斥著極端缺乏資源且被長期問題所困擾的人們。

在監獄工作會面臨非常棘手的兩難挑戰,一方面須處在較屬消極、負面的工作氣氛,且有諸多限制的情境中工作;另一方面,則須面對有嚴重問題、非自願性被迫進入監獄體制的個案。在處理這類問題時,社工人員只有很稀少的資源可運用來改善環境或提供個案作選擇。處於這樣一個常須面對不同角色立場的工作衝突中,維持自我情緒穩定是很困難的任務,若社工人員未能成功以樂觀態度妥善

處理工作壓力，將會導致專業枯竭，且也會成為促使此已傾向消極、負向氛圍的情境，更朝負面發展的影響因子。

　　筆者認為，社工人員具備優秀的專業，可以有效因應監獄情境中的各種問題和壓力。首先，社工人員被訓練探討環境的影響力，具有可以發展處遇計畫以改變環境，或幫助個案學習更有效適應環境技巧的能力。其次，社工人員被訓練分析個案特質，及評估導致問題產生的個人行為或態度，進而幫助個案認知自我問題，且發展更有效、實用的行為和態度。第三，社工人員被訓練發展高度自我覺察，這項要素在妥善因應監獄工作壓力和問題上極為重要，當可高度自我覺察時，社工人員應該以這專業優勢來確認自我壓力，且具備專業知識和完備訓練，以採取積極正向態度來因應壓力和緊張。如此一來，當其他專業人員筋疲力竭時，社工人員仍可在高度壓力下持續發揮專業角色功能。

　　當推薦某一社工人員進入監獄工作時，筆者指出，該工作者必須已在可信賴的社工學院中接受適當社會工作專業訓練。筆者認為，社工人員若要具備上述三項專業優勢，則最低限度必須完成社會工作學士的正式訓練，除非是取得正式社工學士學位，否則不可能具備在監獄發揮專業角色功能所需的技巧和知識。社工人員應更嚴肅看待於監獄工作的挑戰。當很多社工職缺被裁減時，這很有可能是可以開發創新的工作領域，亦為那些欣賞成功克服困境成就感之社工人員提供真實挑戰。筆者希望本章能讓讀者了解，社工人員在監獄中可發揮的角色和功能，以及在刑事司法矯治體系中工作，可能面臨的特殊工作困境。或許這些資訊將鼓勵一些社工人員決定至監獄工作。

社工人員擔任治療師

　　治療師或許是社工人員在監獄最重要也最困難的專業角色之一。保密和安全戒護角色是嚴苛的雙重束縛，亦讓治療師的角色扮演更加困難，這

也會影響受刑人對社工的信任感,如果受刑人相信社工人員會違背保密原則,或覺察到社工人員扮演強勢安全戒護角色,他將會拒絕信任,並使得助人歷程中最基本的專業關係建構在治療初期就已喪失。

案主自決是社會工作最重要的基本價值之一,案主自決的概念認為,當個案愈能以自我行動達成目標,就愈能相信自己具備處理問題的能力和責任感,同時,也蘊含個案具有決定自我命運的權利。

被監禁在監獄是受刑人運用案主自決的障礙,受刑人被賦予的責任義務相當少,相反地,整體環境鼓勵個案依賴,必須這樣做的理由非常明顯,絕對必要的秩序和控制手段,可使人犯脫逃或有人受傷的可能性降到最低,受刑人每天的生活均受控於諸多規定和管理規則。他會被通知什麼時候該吃飯、什麼時候要進舍房上鎖等等;工作也是被安排的,且通常工作內容不會太忙碌,也不需要太多職業技術,而可供選擇的活動和休閒娛樂也相當少。簡單的說,監獄剝奪受刑人在諸多事務上自我決定的權利,讓他們有選擇權的機會是很少的。

案主自決的第二個主要障礙是源自個案本身,很多受刑人充滿憤怒,他們責難家人、朋友、社會、警察、法院和監獄工作人員造成他們的問題;導致他們憤怒的理由很多是正當的,譬如童年受虐、因屬少數族群而被歧視、司法體系處理不公平、缺乏適當教育或工作機會等。然而,當中也有很多是他們自我誇大或者問題根本不存在。對受刑人而言,承認自己需要為本身的決定和行為負責會令他們驚慌、不安;相較於此,推卸責任和責備別人就容易多了,這種態度同時會影響個案之成長和發展。事實上,在受刑人願意接受自我行為和決定的責任之前,他將不可能成功適應社會。

若要有效發揮社工人員治療功能,遵奉案主自決是必要的。個案必須被引導了解,即使是在限制如此多的監獄情境中,他還是可以自我決定某些生活方向。由於受刑人很容易將自我行為和處境歸責於他人,激發案主自決之覺察可能很困難。學習在監獄中選擇自我生活方向,可幫助個案了解,每個人在其意願下都可以自行選擇如何參與、影響自我生涯,這一步對個案來說很重要,社工人員必須發揮創造力和想像力,幫助個案發現激發案主自決課題的途徑。總之,社工人員若願意仔細觀察,會發現在監獄

中，仍有許多可讓個案自我掌控的議題。當中的關鍵在於，須確定這些相關議題切實可行、合乎監獄規則，且為個案能力可勝任。最重要的是，這些議題須對個案而言具有重要價值。以下案例將介紹監獄社工人員如何幫助受刑人發展新觀點，而這新觀點的能量促使個案改善人際關係，也有助發展自我責任感。

　　Sam 是位 30 歲身材矮小的黑人，這是他第二次被安置在高度安全監獄。這次他因為搶劫被判刑五年，在入獄之前，他以擔任皮條客謀生，他的女性朋友則藉由出賣身體性愛或其他工作所得，來支援他的日常開銷。

　　Sam 因為痛苦、怨恨，以及擔憂自己一直以來的生活模式而求助社工，且怪罪父親和刑事司法體系造成他的生活難題；促成他尋求協助的立即危機，肇因於其中一個女友剛生下他的第一個小孩，必須擔任父親的角色，對他衝擊很大。他開始嚴肅思考跟女友結婚一事。他認為，問題在於孩子的母親 Nancy 對於維繫兩人關係並無很強的意願，她很少來會客，也很少回信；Nancy 是過去那些以工作和賣淫供應他金錢的女人之一。自從他入獄後，Nancy 的行為很明顯呈現對 Sam 的矛盾情感。早期幾個月個別諮商介入的焦點，為嘗試協助 Sam 解決與 Nancy 的關係。此時，另外一件事帶來了改變的曙光，Sam 對自己過去的生活方式以及把時間浪費在監獄感到很厭煩，他說：「我年紀愈來愈大，以我這種生活方式過活的人沒有退休計畫。像這樣過日子的人們，不是比較早過世；就是多半在監獄裡度過大半人生；或者是沒有朋友，窮困潦倒，終老一生。」另一重要資訊是他輕視女人，認為女人是可以受他驅使、擺布的機器，他想要求女人做任何事都可以。他自誇會選擇年輕女友，而且訓練她們順從他的慾望去思考和行動。他不相信女人會有自己的想法，也不把女人當作是「人」給予尊敬。

　　兩個月之後，Sam 和 Nancy 的關係變得很清楚，兩人之間沒有改善。Nancy 拒絕探望、寫信、參與諮商。此時，社工嘗試讓 Sam 理解，或許是他自己面對 Nancy 的態度和行為，導致 Nancy 不願意再被他控制，故當他被監禁時，Nancy 選擇疏離。在一次的諮商會談中，Sam 問社工人員，就女性的角度而言，他的問題是什麼？社工建議，他可以和另一位女性社工人員討論這個問題。Sam 當時的反應是很驚奇和擔憂，他非常清楚地表達

不願意直接和女性社工人員談話。這位男性社工員隨即面質 Sam 的擔心，在經過蘊含鼓勵、支持的一連串面質後，Sam 承認自己過去從未感受被女性真正接納，也擔心被拒絕。過去他用很多方法解決這個問題：第一個方法是在女人有機會拒絕他之前，就先拒絕這女人；第二，他只選擇周遭那些低自尊或依賴男人的女人；第三，他會交往很年輕的女友，而且訓練女友依賴他。Sam 也承認，因為自己太害怕以致不敢和獨立、可自我肯定的女性談話。男性社工指出，這些 Sam 所承認對女性的觀念是不健康的，Sam 告訴社工，他想跟 Nancy 持續交往的理由之一，是因為 Nancy 比其他人更獨立自主，因而他敬重她，這也是為什麼 Nancy 在兩人關係中，可以建立並維持自己和 Sam 之間的距離。Sam 後來決定改變對女人的觀感，他決定要多探索了解且尊敬女性的自我目標。

透過治療，Sam 在與女性朋友的互動上有很正向的進步。現在他可以和自我肯定的女人正常交往，不再鼓勵女人給他錢，也不再要求她們承諾需在他出獄後跟他維持長久關係。相反地，他要求女友們像一般朋友一樣寫信或探望，而且清楚讓她們知道，他唯一可提供或想給她們的就是友誼。這對 Sam 而言，是一個新的行為模式；但給他很大的回饋，他覺得更有自信，且不再那麼害怕被拒絕。他希望透過自我開放，可以跟獨立自主的女人建立關係，成為伴侶，而非都是他在支配女人。

這議題對 Sam 而言是重要的轉捩點。幫助 Sam 了解即使是在監獄，他還是可以決定自己某些重要人生方向。Sam 已經作了很多正向改變，他嘗試培養好的工作習慣，做一些他過去從未做的事。Sam 現在也接受監獄外社工人員的協助，且擔任致力於改善自我生活之小型受刑人團體的領導者。最後，Sam 培養對生活的正向態度，他學習到自己可以控制自己的命運，即使是在監獄，如果他願意對自己負責以及做出好的抉擇，就一定可以做得到。

立基於社工教育的訓練和經驗，社工人員了解環境以及生活中重要他人對個案的影響，這部分知識對監獄社工實務推展很有幫助。家人對受刑人很重要，因為這是他生活中唯一看重的事，是他未來的希望；也因為家人如此具有重要影響力，故而可藉家人激發個案接受處遇動機。不幸的是，

355

因為諸多理由，使得家庭諮商並未被廣泛應用在監獄體制。這個問題在1980 年 5 月的《社會工作期刊》中所刊登「監獄中的婚姻和家庭諮商」（Showalter & Jones, 1980）一文中曾經討論過。

社工人員進入監獄工作，對上述這個問題可以發揮很正向的影響，他們可以運用專業知識鼓勵監獄主管推動政策支持家庭和婚姻諮商。在美國加州矯治體系中，Norman Holt 和 Donald Miller 認為有充足證據顯示，家庭支持有助受刑人減少暴力行為，而且較能遵守執行假釋相關規定（Holt & Miller, 1972）。這些證據明確指出，家庭與婚姻諮商可使受刑人及監獄組織兩方面均獲益。

以下案例將介紹監獄社工如何運用婚姻和家庭諮商幫助受刑人。所用姓名均為化名。

Ralph 為 26 歲白人男性，因謀殺罪被判長期監禁。在他小時候，父親也曾經入監服刑。他已婚，有三個小孩，之前曾接受違法藥物監控。

Ralph 因為發現太太和他叔叔外出度假而求助社工，他擔心兩人有性關係，且嚴肅思考離婚一事。社工建議他邀請太太一起參與諮商，他同意並且也說服妻子 Kathy 同意參加。第一次夫妻諮商主要在探討、確認一些雙方認為較嚴重的問題。第一，Kathy 在 Ralph 未入監服刑前非常依賴，並讓 Ralph 決定所有的事，現在他被監禁了，妻子怨恨 Ralph 藉著要求她時時刻刻留在家裡並照顧小孩，控制了她的生活，她否認在度假期間曾做錯任何事。第二，Ralph 極度需要持續控制妻子和小孩，他無法信任妻子。第三，Ralph 支持母親干涉 Kathy 對子女之管教。第四，他們的 8 歲長子 Adam 開始有一些行為問題，不服從管教。第五，Ralph 在服刑時因為要求妻子攜帶藥物給他，而讓 Kathy 面臨法律起訴，Kathy 目前處於緩刑期間。

夫妻諮商持續了幾個月，社工介入方式之一為運用自我肯定訓練，幫助妻子發展更正向的自我形象，並學習對抗 Ralph 的要求，爭取自我權利。在這過程中，有件事失敗了，妻子被 Ralph 勸服，在會客時私下給予金錢，Kathy 仍無法在面對 Ralph 要求時，有較好的判斷。此時，社工領悟到夫妻諮商必須停止。

但夫妻諮商仍有一些成功之處。首先，Ralph 決定不離婚。第二，Ralph

356

嘗試減少控制妻子的生活，他學習信任妻子外出，擁有自我生活樂趣。第三，Kathy 了解跟 Ralph 爭取許多重要議題的自我權利，即使當中有一項失敗了。第四，在母親干涉 Kathy 時，Ralph 學習支持 Kathy。第五，Ralph 可以告訴長子 Adam，為什麼自己會在監獄，以及讓兒子了解父親仍然愛他，Ralph 和 Kathy 都認為 Adam 的問題愈來愈嚴重，Kathy 帶 Adam 接受私人諮商師治療。第六，Ralph 學習不對妻子有太多金錢要求，因為這讓妻子在滿足 Ralph 要求和照顧家庭兩者間處於兩難。第七，Kathy 學習發展個人興趣，最近她去學校研修護理課程。最後，Ralph 更能適應監禁生活，因為安心，所以較少造成監獄管理人員的困擾。

少數族裔受刑人在監獄人口中也占了相當高的比例，而且，遠高於他們在正常社會中所占人口比例。每一個族裔都有他們不同於一般主流社會的文化、習俗和價值觀，包括語言，就像很多說西班牙語的美國人一樣。有很多證據顯示，如此多的少數族裔人士會進入監獄，即是源自這類文化差異。少數族裔受刑人必須嘗試去適應為滿足多數白人需求而建構的制度。另一方面，管理者必須努力使監獄體系更彈性，盡力滿足這些缺乏資源之少數族裔受刑人的需求。這兩個群體間存有許多極端不協調的雙重束縛。

社工人員所受的訓練，要求敏銳察覺不同少數族裔的獨特需求，故對化解這類文化差異問題非常有幫助。首先，他可以提供少數族裔受刑人情緒支持，尊重他們的價值觀和信念。其次，可以幫助個案理性探討有助繼續信奉他們價值觀和信念的途徑。再其次，社工可以幫助過度運作的監獄管理，更加敏銳察覺少數族裔的各方面需求。管理者很多時候是因為無心或無知，才會忽略少數族裔族的需求。

強化支持系統

357

受刑人的社會支持系統通常較為匱乏。家庭和婚姻關係疏離、社會服務機構對其不信任或沒有信心、負向的朋友支持等，甚至在其犯罪支持體

系中,所謂「受刑人物以類聚」、「盜賊的榮譽」一再被證明並不可取。因此,社工人員必須強化受刑人原有的支持系統,且開發其他未被運用的社會資源。

　　婚姻關係是受刑人最佳的自我社會支持系統之一,然因受到監禁的關係,雙方互動連結會逐漸變弱,而強化婚姻支持最有力的協助,來自工作人員專業處遇的介入。美國堪薩斯州監獄曾經發展「婚姻工作坊」,每一週末利用 14 個小時,透過個別婚姻諮商或小團體操作方式,協助受刑人夫妻。此一特定時間是讓他們學習和評估良好溝通技巧,當中特別注重問題解決技巧訓練,以及讓個案夫妻有機會在治療師面前解決彼此之特定問題。

　　努力經營健康婚姻關係是必要的,某些夫妻嘗試忽略因監禁造成彼此關係改變的事實;因為分隔兩地,也會產生新問題。最明顯的是,受刑人無法提供經濟支援,而原本即存在的老問題也會惡化,如果過去兩人原即無法相互信任,這個問題會因而再被激發。如果妻子太依賴,先生監禁會讓她慌張;而如果她太獨立,現實環境會強迫她善用此人格特質。諸如此類的事務若未能適當處理,則彼此關係將會惡化,甚至以離婚收場,這樣的結果在受刑人中很常見。而對於那些有意願持續經營婚姻的受刑人而言,在被假釋或釋放前,能引導他們思考這些改變所造成的衝擊,非常有益彼此關係。

　　某對參與婚姻工作坊的夫妻即面臨一特別問題。Ted 在 Sue 生產的同一天被逮捕,所以在過去小孩成長的這四年裡,完全不在家。現在 Ted 即將符合假釋資格,得以回家同住。社工提醒這對夫妻應關注日後回家可能衍生的相關問題,討論一些未來可能須尋求專業協助的家庭衝突警訊和情況,這些準備工作會使雙方較有機會成功度過彼此適應之過渡期。

358　　　有時候,受刑人夫妻最需要的支持是協助雙方結束關係。受刑人 George 已經兩次嘗試邀請太太參加每週一次的婚姻諮商,這兩次太太所提無法參與諮商的理由都很薄弱,於是治療師幫助 George 接受兩人婚姻結束了的事實,雖然這不是 George 所希望的結果。當受刑人入獄時,家人常會成為他最重要且很難割捨的依靠,治療師指出他的忿怒和怨恨可能造成的傷害,但 George 不願意接受個別諮商。

受刑人也常會過度重視朋友的正常支持。由於他們過去生活中所曾經相信和信任的朋友，多對他們的生活造成負面影響。某些人會因而決定自己不需要任何朋友以避免被傷害。假如曾是受虐兒童，他們對眾人的不信任很難扭轉。有時候社工人員可運用朋友作為治療處遇的媒介。Jim與Bill均是受刑人，Jim的諮商歷程相當成功，而Bill很勉強才接受社工幫忙以改善他的困境，經由Jim和Bill彼此同意，兩人參與共同諮商。Jim和Bill兩人過去在社區中認識；在監獄裡，Bill會聽從Jim的意見且視他為朋友。此外，當受刑人在處理同樣困擾，並發展友誼時，他們會在治療中藉由回饋而彼此相互幫忙。同儕團體成員也可以成為朋友，受刑人透過治療歷程，更可了解本身當初的擇友理由，並對自己所選擇的朋友有更良好的印象。

另一個認為朋友得以成為支持系統的論述，是Fred發表在無期徒刑者俱樂部雜誌的文章。Fred正在申請假釋中，他寫道：

> 結交朋友的努力，使我們更能學著跟不同的人相處（不論身在何處），而且也幫助我們了解和適應不同個性、態度和生活方式的人。這些「監獄型態」的友誼有時候有助避免受到肢體攻擊，受刑人「朋友」愈多，就愈不可能遭遇暴力虐待，也較不需要擔心被其他受刑人報復。監獄生活中，有很真實的小團體存在，也會考慮「監獄友誼」。

> 受刑人間的友誼通常若愈緊密，則彼此就愈開放、誠實，事實上，在監獄生活中完全沒有個人「祕密」。每一個人都知道（或者說，如果他想知道就可以很容易發現）另一個受刑人住在哪裡、在哪裡工作、是否對運動有興趣、喜歡哪一種運動、是否賭博、是否比較具攻擊性；有很多事實可以證明這些事。當某人在監獄中想積極發展友誼時，他會去考慮對方這類很多大家都知道的個人訊息——私人的行為是透明的，且生活方式顯而易見。

359

大多數的受刑人不信任社會服務機構，即便他們身處在一般正常社區，知道自己正陷入某些危機時，他們也不會尋求任何援助，以避免自己入監

服刑。若不是太自負，就是缺乏信任，導致他們錯失可利用的適當協助。社工人員可以做很多事來改變受刑人未來對社會服務機構的不信任。為受刑人介紹相關社會服務機構，使他們了解一些可利用的援助；且教導受刑人如何要求、詢問接受協助的好機會。通常，受刑人此時已了解治療的益處，且未來會在復歸正常社會時，尋求相關幫助以保障自己的自由。除此之外，社工人員也已經示範，如果他們願意接受幫助，社會服務可以提供相關協助。

倡導及運用社會資源

　　社工人員主要功能之一是倡導，有時案主並無能力確實有效表達自己的困境。此時，社工人員必須扮演倡導和促進個案權益的角色。

　　在很多案例中，個案缺乏可滿足其需求的適當資源。這些資源可能是無法利用，或個案無力去爭取相關的服務或必需品。此時，社工人員必須運用可利用的社會資源協助這類個案。適切的介入，可使個案獲得因應自我問題和達成改變的有利資源。

　　在監獄情境中，受刑人並未能擁有正式權力或影響力，僅有極少的資源可用以協助受刑人。社工人員倡導和運用社會資源的技巧，對協助受刑人適應監獄生活是絕對必要，缺乏社工人員的干預協助，受刑人可能會認為自己處於更無力的情境，無法發展有效因應策略。社工人員的干預將能提升受刑人對未來的希望。以下案例將介紹，社工如何運用倡護和運用資源的技巧，幫助無助的受刑人。案例中所用姓名為化名。

　　28歲的黑人Don，因為謀殺被判服刑十五年。他因為誤會而被另一個受刑人以小刀攻擊，因此頸部以下完全癱瘓。他的四肢和身體軀幹均無知覺，亦無法活動，現在被安置在監獄附設的醫院中。他的身體機能逐步退化，由醫院工作人員餵食，每日以海綿擦澡。在未遭受攻擊前，Don 被公認是快樂、友善、自信的一個人，受刑人和工作人員都很喜歡他。然在被

360

攻擊之後，他變得易怒、孤僻、刻薄和充滿怨恨。不論工作人員多麼關心他或為他做了什麼，Don 仍然自我封閉。

　　Julia 是社工人員之一，在過去幾個星期裡察覺到 Don 的狀況。她到病房去跟 Don 會談，試著想辦法幫助 Don。他很刻薄，並且害怕自己會終身癱瘓，他依賴別人滿足本身的需求，非常在乎仍然需要繼續服刑五年，沒有假釋機會。他抱怨因為工作人員沒有時間常幫他翻身，以至於已經長褥瘡，他也感覺到因為缺乏活動，自己的身體機能逐漸在退化。顯而易見，最嚴重的問題是沒有人幫助他學習調適、抒發身體癱瘓的感受。

　　Julia 決定要幫助 Don，思考如何改變他的情況。首先，她向 Don 保證會定期探望，讓他討論、抒發自己的感受；她訂下一星期探望三次，每次半小時的時間表。第二，她和醫院工作人員討論是否可更頻繁幫 Don 翻身，使他的身體機能退化情形可以逐步康復。即使工作人員都很關心 Don，但因為缺乏足夠人力和時間，他們無法做此承諾。Julia 轉而與 Don 在未被攻擊前交往的受刑人朋友接觸，自從被攻擊後，Don 忽略了這些朋友的友善及好意，當 Julia 尋求 Don 這些朋友幫忙時，他們很高興可以當志工。

　　然後，她詢問監獄副主管是否允許這些受刑人幫助 Don，副主管贊成這個想法，接下來，Julia 跟 Don 討論讓朋友幫助他翻身的事，且說服 Don 嘗試。最後則建立一規律的時間表，讓 Don 的朋友輪流探望、幫助他移動身體、翻身、運動四肢、餵食。這樣的安排讓 Don 覺得非常滿意，Don 的身體得到更多的照顧，且可以開始討論被照顧的感覺。幾個月後，他的害怕和怒氣減少了，也開始學習發展以更健康、正向的態度面對自己。

　　在 Julia 運用資源，並動員很多朋友支持幫助 Don 之後，Julia 著手推動更困難的權益倡護問題。她認為，就 Don 的現況而言，再予持續監禁五年並沒有任何意義。而政府特赦是唯一可讓 Don 提早被釋放的方法，這是很困難的過程，很少案例被批准，且這過程需花費很長時間。Julia 和政府部門聯絡，和辯護律師討論這件事，辯護律師鼓勵 Julia 推動這件事，但告訴她這過程會很艱辛。

　　Julia 用六個月的時間爭取 Don 的特赦，這過程太複雜，無法在此詳細說明；但實踐該倡護過程的概要說明，有助啟發讀者了解當社工人員做出

361

決定後，如何完成工作目標。Julia 提供一份由監獄外醫療專家針對 Don 所作的完整醫療評估，以此證明 Don 身體殘障。她和 Don 的家人聯絡，並協助建立一項具體計畫，以協助家人因應將來 Don 若被提早釋放，可能面臨的照顧問題。她跟護理之家聯繫，並讓他們同意接受收容 Don 住院幾個月，她爭取物理治療師同意協助 Don 復健，以康復四肢部分功能，同時聯繫職業復健服務體系，他們同意負擔 Don 護理之家和物理治療的費用。

在這過程中，Don 被發現因在另一個州犯罪，而被判監禁十年，這意味著如果 Don 被特赦，他必須被移監到另一個州的監獄服刑，這是很大的打擊。Julia 跟這州的工作人員聯絡，請他們取消拘禁，但他們並不願意這樣做，歷經了數個星期的協商，最後 Julia 說服這一州相關人員撤銷拘禁令。Julia 以先讓對方確信 Don 真的完全癱瘓，之後再指出如果持續監禁 Don，他們必須負責承擔照顧 Don 的一切財務支出，此一論述使 Julia 與該州順利達成協商。

透過 Julia 艱辛的運作，Don 最後被特赦釋放。Julia 在 Don 被監禁期間，在物質和情緒方面全力協助 Don，並經過困難重重的長期協商，終於使得 Don 獲得特赦。Julia 使其家人具體規劃 Don 出獄後的照顧問題，其中包括護理之家及物理治療師等等。由於她的努力，使得可能讓該項倡護行動白費力氣的拘禁令被撤銷，最後，她幫助 Don 了解、接納自己終身癱瘓的事實，這可能是 Julia 開始幫助 Don 解除自我封閉以來，Julia 的最大成就。這個案例很清楚說明，社工人員運用專業知識和技巧所達成的工作成效，藉由倡護和運用社會資源，Julia 幫助一個幾乎絕望的個案得到正向結果，當所有其他矯治工作人員放棄希望時，社工人員可以成功地處遇此一個案。

安全戒護角色和保密

監獄最主要的目標是執行安全戒護，這是社工人員在監獄必須學習因

應的事實。社工人員必須理解，在提供治療處遇計畫前，總是必須優先考慮安全戒護議題。若違背這理念，則可以完成的事務極為有限。如果社工人員在進行處遇計畫時，可配合安全戒護需求，則可以運作很多事。社工人員必須敏銳察覺自我安全維護，及適合在此情境下的工作技巧。

　　社工人員在監獄的益處之一，是他們可以設計和實施可減少安全戒護壓力的方案。大多數受刑人必須學習良好溝通技巧，以期能和其他受刑人、一般大眾及戒護人員互動。譬如，自我肯定訓練為有助於教導有效溝通的輔導方案，也可以教導監獄管理人員與受刑人之溝通技巧，以增進雙方互動，不恰當處理憤怒情緒在監獄會造成很多問題，學習如何以正向態度處理感受，可以促使受刑人以不一樣的方式反應憤怒和挫折。很多諮商策略可有效幫助受刑人減少壓力、緊張，且不需要依賴藥物，運用這些策略，社工人員對安全戒護可以有重大貢獻。教導受刑人更有效溝通並處理感受的輔導方案，由於有助減少壓力、緊張，會有利於安全管理之維護。

　　社工人員對於安全戒護的貢獻是間接角色功能，雙方都必須清楚了解提供治療處遇的工作人員，並非是維護安全管理的監視網絡。社工人員雖偶爾會提供有關安全戒護的資訊，但並非常態，監獄管理人員可能和社工人員知道相同的訊息，但社工人員應該不是資訊的來源。

　　基本上，在監獄工作的每一個人都被要求提升對安全戒護的警戒心。不論扮演何種工作角色，對整體情境之謹慎態度和絕佳判斷是必備的適當職責，社工人員必須確定受刑人沒有濫用輔導方案，如果婚姻諮商被利用來走私違禁品，則必須停止會談。在進行處遇前，應該強化受刑人認識此一基本治療前提，促使其對自己行為負責及承擔行為後果。在實施婚姻工作坊的過程中，社工人員必須警覺婚姻工作坊不可被利用作為額外的探望時間，或從事未被認可的肢體接觸。在設計創新處遇方案時，必須適切處理可能衍生的安全戒護危機與相關需求，若因為方案計畫是屬治療處遇取向，而自認不會發生任何事，是相當不切實際的想法。受刑人經常以扭曲觀點看待監獄管理規則存在的價值，此時，社工人員則可扮演遵守管理規則並從中獲益的角色模範，這是提供社工人員另一個機會可適當應用受刑人目前處境作為治療介入之媒介。

363

個人隱私保密議題在監獄體系中的重要性，必須同樣受到重視。多數受刑人在本質上不信任權威和工作人員，社工人員通常必須合理建構保密的定義，特別是努力建立受刑人的信任感，且證明個人隱私保密是可能存在與被尊重的。就如同一般建立專業關係的過程，受刑人會試驗社工人員是否會在背後透露他所說的話，社工人員在建立關係的過程，應有此心理準備並納入考量。

　　受刑人有權利期待自己所言所行，可如同個案一般被保密且不會因而招致處罰，這有助建立信任、開放及誠實之專業關係。在許多情況下，很多受刑人不願意承認任何事，並認為這樣方可保護自己，因此在治療中，誠實坦露會令他們害怕。高度信任感需要很長時間逐步建立，一旦他們讓自己從難以誠實的枷鎖中解放出來，並體驗到此等美好感覺後，治療會談就會如同自我告解一般，並且治療就該是在類似體驗的狀態下進行。

　　在特定的情境下，社工人員會因為必須兼顧安全戒護的角色而破壞保密原則。任何有關受刑人可能傷害自己或其他受刑人，抑或嘗試脫逃等等的資訊，不必以保密思維處理之，即便這類訊息是基於社工人員受到受刑人的信任才得以知曉，社工人員都必須善盡報告之責。此時，社工人員是在安全戒護與治療處遇之間走鋼索，針對此種狀況，美國社工人員協會倫理守則提供一些處理原則，其在第二部分第 1 條中載明「社工人員唯有迫於專業理由，方可在不經個案同意下揭露個案資訊」。社工人員在開始治療受刑人前，就應該清楚說明此工作倫理立場。

　　譬如在某次會談中，一位已接受數月治療的受刑人 Tom，他提到曾聽另一個受刑人計畫在餐廳中以香菸為報酬，讓某一工作人員被殺，雖然 Tom 承認自己不喜歡這個工作人員，但並不認為他應該被殺。社工人員告訴 Tom，會把這訊息告訴適當的工作人員，但不會告訴對方資訊來源。如果須呈報他的姓名，社工人員會在說出 Tom 的姓名前，和 Tom 討論必須這樣做的理由。Tom 接受這程序也繼續接受治療。

　　在實際工作過程中，大多數情境有很多細節並無適切處理原則可供遵循。社工人員如何回應受刑人「不久前有一天，我被另一受刑人氣瘋了，我拿著刀子準備去找他，但最後決定不要那樣做」的說詞？基本上，社工

人員必須依據治療中之觀察，判斷這名受刑人的憤怒程度，其實，並沒有簡單的答案可以回答如何處理這類問題，故專業技巧和判斷力是最佳的指引。

結論

監獄中的社會工作在專業領域和個別社工人員中，並沒有受到很多關注，在監獄中工作會面臨無數需要適切、有效因應的問題，這些問題同時會對受雇於監獄的工作人員造成許多壓力和緊張。這些問題和壓力需要由專業人員來因應、化解，這些專業人員亦須具備足夠能力在監獄機構裡應付各式各樣的人，社會工作無疑擁有可勝任此等任務的訓練、知識和技巧。

監獄裡的工作環境，讓一些喜歡挑戰困難工作目標的人有了一展身手的舞台。其實，它並非不可能的任務，已經有很多不同專業背景的實務工作者，在這樣的情境中，成功發揮其工作成效，在監獄中完成困難工作可享有很大的快樂及成就感。工作者學習對自己建構合理、現實的期待，所以不會有不切實際的自我挑戰。具創造力、願意投注時間和心力處理問題的工作者，會發現對自己及個案均有正向回饋的解決辦法。

筆者鼓勵社工人員在尋求工作機會時，可考慮選擇到監獄工作，社工人員將會發現，在充滿挑戰性的地方工作，會使本身的專業能力和發展潛力倍增；另一方面，監獄亦會因社工專業的協助而受惠，如此雙方均可相互獲益。

REFERENCES

參考資料

Bartollas, C. "Sisphus in a Juvenile Institution." *Social Work*, 1975, *20*(5), 364–368.

Brown, B. S. "The Casework Role in a Penal Setting." *Journal of Criminal Law, Criminology, and Police Science*, 1967, *58*(2), 919–196.

Handler, E. "Social Work and Corrections. Comments on an Uneasy Partnership." *Criminology*, 1975, *13*(3), 240–254.

Holt, Norman, & Miller, Donald. "Explorations in Inmate-Family Relationships." California Department of Corrections, 1972, Research Report #46.

Holtman, P. "The Prison Social Worker." *Process*, 1979, *58*(6), 159–165.

Kelling, George. "Caught in a Crossfire—Corrections and the Dilemmas of Social Workers," *Crime and Delinquency*, 1968, *14*(1), 26–30.

Showalter, David, & Jones, Charlotte Williams. "Marital and Family Counseling in Prisons," *Social Work*, 1980, *25*(3), 224–228.

Stafvaltz, Z. "The Social Worker in Prison With Special Reference to Two Projects." *Staffälligenhilfe*, 1978, *27*(4), 217–221.

"The Prison Social Worker." *Process*, 1979, *58*(4), entire issue.

第 22 章

在監獄實施志工服務之一般觀念

如何有效發展與操作志工方案，一般咸認是複雜和困難的，而有關犯罪者案主群志工方案之發展則更加困難，當中的理由很明顯，也很微妙。此正是本文所欲討論之主題。

本文的目的並非在說明「如何」建立傳統志工服務方案。因為已有諸多學者持續在此一領域貢獻心力發展專業，以志工為探討主題之參考文獻亦是汗牛充棟，而且，關於志工發展方面的組織理論、小團體理論、志工選擇等指導原則與訓練，其理論發展均已臻完善。有心獻身於推動志工方案的人，應該先熟悉這些理論。

傳統志工服務致力於分享理論和經驗，某些假設原則也是值得分享的部分。目前業已建立一連串的基本假設，這些假設並已在矯正機關的觀點下受到檢驗。

假設：整體志工服務運動已建立得相當完善，並且因為能為各類案主群帶來福祉而受到歡迎。

這個假設在某些領域如心理建康、老人機構等，可能是正確的，然

366

而在矯正領域中可能並非如此。事實上，很多矯正領域並不歡迎志工，志工本身也無法證明自己存在的價值。有人可能會說，矯正志工是在有敵意的情境下努力工作，但這些敵意並非源自輕視志工或對志工不滿，主要是因為典獄長和管理者在戒護管理方面被賦予重大責任，而志工的存在會增加他們的負擔。

在教育矯正志工時，我們應該讓他們覺察此環境之特殊性；如此一來，較不會打擊他們的自尊心，更重要的是，較不會失去服務的動機與熱忱。故應教導未來欲擔任志工者，使他們能了解典獄長和管理者的多元角色，以及處在這樣的矯正體系中，志工在哪些職務上可以盡情發揮，又有哪些角色並不適合由志工扮演。

少年法庭或其他社區處遇所推動的志工方案，非常受到歡迎而且成效良好，這些組織所推動的志工方案相當成功，各界有目共睹。惟因緩刑案件係屬半官方的性質，志工服務之工作範疇會較服務監獄受刑人來得更具彈性。

有效的志工方案得依循在較傳統之機構方案中加以建構，首先要向典獄長或管理者說明推展此方案的效益。為達成此一目標，你可能須預習下列可能會被詢問的問題：

1. 此機構的工作或任務為何？
2. 在機構的任務架構下，志工可達成的「實際」目標為何？
3. 實際上，不可要求或期待志工完成的工作有哪些？
4. 受刑人與志工之間有何適當的介面（interface）？
5. 在你所屬的情境中，你如何測量此方案的成效？
6. 此方案對機構而言屬資產或負債，典獄長的責任會因而增加或減輕？

我們並無意將典獄長描述成令人討厭或冷漠的人，事實上，這樣的刻板印象在電影和電視中已經看得夠多了。我們的目的在於使未來要擔任志工的人，能夠對典獄長應承擔的責任有所認識，如此一來，志工方可正確評價典獄長的要求及其所擔心的事項。就如同前幾年很受歡迎的一首歌中的歌詞，「你可以幫助志工『用自己的鞋子走一哩路』」，這句話能充分

說明在矯正機構中所推動的志工方案。

　　假設：大部分人對志工所付出的真誠關心和掛念會有正向回饋，這將幫助他們成為社會有用的一份子。

　　對於心理健康與社區處遇等方面的志工方案而言，這項假設是正確的。不過，在監獄體制中則並非如此；當中的困難在於，大多數犯罪者與某些具有特定性格特質者，在想法和行為方面均有不同，不管如何，這對矯正機關工作人員而言，都非新鮮事。華盛頓伊莉莎白醫院的 Stanton E. Same-now 醫師，已經出版兩冊論名為《罪犯人格》（*The Criminal Personality*）的書籍，這項研究主要是針對犯罪者的人格特質，它由 NIMH 所贊助，並已進行長達十六年的研究。基本上，Stanton E. Samenow 醫師認為犯罪者人格特質為虛偽，且社會價值體系空泛，儘管此一論點存有部分爭議，但 Stanton E. Samenow 醫師的研究，仍能讓我們對犯罪者的人格特質有更深一層的認識。

368

　　針對上述，志工服務必須做什麼呢？最重要的是，未來欲擔任志工者必須洞察這些他們以後服務對象的性格特質。多數的志工將會在真誠、利他動機上體驗到新的經驗，若志工的努力受到受刑人操弄，作為謀取非法利益的手段，則志工將會陷入失去服務動機和感覺受到傷害的危機之中。例如，最真誠的志工可會被熟練的受刑人操弄去破壞規則，甚至攜進違禁品。更進一步地說，志工可能不自覺的成為這一行為的共犯，然而，真正的問題是，充分信任受刑人的志工，可能甚至沒有覺察到對方微妙的操弄。

　　應該教導監獄矯正志工具有足夠洞察力來觀察受刑人的人格特質，以避免成為被操弄的受害者，當中的關鍵在於如何達成此一目標，且又不會激發未來志工不適當的擔憂，或避免使他覺得自己沒有受到重視。最適合的方法之一是，設定取得志工資格之培訓、審核條件。換句話說，假如這些志工是漸進式地進入矯正系統，他將可逐步覺察各式各樣的操弄手法，以及隨後所牽涉到的種種問題，無法取得新進志工資格，意味著志工可能會使整體志工方案面臨危險。

　　假設：志工是非常溫暖和關心個案的人，因此，應鼓勵他們盡心盡力。

　　這假設是正確的，但在矯正機關中的應用有其限制。我已經目睹志工

對精神病人、老人、少年法庭之年輕犯罪者的照顧，非常盡心盡力。志工所受到的激勵和獎賞，很多是來自其個人的創造力，因此，限制創造力將對志工本人和服務方案均有不利之處。既然如此，為什麼需要限制創造力呢？過度熱心的志工可能會對受刑人過度涉入，而他們缺乏處理此一狀況的專業素養，或自己尚未準備好面對此種境況。故限制志工專注在自己能力範圍所及之事務來提供服務是合適的，在矯正機構裡，他們必須能主動策劃非正式的音樂會，提供娛樂活動或策劃餘興節目，這些均是志工能力可及且最值得投注心力的工作。志工不應該因為未能深入受刑人個人生活而覺得自己不被期待，對那些被監禁並遠離社會的人而言，志工給予的關心本身即具有治療性。故應使志工明瞭以誠實、關心及友情等人格特質，相對於對受刑人實施領悟性心理治療而言，前者更具有意義。且多數矯正機關均有聘任訓練良好並了解受刑人獨特性之臨床工作人員，故適當的「治療」行為應該留給這些臨床工作人員去進行。

假設：矯正體系需要改革，因為矯正機關中的工作人員是冷淡、冷酷，且有時是殘酷的。

這種假設對有相關工作經驗的讀者而言是荒謬的，然而，這卻是很多人對矯正機關和相關工作人員的印象。大眾媒體塑造了這種負面形象，專家學者同樣也認為矯正機關是失敗的，其復健功能並沒有發揮成效。我已經遇到很多人嚴厲指責並歸咎於機構工作人員造成犯罪矯正失敗、無效。事實上，它用了一個太簡單的解釋，來解答此一非常複雜的問題。

在這樣兩難的困境中，志工應該如何自處呢？有一種情況是很多未來志工可能認為上述假設是正確的，且他們的努力將有助於減少工作人員的冷淡。這種態度無疑地勢必造成志工與工作人員之間的衝突，故必須教育未來的志工了解矯正機關的組成要素，讓志工清楚認知安全戒護、紀律化行動和控制受刑人的必要性，唯有那些可以正確評價、了解這些需求的志工，方可取得矯正志工的資格。矯正機關的生活是現實和求生存的，它絕不容許任何會引起混亂的事務存在。

這些假設認為志工和矯正機關工作人員通常處於對立、爭論立場，故某些特殊策略讓雙方能夠互相了解對方的情況是有其需要的。

為了使矯正行政官員、典獄長和監督者等人，能以更開放態度在機構中與志工共事，必須讓他們了解這些方案將如何使其機構獲益。述說受刑人喜好有志工的陪伴並不足以說明他們，應能更清楚說明這些方案不僅不會增加機構負擔，且更可適當的幫助機構減少問題的發生（例如壓力問題）。

機構面臨的問題會因機構目標不同，而呈現不同面貌。如果工作人員的目標是「監管罪犯，使其遠離社區」，則與安全戒護議題有關的問題將最受重視。以復健為目標的機構，則可能更關心讓受刑人表現新行為模式和生活態度的改變。志工對這兩種機構均能有所助益。 370

在以安全戒護為首要目標的機構中，志工可以協助減少受刑人「閒置、荒廢」時間。在某些時段裡，受刑人無事可做，受刑人愈無事可做，就會衍生愈多安全戒護問題。藉由提供娛樂活動、教育機會或直接協助（諸如寫信、修理收音機等），志工可減少受刑人違規的比率。他們也讓那些表現佳的受刑人可獲得很大的獎賞和特權，這能促使受刑人更融入機構生活，且相關工作人員也因為更能順利控制此系統而工作更愉快。

在關注受刑人復健為主的機構中，志工可更有效催化態度改變。研究（Andrews, 1973）證實，每星期請志工們與小型受刑人團體簡單討論法律、教育、工作的價值，及一些類似主題的實施成效，在實施幾個月之後，他們發現志工「正直、坦率」的態度，可相當程度修正受刑人的態度，更明確的說，這很有助於他們未來對法律的遵守。

就如同矯正機關工作人員必須了解如何運用志工使機構受益，志工也必須明瞭矯正機關和其他機構（譬如服務心理疾病或智能障礙之機構）不同之處。或許最獨特的不同之處，乃是矯正機關非常強調程序正義；它必須遵守合法、特定程序，其中包括必須落實遵循安全戒護管理規則。機構必須以合於法規的方式，執行法院判決之刑期，正因為司法體系以一定程度律定矯正機關的功能和任務，而志工必須執行的工作內容，可能和矯正人員已習以為常的工作不同，這些差異應該在志工實際進入矯正機關服務前，在相關培訓課程中即已有相當程度的了解。

不僅矯正機關本身有其獨特性，個案亦是如此。我們如何讓志工覺察

受刑人操弄的本質，以及如何適切回應（如不幫助受刑人攜進違禁品）呢？答案為選擇適當的人和篩選適當的活動。

這過程最終將可建立有品質和主旨明確的志工方案，此處是指方案將會評估志工的潛力，而志工也將評估該機構的志工方案。

為了達成雙方對彼此的評估，必須採用某些方法讓兩者有機會接觸。招募志工的合理方法為透過媒體（報紙、收音機、電視）廣泛公開此訊息，以及向大眾說明，不過這些招募技巧並不成功。Rosenbaum（1955）認為失敗的原因，是因為志工的參與動機主要是基於社會順應行為，而非其個別行動。因此，若有某個人看到其他人在當志工，他可能會更想擔任志工；但若看到其他人拒絕了，他就較無意願成為志工。所以最好的作法是，將這公開訊息的園地定位為資訊交換的媒介。

志工招募的最佳方法，乃是藉由已參與方案的志工引介其朋友加入。這將使得方案一開始組成的核心份子，是真正關心且負責任的人，並因最初加入的少數志工開始引介他們的朋友參與而擴展。此過程即是 Likert 所稱「連結栓」（linking pins）的概念（Weick, 1969）。這種招募志工的方法，將同時發揮挑選好志工和增強早期篩選作用的雙重功能。被引介成為志工的人，可能和介紹他們加入的人有相似特質。通常在機構中主導志願服務方案的人，對犯罪矯正問題會較為思慮周全且經驗豐富。同樣地，這些被已經擔任志工的親密朋友建議參與志工方案的受引介者，更有動機思考加入的可能性。由朋友引介加入志工行列的人與隨機被挑選成為會員者相較之下，前者的參與度較高。

當方案須依賴不同特質的志工，方能滿足該方案多樣化的需求時，如何挑選最佳志工組成其成員，相形之下更為困難了。然而，透過觀察了解有志擔任志工者在正式加入服務方案前所表現負責任的行為，將使篩選過程更有效率，且較不會出現主觀上的偏誤。應在其最初開始被要求達成方案任務時，進行此部分的工作，或許在採取更進一步作為時，也可再次要求。藉由參與行動，他的參與度會增加，且有機會觀察他人負責任事的態度；而個別方案則有機會讓該新進志工探索此方案中，符合其個人興趣層面的活動。在接下來的聚會中，可安排志工從事特別活動；且除非是有獨

特不允許直接互動的情況，否則活動內容應包括讓志工直接和受刑人接觸（Katz, 1970）。在最初幾次聚會後，若志工仍然未能妥善建立與受刑人在一起工作的心理準備，則最好能讓他執行一系列類似的工作，包括跟一群正在準備受刑人慶生派對的志工團體一起工作，這樣一來，他可以在較為被動的狀況下，讓別人帶著他做相關服務工作。而若他滿意其工作表現，往後就可更為自主地發揮志工功能；若不能勝任，則可以將他調去負責方案中較不重要的工作（如打字、為機構募集雜誌等），如此一來，可避免 372 衍生潛在方案問題。

強調行為表現，應該被當作是志工努力幫助受刑人改變的一部分，如同志工篩選也同樣強調行為表現。志工不需要探索心靈層次，透過和受刑人一起從事某些活動，就可以對受刑人產生很大影響，並不需要為他們做什麼。

與個案一起參與的重要性，不須過分強調在方案中與個案的直接接觸。藉著具體行動來推展，而非討論個案應該這樣做的理由（如：和個案一起去應徵工作，而非建議他應該這樣做；幫助某受刑人使用數學，而非告訴他應該接受教育）。有兩個強大動力可用來鼓勵行為改變，第一是行為典範（Bandura, 1974），我們的學習有很多是透過觀察其他人行為是否受到獎賞或忽略而形成。志工坐在個案身旁和他討論未來行為，經由陪伴和關注，當中的收穫並非具體活動，而是討論他未來的行為，個案學習到以嚴肅態度討論未來，但是，回饋只是源自討論的感受而非具體之行動獎勵。第二個有關行為改變的動力是「認知不一致」的概念（Festinger, 1957）。該理論認為，態度改變可促成行為改變的概念是錯誤的、相反的概念，即行為改變會促成態度改變反而正確，且認為個人有調和、促使行為和感受一致的需求。假若一個人覺得自己不喜歡露營，卻發現自己在帳篷裡，他便處於需要解決認知不一致的狀態，解決此狀態的方法為他必須不否認自我的感受或行為。亦即，認同其行為是最佳的解決辦法，此人將為自己過去所作所為找到「理由」。對每一個人而言，可發現某一合適行為的合理之處非常重要，若受刑人可以運用這些調合「認知不一致」的策略，則對他們被釋放後的生活非常有幫助。認知不一致的解決過程可強力維持行為

表現。

當受刑人運用「認知不一致策略」了解新行為表現的價值時，志工和工作人員須學習評估當中每一行為可能扮演的角色。當志工和受刑人聚會時，他們亦須與機構工作人員保持連結，藉由相互觀察，他們會發現彼此關注的焦點並無不同，反而會發現他們所作所為所彰顯的價值所在。如果這情況未能發生，那麼志願服務方案將無法維持下去。

McClelland（1965）提出 11 個可增加參與動機的建議。提供給志工和將與志工一起工作之機構工作人員參考。

1. 個體認為自己必須參與此方案動機的理由愈多，他就愈可能投入。
2. 個體必須感覺他的參與，是與事實、動機的要求是一致的。
3. 假如個人動機和方案理念一致，則個體將更可被激發參與動機。
4. 方案活動和志工或機構工作人員之間必須有清楚連結。
5. 方案的行動方式必須連結個體每日生活事件。
6. 個體必須在當前的文化價值下，覺察和體驗到新的動機，以作為改善的表徵。
7. 個體應該達成與自我生活有關之具體方案目標。
8. 個體應該記錄自我目標達成的發展過程。
9. 志工培訓和方案介紹的氣氛應該是溫暖、誠實和支持性的。應將個體視為可引導自我未來行為的人，並且給予尊重。
10. 應該沉緬於自我研究的導向之中，並在日常例行生活之外更加努力。
11. 若新的動機是在新的參考團體中獲得同伴的認同，則該動機更有可能被增強且持續。若當事人未拒絕改變，則任何改變的發生必須與他的自我印象一致。

第 11 個建議招致最多批評，為了持續擔任志工，個體必須和其他志工和機構工作人員成為朋友。最理想的情況是志工和工作人員彼此接納，且離開機構會一起做某些事情，這種情況的發生，是該方案可成功推動的清楚訊號。與相互接納的朋友共事，會較彼此不信任者一起工作來得更具成效。

當我們考慮區辨這些假設時，我們觀察到為何志工方案的建立和維持如此困難。我們很容易會懷有機構不期待和不歡迎志工方案的印象，不過這從未是事實，在這社會上，沒有任何地方比這裡更需要這些志願服務的人。因此，這些限制條件不應該是機構積極徵求志工，以及讓志工協助機構的阻礙。唯一的狀況是，這領域有少數更需要遵守的規則，在這些限制條件範圍內，志工可以有很大的貢獻，且監獄體制會因這完善建構的志工方案而獲益良多。

REFERENCES

參考資料

Andrews, D. A., J. G. Young, J. S. Wormith, Carole A. Searle, and Marina Kouri. "The attitudinal effects of group discussions between young criminal offenders and community volunteers." *Journal of Applied Behavioral Sciences, 1.* 4 (October 1973): 417–22.

Bandura, Albert. "Behavior theory and the models of man." *American Psychologist* (December 1974): 851–69.

Duck, Steven. "Friendship, similarity and the reptest." *Psychological Reports, 31,* 1 (August 1974): 231–34.

Festinger, Leon. *A Theory of Cognitive Dissonance.* Evanston, Illinois: Row, Peterson, 1957.

Katz, Alfred. "Self-help organizations and volunteer participation in social welfare." *Social Work* (January 1970): 51–60.

McClelland, David C. "Toward a theory of motive acquisition." *American Psychologist, 20,* 5 (1965): 321–33.

Rosenbaum, Milton and Robert R. Blake. "Volunteering as a function of field structure." *Journal of Abnormal and Social Psychology, 50,* 2 (1955): 193–96.

Weick, Karl E. *The Social Psychology of Organizing.* Reading, Mass.: Addison-Wesley Publishing Co., 1969.

第 23 章　支持系統強化受刑人家庭

犯罪矯正領域的服務方案，傳統 上較著重受刑人本人之復健、監督或其他「治療」模式；一向較少有系統地關懷受刑人之配偶、父母、子女、親戚和其他重要他人。當受刑人入監服刑時，這些親友常會陷入「危機」，即便監獄會提供受刑人食物、衣服、庇護住所、某些工作訓練機會，和其他形式之物質和情緒支持，然而對其家人而言，特別是婦女，受刑人留給她們的是必須單獨應付、處理其面臨的所有問題。在她所愛的人犯法時，婦女不僅需要建立新生活、照顧子女，且承受社會責難，也必須學習應付陌生且通常令人害怕的法院和監獄體系，以和受刑人維持有意義的聯繫（Schwartz & Weintraub, 1974）。

研究證實，在服刑期間仍可維持家庭關係的受刑人，在出獄後比較不容易再犯。Holt 和 Miller（1972）以美國加州高度安全監獄 412 名受刑人為對象的研究結果顯示，在監禁期間維持堅固家庭關係與成功假釋出獄之間，有極為顯著的正相關。此研究建

議家人是受刑人之自然支持團體，擁有巨大潛能可協助受刑人再重整回歸社區後的生活。

　　只是在分離兩地的過程中，因為家人正承受著不曾有過的壓力，且必須面對財務及情緒上的負擔；在他們能穩定目前生活，且適應因所愛的人入獄而衍生的「危機」情況之前，他們通常無力提供受刑人實際上的幫助。

376

　　Judith Weintraub 和 Mary Schwartz 認為，盡速地協助受刑人家庭是相當重要的事，而且有其必要性（Schwartz & Weintraub, 1974; Weintraub, 1976）。這些人需要被鼓勵，且要協助他們在分離期間維持穩定關係。如此一來，在受刑人監禁期間，其家庭仍可充分支持和給予安全感。對受刑人家庭之特殊協助，不僅必須關注其家人自身的福祉，和他們協助受刑人生活再重整的能力；此外，也應覺察這些家庭的獨特需求為何，以及現有社服機構無法滿足該等家庭相關需求的地方。雖然關於受刑人家庭的相關文獻清楚指出，這個特別群體的特殊需求較少具體顯現，然實際之服務方案仍可有效滿足這些需求（Bakker et al., 1978; Schneller, 1975; Zemans & Cavan, 1958; Wilmer et al., 1966; Morris, 1967; Friedman & Esselstyn, 1965; Fenlon, 1972）。

　　本文目的為詳述美國康乃迪克州的創新實驗方案，此方案是立基於滿足受刑人家庭需求而設計，且經嚴謹評估顯示此方案非常成功。

　　危機婦女方案（Women in Crisis）為一私立、非營利方案，主要訓練志工支持和協助居住於康乃狄克州 Hartford 區的婦女，這些婦女的先生、男友或兒子均為第一次入監服刑者。危機婦女方案實施於 1977 年 3 月[1]。此方案在規劃期間，諮詢委員會對於目前操作中的方案提出三個初步基礎概念和前提：(1)運用志工從事各項服務；(2)人際關係是志工的主要方法；(3)倡護為志工角色之一。

---

1 此方案之發展，很多是來自早期的領導者 Margaret Worthington 之構想，她是退休的社工員，在 1975 年時研擬此方案，且擔任危機婦女方案督導委員會的首任主席。

運用志工從事各項服務

　　危機婦女方案的計畫者所做的第一個決定，乃是運用受過完善訓練的婦女志工，全面投入從事各種個案服務工作。經過深入研讀相關文獻，以及訪察眾多婦女因男伴入監服刑的體驗，規劃委員會和工作人員做出上述的決定。他們了解男人入監服刑後，婦女的生活通常會陷入短暫混亂的「危機」中，而除了面臨此種罕見的境遇之外，她們本身並無健康方面的問題（Schwartz & Weintraub, 1974）。規劃委員會基於此一訊息推論，藉由具有活力和敏銳覺察能力的志工協助，大多數婦女應可適應此種突發、痛苦的生活遽變。

　　實施此方案最初八個月的成效評估研究，在康乃狄克州社會工作學院的督導下，於 1978 年 9 月完成了（Women in Crisis Program Evaluation, 1978）。研究者以所有曾於 1977 年 3 月 1 日至 1977 年 10 月 31 日參與該方案的個案和志工為樣本，同時發展並預試訪談計畫表與問卷，之後據以執行此項研究。該研究利用所有個案和志工留存在危機婦女方案辦公室的聯絡資料進行聯繫，全部 40 個個案樣本中，有 22 位同意進行個人訪談，16 位無法聯絡，2 位拒絕受訪；另外，15 位從事服務工作的志工，有 14 位願意接受訪談。該研究對志工及個案的訪談程序均已經標準化和系統化。研究證據顯示，志工主要由社區招募，接受此方案之訓練且被安排協助受刑人家庭，他們非常成功地扮演協助角色，並為個案提供寶貴的服務。此外，由志工、個案及社區代表等人關於方案之訪談內容，充分說明了該方案規劃之初，何以強調應由志工來為該等婦女服務的諸多重要理由。這些因素包括：

　　1. 擔任協助者的志工，並未被個案視為專業的「優良工作者」（do-gooders），或是她們最近曾接觸過的任何組織、體制之一部分。對個案而言，志工是關心人們基本需求的人。

2.志工是一般公民、納稅人和社區事務的參與者，並對矯正訴訟程序的運作有興趣。他們不只是將投入此矯正訴訟程序，視為監督司法之手段，而且也視之為推動改革的工具。當中一個成功的例子是，在過去超過一年半的日子裡，志工已經在 Hartford 高等法院中扮演改革的先驅。危機婦女方案的志工會出現在每一個有審判的日子裡，當個案（被告）被判刑且羈押之後，志工會即刻在法院為該個案家屬提供必要協助。最初志工從事此項服務時，法院工作人員仍漠視家屬在法院體系下浮現的徬徨無助，且懷疑這些志工的動機。然而，過了幾個月後，他們觀察到志工在法院為家屬提供資訊和支持，所產生的正面影響，且法院工作人員對受刑人家庭需求的敏銳度，有了戲劇化的改變。檢察官、公設辯護人、行政司法長官等，現在均支持危機婦女方案志工提供之協助，並關心被告家屬所承受的壓力。

3.由於參與方案，志工們會感受到自我滿足感，並有成長和教育的機會。在提供正式服務前，所有的志工都被要求完成密集之危機婦女訓練方案，此訓練含四個階段的講習，每一次 3 小時，主題包括刑事司法系統之介紹、價值觀澄清、人際互動技巧、危機干預、貧窮文化，以及介紹社區資源。另外，在上課期間，也會向矯正機構和高等法院等機構等，介紹志工人員及其工作理念或導向。一整年也定期舉辦在職訓練課程，針對危機婦女志工有興趣之特定主題，提供詳細的訊息。

志工的成長和覺察能力提升，隨後也影響接觸過志工的社區居民之態度，接受研究訪談的方案志工，也強調參與危機婦女方案的額外收穫。有半數志工受訪者認為，自己覺察問題的敏感度增加了，也能適時察覺別人的優點，將近三分一的志工認為自己的溝通技巧有進步，另有三分之一的受訪者則強調可結識新的朋友，同時了解不同社經背景婦女的滿足感。

4.在服務成本持續增加的時代，由志工擔任受刑人家庭的服務工作，對方案本身而言是符合經濟效益且可行的。

人際關係是志工的主要工具

　　此方案評估的研究資料，已充分證實第二個主要概念，志工和個案之間非正式的、個人的和非專業化的關係，是促成危機婦女適應新生活最重要的影響因子，特別是在法院判決日、第一次去監獄探視，以及適應獨自生活的第一週等特定時間，「危機婦女」特別需要志工提供有人情味、實際和單純的協助。

　　法院判決日：不論犯罪者的犯罪行為為何，以及此犯罪行為將迫使其入獄的可能性如何，多數家庭並未準備好面對家人將來的發展。事實上，當有可能會入監服刑時，她們並無法事先確定刑期會有多長，故當法官宣判時，她們會在法庭上出現震驚、恐慌或情緒混亂等情況。因此，危機婦女方案指派志工進駐法院，在負責法院公關聯繫之工作人員督導下，每逢法院有案件宣判時，志工得以立即為家屬提供訴訟程序和監獄規則等資訊，同時給予實用指引和情緒上的支持。此方案評估研究證實，危機婦女方案的個案，在法院面對訴訟程序時亟需志工的協助，且對此項服務反應甚佳，不論志工屬任何種族或社經階層，均是如此。

　　89%的受訪個案認為，有人於判決日在法院提供某些協助，是很重要的事情。且大多數個案表示，志工的種族對她們而言，並無任何差別或影響。志工們每週所從事的人性化支持，藉由 S 太太和她的志工 Jan 之特別經驗，更能清楚了解其成效。

379

　　　S 太太是一位 50 歲的寡婦，有五個兒子。她最大的兒子因為性侵害罪被法院判刑，S 太太在公開審訊的法庭內跟法官請願，她告訴法官自己如何試著幫助兒子，以及此一過程對她而言是多麼耗費心力。Jan 在法官宣判後與 S 太太接觸，並向她解釋自己是誰，以及詢問 S 太太是否需要任何幫助。S 太太和 Jan 一起坐

在走廊，因此 S 太太將頭靠在 Jan 的肩膀上流淚，隨後傾訴自己在跟法官說那些話之前的挫折感和恥辱。Jan 跟 S 太太保證，她對法官說的那些話，在法庭上發揮很大的影響力。在跟 Jan 談了 15 分鐘之後，S 太太告訴 Jan：「正當我在想，自己沒有任何人可以求助時，你出現在那裡幫助了我。」

第一次會客：婦女第一次去監獄探視她所愛的人，通常會覺得非常困擾。監獄會規範很多獨特的規定和必須遵守的探視程序，這使得家屬不習慣在這樣一個結構化的情境中表露感情。監獄本身的地點對缺乏私人交通工具的家庭而言，亦是難以克服的問題[2]。

380　　家屬若能獲得合適訊息和必要支持，使之具備克服這些實質和情緒障礙的能力，可決定家屬往後探視親人時的感受。危機婦女方案委員會和工作人員基於這樣的理念，認為在婦女第一次監獄會客時，應由志工陪同前往，這項服務亦是志工職責的一部分。即使志工並未實際參與會客過程，但志工的陪同，能協助引導婦女完成會客程序，且討論她在會客前和會客後的情緒反應。另外，藉由在非假日時給予私人接送服務，志工可協助「危機婦女」在較不擁擠且時間較長的情況下，進行首次會客。

　　危機婦女方案評估之研究結果顯示，此方案指派志工協助初次會客的婦女，頗具成效。超過半數以上的受訪個案表示，第一次至監獄探視前會有害怕、緊張情緒；三分之二的受訪個案表示，在初次會客之前曾和志工討論過自己的感受。在初次會客時有志工陪伴的個案中，超過 85% 的受訪者表示自己當時非常依賴志工。只有那些已經熟悉會客程序的個案，認為志工的協助並非絕對必要。因此，研究資料顯示，在此危機狀態下表達對

---

2 康乃迪克州的 Somers 監獄為成人男性重刑犯之新收監獄。就像很多其他州立監獄一樣，設置在沒有預先規劃公共交通路線的區域。一直到 1978 年 4 月，因為危機婦女方案成功倡導半數以上的個案需要公共巴士服務，才開始一星期有一班巴士，由此方案主要服務城市的 Hartford 開往 Somers。這巴士只有在週末行駛，此時探視時間較短且會客室最為擁擠。同時在康乃迪克州的其他區域，均無開往 Somers 監獄的定期公共交通運輸服務。

受刑人家庭的關心，有助於其家屬的生活調適。一位志工敘述她協助某一個案初次會客的情形：

當我第一次看到 Dee 的時候，我很訝異，因為她似乎很冷靜，且非常能控制自己。一直到她要辦理第一次會客，我們一起抵達監獄時，我都不能確定自己可以幫助她什麼。在開車到Somers 的路程中，我們輕聲談話，但當我們在監獄規劃的停車區停好車時，我注意到她的臉色突然改變，我們一起走到管制區，並進入第一個等待區。在這個時候，Dee 完全崩潰，拒絕進一步往前走，且堅持她將永遠不要再來這可怕的地方。當她哭泣時，我坐在她身旁，並輕聲鼓勵她進入會客室。告訴她，她先生對於兩人即將見面的心情，可能就正如現在的她一樣緊張和焦慮。好像經過了數小時那麼長時間的掙扎，最後她進去了。之後她告訴我，若不是因為有我在，她絕不可能做得到。

此時應該說明的是，危機婦女方案的志工只有在最關鍵的初次會客時，才需要陪伴個案，此方案並不希望志工只是花費時間在擔任私人司機，也不認為危機婦女長期依賴志工提供接送服務對婦女會有助益。因此，應鼓勵個案發展個人周邊的資源，既然個案在評估訪談時提到，只有在她們熟悉會客例行程序之前，監獄才會令她們害怕。顯然她們並不需要志工協助後續的會客事宜。

六至八週的適應期：志工除了在個案面臨法院判決日、初次會客之特定危機時，提供必要的支持外，志工也會扮演長期持續性的協助角色。對至愛因案新近入監服刑的婦女而言，通常其平均危機調適期約需六至八週，如果受刑人家屬需要協助，則定期追蹤服務可持續支持到其男伴被監獄釋放為止。受訪個案指出，志工在此調適過程所作的任何形式協助，最有幫助的部分，是維持個案基本的人際互動關係，亦即「有人可以談一談」。以下信件是個案寫給志工的信，敘述她們的人際關係對其生活的影響：

381

親愛的 Meg：

　　我寫這封信給你，是想知道你的近況。我希望當你接到這封信時，你的健康情況良好。

　　Meg 太太，我希望你在暑假時會有好運氣。我和你會認識，是因為你是我想認識的那種令人覺得不可思議的女人。我將永遠不會忘記我們認識的那一天，因為當我孤單時，你待我如此友善、親切。

　　誠摯的祝福你們全家人享受美好的暑假，維持你的好心情，我將永遠記得你。

你的朋友 Maria

倡護是志工角色之一

　　雖然危機婦女方案委員會早期認為，指派志工為受刑人家屬提供情緒支持和協助非常重要，但也認為，單是藉由情緒支持來表達對個案的關注是不夠的。混亂中的家庭需要獲得正確的訊息，以便能對未來做出理性決定。她們需要和機構中適當的工作人員合作及取得聯繫，如此一來，她們才有機會訴說對至愛的關心及擔憂。她們可能需要實際且專業化的服務或危機干預措施，以舒緩目前或緊急之狀況。很多家屬在面對犯罪者被監禁之後所衍生的問題時，立刻覺得很無助，且自認被打倒了。基於此理由，危機婦女方案計畫者認為，運用受過完善訓練的志工，來為個案倡護相關利益是極為重要的。她們就如同是機構代表，扮演連結者和調查者的角色，整合或解釋必要資訊，並引導個案求助現有的相關服務措施。若個案的抱怨是有理的，且他們對機構的回應和解釋不滿意的話，則志工也可以適時介入，協助個案處理類似與監獄有關之議題。

　　自從 1977 年 3 月方案開始運作時，志工已經在特定個案中應扮演倡護角色。志工所提供之各式各樣服務，以及她們協助的成果摘要如下：

382

一位激動的母親打電話給志工，因為兒子寫信給她，抱怨在監獄中被要求服用過多藥物。因母親無法釐清實際狀況，所以，志工以危機婦女方案代表的名義打電話給機構，確認該受刑人並未接受藥物治療，並讓其母親安心。

在母親與小孩的對話中，志工發現在 10 月中旬時，母親並未替孩子辦理入學。婦女對於沒有合適的衣服可以讓小孩穿去上學覺得很為難。志工建議，婦女兩人可以一起去地區衣物銀行。當她的小孩獲得足夠的衣服時，她和志工到學校去為小孩辦理註冊。

一位志工在其個案被逐出公寓時，花費不計其數的時間陪伴這位婦女，一起為她自己和年幼的孩子尋找適合的住所。

某志工為單獨寂寞住在郊區的婦女個案，爭取到去地區YMCA上課的獎學金，如此一來，她可以在上課時和其他女人碰面，認識新的朋友。

某位犯罪者請求機構協助重新建立親子關係，他的兩個兒子分別為 3 歲和 1 歲半兒子，目前跟他前妻的父母住在一起。前妻的父母從未將此犯罪者的信轉告他兩個兒子，志工寫信給其前岳父母，告訴他們此男人在被釋放後想見他兒子。當他們回信時，志工向他們保證這男人的目的，且體認這樣的探視可能造成的麻煩。前妻的父母非常感謝志工的支持，並同意讓該男人探望其兒子，之後雙方即見面了。

額外之服務

383

雖然危機婦女方案初始建構的原因，是立基於關注家中男人初次入監服刑後，所衍生的某些混亂或立即性需求，並為協助受刑人家庭度過此一關鍵危機時期而設立。然目前已不限定在上述關鍵時間，當家屬有同樣求助需求時，此方案亦會提供相關服務。Judith Weintraub 在她的文章「受刑

人家庭之福利輸送」（1976）中指出，逮捕、提訊和釋放前後對受刑人家庭而言，是另一個危機風暴和混亂期。在過去這兩年多的經驗中，危機婦女方案的服務經驗也證實了她的觀察。

當所愛的人不能被保釋，且必須繼續服刑的時間有所變化時，家庭會因為男人突然缺席，而面臨實際之情緒和財務負擔。當男人被判刑時，與法院和拘留所程序有關之重要訊息很難獲得，且也很混亂，而在男人缺席的這段期間，家人已經適應新的角色和承擔新責任。所以，當家中的男人已服滿刑期，並準備再回到社區生活時，他們和受刑人的期待也許並不一致，這些受刑人在監獄的生活和其家人每天在社區的生活，是很極端不同的。這男人和他的家庭必須建立共同的目標和實際可行的計畫，如此一來，此犯罪人較可順利度過由監獄重回社區生活之間的調適期過渡期。

危機婦女方案志工已開始為受羈押待審之重刑犯的家庭，提供各種支持性的服務。這些家庭成員所受到的待遇，與機構為判決確定之受刑人家庭所作的服務一樣。矯正機關之諮商師和工作人員、私人律師、公設辯護人和保釋人指出，「改變中」的家庭需要機構定期且持續的協助。

關於「回歸社區」這部分，家庭諮商師可幫助犯罪人和他的家人建立實際可行的目標，並促使家屬之間溝通良好。在這個新方案派用受過完善訓練的志工，從事各項優質服務的過程中，家庭諮商師的角色亦占有一席之地。

危機婦女方案也為受刑人家屬開設「個人成長課程」以及團體活動。這些課程不只提供女人聚會、社交機會，而且，讓她們可以討論所面臨的相同問題，並學習有助於適應自我新生活的新技巧。過去所曾進行之部分課程主題包括：單親母親、金錢管理和人際溝通。

384 **摘要**

雖然目前相關文獻均有說明，如何滿足受刑人家庭需求之各種不同方

法，但並未詳細描述處理這些特別需求的具體方案和方法。危機婦女方案的相關服務措施有諸多優點。首先，它因為運用訓練完善之婦女志工從事第一線服務工作，所以需花費之財務資源很有限。此外，它提供志工機會，扮演如同社區代表的角色，積極提供服務且對受刑人家庭調適有益。這些服務不僅使志工獲得自我獎賞和滿足，同時，就危機受刑人家庭而言，他們所提供的協助是有效且目標正確的。故有充分的理由可以相信，此一方案可以協助家庭處理危機，同樣地，也可協助強化家庭功能，並在未來成為犯罪者復健過程中的主要力量。

REFERENCES

參考資料

Bakker, Laura J., Morris, Barbara A., and Janus, Laura M. "Hidden Victims of Crime," *Social Work*, 23:2 (March, 1978).

Brodsky, Stanley. *Families and Friends of Men in Prison*. Lexington, Mass.: D.C. Heath & Co., 1975.

Fenlon, Sister Maureen. "An Innovative Project for Wives of Prisoners." *FCI Treatment Notes*, 3:2 (1972).

Friedman, Sidney, and Esselstyn, T. Conway. "The Adjustment of Children of Jail Inmates." *Federal Probation*, 29:4 (1965).

Holt, Norman, and Miller, Donald. *Explorations in Inmate Family Relationships*. Research Division, California Department of Correction Report Number 46, Sacramento, CA, January, 1972.

Morris, Pauline. "Fathers in Prison." *British Journal of Criminology*. Vol. 7 (1967).

Schafer, N. E. "Prison Visiting: A Background for Change." *Federal Probation*, 42:3 (September, 1978).

Schneller, Donald. "Some Social and Psychological Effects on the Families of Negro Prisoners." *American Journal of Correction*, 37:1 (1975).

Schwartz, Mary, and Weintraub, Judith. "The Prisoner's Wife: A Study in Crisis." *Federal Probation*, 38:4 (December, 1974).

Wilmer, Harvey A., Marks, Irving, and Pogue, Edwin. "Group Treatment of Prisoners and Their Families." *Mental Hygiene*, Vol. 50 (1966).

Weintraub, Judith. "The Delivery of Services to Families of Prisoners." *Federal Probation*, 40:4 (December, 1976).

Women in Crisis Program Evaluation: March 1, 1977–October 31, 1977. (Hartford, Conn.: Women in Crisis) 1978. Unpublished document.

Zemans, Eugene, and Cavan, Ruth Shonle. "Marital Relationships of Prisoners." *Journal of Criminal Law, Criminology and Police Science*, 47:1 (1958).

Part
....
7

與受害人及加害人有關之特殊爭議

389　　這部分章節審視兩個特殊的議題：預防社工人員遭受個案暴力襲擊、衝擊施暴者和受暴婦女之法律議題。現今刑事司法體系中具憤怒和暴力傾向的個案、近期失業者與受暴婦女均正逐漸增加。社會工作和刑事司法機關這二領域亦均已實施經特別設計及實證試驗的職場暴力預防和安全方案。

　　學界一向很少針對施暴者與受暴婦女之服務和方案，進行系統化研究及方案評估，準實驗設計和縱貫性研究更是罕見。然而，近來的文章和書籍指出，某些專為受暴婦女與具暴力傾向個案之心理健康和社會服務需求，所設立的服務方案，對他們有很大的幫助（Roberts, 1996; Roberts, 1995; Masters, 1994）。

　　在第二十四章中，Jorgensen 和 Hartman 聚焦於持續增加的青少年暴力行為。這些暴力事件和犯罪行為導致愈來愈多的暴力犯罪者不僅進入心理衛生機構，也進入青少年及成人刑事司法體系，它顯示出社工人員在這些機構的工作機會和危險性。依據 Jorgensen 和 Hartman 教授的觀點，初級、次級、三級預防暴力行為之目標，應藉由政策發展、工作人員訓練，以及增進部分職員對個案行為的敏感度，進而涵蓋整體工作環境。對犯罪者之評估不應只局限在危險性、可變性和嚇阻性之臨床評估，而且，需要進一步評估、了解犯罪者所處之社會環境。

　　對有暴力傾向個案之干預，須同時注重支持性和指導性口語技巧，以及合適的身體防身術和控制策略。暴力管理應定位為團隊責任，以期更能保護個案和工作人員不會受傷害。

　　在第二十五章中，Dziegilewski 和 Swartz 教授詳細分析一位受暴婦女的動力，以此作為此章的開端。接下來，則檢驗施虐者和受虐婦女的人格特質，隨後討論法律改革相關議題。作者聚焦於探討社工人員在家庭暴力事件中所扮演的五個不同角色。第一，提供負責該案之檢察官有關受害者390　之心理社會評估資訊；第二，提供警察和其他刑事司法體系專業人員教育和訓練；第三，協助受害者度過創傷和嚴酷的法庭作證歷程，社工人員是

提供支持並受信任的心理衛生專家；第四，在法院判決前倡護個案權益，並協助家人運用社會支持，這個角色較有爭議與受到批判；第五，扮演受暴婦女之專家證人。

REFERENCES
參考資料

Masters, Ruth E. *Counseling Criminal Justice Offenders.* Thousand Oaks, CA: Sage, 1994.

Roberts, Albert R. (Ed). *Helping Battered Women.* New York: Oxford University Press, 1996.

Roberts, Albert R. (Ed). *Crisis Intervention and Time-Limited Cognitive Treatment.* Thousand Oaks, CA: Sage, 1995.

第
24
章

對暴力、危險案主之評估、管理及預防策略

摘要

391

　　雖然暴力犯罪在過去十年維持穩定的狀態，但因青少年暴力行為持續增加，故暴力犯罪仍屬嚴重的社會問題。這類暴力行為使得愈來愈多的年輕人進入青少年刑事司法體系，進而使得社工人員在這些機構的工作量和危險性均大增。是故，需要更有效的預防、評估和干預策略，以處遇這類案主群。

　　暴力行為之初級、次級與三級預防，必須涵蓋政策發展、工作人員訓練，及增進工作人員對個案行為的敏感度，以整體工作環境作為調整的目標。

　　針對犯罪者之評估不僅應包括危險程度、可變性和嚇阻性之臨床評估，也必須包括了解犯罪者所處之社會環境。

　　干預有暴力傾向的個案時，必須同時運用支持性、指導性口語技巧，以及適當的身體防衛和控制措施。並

應將暴力管理定位為團隊責任，以期能更進一步保護個案和工作人員免於受到傷害。

緒論

　　討論具暴力與危險性的犯罪者，蘊含因「暴力和危險性」這句話而誘發對方情緒的風險。這句話本即有些許煽動性，且有一種為發怒找到正當理由的意味。在美國民眾意見調查中，一般多認為暴力犯罪是最嚴重的社會問題，不論是平面或電子媒體，均以許多版面和時間報導此議題，這種狀況至少會造成一種錯覺，亦即我們周遭圍繞著許多暴力犯罪者。

　　1993 年夏天，本文作者的故鄉美國科羅拉多州丹佛的居民，體驗到媒體所謂的「夏日暴行」（The Summer of Violence）。那段時間的新聞報導，有很高比例在描述不同的謀殺案，而且相關報導和評論家都暗示，被暴力犯罪者挾持的人質會持續增加。此時，立法機關召開特別會議且通過相關法令，同時，展開有利於臨時安頓青少年犯罪者的措施，並開始實施宵禁。

　　相對於 1992 年和 1993 年，1994 年初期公開的犯罪統計資料顯示，暴力案件犯罪率包括謀殺案已有些微降低了。它明確地反駁了大眾媒體對暴力犯罪的觀感，當一般大眾普遍存有被害恐懼情緒時，犯罪統計實證資料理性地解釋了犯罪問題並未持續惡化的事實。

　　事實上，全國犯罪統計資料顯示從 1981 年之後，暴力犯罪率仍然呈現相對穩定狀態（U.S. Department of Justice, Bureau of Justice Statistics, 1992）。暴力犯罪率增加的部分，主要在於青少年暴力行為。誠然，引起社會大眾注意的並非是犯罪數量，而是犯罪的形式，例如，犯罪人是誰、在哪裡發生，以及受害人是誰等等。1993 年夏天所發生的犯罪，大多是屬隨機發生殘忍的案件，受害者大多為中產階級，犯罪者則大多是青少年。

　　在丹佛和全國各地，很多尚未達到青春期的少年殺人犯，已經引起大眾的高度關心，此一情況提醒警察、教師、社工人員和其他從事人群服務

的專家，需要關注在年幼時即表現出暴力行為傾向的人。一般而言，犯罪行為特別是暴力犯罪通常與青少年有較高的關聯，現今青少年表現出特定暴力行為並非新鮮事，比較令人訝異的是，處於青春期前期的少年帶著武器且犯下謀殺案。同理心或同情心可舒緩暴力行為的發生，但我們看到許多小孩並不具有這些正向的情緒感受。

- 新聞記事：在芝加哥國民住宅中，兩名 10 歲和 11 歲的男孩，因為一位 5 歲的男孩拒絕替他們偷糖果，便將他由 14 樓的窗台往下扔，結果造成這名小男孩死亡。
- 新聞記事：兩名 12 歲男孩向另一名男孩開槍，因為太接近他而未射中，對方丟石頭回擊，隨後他們在一瞬間將他射殺致死。
- 新聞記事：一名 11 歲的男孩開槍誤殺了一個小女孩，當時他以 9 釐米的半自動手槍射擊一群正在玩足球的孩子。三天之後，他被發現已經死亡，且頭部有兩個子彈傷口，很明顯的他是被兩個年輕幫派成員射殺。
- 新聞記事：一名 14 歲的男孩因為謀殺而感到罪惡感，他用棍棒毆打一名幼稚園的小孩，使他窒息而亡。這些新聞事件對於未來有何啟示呢？

當試著預測未來趨勢時，會令人感到害怕，因為有充分的理由可以相信，美國未來犯罪情況和少年刑事司法體系中的暴力罪犯會急速增加。事實上，青少年表現暴力行為的情況很常見，這些人也將會更早就進入少年刑事司法體系，並可以預期這些愈早進入司法體系的犯罪者，他們的犯罪生涯將會更長期且活躍（Wolfgang, Figlio & Sellin, 1981）。我們可以預期這些年輕人最終會住進成人監獄內的小囚房中。同時，很有可能被判緩刑、拘留和接受少年犯罪矯正的人口群中，有很大比例就是這一類的人。在這些環境中與他們進行專業上的互動，意味著可藉此機會干預他們的生活，但這樣的干預也可能陷入觸發和激起更多暴力的風險當中，其中的關鍵在於，我們應如何管理這些高風險人口群。除非能更有效地執行某些專業作為，否則他們將會威脅到其他罪犯、矯正工作人員及整個社區。我們對他們所採取的管理作為，將很有可能會主導一般大眾目前和未來的日常生活。

第二十四章　對暴力、危險案主之評估、管理及預防策略　445

社工人員認為會出現暴力，乃是源自於個體之前曾籠罩在兒童虐待、毆打和其他形式的家庭暴力情境之下（Lewis, Moy, Jackson, Aaronson, Serra & Simos, 1985）。這不僅讓孩子學習到以暴力解決衝突的行為模式，生活在這樣一個有害的環境中，也同時讓孩子陷入頭部受傷和大腦損傷的危機中，這類大腦損傷可能會增強這些孩子未來出現暴力行為的可能性。

　　然而我們發現有某些事，甚至會更妨礙這些孩子的成長。我們觀察到一些野蠻的行為表現，或者以其他的用詞，例如「目無法紀」、「反社會」、「殘忍」、「無法控制」以及「掠奪性」等等來形容亦不為過。我們認為孩子出現不良行為的主因，是他們在混亂不堪、充斥犯罪因子的環境下出生，且經歷難以言語形容的撫養過程而造成的。這些孩子大多曾目睹謀殺，也並不期待自己能安享晚年。回歸到當下現實面，他們發現自己處在被害的高危機之中，所以，他們攜帶武器以尋求自我保護。身處在「危險街道」（unsafe street）這樣的環境之中，矯正機關可能對他們而言，相較之下或許是更安全的。

　　可以預期的是，有殺人傾向的青少年會持續增加，心理衛生和刑事司394 法體系的社工人員無庸置疑是在高危險的環境下工作，這促使有關機關必須更關心預防、精確評估，以及管理暴力犯罪者的相關議題。

暴力之發展脈絡

　　若要了解暴力的根源，我們要如何著手呢？Rollo May（1972）相信，暴力是源自無力感、無助感和冷淡。

　　　當使人們感受到無力感時，我們是在激發他們的暴力行為而不是在控制暴力。人們會在社會中展現暴力行為，主要是想藉此建立自尊、保護自我形象，以及展現自己的重要性。不論表現暴力行為的動機是如何不合常軌、不恰當，或這行為的破壞性如何，

它們仍然顯示出個人正向的內在需求。我們不能忽略這個事實，不論引導他們改變行為是如何困難，這些需求本身是具潛在助益的，暴力行為並非因為權力傾軋才被引發，主要是源自於無力感。

上述簡單且意味深長的概念，指引我們如何改變暴力犯罪者行為的概括方向，亦即「增權」，雖然增權理念反駁了一般大眾多認為，應該剝奪暴力犯罪者在社會生活的資格（監禁的優雅說法），但這依然是一關鍵性的社會工作信念。我們必須回答的問題是，我們是否可以增權處於正式社會控制情境下的案主。我們的觀點是可以的，且在稍後的討論中，我們將提出一些實際可行的作法。

首先，我們將先明確界定在稍後討論中，可能會用到的一些名詞定義，如憤怒、自我肯定、攻擊、暴力行為和危險性，它們代表著連續性的意義。

憤怒：Weisinger（1985）將憤怒界定為身體所激發的情緒反應，與獨特之生理變化有關，它亦是會影響我們體驗周遭世界，以及傳達訊息方式的情緒，且會導致特別的影響和結果。

憤怒也是現實的建構，它蘊含著複雜意義，其意義不僅僅是因其他人「讓我生氣」而激怒我；更確切地說，它是我們對人和對事之反應，以及激怒自我的一種循環。就如同 Tavris（1982）所言：「憤怒本身以及它所表達出來的種種，是生物學和文化、心智、軀體的共同產物。」因此，若要管理我們的憤怒情緒，就必須探討文化是如何透過想法和行動教導我們處理這些情緒，且如何影響憤怒情緒所引發的生理反應。強迫自己去認知思考以審視自身的憤怒，可幫助我們更客觀的回溯和診察這些現象，基本上，這是增權的第一步。我們會發現一種固定模式，亦即攻擊會增強憤怒。憤怒情緒並會受到自我肯定的直接影響。

自我肯定：不論是藉由社會學習或正式訓練而達到自我肯定的人，都能在任意釋放憤怒和承受所有壓力中取得平衡。這個人曾經被增權去做決定而非僅僅直接反應，故此人會在如何應付人們和情境的選擇清單中，做出適當選擇。因此，自我肯定是這種連續性反應的支柱，使當事人具備以非暴力行為滿足個人需求的技巧。

攻擊：Bandura（1973）界定攻擊為：「會導致個體受傷或財產毀損的行為；它所造成的傷害可能是心理的（貶低價值或侮辱），也可能是生理的。」攻擊行為增強後會導致暴力發生。

　　暴力行為：我們界定暴力為：「會造成財產破壞的行為，且這行為會對自己和其他人造成不同程度的傷害，甚至可能導致死亡。」

　　這定義包括合法暴力，譬如戰爭。不論合法或非法，它顯然已經存在我們的社會，也反映在電影和電視情節中。它或許是最新潮的衝突解決模式。Shachter 和 Seinfeld（1994）已引發「美國之暴力文化」是否存在的爭論。

　　危險性：就我們的觀點而言，危險性的定義是「某人有以暴力行為傷害自己或造成其他人死亡的傾向」，此一定義同時涵蓋偶發或意外的謀殺和自殺事件。

　　法庭社工人員和在心理衛生機構工作的社工人員，一樣都須直接或間接「預測」個案未來出現危險行為的可能性，這種判斷連帶會引發許多倫理、法律和實務上的問題。

預防暴力

　　洛杉磯臨床心理衛生機構的社工人員 Robbyn Panitch，被一位無家可歸的個案刺死的案例，突顯出工作人員應該受到更周全的保護，以避免遭受暴力個案之傷害。目前刑事司法體系、心理衛生行政官員、專家和相關工作人員等，對於工作場所可能導致受雇者受傷害之潛在危機，已有更高的敏感度（Gilliland & James, 1988）。機構工作人員若經歷偶發性的意外暴力事件，會導致恐懼感、壓力和專業枯竭，故提升工作人員對個案潛在暴力傾向的覺察能力，是非常重要的事，以使能採取適當行為預防和控制構成威脅的人或事物。

396　　為什麼社工人員和其他助人專業工作者會成為暴力行為的目標，這是

一個非常複雜的問題。合理的解釋可能是，很多人因為無家可歸、慢性精神疾病、藥物和酒精傷害以及腦傷等問題，而深陷自暴自棄的痛苦，暴力的衝擊，就如同電視情節所描述的一般，可能也是影響因素之一。不論理由為何，機構被迫需正視此一問題，不斷強化工作人員安全防護訓練以確保安全。

社工人員倫理守則的第三部分（National Association of Social Workers, 1980），儘管並沒有直接論述暴力議題，然有以下陳述：

> 9. 擔任雇主、督導或顧問的社工人員，應該有條理且明確地安排與維持他們專業上的相關事務。

若就「有條理且明確安排」予以廣義解釋，則暗示著在詳細解說工作「情境」時，必須有指導方針和規範。

即使相關的工作倫理基礎，並未明確規範應訓練受雇者如何因應偶發暴力事件，但無疑地，也有必須這樣做的實際理由。未接受訓練之工作人員，當被迫須經常面對暴力個案時，最後將變得沮喪混亂，他也更有可能會陷入工作超時，卻又品質管理粗劣的困境中，最後甚至促使機構面臨更高暴力傾向與更危險的處境。既然如此，則此一問題的核心是，如何避免發生暴力行為，以及當發生暴力行為時應如何因應。

預防可被概念化為三個層次：初級、次級、三級。初級預防的焦點為壓力和易受傷特質的調適過程（Bloom, 1975）。就預防暴力行為而言，初級預防必須詳察可能會導致暴力產生的環境影響因子，諸如：指導我們行為的政策和步驟，人們工作環境的物理空間，可拿來當作武器的可能物品，以及可能涉及暴力事件的人，也就是個案和工作人員。

暴力之次級預防，包括針對被早期發現有暴力傾向個案的處置作為（Bloom, 1975）。當嘗試預防暴力時，意味著必須描繪出最危險人物的輪廓，以及更有可能發生暴力事件的時間和地點。

暴力之三級預防的關注焦點，為當混亂行為已經發生時，對此混亂行為的限制或控制（Bloom, 1975）。此預防模式的核心，為控制危害或損傷

環境

　　政策和步驟：政策是指「有關在決意歷程上規範思維或行為的概括性陳述或理解」（Koontz, O'Donnell & Weinrich, 1986）。很多人群服務機構欠缺可關鍵性引導其行動的必要性政策，使得在工作人員陷入暴力危機時，無適切程序可茲遵循。應該將適切的政策及程序納為每一機構政策指南的一部分，且必須在實施簡介和訓練時，與工作人員一起閱讀和討論。必須讓工作人員了解，當個案出現暴力行為時，機構管理的哲學觀為何？此哲學觀如何連結機構目標，以及如何具體化這些目標。簡而言之，工作人員需要了解機構在保護個案和工作人員上所扮演的角色。

　　工作人員不應該對機構的政策計畫有所懷疑。例如：「風險」、「攻擊」、「立即危險」、「危機」、「物理控制」、「警戒」、「附帶事件」等這些名詞的意義為何？引導工作人員做決定之規範為何？個案和工作人員的權利為何？「終止」或「隔離」的指南為何？

　　政策落實的結果是產生步驟。步驟是「被設計以影響事件結果或排列順序」的計畫（Weinbach, 1990）。他們同時描述應該怎麼做，以及要做什麼；應該期待人們怎麼做，與該由誰來做。以下事項也應該著述步驟。例如：應該詳細敘述在家庭訪問時要如何評估危險，如何警告工作人員目前的危機狀態，如何詢問暴力事件，以及如何完成暴力事件報告。所有附帶說明都必須建構一定程度的標準化作業程序。

　　大部分機構最終均會存有各式各樣的規則。「規則若不是要求，就是禁止特定行為」（Weinbach, 1990）。這對須處理具暴力傾向個案之機構和場所特別重要，它對建構居住者或受刑人的環境也很重要，至少該場所應有基本的可見度。就許多層面而言，規則除了建構工作人員和個案間的社會控制基礎之外，也是居住型矯正方案的個案彼此間互動之基礎。

物理空間：總的說來，潛在暴力傾向個案相較於一般居民需要較大的空間。對安置空間和人際互動空間的需求都是如此，因此，我們建議建置 398使人們更便於管理的空間。並非所有的辦公室或會談室都符合寬廣空間的理想，然而如果可能的話，我們應該將個案所坐的會談椅，設置在距離工作人員五至七呎遠的位置，當關注安全的重要性時，應要求工作人員坐在接近門邊的位置以做好準備；如果門未打開，最好在會談時可以開著門。

　　武器：所謂武器並非僅是指槍械或小刀。我們可藉由詳細羅列辦公室內其他可能成為「武器」的物品目錄，來加強我們的安全。我們可能會發現諸如菸灰缸、拆信刀、相框、精裝書、咖啡杯、鎮紙文鎮、電線和訂書機之類的物品，該等物品在特定的情況下都有可能被用來當作「武器」。當在處理暴力個案時，工作者最好也必須注意要將抽屜和檔案架上鎖。

　　警戒步驟：機構需要建置快速且有條不紊的警戒措施，當發生迫切危機時，警戒人員可迅速就位而不會造成混亂。由於不應該讓單一工作人員獨自處理暴力傾向個案，其他工作人員也必須密切注意此一「警戒」狀態，而且在此「警戒」狀態解除前，均不應離開辦公室。

　　接待員在警戒系統中扮演關鍵角色，因為他們在大多數辦公室中均屬傳遞消息的中樞。故可訓練接待員，強化他們辨識擾亂者的能力，或教導他們使用簡明溝通警戒系統，使他們得以察覺具有憤怒或好辯傾向的潛在個案。

　　例如我們假定，某一位假釋或緩刑個案在等候室等待會談時，不斷來回踱步。促使這個人表現此一行為的原因可能很多，這行為可能反應出個案面臨超乎想像之困難挫折，或是更不利的凶兆，如嘗試威脅工作人員等，這些都是可訓練接待員察覺和通報的重要特徵。在這種情況下，接待員可藉由詢問即將與此個案會談的工作人員是否要「檔案 39」給予警告，它的意義可轉化為：「我有理由相信，你要見的個案可能有某些問題，而且我會進入辦公室提出警告，我會攜帶一份仿冒檔案進入你的辦公室。假如你希望我持續警戒，就要求我拿『檔案 40』。」此時，工作人員知道他／她和個案均正被觀察。通報其他工作人員也是警戒的一部分，接待員或其他被指定的工作人員隨後會定時監控該工作人員，直到該工作人員透過告訴

接待員自己已不需要任何「檔案」而解除警戒為止。

　　假如工作人員知道有其他人正在觀察而非自己孤軍奮戰，並且其他同事也將你的安全福祉視為他們的責任時，工作人員將對自己的安全更具信心。故不論暴力發生的可能性如何，應以團隊工作共同處理暴力個案。

　　暴力事件發生之時間地點：經由定期分析暴力事件可以學習到很多有關暴力的知識，至少我們可以從這些成堆的事件檔案中，抽絲剝繭地找到一些資料並加以分析。從這些評估中，我們會發現，某些工作人員相對於其他人會更首當其衝必須面對個案暴力威脅；我們也發現，沒有經驗的工作人員會比有經驗的工作人員更容易受傷，這些結果暗示機構在進行工作人員培訓時，必須更為加強處理暴力危機之訓練。暴力事件的分析結果，可使我們了解其他重要的暴力表現模式，諸如：每日較容易發生暴力事件的時段、每月較容易發生暴力事件時間，或是天氣狀況與暴力發生的關聯性等。暴力事件通常在哪些地方發生呢？假若能獲得相關資訊，則可如何針對上述的狀況進行改善呢？

　　諮詢：由於暴力危機事件通常不是件愉快的事，所以很自然地，我們通常會希望在寫完事後報告後，可盡快地將之拋諸腦後。但我們不能因為有此內在的慾望，就降低研究該事件並從中習得教訓的機會。首先，個案會因該事件的討論而獲益，可藉此確認個案不能被接受的行為，且針對個案未來行為表現之界定建構一致的認同標準。

　　其次，工作人員也可從該暴力事件之諮詢中學習到很多。危機事件剛好能測試處理個案暴力計畫的可行性，同時也提供改進政策及程序的機會。

　　「心理解析」主要是由歷經該暴力事件的工作人員，記述詳細調查報告或提供諮詢（Gilliland & James, 1988）。這樣做的重要性，不僅關注暴力事件的受害者外，同時也注重從該事件中習得經驗，以避免再次發生類似事件。

　　透過諮詢過程，我們可從中學習一些額外資訊，應用來改善工作環境。學習到更多的訓練是必要的；所有政策都會有盲點，故可能引發暴力事件的行為規則之明顯漏洞或物理環境，都必須隨時修正。簡而言之，我們可以斷定，我們最終要改變的對象是工作人員及案主在此環境下的互動型態。

399

工作人員

管理自我憤怒情緒：在思考這些預防暴力計畫時，有許多因素都必須納入考慮，首先，須由工作人員之自我憤怒管理著手。工作人員若能管理自我憤怒情緒，即能為這些受憤怒情緒所困擾的個案提供正向示範，同時在介入他們的憤怒情緒時，可給予適切建議。

什麼是憤怒？從我們來到這個世界到我們離開為止，一生中憤怒情緒會反覆出現。不幸的是，雖然生氣是一常態，卻很難以正常態度因應，許多失控的憤怒造成損耗。口語表達上所謂的「氣死了」、「我快發作了」、「我冷靜不下來」，都是表示違反特定界限的情緒和行為。

400

憤怒是源自我們對自己或對他人的期待，這是我們必須開始探討的部分。自我們出生以來，父母通常會經由傳遞其文化價值來教導我們，因此我們會對自己存有特定期待；此外，也希望別人應以符合這期待的方式來對待我們。在這個過程中的操作性措辭是「應該」，以及許多出自「應該」所衍生的相關規則，我們依循這些規則來評估自己和他人的行為脈絡。

這些規則可能是非常僵化且過於苛求的。為了可廣泛應用，它嚴厲灌輸我們一些專斷的思維，促使我們期待「經常修正行為」，或要求我們「經常受到體諒地對待」，這樣的二分法最後會讓我們在面對失望或被無禮對待的情況時，顯得很脆弱。

干預憤怒情緒的第一個步驟是，進入引發我們憤怒的過程之中，然後解析這些期待。為何這些期待會影響我們呢？這些期待是否與現實相符呢？它們所擴展的影響是實用還是不實用的呢？為何這些期待會觸發憤怒情緒呢？這些期待是否可減輕或修正呢？這修正後的期待又是何等景象呢？

當中很重要的一點是，我們不能放棄對自己或是對其他人的期待。生命中少了這些期待將會損耗這些管理規範，這是人與人之間每日社交、互動的必要動力。然而，我們可以有系統且持續回顧檢查那些過於嚴苛，以

及會引發極端失望及受辱感的要求期待。

　　憤怒是伴隨許多其他情緒而來的次發性情緒。Tavris（1982）用一串葡萄來類比憤怒情緒，有些葡萄代表憤怒，其他葡萄則代表初級情緒，例如害怕、罪惡感、痛苦等。在每一事件中，介入干預的第二個焦點與探索這類初級情緒有關，我們或許會發現，它們被無助感和難以控制情境的無力感所包圍著。當經歷痛苦和無助感時，我們將會發現一些源自兒童時期的陳舊經驗，這類陳舊經驗仍持續運作且指使我們的意識。

　　除了痛苦以外，亦常會有被威脅感，我們會被某些我們無法控制的事所威脅。然而，這些被威脅感可藉由詢問某些問題予以反擊。這些威脅的本質為何？我會失去什麼？名聲？地位？權力？尊嚴？回答這些問題會讓我們有力量面對威脅，而且當問自己這些問題時，我們會發現自己誇大了此威脅的實際嚴重性。

　　當我們感覺到被威脅時，我們會傾向於假定某個具有威脅性的人存在，或自己真的被威脅了，這會產生了一種負面的自我交談。「她存心為難我」或「我是不合格的」等話語即可說明，由此事件之相關推論和假設所衍生的自我交談實例。其介入的焦點為，個人必須具備足夠的勇氣，去與這有威脅性的人開誠布公地分享這些假設，以及所有這類負面的自我對話。

　　憤怒的實際感覺是介入的另一個焦點。這類感覺常常被下列自我對話所否定，諸如：「我沒有生氣」、「我不應該生氣」、「我希望我沒有生氣」，或是「我不希望表現出生氣的樣子」。我們通常稱之為「內隱想法」（stuffing）（Weisinger, 1985）。另一替代作法是承認我們自己在生氣，甚至也讓別人知道我們正在生氣。這個「擁有感」在憤怒情緒的管理上非常重要，一旦我們真正覺察了自己的憤怒感受，且能與他人分享這種感覺時，我們將不再為了要如何否定或隱瞞它而掙扎不已。

　　生氣並不是一個全有或全無的現象，就像傷心或快樂等其他情緒一般，我們所經驗到情緒都有其程度上的差異。就如一般所謂的「標準化」，剛才我們有多麼生氣？我們是輕微苦惱？一點點被激怒？煩躁？憤慨？激烈？標準化或測量生氣的程度是一持續增權的過程，有助我們回答「剛才我們選擇要多麼生氣？」等問題。

401

符號溝通：透過個案的眼睛，在我們正式開口說話前，就已經可以傳遞某些訊息了。所謂符號溝通，諸如我們的穿著、首飾以及辦公室的符號，均會反映出自我形象；符號代表不同政黨、宗教、專業和文化，事實上可將符號解讀為「訊息」，這些訊息有時會讓我們在不自覺的情況下刺激或激怒個案，所以，必須對本身穿著和日常打扮所傳遞的訊息，具有相當的敏感度。

　　經常需要和有暴力傾向個案共同成長的工作人員，也會在自我穿著可能會激發潛在危險的警覺性上獲益良多。例如，我們可以明顯地察覺到，長頭髮可能會造成問題，領帶、圍巾、項鍊、戒指、鑰匙鍊、別針、耳環、眼鏡也可能引發危險。

　　我們的「致命傷」：我們都有自己的弱點，但礙於個人的和專業上的自尊，我們大多不想承認，這就是所謂的「阿基里斯的腳後跟」（Achilles' Heel）。我們必須了解且承認這弱點，我們對個案所談論之事的憤怒反應，或因個案某些特殊討厭行為而生氣，都可能足以讓我們掉入「圈套」。當我們掉入「圈套」時，我們會逐漸喪失專業眼光，而陷入可否適當回應個案言行的危機中。藉由對自己「阿基里斯的腳後跟」（致命傷）的覺察，其他工作人員亦可以幫助我們，允許我們選擇退一步、自我隔離，或者尋求其他化解之道。

　　相對於毅然面對或因工作人員的行為而覺得自尊受辱，選擇避開人群會比較容易。根據過去的經驗，我們已經確知個案的暴力反應，常是源自其自覺未受到工作人員關心；或在某些案例中，個案會覺得工作人員對其懷有敵意。因此，工作人員的基本會談技巧，應該強調溫暖、同理以及誠懇等態度，此為最佳自我保護的首要防線。

　　環境擁擠、延期，以及不安和可能的排斥反應等，都很有可能會激發暴力行為，它提醒工作人員對於晤談時間必須準時；接待員應是禮貌、謹慎和富有同情心的，且使辦公室的溫度和溼度維持舒適也很重要。

402

危險評估

誠如前文所言,危險性的定義是「某人有以暴力行為傷害自己或造成其他人死亡的傾向」。危險評估和預測暴力行為顯然並非嚴謹的技術,根據Litwack、Kirschner、Stuart和Wach(1993)的觀點,統計和臨床評估均有其不夠嚴謹與不科學之處,然而,Litwack等人相信,工作人員應該不斷覺察每一介入方法的優缺點。

當評估刑事司法體系個案的潛在危險時,最重要的部分為考慮可變性和嚇阻性這兩個因素。我們的討論將聚焦於以這兩個標準來評估危險程度。

可變性在這裡所代表的意義,並不只是傳統上所謂治療能力的概念。我們關心的焦點為,此犯罪者的行為是否可以改變,以及該個案是否認為自己所處環境可以改變。或許就此定義而言,它會被質疑改變不只是諮商、心理治療的成果,而且教育訓練、環境和社區干預等,也是促成改變的可能性因素,這些因素擴大了社會工作人員所扮演的角色。

第三個概念,所謂的嚇阻性,在於關注犯罪者是否會因為害怕被起訴和接受矯正等經驗,而抑制進一步出現暴力行為的程度,嚇阻的方式包括罰金、面對喪失自由的威脅、被定罪的烙印,和其他處罰方式。這方面呈現出對犯罪者實施社會控制的重要性。

在進行正式危險評估時,正、負面錯誤都會被社會所關注。之所以會關心正面錯誤(某人被評估在未來很有可能會出現暴力行為,然而之後並無暴力行為發生),主要是因為它會侵害個人自由。另一方面,當因評估未來產生暴力行為的可能風險很低,而決定不採取任何約束、控制措施時,負面錯誤(未能評估出某人會在未來表現暴力行為,然事實上,他們在之後出現暴力行為)會造成社區恐懼。目前社會大眾對負面錯誤最大的關注焦點為加州的Polly Klaas,他被一個剛由監獄釋放的重刑犯謀殺了。

社工人員在從事實務工作時所關注的焦點,不只是正式評估暴力行為

403

產生的危機，也包括在決定與某個案見面時的非正式評估。雖然專業社工人員視正式評估為最重要的事，但危險和暴力危機的正式和非正式評估兩者都是重要的，且是現今社工人員每天都務必要做的事。因此，接下來會同時針對這兩部分進行討論。

關於臨床危險評估，社工人員的危險預測被認為和精神科醫師、心理師等心理衛生工作人員的預測有高度相關（Werner, Rose, Murdock & Yesavage, 1989）。當進行危險評估時，最常考慮的因素為心理、情緒和行為，它是心理衛生專業所提出的三個變項，每一變項均應加以辨認及評估，且亦須評估每一變項彼此間的重要關聯。大多數的案例中，與危險預測最具高度相關的變項是，因好攻擊行為而被轉介，或個案坦白有好攻擊的行為（Werner et al.）。

雖然在某些評估報告中會提出社會和環境因素，例如生活壓力和社會支持，但大多數的評估報告不會考慮社會和環境因素。Werner 等人（1989）認為這三類專業因素，或許都有某些特質上的差異，然這些差異因子能使危險評估更為精確。為了區辨定義上的差異，社工人員會關注社會和環境因素，這些因素即是 Hall（1987）所謂的刺激觸發器（stimulus triggers）。

由於環境因素或刺激觸發器完全是不可預測的，甚至未被認定有暴力傾向的人也有可能訴諸暴力，只不過是因為某種複雜的社會和環境因素碰巧出現或未出現，就導致暴力行為的發生了（Litwack, Kirschner & Wach, 1993）。

因為社會和環境因素而導致暴力行為是非常有可能的，社工人員在這方面已有長足訓練，這些因素需要持續關注，它有助於危險評估這項專門知識的發展。

雖然已有危險評估方面的專業訓練，然很多社工人員抗拒進行危險評估，因為他們認為這違背了社會工作的價值觀。事實上，有兩個主要因素影響此一價值衝突，首先是對於個人尊嚴和獨特性的關心，在評估進行時需要隨時加以關注，特別在運用危險精算表格時；第二個價值衝突為案主自決，社工人員認為個人有權利決定自己的生活環境。然而，社會工作倫理守則支持社工人員應發揮社會控制代理人的職責，在「社工人員對個案

404

的倫理責任」中可發現（NASW, 1980; Section II）：

　　案主的權利和特權：社工人員應該盡力促使案主可擁有最大
自我決定權。
1. 社工人員必須為已被判決褫奪法律資格的個案爭取利益。社工
　人員應該保護該個案的權利和利益。
2. 當某人已有法律授權並足資影響某個案之利益時，社工人員在
　處遇時應該謹記個案最佳利益。
3. 社工人員不應該從事任何會導致個案暴力行為或喪失個案公民
　權或法律權利之事。（NASW, 1980, Section II, Part G.）

　　這些倫理標準是立基於社會工作價值觀，也提供社工人員所須扮演之
眾多角色的專業理由。社會控制的執行為扮演監護角色，這在 Parsons、
Jorgensen 和 Hernandez（1994）的文章中有詳盡說明，為了指導社工人員
扮演監護角色，這些作者已經概述三個社工人員行動原則，此三行動原則
與社會工作價值觀一致。這三個原則為：

1. 決定誰是主要個案。
2. 確定所採取之行動可受合法訴訟程序保障。
3. 與所有會受此行動影響的關係人進行溝通，以使其了解必須採
　取此行動的理由，以及社工人員採取此行動須擔負的法律和倫
　理責任。（p. 289）

　　藉由遵循這三個行動指引原則，社工人員可將其行動會侵犯個人尊嚴
或自我決定的可能性減至最低限度。
　　以下問題在刑事司法體系最受關切，社工人員主要承擔的專業責任，
在於為承審法官提供審前報告和專業建議。

危險問題

犯罪者在犯罪時會感受到哪些壓力呢？犯罪者是被激怒的嗎？犯罪者有可能會再一次出現相同的行為嗎？

討論：這些問題的重要性在於，外在因素常常會影響暴力行為的產生。被某人激怒，特別若攸關個人「名譽」時，常會導致暴力反應。評估類似激怒情況和類似反應出現的可能性都很重要。

犯罪者是被誘導的嗎？此犯罪者會因同儕壓力而屈從、改變嗎？

討論：我們應該謹記容易被誘導的人可能會被強迫表現暴力行為。想要證明自我價值或討好其他人的個體，可能會缺乏評估社會情境必備之批判性思考。此緊急性違法行為的本質為何？違法行為會涉及暴力行為嗎？違法行為是情境觸發或是預謀計畫？假若是屬預謀計畫，則此犯罪者涉入此計畫的程度為何？

討論：這些問題牽涉到犯罪者兩層面的行為。這即將發生的行為有多緊急？犯罪者以何種方法涉入此行為？假若這行為是最近的事且必須很快地反應，則我們會支持應予以干預。了解犯罪者涉入此計畫的程度為何，可察覺這行為是否為情境觸發或是預謀計畫的線索。

對犯罪者而言，此違法行為的意義為何？此違法行為是否屬高度精密的犯罪？此犯罪者是否有武裝？他在犯罪時是否有使用武器？犯罪者在犯罪時有造成他人身體傷害嗎？在這違法行為中，受害人損害的程度為何？

討論：這問題反映出對此犯罪者之暴力傾向，以及其藉傷害他人滿足自我意圖之程度的關注。

此犯罪者先前的犯罪紀錄是什麼？這行為發生的頻率有多少？先前犯罪行為的嚴重度如何？犯罪者在幾歲時第一次進入刑事司法體系？犯罪者現在幾歲了？此犯罪者先前已被證實的犯法行為模式或型態為何？

討論：最顯著的潛在暴力傾向指標之一，為先前犯罪行為之各層面。Monahan（1981）表示，未來犯罪的可能性會伴隨先前每一犯罪行為而增加。個案進入此刑事系統的年齡也很重要（Wolfgang, Figlio & Sellin, 1972）。假若某人是少年犯罪者就會更有可能成為成人犯罪者。

犯罪者童年經驗之本質為何？犯罪者在童年時遭受過什麼樣的失落痛苦呢？這些失落的痛苦消除了嗎？它們是如何解決的？犯罪者遭受過童年創傷嗎？犯罪者遭受過身體虐待嗎？犯罪者遭受過情緒虐待嗎？犯罪者遭受過情緒疏忽嗎？犯罪者遭受過身體疏忽嗎？犯罪者遭受過性侵害嗎？

討論：有鑑於最近觀察到，受虐兒童未來成為施虐父母的危機增高，使上述問題特別重要（Hamner & Turner, 1990）。

犯罪者的行為模式為何？在攻擊或喜用暴力行為層面上，犯罪者表現出何種行為模式？犯罪者會讓自己陷入危險情境中嗎？犯罪者會自陷險境或自找麻煩嗎？犯罪者衝動嗎？假如會的話，這衝動會促成犯罪嗎？犯罪者總是失去控制嗎？藥物和酒精在這行為中扮演什麼催化角色呢？有使用武器的經歷嗎？有自殺的威脅或嘗試嗎？犯罪者之前有侵害他人財產嗎？有縱火史嗎？犯罪者喜歡造成他人痛苦嗎？有配偶虐待史嗎？有肢解動物的經驗嗎？犯罪者曾有精神疾病發作史嗎？假如有的話，精神疾病發作時，是否存有對他人施加暴力的幻想？心理測驗有顯示暴力傾向嗎？

討論：上述問題大多需要仰賴個案自我解釋說明，所有問題的設計是期待可判斷犯罪者喪失控制的情況是否有增加的趨勢，以及犯罪者出現其他暴力行為威脅的情況有多危急。

人口統計資料：犯罪者的性別為何？犯罪者結婚了嗎，是合法婚姻或是一般法律安排？犯罪者是屬高收入或低收入？犯罪者是否有一技之長？犯罪者教育程度高或低？犯罪者是住在鄉下或都市？

討論：未婚男性、低收入、低教育程度、缺乏就業技能且居住在鄉下地區的個案，與無上述特質的男性相較之下，會有較高犯罪和危險行為傾向。

可變性問題

犯罪者在犯罪時會感受到哪些壓力呢？因情緒問題而導致犯罪的程度有多高？在犯罪當時，是否存有生理或心理上的不利條件？犯罪者的智力程度如何？

討論：有很多因素可能會影響犯罪發生，且可能無法改變的。智力大

致上是固定的，然而，其他不利條件和情緒問題是可以克服的。

此犯罪行為對犯罪者的意義為何？是否這行為可滿足其生理、社會或心理上的需求。

討論：某人持械搶劫計程車司機，以取得金錢而得以送生病的母親就醫；和因為喜歡看到受害者被手槍指著頭時的害怕、畏懼或退縮而犯罪，兩者所滿足的需求是不一樣的，第二個犯罪者可能是這兩者中更具危險性的人。

犯罪者有感到悔恨、自責嗎？犯罪者對自己在此犯罪行為上所須承擔的責任有多了解呢？犯罪者的焦慮程度如何呢？假如存有焦慮，是源於關注此行為或是擔心被逮捕呢？犯罪者會期待自己可以有不一樣的表現嗎？假如答案是肯定的，他可以詳述出自己想要成為一個什麼樣的人嗎？

討論：提出這些問題的目的，是想突顯犯罪者自覺需要改變的程度，與此需求的迫切性。在這裡也要討論犯罪者打算以何種方法進行改變，以及要改變什麼。

哪些環境因素應加以考慮？犯罪者的家庭是有其資源網絡嗎？假如犯罪者目前在監服刑，對他的家庭可能造成的影響為何？社區可接受犯罪者重返社區嗎？目前警察對犯罪者所持態度為何呢？被害者是否和犯罪者住在同一社區呢？一般大眾對此犯罪者的意見、看法為何呢？一般大眾的態度對改變犯罪者的行為可產生什麼作用呢？是否有任何共犯目前和犯罪者住在同一社區中呢？有合適之社區資源可運用嗎？有求學、職業以及技職訓練資源可運用嗎？有健康、福利和心理衛生服務資源可運用嗎？犯罪者有適當的住所嗎？犯罪者是否有重要他人可提供協助呢？犯罪者是否可獲消遣、娛樂的機會嗎？犯罪者是否有立即可提供協助的財務資源呢？

討論：即便犯罪者有很高的改變動機，然假若犯罪者所處的環境不能或無法支持這些改變的努力，那就會嚴重威脅到可變性的期望。假如整合各資源的計畫有所缺失，則工作人員也許會讓有意正向改變的犯罪者面臨失敗。假若上述問題的答案大多是否定的，則進行干預時，就可能必須將此犯罪者轉介至另一不同的環境。

犯罪者對未來所持觀點為何呢？犯罪者的目標和目的為何呢？它們實

407

際嗎？它們可以達成嗎？犯罪者對自己的未來設想到什麼程度呢？犯罪者相信他的行為與自己的未來有關係嗎？犯罪者可接受諮商和再教育嗎？犯罪者對努力矯正自我所持的看法是正面或負面呢？犯罪者認為應賠償自己所造成的損害嗎？

討論：犯罪者所建構的全部復健計畫，均將立基於他對未來的計畫。提出上述問題是想確定犯罪者是屬「目光短淺」（time bound）或可較有遠見、展望未來。

408　嚇阻性問題

犯罪者對刑事司法體系所持態度為何呢？犯罪者會害怕此系統嗎？犯罪者有表達想入監服刑的意願嗎？假如不入監服刑，犯罪者會危害其他人嗎？犯罪者之前在緩刑期間以及假釋監督時的行為表現如何呢？犯罪者認為自己是罪犯嗎？犯罪者認為自己有暴力傾向嗎？

討論：犯罪者對自己以及本身與刑事司法體系之間關係所持的態度，是衡量嚇阻效果的重要資料。這些問題的答案主要立基於犯罪者自認自己是社會的敵人或是持另一極端看法：自認不想參與社會，和他有無表達想待在監獄的意願。

法律議題

司法判決結果如何影響犯罪者的決策呢？有無其他法庭判決的拘留狀，會導致犯罪者須再被拘留呢？

討論：在某些司法權限上，刑事司法體系之立法機關會做出一些無意義的判決；在這類案例中，可能需討論嚇阻性問題。

對未來之觀點

犯罪者是如何看待緩刑呢？它被視為一種援助方式嗎？是麻煩事嗎？是處罰嗎？是自由嗎？緩刑是聚焦於監視、諮商、金錢（brokerage），或全部都有呢？犯罪者會遵從緩刑的規定嗎？

討論：由於在管理具危險性的犯罪者時，存有清楚之監護意味，故判

斷此社會控制層面之監督會被遵守的程度，相形之下顯得十分重要。探求這些問題會有助於進行此判斷。

　　已詢問過上述問題後，接下來的任務就是要分析答案了。一旦有適切解答，就可將犯罪者歸類於八種類型中的一種。在使用分類犯罪者的準則時，則可提出建議和構思行動計畫。這些行動計畫的建構應考慮此個案多方面的實際狀況，且須是可適切實行的。例如：我們應分辨導致犯罪者陷入危險狀態的有害生活經驗；當需要指派法定監護人時，我們犯罪者或其會對社區帶來的立即威脅，應該更敏銳地察覺。在這樣的情況下進行判斷雖然會很痛苦，卻是必要的。現在讓我們討論處遇每一類型犯罪者時，可考慮的建議和作法。

　　危險性、嚇阻性、可變性：針對這樣的人，所引發第一個且最顯著的問題是「危險性如何呢？」基本上，會按照犯罪者的危險性予以分級，但也會同時考慮犯罪者的嚇阻性和可變性；假如能夠有適當的監督，則將犯罪者安置在社區中的居住型機構，可能是很好的作法，中途之家也是可提供心理治療或團體諮商等復健措施的強制機構，長刑期和緩刑則可提供處罰和必要的威脅，以達成嚇阻性。 409

　　危險性、嚇阻性、無可變性：處遇符合這些條件的個體時，只會考慮一件事：嚇阻性。達成嚇阻效果的策略可能是在一密閉空間給予短期的「震撼」經驗，之後則出其不意地將其釋放，並在社區中予以管理監督，較長期的緩刑也可能有效。

　　危險性、無嚇阻性、可變性：針對這類犯罪者，最好可依據民事訴訟刑責加以起訴。這類個案應被安置在非公開性且釋放標準嚴格的精神醫療院所中。以諮商為主的更生輔導也是必要的。

　　危險性、無嚇阻性、無可變性：對這類犯罪者而言，安置在監獄是最有效的辦法。Charles Manson 是這類型個案最典型的代表人物，這類個案的刑期應該夠長以確保犯罪者已無能力犯罪，且直到他夠年老到不再具危險性為止，或者也許應該判處無期徒刑，且不可假釋。

　　無危險性、嚇阻性、可變性：這些人可處以罰金、緩刑、賠償和以人群服務為主的緩刑。

無危險性、嚇阻性、無可變性：罰金、緩刑和以監督為主的緩刑是處置這類犯罪者的適當作法。

　　無危險性、無嚇阻性、可變性：這類犯罪者的典型特質是常屬好自我表現者，其入監服刑的矯正成效不佳，然對法庭命令強制安排的精神疾病處遇反應佳。緩刑是針對這類人的最合適計畫，且須以接受法庭命令所強制安排之處遇計畫為緩刑條件。

　　無危險性、無嚇阻性、無可變性：此犯罪者常是住在貧民區中，當天氣變冷下第一場雪時，就會想盡辦法要進到監獄來。他可能會拿著磚塊去丟玻璃，然後留在原地等著被逮捕。針對這種人，鮮少有可以事先防備的解決辦法，處理這類個案的更好辦法，是應將他們赦免且轉介至慈善機關；假如這方法不可行的話，則建議將此犯罪者歸類為「文書上的待處理案件量」（paper caseload），處以條件鬆散的緩刑即可。

　　在結束這議題的討論之前，須提醒讀者要隨時注意個案的行為改變，因這意味著必須重新分類個別犯罪者。這些分類是屬暫時性的，切勿過於強調。所有關於人的評估都應全面且整體來進行，而非形同由許多破碎石片組成的合成體。

410　　**非正式評估**：如同之前的討論，除了正式評估個案的危險性之外，也有每天須持續進行的非正式評估。本段落聚焦於評估已被安置於言行會略受限制環境中的個案，這些人已經出現過暴力行為，且經正式評估被認定具暴力傾向。在這種環境中，社工人員必須每天、每一分鐘都去評估某人或很多人出現暴力行為的可能性。事實上，具暴力傾向的人在一受限制的環境中，由於已進行心理復健和強制用藥，故而會表現較少的暴力行為；另一方面，以前從未出現過暴力行為的人，可能會因身處於受限制的環境中而被激發暴力行為。

　　在很多案例中，在社會和環境因素上能發現許多評估和預測暴力行為的線索。以下將列舉在受限制的環境中評估表現暴力行為之可能性時，應該納入考慮的社會和環境因素。分述如下：

1. 一天中的某一個時間。

2. 一星期中的某一天。

3. 每年的某一特定時間（夏天、冬天、假日）。

4. 當天的計畫或實際發生的事件。

5. 目前這群人的特質（所犯罪刑之性質、背景等）。

6. 目前這群人社會關係的特質（社會權勢階級有變動或是穩定的）。

7. 事件最近的經歷，關鍵性或其他方面的事件。

8. 這群人當中，每一個人目前的情況（即將解除懲戒，或最近會解除懲戒）。

9. 此團體的氣氛或活動等級（即將會發生的活動或事件，任何顯著的差異或與慣例不同的部分）。

　　當社工人員在受限制的環境中見到他們時，必須考慮和持續再觀察上述每一因素。過去行為是這群人暴力傾向之指標，或在此受限制環境中會產生緊張和壓力的因素，這可能會助長暴力行為之展現。當致力於實現專業價值時，社工人員的任務是將暴力行為出現的危機降至最低，或許須在受限制的環境中經歷多年實務經驗累積，方可發展這方面的藝術，且無法僅透過課堂教學來教導或學習如何預防暴力行為。然而，經由關心、注意上述所列舉的每一因素，可有預防暴力行為發生的方法。

　　上述所列舉的因素，其中部分雖可藉由檢查個案檔案和工作人員的紀錄來了解，惟社工人員的專業技能，仍然在評估有關特定個人或某些人目前社會和環境因素，並分析其是否會表現暴力的關鍵方面，具有舉足輕重的地位。在很多案例中，預警式及反應式兩者之間的緩和危機作法會有所差異。暴力行為的表現，通常是一段時間的失控情況不斷加劇下，進而衍生的極端行為，或許甚至連這做出暴力行為的犯罪者，也不知道自己為何會這樣。為了試著讓讀者更清晰和完整理解這當中的相關聯因素，以下將描述一典型暴力事件之始末。

　　　這是在冬季星期天下午發生的事。星期天對任何待在受限制
　　環境裡的收容人和工作人員而言，都是最艱難和最活躍的時間，

這個時候，大多會安排最有經驗的工作人員來擔任值班工作。典型的輪值時間是由下午兩點至十點，當輪值星期天這個時段時，本作者在工作上的準備會有差異，特別是接下來會有兩天的休息時間。星期日總是會有更熱烈的活動等級；面對這種活動等級，工作人員必須巧妙應付和學習如何管理，因為此時要達成完全控制是不可能的事。

去會客和將返回舍房的人，其心智狀態和精神狀態均須再次檢視。察看工作紀錄可確定哪一工作人員在星期五和星期六均須值班，也可了解那些未被批准會客的收容人，所呈現的精神、社會和環境狀況。再者，當我先前已持續值班兩天時，也須檢閱適合參加此活動計畫的收容人之心智狀態，以及這個團體的狀態。

最後，在每一個週末收容人會被區分為三種團體：任何被允許和家人一起離開到其他地方會客者，被要求在限定地點和家人會客者，以及完全未被批准會客者。由於這些青少年大多無能力妥善釐清和處理自我情感，是故任何日程安排表的重要改變，都會造成各團體內和各團體間各式各樣的廣泛反應。某些和家人離開到其他地方會客者，在情緒上會更顯得心煩意亂或煩惱，這是因為和家人與朋友相聚的快樂時光結束後，終究必須分離；其他完全未被批准會客者會比較偏激，他們會覺得心煩意亂或煩惱，且有時候會深陷在無望寂寞的情緒中，而感到痛苦。

在其他情緒上，這三類團體當中都會有一些成員是屬興高采烈和過動的。不論是離開到其他地方或是在限定地點和家人會客者，均可預測他們會較興高采烈並因而會有些過動。另一方面，那些在限定地點和家人會客者，會因為時間計畫表改變，或沒有完善地利用每一分鐘寶貴時間，而有過動且有時候會出現狂躁的情況。

在這些零碎的時間內，也須關注會客時，可能會有人攜帶違禁品進到這個監禁的環境中。為了避免違禁品流入，必須徹底檢查所有人的外觀和身體，這對工作人員和收容人而言，總是一項

具侵略性和不愉快的經驗。這種經驗所造成的強烈情緒，經常會在星期日下午和傍晚擴散到其他人身上。

所有這些因素會引發一種氛圍，進而衍生為某種形式的行動，且常常會是訴諸暴力行為。就如同之前所提及的，在這樣的情境下，工作人員和被監禁的收容人都必定會感受到壓力。這不僅是管理收容人的問題，也顯示須妥為管理自己的行為。

在星期日的下午和傍晚，依照慣例收容人經常會有固定模式的變化。不用考慮給予會談或對任何一個人進行某種形式的諮商，取而代之的是，須加強覺察收容人不可預測的舉止。工作人員和收容人也必須維持高度警戒，以監視因某些原因逃過檢查而被攜進的違禁品。應注意在這段期間出現暴力行為的可能性會持續增加，當工作人員覺察到收容人間即將發生衝突，或發生突發混亂狀況時，則在介入處理衝突之前，工作人員不僅須查明衝突產生的發展趨勢，也會檢查監禁的空間及場所等。這些檢查動作可有效快速評估其他收容人的反應，且也可評估是否騷動仍舊是渙散混亂的狀態。

總而言之，社工人員必須盡職責地關心每一個人，且在保障所有人的安全時，也必須促使案主自決，可在此種環境中作最高程度的發揮。

居家和社區評估

在考慮讓個案進行社區探訪、暫時休假或申請假釋時，矯治機構的社工人員也必須評估個案在其他情境出現暴力行為的危險性。當返回社區時，這些個案的社會和環境因素會有所改變，最主要的因素是社會支持和經濟壓力（Werner, Rose, Murdock & Yesavage, 1989）。社工人員在批准個案申請離開監禁場所回家之要求時，最主要考慮的因素是社會支持。

在監禁型機構中，有許多因素是須加以評估的例行性指標，諸如：精神病／情緒狀態、之前攻擊行為，以及參與社交生活的能力和意願，必也須了解個案順從規則、接受結果，以及處理衝突的態度。儘管這些因素都

413

是非常好的指標，可應用於預測個案在監禁機構中會持續出現之行為與危險程度，然而，這些指標並無法預測個案在自我居家社區中會表現的行為和反應。即便並非所有的矯正社工人員都認為，家庭和社會支持是必不可或缺的要素，但社工人員會視家庭和社會支持為最重要的部分。基於此一理由，社工人員依照慣例會實施家訪，以藉此機會觀察犯罪者之周遭物理環境和評估社會支持。

透過家訪，社工人員不僅可評估個案之居家和社區物理環境，也可評估情感環境。這使得社工人員可獲得下列問題的解答：

- 其他家人和家族成員與此個案的關係如何？
- 家庭是否規劃提供此兒童情感和物理空間，或者家人已藉由拒絕他／她分享家庭氛圍，作為調適此青少年缺席期間的生活方式？
- 家中是否有可喘息和逃避的空間，或者是混亂和緊張的？
- 此家庭的支配者如何管理家庭以及家庭活動？

家庭以外的社會環境，是青春期犯罪者生活中極其重要的場域，因為很多案例顯示，就青少年行為層面而言，同儕比家庭扮演更核心角色，且更具影響力，特別是可能導致暴力行為的活動更是如此。社工人員在進行此層面評估時，可安排與個案所挑選的同儕見面，並且去看看某些個案在社區中最常去的地方。很多青少年自述自己在社區和在監禁機構時所表現之行為差異極大。藉由此家庭和社區探訪，可使社工人員深刻了解這些差異是指哪一方面，且此差異可能觸發暴力行為的程度如何。

在考慮假釋個案時，也必須評估個案之經濟壓力。諸如：此青少年在社區中為了維持自己的生活，會有哪些花費？這些經濟需求可藉由合法的工作機會而得到滿足嗎？當個案回到社區時，若矯正工作人員未與此青少年接觸，且未能與個案目前或可能的雇主直接取得聯繫的話，就無法了解這一層面的訊息。工作人員必須評估此青少年的承諾、保證，同時也評估雇主是否了解雇用一個未充分社會化且未能延宕滿足的青少年，所代表的意義為何。未有合法工作的青少年犯罪者，並表示情願去觸犯社會規範，且自認屬於主流社會之局外人者，則很有可能會以搶劫或竊盜來支持其經濟需求。

干預

當考慮要介入干預具有暴力傾向個案時，我們首要責任是取得該個案的行為基線，亦即他們平日的正常行為模式為何。如果個案是被安置在居住型方案之中，這一點很容易即可做到，因為只要獲得許可，即可藉由調查個案的個人史來取得這些資料。當無法取得這些背景資料時，工作人員可簡要詢問該看似失控的個案，這是否為他們正常的行為表現。這簡單的問題可幫助他們停頓一下，並思考自己在其他人眼中是什麼樣子。了解個案正常反應，可提供個案行為特徵和這些背離正常行為之發展脈絡。假若我們知道個案平日之正常行為模式為何，我們才可取得適當的立場來進行評估，並據以詢問其即將失控的徵兆為何，以及評估工作人員可協助他們回歸正常行為的程度如何。

口語和肢體干預

當與具潛在暴力傾向個案一起工作時，我們必須覺察此人即將失控的徵兆。這些徵兆可能包括：來回踱步、臉頰變紅、沉重的呼吸、講話結巴、急促或大聲說話、臉部肌肉緊繃、說一些辱罵的話。社工人員若可了解某些上述行為是源自個案的恐懼，這會很有幫助，社工人員可透過支持行動來舒緩個案的恐懼。然而，極為常見的情況是我們無法了解個案的恐懼，因為我們只感受到他的憤怒，當然，這樣一來也會增強我們自己的恐懼。

當面對即將出現暴力行為的個案時，我們會如何針對自己的恐懼做出反應，也是此處的問題之一。在我們進行干預之前，我們必須找到可自我分離的方式，如此一來，方可以專業的態度予以回應。我們或許已盡可能發展出自己的方式予以回應，當中有些人可能會深呼吸、有些人可能會從 1 數到 10，抑或尋求某些無害的方式，諸如彎曲自己的腳趾等，凡此種種均為建立必要之心理舒緩，以便能適當回應。當我們覺得恐懼時，透過承 415

認自己的恐懼，可以幫助自己舒緩，而勿以「我不應該恐懼」或「我不想恐懼」這類的否定對話來因應。就如同先前所言，了解自己的「阿基里斯的腳後跟」即是邁向自我提升的一大步。

為保持必要的互動空間（站立時距離二步半至三步，坐著時則距離五至七步），我們應該維持些許開放的身體姿勢。當站立時，我們應該避免和個案直接面對面站著，並且要站往較傾斜的位置。很重要的是，要讓我們自己處於有利位置，以使我們可以觀察個案較低的身體部位；因為較低的身體部位常會透露出個案情緒激烈的程度。應注意須讓我們的雙手持續敞開，這可促使個案在面對工作人員時，其也可敞開雙手和手臂。

當面臨威脅時，我們會更為大聲、急促地說話，這很容易會被解釋為我們處於失控狀態，且可能並沒有在傾聽個案的聲音。我們必須意識到這類情況，且努力更溫和、更緩慢的說話。同時，在眼神接觸時不要瞪著個案看，在以正面點頭方式適時表達對個案的肯定時，我們應該盡力微笑。如同上述所言，我們應該表現支持的態度，如果可能的話，應該嘗試藉由提出「請幫助我了解為什麼會這樣」，或詢問「你可以跟我說明一下嗎？」之類的要求，來讓個案扮演類似「老師」的角色。如果我們請求個案指導，以幫助我們了解概況，這會讓他們不易持續保持憤怒。畢竟，我們是希望個案可多加思考，且當個案存有辨識能力時，就更不易表現暴力行為。

不過，支持性的口語技巧可能不足以讓每一個案都冷靜下來，假若個案的敵意已構成威脅，更直接的處理技巧可能是求援。當這種情況發生時，工作人員極其重要的是，要幫助個案區分他們的威脅會造成的實際後果。個案也應該了解所有會被應用來對抗他們威脅的外在限制，以及我們有責任強制執行這些限制措施。當個案已經承諾、保證會約束自己的威脅時，則工作人員必須提供他們可保全尊嚴的替代作法，藉以提供協助且容許個案可打退堂鼓。

基於許多理由，我們應該承認個案可能會訴諸身體暴力手段，故須巧妙地運用口語技巧，切勿仰賴他們對工作人員安全所提出的保證。當工作人員面臨身體攻擊時，他們需要運用身體防衛技巧以因應這情境（Soloff, 1987）。雖然去解釋這些身體防衛技巧已經超過本章的討論範圍，但仍須

提醒刑事司法體系的工作人員應該接受防禦和控制身體攻擊的技巧訓練。

　　服務具暴力傾向個案的機構，應該透過要求工作人員共同管理個案暴力行為，以建立更強烈的個人自我安全防護意識。團隊處遇模式可讓工作人員有自信，因為所有的工作人員都會關心他們的福祉，這樣相互協助本身也有助於激發自信心。這種信心是在處理暴力個案和進行社會支持與社會控制的溝通協調時，不可或缺的要素。

416

　　以下將詳細說明前文中所提及之處理原則，特別會呈現出如何在不使用身體防衛技巧的情況下，減低潛在暴力情境。

　　　　我在一所監禁單位工作，此單位有另外撥出一些空間安置新收容人，他們均屬嚴重違反規則，以及／或曾表現某種形式的暴力行為。我被告知有一收容人太興奮了，並且他在會客回來後，嘗試攜進違禁品給其他收容人，我也被告知這收容人目前的情緒非常抗拒且挑釁。他對工作人員表示「你將不會把我關起來」。我立刻告訴此監禁單位內的所有收容人，他們必須回到自己的房間內，且會被關在裡面。這資深工作人員也通報管理開放式大寢室的工作人員，他們即將接收一名抗拒、挑釁的收容人。此人在接受審訊前必須被監禁。除了在此開放式大寢室中撥出極小範圍以安置這收容人外，所有的資源都已經齊備；而我自己在這嚴密監禁場所中所執行的任務，為護送此收容人到這監禁處所。

　　　　在處理具抗拒、挑釁態度之收容人時，必須動用夠多的工作人員相互協助，以減少任何人受傷或出現暴力行為的可能性。當可動用的工作人員愈多，則會更容易控制某人之抵抗；而可動用的工作人員愈多，也更可保障收容人的權益。一旦可動用所有的工作人員，且所有收容人都被監禁在特定場所時，工作人員會開始脫下眼鏡、珠寶和他們身上穿的外衣，譬如毛衣或背心。

　　　　在這案例中，共動員了四位男性工作人員；這四個人的身高和體重都高於平均身高、體重。這有問題的收容人的身高和體重也高於平均身高、體重。當時他的抗拒和挑釁逐漸加劇，他對工

作人員表示「你將不會把我關起來」、「我會打倒你們當中的一個人」、「你不可以要求我進入那個房間」、「假如必要的話，我會整晚反抗」。當工作人員準備干預時，這收容人說了上述這些言詞。干預主要聚焦於協助此收容人可自我控制，而非由工作人員掌控一切。這樣做的主要目的為尊重個案，鼓勵自我決定，且隨後會予以獎勵。

依照慣例，所進行之干預是安排此人待在一嚴密監禁的場所中。我開始藉由和他說話試著分散和／或改變他的注意力。我詢問他有關會客的情形，並且順從他的要求，和他保持一定距離。通常可很容易依據收容人所提出的要求，來確認他不安的程度，也總是可根據收容人的動作、防衛或攻擊姿勢來證明他的不安。這個收容人是單腳站立，雙手交叉環繞在胸前，站在此監禁單位中離監禁室最遠的位置。而當另外一位工作人員接近他時，他隨即改變姿勢呈現更防衛狀態，並向後退且將雙手移至身體側邊、握拳；然後些許向前移動，恢復防衛姿態和挑釁言詞。

因為他顯然無意要改變自己的挑釁態度，故而最近和他關係最密切的工作人員開始跟他說話，告訴他有必要將他監禁至被傳喚審訊完的隔一天為止，以確立他這行為所造成的長期後果。當其他幾個人依舊和他保持安全距離，並嘗試說服他，讓他了解自己必須在傍晚時被監禁的時候；他仍持續保持防衛姿態。所有的工作人員都保持開放態度、放鬆姿勢，同時，運用冷靜但強而有力、簡單且清楚的措詞。

每一個工作人員輪流嘗試說服他 10 至 15 分鐘之後，我再一次掌管情勢，以更堅持、清楚的語氣告訴他，他必須進入他的房間。仔細傾聽他的聲明，其中一句是「你不要像對待狗一樣對待我，強迫我進入房間」。我回應他說：「不會，我寧願你可以表現得像個成年人一樣，是個負責任的人，而且會自己進入你的房間。」我繼續以堅定、冷靜的語調表示，他將會進入他的房間，且進入他的房間是不可避免的；我們所有的控制、處置對策是他

無法抵抗的；他確定會以某種方法進入他的房間；他可以選擇自己走進房間這種較有尊嚴的方式；稍後我們可以和他討論，他對這次會客的感受，以及為何他在回來時會太過興奮，且試圖攜進違禁品。

這樣做的重點是要吸引他的注意力，並藉由建立當下的關係和連結，來幫助他以第三者角度看待此事。一旦他開始注意看我與放鬆他的姿勢時，我就向前靠近他一點點，同時降低語調和音量和他一對一談話；此時，其他工作人員仍保持適當距離，以堅守身體防衛姿態和維護安全。當他的語氣趨於平穩，我也會以溫和語氣回應。而且，我甚至可以更向他靠近一點，並以支持性的態度跟他說話。我再一次提醒他，他可以決定這裡會發生的事；他只會面臨極小限制，且只破壞兩項規定，而攻擊只會讓事情變得更糟。當他的態度和情緒開始軟化時，我轉而為更具指導性和更靠近他；鼓勵他現在進入他的房間，同時，他也可以積極思考這件事，之後他會被上鎖，並睡覺、停掉所服用的藥物。在經歷另外數分鐘說服他之後，他已經直接走進他的房間，接著他要求其他工作人員離開，並承諾他會安靜地待在房間內。我建議一折衷方法，表示除了會留下一位工作人員之外，其他人可以離開。此時，他也正在脫下身上所穿較適合上街穿的衣服；我告訴當中兩位工作人員表示所有的事都很好，他們可以回到其他職務上了。我要求一位工作人員留下來，然藉由查核其他監禁在此單位的收容人，以便和他保持距離。

在這期間，此收容人和我一起離開走到辦公室區域，在那裡他開始脫下衣服，我們開始討論他週末會客的狀況，但並未談論他剛剛對抗和挑戰我們的職權。在我們簡短對話之後，他安靜地回到房間，我則承諾在較晚的時候，我會去他那邊作檢查。我建議他好好睡一覺，然後我會在吃飯時間到時叫醒他。

數小時之後，我將他的膳食帶到他的房間。所有其他收容人都在一共用的桌子上用晚餐，在他用餐時，我們短暫交談有關他

自己預期這不恰當行為和威脅攻擊工作人員，可能會導致什麼事情發生。我建議他可以寫信給負責審訊的助理主管，解釋他的行為，並建議可避免他未來出現類似問題的方式。我承諾將會回來檢視他的情況，並在每個收容人都回房間上鎖後，讓他使用浴室。

我在晚上 9 點 30 分時這樣做了，並且在這最後剩下的 30 分鐘值班時間和他談話。我向他保證，我會告訴助理主管，說他整個晚上都維持合作態度，而且最後平靜地做了一個好決定，亦即自己走進房間。

上述軼事反映許多在居住型機構中，與具暴力傾向青少年有關的社會和環境因素。同時，也示範社工人員如何運用尊重、自我決定和增權之社會工作價值。

419

REFERENCES

參考資料

Bandura. A. (1973). *Aggression: A social learning analysis.* Englewood Cliffs, NJ: Prentice-Hall, p. 138.

Bloom, B. L. (1975). *Community mental health: A general introduction.* Pacific Grove, CA: Brooks/Cole Publishing Co., pp. 74-75.

Gilliland, B. E., & Jones, R. K. (1988). *Crisis intervention strategies.* Pacific Grove, CA: Brooks/Cole Publishing Co.

Hall, H. V. (1987). *Violence prediction: Guidelines for the forensic practitioner.* Springfield, IL: Charles C Thomas.

Hamner, T., & Turner, P. (1990). *Parenting in contemporary society* (2nd ed.). Englewood Cliffs, NJ: Prentice-Hall.

Koontz, H., O'Donnell, C., & Weinrich, H. (1986). *Essentials of management.* New York: McGraw-Hill.

Lewis, D. O., Moy, B. S., Jackson. L. D., Aaronson, R., Serra, S., & Simos, A. (1985 October). Biopsychosocial characteristics of children who later murder: A prospective study. *American Journal of Psychiatry, 142,* 10.

Litwack, T. R., Kirschner, S. M., & Wach, R. C. (1993). The assessment of dangerousness and predictions of violence: Recent research and future prospects. *Psychiatric Quarterly, 64:*3.

May, R. (1972). *Power and innocence: A search for the sources of violence.* New York: W. W. Norton.

Monahan, J. (1981). The clinical prediction of violent behavior. *Crime and Delinquency Issues: A Monograph Series.* DHHS (ADM), 81-921, pp. 3-20.

NASW. (1980). *Code of Ethics of the National Association of Social Workers.* Silver Spring, MD: National Association of Social Workers.

Parsons, R. J., Jorgensen, J. D., & Hernandez, S. H. (1994). *The integration of social work practice.* Pacific Grove, CA: Brooks/Cole Publishing Company.

Shachter, B., & Seinfeld, J. (1994). Personal violence and the culture of violence. *Social Work, 39*(4), 347.

Soloff, P. H. (1987). Physical controls: The use of seclusion and restraint in modern psychiatric practice. In Roth, L. H., *Clinical treatment of the violent person* (p. 119). New York: The Guilford Press.

Tavris, C. (1982). *Anger: The misunderstood emotion.* New York: Simon & Schuster.

U.S. Department of Justice. (1992). Office of Justice Programs, Bureau of Justice Statistics. Washington, DC 20531.

Weinbach, R. W. (1990). *The social worker as manager.* New York: Longman.

Weisinger, H. (1985). *Dr. Weisinger's anger work out book.* New York: Quill.

Werner, P. D., Rose, T. L., Murdock, A. D., & Yesavage, J. R. (1989). *Social Work Record and Abstracts, 25*(3): 17-20.

Wolfgang, M., Figlio, R., & Sellin, T. (1981). *Delinquency in a birth cohort.* Chicago: University of Chicago Press, 1972. In Monahan, J., The clinical prediction of violent behavior. *Crime and Delinquency Issues: A Monograph Series,* DHHS (ADM) 81-921, p. 72.

第25章

社工人員在家暴事件之角色

案例

蘇西跟男友已經在一起十年了。兩人交往過程中，由於種種不同原因，她被男友嚴重毆打，並在當地醫院急診室接受治療。許多夫妻之間的虐待常是彼此指控對方施虐，然蘇西的男友從未因為蘇西的反擊而就醫。有很多次蘇西報警求助，但當警方迅速前往，抵達家庭暴力現場時，蘇西通常會拒絕提出控告。蘇西宣稱自己過去曾經有一次對男友提出控告，但在男友由看守所打電話給她，告訴蘇西他愛她並乞求原諒後，很快就撤銷告訴了。警察因為太常被派往處理、干預此家庭暴力現場，他們甚至可以直接叫出蘇西和他男友的名字。

蘇西已經好幾次試圖離開男友，但男友總是跟蹤她並說服她回心轉意。蘇西的家人非常清楚她常常被虐待的事。然幾次之後，當蘇西打電話跟母親和姊妹求助時，她們均拒絕再接聽。一直以來，當蘇西和男友打架時，她常常打電話給母親和姊妹，表

示自己需要她們的「了解或提供安全住所」。對此，她的家人覺得很挫折，因為不論他們做了多少努力，蘇西似乎總是會回到這虐待情境中。且當蘇西回家時，男友亦會持續威脅她和她的家人，而她母親認為，蘇西父親的身體狀況並不好，無法承受、因應這所有一再重現的壓力。

透過蘇西老闆的轉介，蘇西向諮商師吐露自己的失落和被遺棄的感受。第二次會談時，她告訴社工人員自己想殺了男友。當進一步詢問她打算怎麼做時，蘇西馬上就崩潰，並哭著表示自殺可能是更好的辦法。引發蘇西自殺危機的導火線是她與男友前一晚的爭執：蘇西的男友堅持要蘇西爬上梯子幫他油漆房子，但蘇西因為自己已懷孕四個月，且懼高而拒絕了。只是她拒絕爬上梯子的結果，卻是被男友用梯子毆打背部。

經由蘇西所提供的訊息，社工人員可做出以下評估：(1)她被毆打之事已屬常態；(2)她擔憂自己的生活且當改變時，會面臨男友恐嚇；(3)她和家人關係疏離，也無任何支持系統可協助她；(4)她被脅迫須持續目前生活。故而，社工人員認為，最必要之立即性干預為幫助蘇西適應目前生活，且勿傷害自己或他人。社工人員嘗試做的第一件事為尋求蘇西住院的可能性。因為她沒有任何醫療保險，且當地沒有任何一家醫院有空床，此時，社工人員構思另一替代計畫。

社工人員協助安排蘇西住進當地受虐婦女庇護中心。庇護中心的工作人員也被告知蘇西有自殺企圖，並實施預防自殺監控，同時提供深度個別與團體諮商。藉由社工人員的協助與支持，蘇西提出保護令申請。蘇西決定控告男友，並詢問社工人員是否可協助找律師，社工人員同意了。這次蘇西真的提出告訴，且她男友因而被判處兩年徒刑，但在服刑六個月後可能獲得假釋。在協助蘇西重新被家人接納與援助之後，蘇西搬到另一個城市與她的阿姨同住。在她離開之前，她已決定讓出監護權，將孩子給人收養。

在此案例中，社工人員扮演兩種角色：第一，提供案主安全居住環境，且此環境可協助案主處理危機；幸運地，社工人員與庇護中心的諮商師均可提供諮商和支持性服務。第二，協助個案進行法律訴訟，並協助連結必要之資源服務。被配偶和／或重要他人施虐的婦女需要支持性服務是無庸

置疑的。此外，國家司法機關也必須給予救助和援助。這些受虐婦女必須了解：(1)她們可獲得法律服務；(2)亦可獲得類似社工人員所提供之支持性服務；(3)這所有服務最終將可協助解決家暴問題。此促使社工人員扮演極重要專業角色。無論是在刑事司法體系或其他相關機構工作，社工人員均可有效協助家庭暴力倖存者。

家庭暴力

在最近幾個月，我們社會因為充斥著「暴力」的事件而相當受到關注。媒體常提及暴力，且愈來愈多有關受虐婦女以暴力反擊施虐者的事件被報導。在過去十五年間，家庭暴力與發生此事件之後須進行之後續評估、干預和治療處遇，已經普遍地被接受與認可。

家庭暴力的定義

在討論家庭暴力議題時，我們也必須明確界定何謂暴力。很不幸地，暴力的明確定義並不存在。定義暴力的範疇可由「某一人對另一人之身體加諸暴力」（Siegler, 1989），延伸至「推撞、掌摑、用拳頭猛擊、用腳踹踢、用刀割、開槍射擊，或將物體向另一人丟擲」（Gelles, 1987, p. 20）。

大部分的人均同意，所謂施虐應涵蓋所有傷害他人的行為，包括：心理層面、情緒層面，以及非暴力之性侵害（Siegler, 1989）。然而，何謂虐待之具體定義與描述，至今仍未有共識。

發生率

配偶毆打之定義為婦女遭受其親密男性伴侶各種不同形式的身體暴行（Edelson, 1991）。這是最常造成婦女受傷的原因，且相較於實際發生率，

也可能是最少被通報的犯罪（McShane, 1979）。許多以受虐婦女為對象的相關研究指出，在所有家庭暴力事件中，有報警的少於 1%；而有通報的個案中，僅有少於半數的婦女會控告施虐者（Siegler, 1989）。再者，估計每兩位婦女中就有一位在日常生活有若干時間會被虐待（Statman, 1990）。

統計數字顯示每年大約有 1,200 萬的婦女被伴侶虐待（Mancoske, Standifer & Cauley, 1994）。在美國，估計有二分之一的夫妻曾在其親密關係中，遭遇暴力對待（Gelles, 1979）。Finklehor 等人（1988）表示，在他們的調查中，12%的配偶宣稱過去一年之中曾被伴侶暴力對待，28%自陳在他們婚姻生活期間，曾遭遇暴力對待（Finklehor et al., 1988）。且有將近20%的婦女曾因被毆打而到急診室就醫；類似的攻擊案例愈來愈普遍（如家庭暴力、約會強暴），而當中 70%的案例，施虐者承認施虐（Statman, 1990）。由於急診室中，因被虐待而求醫的比率增加，故只要受虐者受傷情況嚴重到需要緊急醫療照顧，美國許多州已允許警察不需要拘票即可逕行逮捕施虐者（Statman, 1990）。

美國每年約有 2,000 到 4,000 位婦女被毆致死，超過一半的婦女有若干時間被伴侶虐待（Liutkus, 1994）。各方面的研究均顯示，美國被謀殺的婦女中，有三分之一至二分之一是被男友、配偶或前伴侶所殺（Schneider, 1994; Litsky, 1994; Stark et al., 1979）；而被謀殺的男性中，有 10%是被其女性伴侶基於自衛而殺害（Statman, 1990）。

各州政府所制定之家庭暴力防治法的內容不盡相同，且即使是在同一州，市鎮和都會地區的規定也不同（Statman, 1993）；然而，在 1990 年時，只有三個州的法令規定須強制通報受虐婦女（Gelles & Cornell, 1990）。

施虐者與受虐者之人格特質

對受虐倖存者人格特質的關注，主要有兩部分：第一，我們須小心不

可「責難受害者」造成自己受虐。社會大眾及施虐者都可能試圖責難受害者。例如，在《新聞週刊》1988年報導 Hedda Nussbaum 的文章中，即可很清楚看到一些社會輕視用詞。該報導描述 Hedda 被同居男友 Joel Steinberg 毆打臉部和身體，且其男友被指控謀殺兩人非法領養的6歲女兒。這對伴侶的虐待可回溯自1978年3月，一直到1987年11月方才終止，當時 Hedda 要求男友讓她打電話為其受虐的孩子尋求協助。不幸地，當 Hedda 打電話求救時，這孩子就已經被毆致死了。這樣的結果，使得許多人責怪 Hedda 未能挽救這孩子。當時《華盛頓郵報》的 Judy Mann 即如此敘述：政府和關鍵目睹者共謀以受害作為此應受譴責罪行的藉口（Jones, 1994: 175）。許多人不相信 Hedda 因常被毆打，以及因而衍生之恐懼，而促使她持續忍受被虐待，並使她除了應付自己的生活之外，已無能力干預、處理女兒的生活。

　　鑑別處於配偶虐待危機的婦女之特定人格特質也很重要，那些施虐者可能會利用這些人格特質來為自己的暴行辯解。很多與施虐者工作的社工人員表示，男性施虐者時常指責婦女，宣稱自己是因被激怒才會施暴（Edleson & Tolman, 1992; Pence, 1989）。雖然聲稱「是她逼我的」常被用來為自己的暴行辯解，但最新近的研究指出，這並非典型案例（Ganley, 1989）。許多專業工作人員相信，這些說詞可能主要反映出施虐者對自己行為責任的否認，而且若要促使治療、處遇有所進展，則必須挑戰與克服此部分（Edleson & Tolman, 1992）。 ⁴²⁵

　　第二個議題是：當與暴力倖存者討論這些人格特質時，也可能致使受虐者自責，例如，認為自己應該可以控制施虐者的行為，且對容許自己持續被虐待，覺到很羞愧（Dziegielewski & Resnick, 1996）。這樣的人格特質診斷並不是想找出「我做了什麼應該被虐待的事」的答案，而是要鑑別處於受虐危機的婦女，並探討源自被虐待而衍生的心理後遺症。

　　儘管多屬小樣本研究，然許多研究均發現，受虐婦女亦曾在幼年時經驗過家庭暴力、目睹父母虐待，或曾是受虐孩童（Star et al., 1979; Siegler, 1989; Gelles & Cornell, 1990; Tolman & Bennett, 1990）。受虐婦女會有以下典型特質：(1)低自尊；(2)缺乏自信；(3)在婚姻中，多傾向以退縮方式因應

情境壓力；(4)較多憂鬱情緒、無望感及挫折感；(5)較傾向藥物濫用、酒精濫用，及藥物酒精依賴，有自殺企圖和自殺身亡與殺人行為（Liutkus, 1994）。

受虐婦女何以選擇繼續維持此暴力關係，當中的理由有很多。這些理由包括：相信配偶會改變、懷疑自己是否有能力一個人過日子、離婚是一個烙印，且害怕變成孤單一個人、對自己離開後可能會發生的事和未知事物的恐懼、缺乏就業機會、擔心無家可歸（國內有 50%無家可歸的婦女是為逃離家庭暴力）（Mullins, 1994），難以為孩子找到合適的日間照顧服務（Dziegielewski & Resnick, 1996; Dziegielewski, Resnick & Krause, 1996; Gelles & Cornell, 1990）。不過，可推測當中最大的阻礙為擔憂若脫離此關係，則會面臨經濟困難，且金錢援助減少後，也會讓她們不能好好照顧孩子。

對金錢困境的擔憂非常實際。由於婦女將多數時間投注於照顧家庭和孩子，使得她在賺錢的角色上陷於弱勢。這導致經濟依賴婦女須持續待在被虐待的情境中，且減少她們離開的機會。貧窮女性化現象就是證據，在分居一年內，73%的婦女生活水準會下降。有將近 70%的配偶未定期支付兒童教養費用，且即便法院已判決贍養費，配偶也鮮少會確實支付（Davidson & Jenkins, 1989）。單單經濟輔助即足以解釋，何以受虐婦女仍繼續維持此暴力關係。這些社會與經濟因素清楚證實對治療性干預的需求，且此治療性干預須是革新，並將保護、預防及經濟支持需求均納入考慮。

當更進一步了解施虐者與受虐者人格特質之動力時，會發現藥物濫用與家庭暴力之間呈現高度相關（Liutkus, 1994; Siegler, 1989; Tolman & Bennett, 1990; Stith et al., 1990）。在此須提醒一重要訊息，亦即配偶虐待常常是雙方相互虐待。丈夫和妻子都被發現彼此反覆以暴力方式互動，不過，男性身體暴力所造成的後果會較嚴重（Siegler, 1989; Stith et al., 1990）。

已有大量資料被用以推論男性暴力施虐者的人格特質（Finkelhor et al., 1988）。施虐者較多認為，婦女地位應是較低下且附屬於男性，也較相信社會可接受暴力行為（Stith et al., 1990）。施虐男性多執著於傳統性別角色刻板印象，並支持以暴力方式維持其在家中的權力與控制（Petretic-Jack-

426

son & Jackson, 1996)。

　　男性施虐者多是低自尊、缺乏自我肯定、低自我效能感，且多在幼年時有家庭暴力經驗（Tolman, 1990）。他們特別容易有無助感、無力感與不勝任感。施虐者通常有病態性嫉妒、成癮傾向，且表現被動、依賴及反社會行為（Gelles & Cornell, 1990）。常見之施虐者人格特質包括：有性侵害史且對他人暴力相向，衝動控制欠佳，社會孤立與人際互動技巧不足（Finklehor et al., 1988）；亦通常為低教育程度、低職業階級和低收入。事實上，失業或未充分就業也會增加施暴的可能性（Siegler, 1989; Gelles & Cornell, 1990）。婦女懷孕亦會增加被男性毆打的機率（Siegler, 1989; Rizk, 1988）。再者，37%的懷孕婦女在尋求婦產科治療時，自陳被伴侶毆打（Liutkus, 1994）。

歷史觀點

　　婦女受害並非新鮮事。在歷史上，婦女被認為是男性的附屬品。許多宗教神學（猶太教、基督教、回教）均教導女人應該順服男性。羅馬法律界定女人須絕對臣服丈夫的願望和要求，而且，女人是男人個人財產的一部分（Siegler, 1989）。基於歷史傳承，父親傳送財產和繼承很常見，甚至在結婚後，女人的財產也都由丈夫控制。英國法律規定，除了與配偶的關係之外，女人並無合法地位；男人依法要為自己妻子的行為負責，並被期望可掌控自己的女人。例如，若某一女人被強暴了，則她的父親或丈夫可要求犯罪者給予賠償（Siegler, 1989）。

　　1883 年，美國馬里蘭州在界定對婦女之暴行屬侵犯人身後，隨即立法禁止虐待妻子。1910 年另有 35 州也隨之跟進，同時也認定毆打婦女亦等同侵犯人身（Siegler, 1989）。很諷刺地，當婦女爭取可擁有更多政治權利時，此婦女參政運動卻減少了對受暴婦女的關注。直到 1970 年代，女人方可合法拒絕配偶的婚姻權，此時，丈夫強暴的概念被許多州政府認可，並

正式立法禁止。

　　女權運動大大地改變對施暴於婦女的認知與理解。當時心理分析觀點十分普及，其認定受虐婦女多是被虐待狂，並藉由被毆打得到性興奮的論點備受挑戰（Costantino, 1981; Gelles & Harrop, 1989），且亦被質疑藉標籤化受虐婦女為心理病態，增加虐待婦女的合理性。早期有關受虐婦女人格特質之研究發現也被質疑，特別是這類研究多屬小樣本，且並未進行研究控制。Finklehor等人（1988）認為，研究無法證實受虐婦女的共同特質，也無法證實可透過之男性人格特質來預測其施虐行為。我們的確從施虐者的人格特質學到很多，然而，卻很少透過此來了解施虐現象。

　　近期與婦女受暴有關之理論認為，毆打之根源為父權社會（Srinivasan & Davis, 1991）。男女權力的不平衡導致女性容易受虐。此問題被再定義為社會議題，因而促使個人病態理論不再被認可。社會學對家庭暴力的調查，主要立基於社會壓力脈絡、習得之暴力反應，與家庭暴力惡性循環（Gutierrez, 1987）。女性主義認為，施虐是因為男性想藉此得到社會控制與維持對社會之壓迫（Gutierrez, 1987）。然事實上，在 1970 年代女權運動興起之前，大眾即已開始關注和處理婦女受虐問題了（Siegler, 1990）。

受虐倖存者與刑事司法體系

　　Parker（1985）和 Siegler（1989）認為，若要了解受虐倖存者與司法體系之間的關係，則須考慮三個主題：第一，隱私權之意識型態，即個體的住家是私人場所。故在此意識型態下，法令條例不可侵犯家庭，且大眾應忽視或不應探究發生於私人場所的過失。只要夫妻仍繼續住在一起，就不能命令丈夫改變其行為或平均分配家庭資源（Siegler, 1989）。多數法官不會將男人逐出家門，因為他們相信這古老的諺語「男人的家是他的城堡」；而且，若將他逐出家門，等於使他變成無家可歸（Mullins, 1994）。

　　Siegler（1989）所提之第二個論點為立法和執法之差異。一直以來，

司法體系在傳統上不願意調停、仲裁及／或強行介入家庭事務。受虐倖存者常覺很無助，因須說服警察及法庭採取行動干預、控制其丈夫。同樣地，警察也常對婦女在發生暴力事件時，拒絕提出控告覺得很挫折。婦女拒絕提出控告的理由各有不同，但很明顯地，必須更加強對此虐待關係之心理動力的教育和訓練，因為拒絕提出控告的理由都與此心理動力有關。

　　第三，現有法律救濟措施缺乏整合與複雜性。一般而言，現有法律十分複雜、矛盾且有時不具強制力。許多時候，有關財產、離婚、監護權、金錢義務與應科處刑事責任之犯罪，因常分屬不同法律條例，以致相當難以確實執行。縱使，許多有關家庭暴力的法令條例會有部分重疊，但由於這些法令條例多是單獨被考慮，也因而被忽視。雖然新的家庭暴力防治法修正後，已減少這樣的混亂狀況，且擴大整合各個相關家庭暴力法令條例所管轄之法律權限，然而，由一位律師來協助爭取、保障權益，仍是此體系可成功協商之不可或缺要素（Siegler, 1989）。

　　在尚未革新相關法令之前，運用法律救濟措施會受限於法律權限。違反民事法規會被視為犯罪行為。在美國每一州均已制定一些制裁攻擊、暴行、擾亂安寧、騷擾行為、非法侵犯和惡意損害的法律。但是，當受害婦女是唯一目擊證人及犯罪行為僅會被處以小額罰金時，就很難保證定可成功起訴對方，而且，也無法克服被駁回控訴的可能性。

　　運用自由裁量權是警察執法過程中最重要的部分。現今對家庭暴力事件之處理措施正在改變，警察也被規定須受理受虐者之控訴。雖然究竟哪一犯罪等級之施虐者應加以逮捕的政策仍持續在發展，但相關研究顯示，逮捕對制止施虐者暴力行為之短期成效如何仍是疑問（Roberts, 1996b）。Frisch 和 Caruso（1996）曾提出警告指出，即使是最完整、可滿足受虐婦女需求的法律規劃，若缺乏強制力以貫徹政策之實行時，則形同廢棄、過時。

社工員的角色

Mullarkey（1988）指出，社工人員可在以下五方面協助加害者與幫助家暴倖存者。首先，社工人員可藉由提供更多資訊，協助了解施虐的類型、歷史，以及造成施虐之情況和影響。強制逮捕政策與無拘票之逕行逮捕雖有幫助，但並無法解決所有問題（Roberts, 1996b）。因而，社工人員在與個案之律師一起工作時，所提供之包括施虐心理因素的補充資訊，將發揮影響力。

在蒐集這些補充資訊後，社工人員可藉由預測最危險的案例、篩選須進行處遇的倖存者，及評估和預測可能的處遇結果來協助司法體系（Saunders, 1992）。因為受虐婦女的需求可能是多方面的，且常常需要法律協助、社會服務及心理諮商服務，所以，社工人員極其必要在提供這些相關資訊時，應加以整合。由社工人員協調且已有充分證據論證其成效之社區處遇取向，可提供廣泛社區支持，此必須結合心理衛生、社會服務、司法與執法機關受虐婦女需求之給予協助（Roberts, 1996b）。

社工人員可提供之第二類協助為教育。接受所有參與處理家暴事件相關工作人員的教育，並提供教育訓練，例如，警方通報電話之接線生與調度員，警察、檢察官、法官，及那些直接被捲入該事件者，如倖存者、施虐者及其家人與親友。他們都必須了解公開逮捕和強制逮捕政策，以及相關影響層面，也包括協調社區進行可能的電子監控（Roberts, 1996b）。

社工人員必須直接協助、教育和訓練警方通報電話接線生、調度員和警察。警方通報電話接線生和調度員在第一線接聽求救電話，警察則通常第一個到達家暴事件現場。故而此教育和訓練應包括篩選、評估報案電話、轉介及連結立即性社會服務，警察基本自我安全防護技巧、了解各相關工作人可提供之協助、衝突管理及危機干預技巧、衝突調停等；也必須協助其具備將受虐者轉介給社工人員之能力（Fusco, 1989）。很重要的是，要

430

透過此教育訓練強調社工人員、警方通報電話接線生和警察是一干預家庭暴力工作團隊，彼此是伙伴關係，均應彼此相互尊重、支持、合作與給予回饋。除此之外，社工人員也扮演關鍵角色，因為其必須提醒此一干預家庭暴力工作團隊關注個體的權利，並有義務保證當事人行使權利的公平性。而且，要考慮性別刻板印象，因歧視受害者而衍生之社會及情緒問題，受害之動力分析及其他相關社會心理因素（Martin, 1988）。

　　Roberts（1996c）相信，除了第一線工作人員的教育訓練之外，對於法院職員、個案管理者、法律倡護者及法官，都需要給予教育訓練。

　　許多時候，司法體系與家庭暴力有關之訓練多著重於定罪，此為最主要的法律制裁措施。因而，常會忽視施虐者帶給女性倖存者、她的孩子，及／或其家庭支持系統的痛苦。社工人員的重要性不僅在教育司法體系與此虐待情境有關的心理動力分析與議題，也同時須扮演「守門員」的角色，亦即不論司法審判的結果如何，都應協助處理此審判結果對社會心理層面的影響。

　　社工人員在此虐待情境中，可扮演的第三個角色為擔任「安全照顧者」，因為社工人員是一位可讓倖存者信任及感覺自在、舒適的人。由於虐待關係之心理動力影響，許多受虐婦女多被迫和家人、朋友隔離，也被教導須避免且害怕和施虐者以外的人接觸。很多時候，她們必須面對想留下又想脫離此情境的衝突情緒。在期待施虐者可被定罪的情況下，受虐婦女必須面對被告及其他人的恐嚇，威脅若施虐者被定罪且可能被監禁的話，將會對她們展開報復。在進行司法訴訟程序的過程中，倖存者可能會覺較安心卻又有罪惡感。這樣的矛盾情緒可能會阻礙倖存者陳述證詞，以致被其他人認為其證言不可信任。若要盡可能有最佳表現和代表自己出庭作證，則倖存者在此訴訟程序中須覺被支持。許多時候，檢察官會被催促處理此案件，且無法先與倖存者建立關係，以取得其信任；因而，社工人員的角色就很關鍵，須擔任此律師與受虐倖存者之間的橋樑。再者，社工人員也不僅是努力處理，亦必須改善政策與訴訟程序，以利受虐倖存者建立對其律師之持續與應有之信任（Martin, 1988）。

　　社工人員必須扮演的第四個角色為倡護（advocate）。這對社工專業人

431

員與司法體系而言，均屬重要關鍵角色；在整個刑事訴訟過程中，倡護倖存者權益極其重要。甚至在施虐者未被逮捕前，或此個案尚未接受審訊，或正在上訴期間，社工專業人員均有權倡護倖存者權益（Mullarkey, 1988）。倡護倖存者權益（AKA victim's advocate）的要點為增權個案，以助其不論何時均可代表自己採取行動（Martin, 1988）。而當婦女由於害怕被報復，以致極煩惱或無能力代表自己採取行動時，則在她的同意下，可由社工人員代為發言。美國已有許多州都允許倖存者或倖存者之倡護者，在判決時向法官說明（Mullarkey, 1988）。

不過，若社工人員要成功擔任家暴受虐婦女之倡護者，她／他必須知道和了解兩件事：第一，司法體系的複雜性。因此，社工人員必須覺察自己所涉入之各個司法體系的構成要素，包括執法程序、起訴和矯正之潛在價值。第二，針對個案必須與之恢復關係的家人與支持系統進行倡護。我們社會存有許多根深柢固的迷思與信念（Roberts, 1996a）。受虐倖存者將被迫處理和面對家人、朋友因認同這類迷思而衍生之質疑。社工人員將不只進行個案必要之倡護，也要確認其支持系統可體會個案所遭遇的困難。社工人員可透過以下方式協助受虐倖存者：(1)讓支持者了解倖存者的優點；(2)提供必須離開此受虐關係的充分理由；(3)告知應該正式提出控訴來結束施虐行為，以及應使施虐者接受法律制裁的原因。

432

Mullarkey（1988）認為，社工人員可扮演的第五個角色為，經由擔任專家證人協助檢察官和家庭暴力倖存者。此時，社工人員可提供專業資訊，以促進和澄清對倖存者行為之了解（Saunders, 1992; Martin, 1988）。雖然有許多社工人員樂於協助倖存者，但也可能無把握定可持續保障個案之法律權利。由諮商晤談及書面紀錄即可反映出，社工人員因為擔心揭露關鍵訊息可能會傷害到倖存者，以致不願意分享的某些訊息。例如，很多時候，倖存者對施虐者感到非常氣憤，並嘗試以冷漠、疏離情緒表露對施虐者的怒氣。因此，社工人員在記錄時應多加謹慎，並了解法庭可強制傳訊這些紀錄，以作為呈堂證供。「憲法第 6 條修正案保障當與原告對質時，可應任何有管轄權之法庭的要求提出說明，此部分優先適用於保護隱私相關條例」（Mullarkey, 1988: 49）。

若無法院命令，社工人員在法庭外不須向被告、律師或調查員提出任何說明。Mullarkey（1988）建議當社工人員被傳訊出庭時，他們應該考慮：(1)必須出庭且保持專業與超黨派態度是重要的；(2)回答所有問題時均應直接且完整；(3)若問題不明確，立即予以詢問澄清；(4)在作證之前，先與檢察官複習可能被問及的問題是重要的；(5)社工人員須準備好被告或其律師可能要求提供之每一紀錄、專業會談和報告。

結論

社工人員在刑事司法體系所扮演之角色仍極其重要。女性受虐倖存者需要執法機關提供服務和保護；繼而，倖存者須被尊嚴與尊重的對待。社工人員藉由提供受虐倖存者下列服務，扮演關鍵角色：(1) 提供更多資訊，以協助了解施虐的類型、歷史，以及造成施虐之情況和影響；(2) 接受所有參與處理家暴事件相關工作人員的教育，並提供教育訓練，例如，警方通報電話接線生與調度員，警察、檢察官、法官，及那些直接被捲入該事件者，如倖存者、施虐者及其家人與給予倖存者支持之親友；(3)擔任安全照顧者，是一位可讓倖存者信任及感覺自在、舒適的人；(4)在整個刑事訴訟過程中，倡護倖存者權益；(5)以擔任專家證人協助檢察官和家庭暴力倖存者。

433

社工人員與個案之律師須建構有系統的團隊工作模式。在此種模式中，個案之律師應被訓練，並要求警察應將干預家庭攻擊事件視為適當常規處理措施，此干預模式促使個案之律師與社工人員須共同合作，每一個人都是此干預團隊中不可或缺的重要角色。

必須在 24 小時內謹慎連結、提供受虐倖存者相關諮商、社會服務援助及保護（Roberts, 1996b）。在此危機狀況下需要立即回應其需求，等待白天或隔天再協助轉介是很粗劣的替代作法。社工專業人員在必要時應直接與警方合作，且能迅速提供必要之社會心理干預。

未來展望

　　刑事司法體系應發揮有效之強制力以減少女性受暴事件。不幸地，我們的社會及法律仍多認為，受虐婦女須為此虐待行為和暴行承擔大部分的責任，因而她必須容忍被虐待，且未能被充分援助。短期緊急援助和長期援助服務均是必要的（Davis, Hagen & Early, 1994）。再者，在接到家庭暴力求救電話後，於 24 小時內就能結合相關支持服務以協助受虐者是很重要的。這將使社工人員可在此危機發生現場隨即開始著手干預，或者在事件發生後盡可能迅速介入。我們目前的轉介系統是在「事實確定之後」才開始運作，這並無法滿足多數受虐者的需求。

　　家庭暴力庇護中心可「立即」提供想逃離受虐情境的女性一安全場所。但不幸地，現有庇護中心數量太少，距離市區又太遠。設置在郊區的庇護中心極少對婦女而言是便利的，而若要在市區建立受虐婦女緊急庇護中心，則仍須克服許多障礙，在取得設置此設施的許可之前，許多城市均要求社區委員與市政府規劃人員負責審查有關個人權力轉移的問題。然而，這要求不僅違反依賴緊急庇護中心提供服務之婦女與孩子的隱私，同時也危及這些婦女和孩子的安全。此外，許多社區居民反對緊急庇護中心設置在他們的鄰近區域，因為他們認為這會擾亂社區的安寧（Mullins, 1994）。

434

　　緊急庇護中心的設置與發展成本高、又費時，且多數機構缺乏管理此廣大計畫所需之技術、資源和時間。調查顯示，31%的受虐婦女緊急庇護中心完全仰賴政府經費資助，仍有 69%的機構運作主要由政府資助一半以上之經費（Mullins, 1994）。因為庇護中心被設限於提供短期緊急援助，長期安置之居住問題仍須被重視。由於聯邦政府刪減房屋補助經費，在過去十五年來，房屋補助只能提供給低收入者及其家庭，以助其找到可負擔得起租金的住處。當需要考量安全因素時，受虐婦女和她們的子女要找到合宜的長期住處這樣的難題就更為複雜了（Mullins, 1994）。

我們必須建構一可區辨家庭暴力嚴重性的方案和政策，也必須發展可滿足緊急住所與財政支持需求之長期解決辦法。1994 年，受暴婦女防治法案（Violence Against Women Act, VAWA）即在此趨勢下作了改變。受暴婦女防治法案（VAWA）是聯邦政府為因應家庭暴力問題而制定之全方位法案，其將焦點由責難婦女，轉移至關注她所遭受的虐待。VAWA 之目的為建構預防家庭暴力政策。VAWA 視家庭暴力為執法過程主要優先處理事務，並希望能夠改善對家庭暴力受害者所提供之服務。此法案第 2 條主題為安全住處法（Safe Home Act），主要期待可增加聯邦政府對受虐婦女庇護中心及其相關方案的經費補助。同時，亦制訂新的聯邦法令，以制裁施虐者跨越不同州的虐待配偶事件（Roberts, 1996a）。

　　政府對預防家庭暴力承諾，將透過緊急與長期解決辦法，以滿足受虐婦女住所及其他生存需求，VAWA 即代表這很重要的一步。一直到最近，我們的社會與司法體系仍然視維繫家庭完整為最重要課題。幸運地，這樣的情況正在改變。我們必須打破前述傳統看法，並致力於保護婦女免於被虐待。

　　因為社工人員在各式各樣的公、私立部門從事服務，故而對婦女受暴問題之處理，具有相當大的影響力（Martin, 1988）。如果社工專業真的有心幫助受虐婦女，則此專業必須要求且倡護改變現行法律及司法體系以預防家庭暴力。社工人員應清楚體認諮商與支持性服務的重要性，然而，亦須計畫未來，他們必須認知倡護社會政策改變的重要性，以協助家庭暴力倖存者。唯有清楚了解和勾勒社工人員應扮演之專業角色，且與司法工作人員共同合作，社會工作方可確實終結婦女受暴（Litsky, 1994; Roberts, 1996b）。

435

REFERENCES

參考資料

Davis, L., Hagen, J., & Early, T. (1994). Social services for battered women: Are they adequate, accessible, and appropriate? *39*(6), 695–704.

Davidson, B.P., & Jenkins, P.J. (1989). Class diversity in shelter life. *Social Work*, *34*(6), 491–95.

Dziegielewski, S.F., Resnick, C., & Krause, N. (1996). Shelter based crisis intervention with abused women. In Albert Roberts (Ed.), *Helping Battered Women: New Perspectives*. New York: Oxford University Press, pp. 159–171.

Dziegielewski, S.F., & Resnick, C. (1996). Crisis intervention in the shelter setting. In Albert R. Roberts (Ed.), *Crisis Management and Brief Treatment*. Chicago, IL: Nelson Hall, pp. 123–141.

Edleson, J.L. (1991, June). Note on history: Social worker's intervention in woman abuse: 1907–1945. *Social Service Review*, June, 304–13.

Edleson, J.L. (1992). *Intervention with men who batter: An ecological approach*. Newbury Park, CA: Sage Publications.

Finkelhor, D. (1988). *Stopping Family Violence*. London: Sage Publications.

Frisch, L.A. & Caruso, J.M. (1996). In A.R. Roberts (Ed.), *Helping Battered Women*. N.Y.: Oxford University Press, pp. 102–131.

Fusco, L.J. (1989). Integrating systems: Police, courts and assaulted women. In B. Pressman, G. Cameron, & M. Rothery (Eds.), *Interviewing with assaulted women: Current theory, research and practice*, pp. 125–135.

Ganley, A.L. (1989). Integrating feminist and social learning analyses of aggression: Creating multiple models for intervention with men who batter. In P.L. Caesar and L.K. Hamberger (Eds.), *Treating Men Who Batter*. New York: Springer Publishing Company.

Gelles, R.J. (1979). Violence in the American Family. *Journal of Social Issues*, *35*(1), 15–39.

Gelles, R.J. (1987). *The Violent Home*. London: Sage Publications.

Gelles, R.J., & Harrop, J.W. (1989). Violence, battering, and psychological distress among women. *Journal of Interpersonal Violence*, *4*(4), December, 400–420.

Gelles, R.J., & Cornell, C.P. (1990). *Intimate Violence in Families*. London: Sage Publications.

Gutierrez, L.M. (1987). Social work theories and practice with battered women: A conflict-of-values analysis. *Affilia*, Summer, 36–52.

Jones, A. (1994). *Next time she'll be dead: Battering and how to stop it*. Beacon Press: Boston, MA.

Litsky, M. (1994). Reforming the criminal justice system can decrease violence against women. In B. Leone, B. Szumski, K. de Koster, K. Swisher, C. Wekesser & W. Barbour (Eds.), *Violence Against Women*. San Diego, CA: Greenhaven Press, Inc.

Liutkus, J.F. (1994, April). Wife assault: An issue for women's health. *Internal Medicine*, 41–53.

Mancoske, R.J., Standifer, D., & Cauley, C. (1994). The Effectiveness of Brief Counseling Services for Battered Women." *Research On Social Work Practice*, *4*(1), January, 53–63.

Martin, M. (1988). A social worker's response. In Nancy Hutchings (Ed.), *The Violent Family: Victimization of women, Children, and Elders*. New York, NY: Human Sciences Press, Inc.

McShane, C. (1979). Community Services for Battered Women. *Social Work*, *24*(1), 34–39.

Mullarkey, E. (1988). The legal system for victims of violence. In Nancy Hutchings (Ed.), *The Violent Family: Victimization of Women, Children, and Elders*, 43–52.

Mullins, G.P. (1994). The battered woman and homelessness. *Journal of Law and Policy*, *3*(1), 237–255.

Pence, E. (1989). Batterer programs: Shifting from community collusion to community confrontation. In P.L. Caesar & L.K. Hamberger (Eds.), *Treating Men Who Batter*. New York: Springer Publishing Company.

Petretic-Jackson, P.A. & Jackson, T. (1996). Mental health interventions with battered women. In Albert Roberts (Ed.), *Helping Battered Women: New Perspectives*, (pp. 188-221). New York: Oxford University Press.

Rizk, M. (1988, April). Domestic violence during pregnancy. Proceedings Family Violence: Public Health Social work's Role in Prevention (p. 19–31). Bureau of Maternal and Child Health, Department of Health and Human Services, Pittsburgh, PA.

Roberts, A.R. (1996a). Introduction: Myths and realities regarding battered women. In Albert Roberts (Ed.), *Helping Battered Women: New Perspectives and Remedies*. New York: Oxford University Press, pp. 3–12.

Roberts, A.R. (1996b). Police Responses to Battered Women: Past, Present and Future. In Albert Roberts (Ed.), *Helping Battered Women: New Perspectives and Remedies*. New York: Oxford University Press, pp. 85–95.

Roberts, A.R. (1996c). Court Responses to Battered Women. In Albert Roberts (Ed.), *Helping Battered Women: New Perspectives and Remedies*. New York: Oxford University Press, pp. 96–101.

Saunders, D.G. (1992). Woman battering. In R.T. Ammerman & M. Hersen (Eds.), *Assessment of Family Violence: A Clinical and Legal Source Book*. New York: John Wiley and Sons.

Schneider, E.M. (1994). Society's belief in family privacy contributes to domestic violence. In B. Leone, B. Szumski, K. de Koster, K. Swisher, C. Wekesser & W. Barbour (Eds.), *Violence Against Women*. San Diego, CA: Greenhaven Press, Inc.

Siegler, R.T. (1989). *Domestic Violence in Context: An Assessment of Community Attitudes*. Lexington, MA: D.C. Heath and Company.

Srinivasan, M., & Davis, L.V. (1991). A shelter: An organization like any other? *Affilia*, *6*(1), Spring, 38–57.

Star, B., Clark, C.G., Goetz, K.M., & O'Malia, L. (1979). Psychological aspects of wife beating. *Social Casework*, *60*(8), 479–87.

Stark, E., Flitcraft, W., & Frazier, W. (1979). Medicine and patriarchal violence: The social construction of a "private" event. *International Journal Of Health Services, 9*(3), 461–493.

Statman, J.B. (1990). *The Battered Woman's Survival Guide: Breaking the Cycle.* Dallas, TX: Taylor Publishing Co.

Stith, S.M., Williams, M.B., & Rosen, K. (1990). *Violence Hits Home: Comprehensive Treatment Approaches to Domestic Violence.* New York: Springer Publishing Company.

Tolman, R.M., & Bennett, L.W. (1990). A Review of quantitative research on men who batter. *Journal of Interpersonal Violence, 5*(1), March, 87–118.

索 引

C

D

E

F

國家圖書館出版品預行編目資料

矯正社會工作 / Albert R. Roberts 主編；鄭瑞隆等
　　譯. -- 初版. -- 臺北市：心理, 2007（民 96）
　　面； 公分. --（社會工作系列；31020）
　　譯自：Social work in juvenile and criminal justice
settings, 2nd ed.
　　ISBN 978-957-702-991-1（平裝）

　　1. 社會工作

547　　　　　　　　　　　　　　　　96001168

社會工作系列 31020　　**矯正社會工作**

主　編　者：Albert R. Roberts
總 校 閱：鄭瑞隆
譯　　　者：鄭瑞隆、邱顯良、李易蓁、李自強
執 行 編 輯：林怡倩
總 編 輯：林敬堯
發 行 人：洪有義
出 版 者：心理出版社股份有限公司
地　　　址：231 新北市新店區光明街 288 號 7 樓
電　　　話：(02) 29150566
傳　　　真：(02) 29152928
郵撥帳號：19293172　心理出版社股份有限公司
網　　　址：http://www.psy.com.tw
電子信箱：psychoco@ms15.hinet.net
駐美代表：Lisa Wu（lisawu99@optonline.net）
排 版 者：鄭珮瑩
印 刷 者：翔盛印刷有限公司
初版一刷：2007 年 1 月
初版四刷：2018 年 10 月
I S B N：978-957-702-991-1
定　　　價：新台幣 550 元